상처받은 신라
–그 안에 한국인 정체성의 원점이 있다

신라 오리진이라는 블랙홀(black hole)이 만든
사회적 · 역사적 현상으로서 "한국인"의 존재를 발견하고,
한국인 · 한국사를 바라보는 출발점을 바꾼다.

이종욱

서강대학교에서 역사학을 전공하고 동 대학원에서 한국고대사로 석사학위를 받았다. 미국 캔사스대학교 대학원 인류학과 및 캐나다 브리티쉬 콜럼비아대학교 대학원 인류학 및 사회학과에서 인류학 · 고고학 · 사회학을 공부했다. 서강대학교 대학원에서 한국고대사로 박사학위를 받았다. 브리티쉬 콜럼비아대학교 대학원 인류학 및 사회학과에 Post-doctoral Fellow로 인류학 · 고고학 · 사회학을 연구했다. 영남대학교 국사학과 부교수를 거쳐 서강대학교 사학과 교수를 지냈으며, 서강대학교 제13대 총장을 역임하고 현재는 서강대학교 석좌교수로 있다.

고조선 · 고구려 · 백제 · 신라의 역사를 주로 연구해왔으며, 다른 분야는 한국 초기국가 형성, 한국고대의 정치제도, 지방통치제도, 왕위계승, 건국신화, 골품제도, 친족제도, 화랑도, 김춘추 등 실로 다양한 분야를 구조적으로 재구성해 왔다. 또한 『화랑세기』의 사료적 가치도 발견했다.

20세기 초 이래 근현대 한국사학이 실증사학과 민족사를 내세우며 날조해온 "그들이 만든 역사"에 맞서왔다. 한국 폐멸사학 · 독립사학 · 망상사학 · 사족사학의 무대를 떠나, 인류학 · 고고학 · 사회학 연구를 통해 사회과학적인 관점을 갖추고, 한국고대사의 다양한 분야를 하나의 틀 속에서 다루었다. 그 결과 신라 오리진이라고 하는 블랙홀이 만든 용광로 속에서 만들어진 사회적 · 역사적 현상으로서의 "한국인"을 발견한 "우리를 만든 역사"를 탐구해 왔다.

「남산신성비를 통하여 본 신라의 지방통치체제」(『역사학보』 64, 1974)를 비롯해 1백 수십 편의 논문을 발표했다. 저서로는 박사학위 논문인 『신라국가형성사연구』(1982), 『신라상대왕위계승연구』(1980), 『고조선사연구』(1993), 『한국초기국가발전론』(1999), 『한국의 초기국가』(1999), 『신라골품제연구』(1999), 『한국고대사의 새로운 체계』(1999), 역주해 교감 『화랑세기—신라인의 신라 이야기』(1999), 『화랑세기로 본 신라인 이야기』(2000), 『신라의 역사 1』(2002), 『신라의 역사 2』(2002), 『역사충돌』(2003), 『화랑』(2003), 『한국사의 1막 1장 건국신화』(2004), 『색공지신 미실』(2005), 『대역 화랑세기』(2005), 『고구려의 역사』(2005), 『민족인가, 국가인가?』(2006), 『주몽에서 태조대왕까지』(2008), 『춘추』(2009), 『신라가 한국인의 오리진이다』(2012), 『특별한 서강』(2013)이 있다.

서강학술총서
090

상처받은 신라

–그 안에 한국인 정체성의 원점이 있다

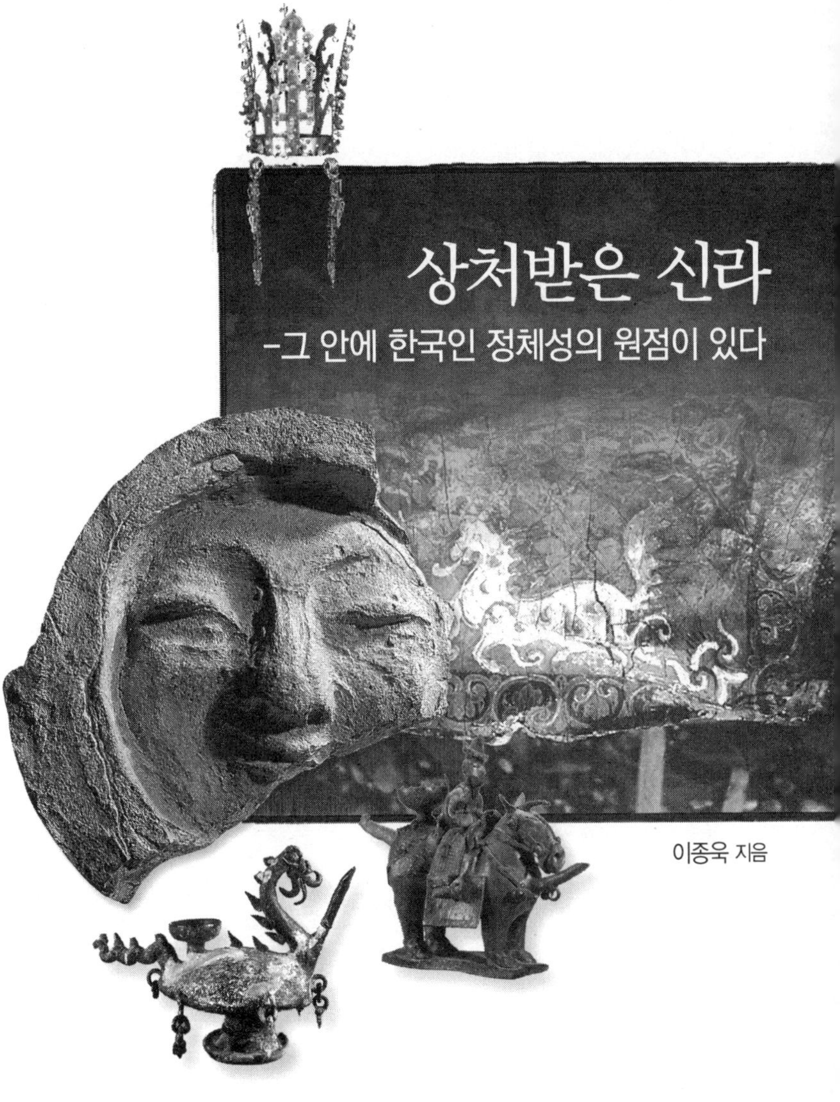

이종욱 지음

서강대학교출판부

서강학술총서 090

상처받은 신라

–그 안에 한국인 정체성의 원점이 있다

초판 1쇄 발행 | 2016년 10월 26일
2쇄 발행 | 2022년 5월 25일

지 은 이 | 이종욱
발 행 인 | 심종혁
편 집 인 | 주세형
발 행 처 | 서강대학교출판부
등록 번호 | 제2002-000170호

주 소 | 서울특별시 마포구 백범로 35(신수동)
전 화 | (02) 705-8212
팩 스 | (02) 705-8612

ISBN 978-89-7273-320-1 94910
ISBN 978-89-7273-139-9(세트)

값 29,000원

* '서강학술총서'는 SK SUPEX 기금의 후원으로 제작됩니다.

책머리에

옛말에 "나라에 한 사람만 있어도 그 나라는 망하지 않는다."고 했다(『삼국사기』「열전」'장보고' 조).

2007년 2학기부터 1년간의 안식년을 경주에서 보내며 필자는 한국사에 대한 새로운 화두를 얻었다. 매일 경주지역 이곳저곳을 답사하는 과정에 새로운 사실을 알게 되었기 때문이다. 살아 있는 신라 또는 연속되고 있는 신라를 찾았다고나 할까? 그해 추석 때 오릉 · 미추왕릉 · 내물왕릉 · 태종무열왕릉에서 거행되는 박씨와 김씨 왕들에게 올리는 제사를 보았다. 또한 경주에는 신라인을 시조로 하는 종성과 육부성의 사당들이 있고, 조상들에 대한 제사가 계속되고 있다는 사실을 알게 되었다. 그때 필자는 현재 한국인과 신라인은 역사적 연결고리를 갖고 있다는 사실을 생각을 하게 되었다. 그 결과 신라의 역사를 그 자체로만 다룰 것이 아니라, 현재 한국인의 오리진을 찾는 작업으로 전환할 필요성을 느끼게 되었다. 이 책에서는 필자가 구한 이 같은 화두를 풀어나가는 작업을 "우리를 만든 역사"라고 부르기로 한다.

현재 한국인들이 그렇게 자랑스럽게 여기도록 배워온 고구려인이 아니라, 신라인들에 대한 제사를 지금도 지내는 이유는 무엇일까? 그 답은 분명하다. 신라가 삼한통합(소위 삼국통일)을 했기 때문에 신라인의 후손들이 그 이후 번성하게 되었고, 지금도 조상들에 대한 제사를 이어올 수 있게 된 것이다. 신라의 삼한통합 이후 한국사의 주역은 고구려인이나 백제인이 아닌 신라인들로 이어진 것이 사실이다. 만일 고구려가 백제와 신라를 멸망시켰다면 이 땅에는 고구려인을 시조로 하는 고씨 · 을씨 · 연씨 등의 성을 가진 사람들이 다수인 또 다른 나라가 존재하였을 것이다. 그리고 신라인을 시조로 하는 한국인은 존재할 수 없다는 것이 확실하다. 여기서 신라의 삼한통합으로 인하여 신라가 한국인의 오리진이 되었다는 역사를 부정할 수 없다고 하겠다.

1985년도 경제기획원 조사통계국이 인구 및 주택센서스를 실시한 결과 한국인이 갖고 있던 274개 성(姓) 중 김씨 · 이씨 · 박씨 · 최씨 · 정씨의 5대 성을 가진 사람이 인구의 반이 넘는 것으로 나타났다. 이들 5대 성은, 다는 아니나 기본적으로 신라의 왕을 배출했던 종성(宗姓)과 신라왕경6부의 지배세력인 육부성(六部姓)과 연결된 성이다. 또한 3435개 본관(本貫) 중 16대 본관에서 신라인을 시조 · 중시조로 하는 9개 본관을 가진 한국인은 인구 전체의 3분의 1이 넘을 정도가 된다. 이 같은 통계에 대한 문제는 인정하지만, 여기서는 신라인을 시조 · 중시조로 하는 한국인의 존재를 역사전개 과정에 만들어진 하나의 사회적 · 역사적 현상으로 보면 어떨까 하는 생각을 해보게 되었다.

신라인을 시조 · 중시조로 하는 종성과 육부성의 시조들은 신라 건국신화와 초기 역사에 나오는 인물들이다. 따라서 신라 오리진의 한국인들은 그 원점부터 따지면 적어도 2천년도 넘는 역사를 이어온 씨족(氏族, clan)들이 된다. 한편 이들과 다른 씨족에 속한 한국인들도 부모대의 모계, 조부대에 조부 외의 세 분, 증조부대에 증조부 외의 일곱 분 등 조상을 보면 확률 상 적지 않은 분들이 종성과 육부성을 중심으로 하는 성과 본관을 가졌을 것이다. 오랜 역사 속의 한국인들이 혼인관계를 통해 친인척 관계를 맺어왔기 때문이다. 외국에서 갓 들어와 성(姓)을 갖게 된 사람들도 몇 세대를 지나면 역사 속의 한국인들이 거쳐 온 역사적 과정과 같은 길을 걷게 되며 신라인의 혈통을 받아들이게 될 것이라고 본다.

여기서 필자는 한국사에 존재해온 신라 오리진이라고 하는 블랙홀(black hole)의 존재를 생각을 하게 되었다. 신라 오리진의 블랙홀이 역사 전개 과정에 만들어진 사회적 현상으로서의 "한국인"을 만들었다고 생각해 본다. 신라 오리진의 한국인은 물론이고, 성이 없던 사람들이 여러 가지 이유로 종성과 육부성을 갖게 된 한국인을 포함하고, 신라 오리진의 씨족이 아닌 씨족들이 신라 오리진의 씨족과 결혼 등의 관계를 통하여 혈통을 주고받았던 한국인까지를 포함한 사회적 · 역사적 현상으로서 "한국인"을 설정하면 어떨까 하는 생각이 든 것이다. 이렇게 하면 한국사를 바라보는 출발점을 바꿀 수 있게 된다.

이 같은 "한국인"은 어떤 사회적 · 정치적 의미를 지닌 것일까? 신라 오리진이라는 블랙홀이나 사회적 · 역사적 현상으로서의 "한국인"에 대한 가설은 한국인 정체성에 대한 주제가 될 수 있고 앞으로 한국 역사학계에서 다루어야 할 과제가 될 수도 있다고 본다. 스토리텔링하기에 따라 이 같은 사회적 · 역사적 현상으로서의 "한국인"이 갖는 의미는 20세기 초에 한국의 독립을 위한 무기로 만들어진 "민족"보다는 역사에 가까이 간 실체라는 생각을 해 본다.

그런데 근현대 한국사학은 신라 오리진의 존재 자체를 은폐해 왔다. 역사란 무서운 존재라는 생각을 해본다. 그중 제국 일본의 역사가들이 날조한 한국사가 그렇다. 한국을 폐멸시켰던 일본인에게 한국은 철저하게 무존재가 되었다. 1910년 한국을 폐멸시킨 일본은 한국인을 무존재로 만들어, 일본민족(국민)으로 만드는 정책을 폈다. 결국 한국인들에게 성(姓)과 본관(本貫)을 버리고 각 가(家)를 단위로 하는 씨(氏)를 갖게 하여 한국인의 가(家)들이 일본 황실을 종가로 하는 대가족의 성원이 되게 하는 창씨개명 정책까지 강요하게 되었다. 한국인이 갖고 있던 2백여 개 성 중 종성(박씨·석씨·김씨)과 육부성(이씨·정씨·손씨·최씨·배씨·설씨)을 가진 9개의 씨족은 적어도 2천 년이 넘는 역사를 가진 씨족이다. 이 같은 한국인들을 일본민족으로 만들기 위해서는 신라 건국신화와 초기 역사에 나오는 종성과 육부성의 시조들의 존재부터 말살하는 작업을 하지 않을 수 없었다. 그것이 『삼국사기』「신라본기」에 내물왕까지 기록의 조작설이었다. 이 같은 날조된 사료비판으로 일본천황보다 오랜 역사를 가진 종성과 육부성을 갖고 있는 씨족의 존재를 지워버리는 작업을 한 것이다. 이렇게 일본이 한국인을 일본민족으로 만드는 과정에 수백 년의 신라 역사가 절단 당하는 상처를 입었고, 한국인 정체성의 원점도 말살당하는 깊은 상처를 받게 되었다.

이 같은 상처는 현재 한국사학이 그대로 이어받아 문제가 되고 있다. 1945년 8월 15일 해방(광복)이 된 이후 한국사학을 장악한 서울대학파가 중심이 된 길드(guild)의 성원들은 제국 일본의 역사가들이 말살한 신라 내물왕 이전 역사를 진리라고 믿으며 몇 세대에 걸쳐 신라의 역사를 은폐 · 왜곡 · 말살해오고 있는 중이다. 제국 일본이 날조한 역사, 한국을 폐멸시키기 위해 날조한 역사에 대한 비판이 없었다는 것이 불가사의한 일이다. 필자는 신라 내물왕 이전 역사를 말살하고, 신라 오리진의 한국인 존재를 말살한 역사를 "그들이 만든 역사"라 부르기로 한다. 신라 역사에 상처를 입힌 "그들이 만든 역사"는 한국사의 첫 단추를 잘못 꿴 역사다. 이제 신라역사에서만이라도 한국사회에 남아 있는 한국폐멸사학(소위 식민사학)의 찌꺼기들을 청산해야 한다. 그렇게 하여 대한민국 국민에게 날조되지 않은 역사를 제공하여 정상적인 역사지식과 역사의식을 갖도록 해야 한다.

이 책에서는 한국사 전체를 다루지 않는다. 다만 제국 일본의 역사가들이 말살했던 신라 내물왕까지 또는 그 이전 역사를 말살한 이유를 밝히고 나아가 그러한 역사를 살려 내야할 필연적인 이유를 밝히는 작업을 하고, 한국인 정체성의 원점을 찾는 데 목적을 두기로 한다. 그리고 신라 오리진이라는 블랙홀로 빨려 들어간 사회적 · 역사적 현상으로서 "한국인"의 존재를 잠시 생각해 보기로 하였다. 이 책에서 말하는 사회적 · 역사적 현상으로서의 "한국인"은 근현대 한국사학이 만들어낸 "민족"의 대체재가 될 수 있다는 생각이다.

"발견자의 역사"로서 "우리를 만든 역사"를 탐구해 온 필자는, 서울대학파가 만든 길드가 강요하는 그들만의 고립된 연구 환경을 벗어나, 자유롭게 그리고 생생하게 역사를 재구성해 왔다. "추종자의 역사"로서 "그들이 만든 역사"가 상처를 입혔던 신라 내물왕 이전 역사를 당당하게 살려내고, 나아가 한국인 정체성의 원점도 찾을 수 있게 되었다. 또한 신라 오리진의 한국인을 만든 신라의 삼한통합을 한계가 있다거나 불완전한 것이라는 생각도 버릴 수 있게 되었다. 이 책은 필자가 탐구해온 "우리를 만든 역사"가 한국사학을 정상적인 역사의 길로 이끌기 위해 "그들이 만든 역사"와 벌이는 역사전쟁이다.

여기서 앞에 인용한 『삼국사기』「열전」 '장보고' 조 뒤에 "무릇 나라가 망하는 것은 사람이 없어서가 아니라, 망할 때에 당하여 현인(賢人)을 등용하지 않는 것이니, 진실로 (현인을) 등용한다면 한 사람이라도 족하다."라는 글을 더 볼 수 있다.

"우리를 만든 역사"는 지금은 비록 한 사람의 연구자가 주장하는 것이지만 신라사를 살려내는 것은 물론이고, 한국인 정체성의 원점도 찾을 수 있게 만드는 것이라고 생각해본다. 그런 면에서 앞으로 편찬될 교과서 『한국사』들도 이 책의 이야기로부터 자유로울 수는 없다고 본다. 또한 신라 오리진이 품고 있는 역사적 의미와 메시지를 현재 한국사회에 화두로 던지고자 한다.

2016. 8. 17.

자곡동에서 이종욱 씀

목 차

용어사전

20세기 초 이래 근현대 한국사학이 만든 내물왕까지 또는 그 이전 신라 역사를 은폐 · 말살 · 왜곡하고 내물왕 이전 역사에 있는 한국인 정체성의 원점을 은폐 · 말살 · 왜곡해온 역사와 관련하여 몇 가지 용어를 만들어 보았다. 현대한국사학이 만든 식민주의사학, 민족주의사학, 실증사학 등의 용어로는 이 책에서 다루는 근현대 한국사학이 만들어낸 역사를 담아낼 수 없다. 그러한 용어들은 신라 내물왕까지 또는 그 이전 역사를 은폐하고, 그 안에 있는 한국인 정체성의 원점을 말살한데서 출발한 것이기 때문이다. 이에 새로운 용어를 만들게 되었다. 역사를 보는 관점이 달라지면, 그것을 담아내는 용어도 달라져야 한다.

* **한국독립사학(韓國獨立史學):** 이 책에서는 소위 민족주의사학이라고 불러오던 것을 가리킨다. 한국독립사학은 20세기 초 제국 일본이 한국을 강점 · 폐멸시켰던 시기 신채호 선생처럼 한국사를 한국 · 한국인의 독립을 위한 무기로 만들어낸 것을 가리킨다. 이 같은 한국독립사학도 한국인 정체성의 원점과 관련하여 보면 그 자체를 은폐 · 왜곡해온 것이 사실이다.

* **한국폐멸사학(韓國廢滅史學):** 폐멸은 허물어져 없어지는 것을 뜻한다. 이 책에서 다루는 제국 일본의 실증사학자라 알려진 쓰다 소키치는 한국 · 한국사를 무존재(nonexistence)로 여기며 일본의 기원을 강한 것으로 날조하는 과정에 걸림돌인 되는 신라의 역사를 말살했다. 『삼국사기』 「신라본기」 내물왕까지 기록이 조작된 것이라는 견강부회의 사료비판을 한 것이 그 것이다. 이 같은 사료비판으로 내물왕 이전 역사를 말살하였고, 내물왕 이전 역사에 들어 있는 한국인 정체성의 원점을 말살하였다. 이 같이 한국 · 한국인을 폐멸시키는 무기가 된 역사를 한국폐멸사학이라고 부르는 것이다. 제국 일본은 이 같은 사료비판을 통해 일선동조론과 창씨개명 정책의 길을 열었다. 이 같은 한국폐멸사학은 한국사를 희생으로 삼아 일본사를 날조한 일본사 그 자체다. 한국 폐멸사학은 현대한국사학이 식민사학이라 불러온 용어를 대체하는 것이다.

* **한국망상사학(韓國妄想史學):** 망상(妄想)은 근거 없는 일을 굳게 믿는 것을 의미한다. 서울대학파의 1~2세대 연구자들이 만든 길드에 속한 연구자들은 쓰다 소키치가 한국폐멸사학으로 행한 『삼국사기』 「신라본기」에 대한 사료비판의 내용을 진리라고 망상하며 만들어낸 역사를 한국망상사학이라 부르는 것이다. 이 같은 한국망상사학은 해방 후부터 지금까지 이어지며 한국인 정체성의 원점을 말살하고 신라의 삼한통합에 대한 이해를 왜곡해 왔다. 한국망상사학은 교과서 『한국사』도 장악하고 있는 중이다. 한국사 연구의 1~2세대 연구자들은 스스로 실증사학이라 하지만 한국인 정체성의 원점과 관련된 역사에서는 한국망상사학이라고 부를 수 있다고 본다.

* **한국사족사학(韓國蛇足史學):** 사족(蛇足)은 뱀을 그리고 실지로는 없는 발을 붙인 일로 인하여 원 모양과는 다르게 되는 일을 가리킨다. 1970년대 이후 활동을 시작한 서울대학파의 3세대 이후 연구자들은 쓰다 소키치가 한국폐멸사학으로 『삼국사기』 「신라본기」에 대한 사료비판을 한 내용을 진리로 받아들인 한국망상사학에서 한걸음 더 나가 부체제설 같은 화사첨족(畵蛇添足)의 역사를 만들어온 것이 사실이다. 이를 한국사족사학이라 불러보는 것이다.

* **한국날조사학(韓國捏造史學):** 날조는 사실이 아닌 것을 사실처럼 꾸미는 것이다. 제국 일본이 한국을 폐멸시켰을 때 『삼국사기』 「신라본기」 내물왕까지 또는 내물왕 이전 기록을 조작된 것이라고 한 데서 출발한 한국폐멸사학-한국망상사학-한국사족사학으로 이어지는 근현대 한국사학을 한국날조사학이라 불러본다.

프롤로그

1910년 8월 한국을 폐멸시킨 일본 · 일본인에게 한국 · 한국인은 지구상에서 공식적으로는 사라져 무존재(無存在)가 되었다. 그때 일본인들은 한국 역사에 대해 어떤 일을 가장 하고 싶었을까? 아니 하고 싶은 일보다 무엇을 해야만 했을까? 그것은 다름 아니라, 한국사 자체를 말살하여 한국인의 정체성을 말살하는 일이었다고 본다. 그중 어떤 역사를 말살하는 데 초점을 맞추었을까? 한국인 정체성의 원점을 말살하는 역사를 날조하는 것이었다고 생각된다. 그래야 확실하게 한국인을 무존재로 만들고, 나아가 일본민족(국민)으로 만드는 정책을 펼 수 있었기 때문이다.

일본의 역사가들은 그 일을 충실히 수행했다. 그들은 『삼국사기』 「신라본기」 내물왕까지 기록이 조작된 것이라는 견강부회의 사료비판을 하여, 신라 내물왕까지 역사를 말살했고, 그 안에 있는 한국인 정체성의 원점까지 말살했다. 그렇게 하여 다수 한국인들이 갖고 있는 종성(宗姓)과 육부성(六部姓)의 시조들의 존재를 말살하고 한국인의 기억에서 지우는 작업을 폈다. 한국인들이 2천년도 더 된 씨족을 유지하는 한 한국인을 일본인으로 만드는 일은 불가능했기 때문이다.

결국 일본의 역사가들은 한국사를 위해 한국사를 다룬 것이 아니라, 한국을 폐멸시킨 후 한국인을 일본민족(국민)으로 만드는 과정에 무존재가 된 한국사를 희생으로 삼았던 것이다. 1945년 해방 후 한국사학을 이끌어온 한국인 역사가들은 일본인들이 날조한 그런 역사를 진리라고 받아 들여 온 것이 문제다. 이렇게 만들어진 역사를 이 책에서는 "그들이 만든 역사"라 부르는 것이다.

이 책을 통해 필자는 한국인 정체성의 원점과 관련하여 "그들이 만든 역사"를 정답으로 만들어낸 현대 한국사학의 문제를 비판하고, 현재 한국인을 만들어낸 역사를 탐구하는 "우리를 만든 역사"로 전환할 당위성을 밝힐 것이다.[1] 이러한 작업은 나아가 한국사를 바라보는 관점 자체를 바꾸고, 그 동안 신라가 입었던 상처도 치유하는 길을 열 것으로 기대한다. "우리를 만든 역사"로의 전환과 관련된 몇 가지 문제를 보기로 한다.

1. 두 가지 에피소드로 보는 "그들이 만든 역사"의 본질적 오류의 시작과 전개

색안경을 끼고 보면 원래의 색을 볼 수 없다. 한국 역사학자들이

1 필자는 『신라가 한국인의 오리진이다』(2012)의 에필로그에서 "그들이 만든 역사"를 버려야 "우리를 만든 역사"가 보인다라 했다. "그들이 만든 역사"와 "우리를 만든 역사"의 개념을 몇 년 전부터 사용해온 것이다.

색안경을 낀 채 역사를 바라보는 장면이 있다. 해방 후 한국사학을 만들고 이끌어온 이병도 선생과 이기백 선생이 쓰다 소키치(津田左右吉)를 소위 실증사학자로 보아온 것이 그것이다. 그 결과 이병도 선생이나 이기백 선생은 쓰다 소키치가 날조한 역사, 특히 한국인 정체성의 원점과 관련되어 날조된 한국고대사를 진리로 받아들인 것이 사실이다. 여기서 "그들이 만든 역사"의 두 대표적 역사가인 이병도 선생과 이기백 선생이 바라보는 쓰다 소키치에 대한 이해를 위해, 두 분의 역사가와 쓰다 소키치와 사이에 얽힌 에피소드들을 보기로 한다.

1) 에피소드 1 : 본질적 오류의 시작-22살 이병도 선생과 쓰다 소키치의 인연

한국인 정체성의 원점을 왜곡 · 말살해 온 "그들이 만든 역사"에는 그 본질적 오류의 시작점이 있었다. 일본 최고의 역사학자라고 하는 쓰다 소키치와 한국사학의 태두 또는 한국 실증사학의 대명사라고 하는 이병도 선생의 만남이 그것이다.

이병도 선생은 1916년 9월 일본 와세다대학 문학부 사학 및 사회학과에 입학했고, 1919년 7월 졸업했다. 그런 이병도 선생이 밝힌 쓰다 소키치와의 관계를 아래와 같이 볼 수 있다.

> 나는 처음에 서양사를 주 전공으로 하고 지리학을 부전공으로 하려고 하다가 일본사와 동양사 강의 시간에 한국 관계 역사가 많이 나오고 또 선생 중에는 레포오트를 가끔 써 오라고 하는데 나에게는 "너는 조선학생이니 조선에 관한 것을 써라"고 하는 일이 가끔 있었

다. 그래서 또 한번 생각을 고쳐 갖게 되었다. 한국인으로서 한국사를 소홀히 했다는 자책감에서 전공을 다시 국사로 굳히었다. 당시 학과목 중에는 한국사가 없었으므로 순전히 독학으로 연구하기 시작했다. 그때 일본사의 교수였던 요시다(吉田東伍) 박사의 저서인 『일한고사단(日韓古史斷)』을 탐독하고 또 그의 저서인 『도서일본사(倒叙日本史)』를 강의 받으면서 국사에 대한 지식을 얻어갔다. 3학년 때에는 일본사 학계의 권위인 쯔다(津田左右吉) 박사의 『고사기 및 일본서기 연구(古事紀 · 日本書紀 硏究)』란 특강에서 한 · 일 관계에 대한 비판을 듣고 감명 받은바 컸었다.

그래서 졸업 논문도 나는 한국사에 관한 것을 택해서 「고구려 대 수당(隋唐) 전쟁에 관한 연구」를 내 놓았다.

지성의 계발과 성장은 역시 대학 시절이라고 보아야겠고 나도 이 시절에 인생의 이정표랄까 이런 것들이 이미 정해진 셈이었다. 결국 국사를 전공하게 된 것은 대학의 강의와 자아반성에서였다(이병도, 「나는 왜 사학자가 되었나」, 『학생중앙』 5월호, 1973; 『두계여적』, 1975; 『두계이병도전집』 14, 2012, p. 432).

위의 이병도 선생의 이야기가 바로 한국사가 본질적 오류의 길로 들어선 출발점을 밝힌 것이라고 본다. 이병도 선생은 1896년 9월 생으로 쓰다 소키치의 강의를 들었던 와세다대학 3학년 때는 만 22살이었다. 만 23살이 되기 전에 들었던 강의, 이병도 선생이 한국사를 전공으로 삼게 만든 강의, 감명 받은바 컸던 강의의 내용이 어떤 것이었을까? 그리고 그 강의는 지금까지 한국사학에 어떤 영향을 미치고 있을까? 그 영향은 어디까지 미치고 있을까? 이 문제를 해명하면 첫 단추를 잘못 꿴 현대 한국사학의 실체를 파악할 수 있게 된다. 이병도 선생이 걸어온 학문의 길 자체가 한국사학의 표준을 정한 길이었다고 생각되기 때문이다.

먼저 강의 내용을 생각할 필요가 있다. 현재 이병도 선생의 강의노트를 볼 수 없는 상황에서 『고사기 및 일본서기 연구(古事紀·日本書紀研究)』라는 강의 제목을 통해 그 내용을 짐작하기 어렵지 않다. 이 강의는 1919년에 『고사기 및 일본서기의 신연구』라는 제목의 책으로 출간된 것이 틀림없다.

이 책을 보면 쓰다 소키치의 신라를 보는 관점이 그대로 나온다. 두 가지를 들 수 있다. 하나는 후일 이병도 선생에게 직접적인 영향을 준 것이다. 『삼국지』「동이전」'한조'의 기록이 나오는 시대(220~280)의 신라는 대국이 4~5천가, 소국이 6~7백가였다고 하는 진한의 1국인 사로(斯盧)였다고 한 주장이 있다.[2] 3세기 신라는 1소부락이었지만 4세기 후반 진한 지방을 신라가 통일했다고도 했다.[3] 이 같은 쓰다 소키치의 주장은 이병도 선생이 발표한 「삼한문제 신고찰」(『진단학보』 1-8, 1934~1937)에서 삼한론(三韓論)으로 만들어졌다. 그리고 이 삼한론은 『한국사신론』 등을 통해 현재 고등학교 교과서 『한국사』에 이어지고 있다. 삼한론은 『삼국사기』「신라본기」 내물왕 이전 역사를 조작된 것으로 본 데서 나온 것이다.

다른 하나는 이병도 선생이 따르지 않은 것이다. 쓰다 소키치는 신공황후(神功皇后)의 신라정벌 이야기는 『고사기』와 『일본서기』의 내용이 일치한다고 하며 신라왕이 항복을 하고 영구적으로 조공할 것을 서

2 津田左右吉, 『古事記及び日本書紀の新研究』, 『津田左右吉全集』 別卷 1, 1989, p. 208.
3 津田左右吉, 『古事記及び日本書紀の新研究』, 『津田左右吉全集』 別卷 1, 1989, p. 211.

약했다고도 하였다.[4] 그런가 하면 가라(加羅)뿐 아니라 그 부근의 제국(諸國)들 즉 변한의 대부분이 임나일본부(任那日本府)에 예속했다고도 했다.[5] 그리고 아군(我軍, 왜군)이 신라를 크게 압복(壓服)한 시기는 370년 전후부터 400년경 사이였다고도 했다.[6] 이병도 선생은 이 같은 임나일본부설 자체는 명시적으로 받아들이지는 않았다.[7]

그런데 이병도 선생이 쓰다 소키치의 강의 또는 책에서 "오리의 각인"으로 따른 내용이 있다. 쓰다 소키치는 『고사기 및 일본서기의 신연구』(1919)의 부록으로 「삼국사기 신라본기에 대하여」라는 논문을 수록하였다. 이병도 선생은 쓰다 소키치의 특강에서 이 논문의 내용을 들었던 것을 생각하기 어렵지 않다. 쓰다 소키치는 이 논문을 통해 『삼국사기』 「신라본기」 신라 내물왕까지의 기록이 조작된 것이라는 견강부회(牽强附會)의 사료비판을 했다. 뒤에 보겠지만, 그는 「신라본기」 내물왕까지 기록을 열 가지 내용으로 나누어 그 모두가 조작되었다고 강변을 했다. 『삼국사기』 「신라본기」 내물왕까지 기록은 모두 조작된 것이라 하며, 한지(韓地)에 관한 확실한 문헌은 3세기 후반에 편찬된 중국사서인 『삼국지』 「동이전」 '한조'라고 했다. 『삼국사기』에 나오는 신라의 건국설화(신화)도 조작된 것이고, 사로국의 진한소국 정복 기사도 조작된 것이며, 국왕의 세계나 그 기년도 조작된 것이라는 등 모든

4 津田左右吉, 『古事記及び日本書紀の新研究』, 『津田左右吉全集』 別卷 1, 1989, p. 249.

5 津田左右吉, 『古事記及び日本書紀の新研究』, 『津田左右吉全集』 別卷 1, 1989, p. 190.

6 津田左右吉, 『古事記及び日本書紀の新研究』, 『津田左右吉全集』 別卷 1, 1989, pp. 266~267.

7 그러면서도 제2부 제2장 제1절에서 보듯 쓰다 소키치의 설(『古事記及び日本書紀の新研究』, 『津田左右吉全集』 別卷 1, 1989, p. 138.)을 인정하는 것을 볼 수 있다.

기록이 허구로 조작된 것이기에 결국 왜 · 왜인에 대한 기록도 조작된 것이라는 주장을 폈다. 『삼국사기』「신라본기」 내물왕까지의 기록에 나오는 왜 · 왜인에 대한 자료는 임나일본부설을 부정하는 것들이었기 때문이다.

쓰다 소키치 등 일본인 역사가들이 임나일본부설을 날조한 이유는 분명하다. 고대 왜가 한반도 남부의 백제 · 가야 · 신라 등 정치세력을 신민으로 삼았다는 주장을 하여, 일본의 기원을 강한 것으로 날조하고, 나아가 20세기 일본의 한국 강점 · 폐멸의 역사적 정당성을 확보하기 위한 것이었다. 결국 그의 『삼국사기』「신라본기」에 대한 사료비판은 제국 일본의 천황 중심 황국사관과 한국폐멸사학(소위 식민사학이라 불러온 것)이 함께 작동하여 이루어진 것을 알 수 있다. 그의 『삼국사기』「신라본기」에 대한 사료비판은 한국사를 위한 것이 아니라 임나일본부설을 날조하기 위해 한국사를 희생으로 삼은 것이다. 그것은 한국사가 아니라 일본사를 위한 한국사 날조였다.

그런데 이 같은 사료비판의 결과는 신라의 역사 나아가 한국고대사를 은폐 · 말살하게 되었고, 한국인 정체성의 원점을 말살하기에 이르렀다. 문제는 이병도 선생이 22살 나이에 들었던 쓰다 소키치의 특강 내용 특히 『삼국사기』「신라본기」에 대한 사료비판이 "오리의 각인"이 되어 이병도 선생의 한 평생 연구를 지배했다는 것이다. 이런 이병도 선생은 1945년 8월 15일 해방(광복)되었을 때, 49살의 장년으로 한국사학의 중심에 설 수밖에 없었다. 그는 이미 『삼국사기』「신라본기」 내물왕 이전 기록을 진위반잡(眞僞半雜)의 기록이라 하며, 『삼국지』「동이전」 '한조'의 기록을 가지고 삼한론을 만든 바 있었다. 이는 이병도 선생에게 쓰다 소키치는 적(enemy)이 아닌 존경하는 스승이자 대부가 되었고, 결국은 한국인 정체성의 원점을 말살한 공범들이 된 것이다. 문제는 그 이후 한국의 역사가들이 이 같은 문제를 비판하지 않았다는 것이다.

한국사 강의가 존재하지 않았던 와세다대학에서 이병도 선생이 일본사특강을 통해 들었던 한국사는 임나일본부설을 당연한 것으로 여기는 강의로 그런 강의를 통해 얻었던 한국사 지식은 원천적으로 한국사가 아닌 한국사를 희생으로 삼은 일본사로 한국을 열등한 왕국으로 날조하고 일본을 강한 왕국으로 날조하여 일본의 기원을 날조하기 위한 강의였다. 이를 "오리의 각인"으로 삼았던 이병도 선생은 한국사학의 본질적 오류의 시작점을 제공한 것이다.

그렇게 쓰다 소키치-이병도 선생으로 이어지는 『삼국사기』「신라본기」에 대한 사료비판은 신라 역사 나아가 한국사에 치명상을 입혔다. 이로 인해 신라의 앞부분 수백 년 역사가 은폐 · 말살된 것은 물론이고, 한국인 정체성의 원점도 말살된 것이 그것이다. 그러한 사료비판 때문에 현재 한국인의 다수는 신라인을 시조로 하는 육부성과 종성을 가진 씨족에 속한다는 사실 자체가 은폐되었다. 이렇게 한국인 정체성의 원점을 말살한 것은 제국 일본의 한국폐멸정책의 출발점이 되었던 것이다.

필자는 한국사학의 태두이자 실증사학의 대명사라고 하는 역사가 이병도 선생을 비난할 생각이 없다. 『삼국사기』「신라본기」에 대한 잘못된 사료비판 한 가지 때문에 그의 수많은 업적을 지울 수도 없는 일이다. 다만 이 같은 사료비판의 문제는 그 동안 식민사학의 청산을 주장하는 역사가들조차 한국인 정체성의 원점에 대한 제국 일본의 한국폐멸사학을 1945년 8월 15일 해방 이후부터 지금까지 청산하지 못했다는 점에서 한국사 연구자 모두의 책임이라는 생각을 해 본다.

2) 에피소드 2: 본질적 오류의 전개–쓰다 소키치는 황국사관과 무관하다는 교시

현재 한국사학계가 쓰다 소키치가 날조해낸 역사의 본질적 오류를 어느 정도 이어받고 있는지 말해주는 에피소드가 있다. 이를 통해 서울대학파가 중심이 되어 만들어온 "그들이 만든 역사"에서는 쓰다 소키치가 날조한 본질적 오류의 전개를 극복하는 일이 지극히 어렵다는 생각을 해 본다.

필자는 『한국고대사의 새로운 체계』(1999. 9), 『민족인가, 국가인가?』(2006)를 쓰며, 근현대 한국사학이 부둥켜안고 있는 본질적인 오류를 세상에 알리려 했다. 가장 큰 문제는 제국 일본이 한국을 강점·폐멸시켰던 시기에 만들어진 역사, 그중에서 한국고대사에 대한 것이었다. 필자가 끈질기게 노력해온 것은 쓰다 소키치가 1919년 발표한 「삼국사기 신라본기에 대하여」(『고사기 및 일본서기의 신연구』의 부록)라는 논문에서 적어도 내물왕까지 기록이 조작된 것이라고 한 주장의 본질적 오류와 그 오류를 진리로 여기며 출발점으로 삼았기에 날조된 한국고대사를 청산하기 위한 것이었다. 필자는 1999년 9월 발간한 앞의 책에서는 쓰다 소키치의 견해는 일본황국사관에 의한 민족주의 담론의 틀을 조금도 벗어나지 못한 것이라 했다.[8]

---

8 이종욱, 『한국고대사의 새로운 체계』, 1999, p. 36.

그랬더니 1999년 11월 진단학회 주관으로 열린 이병도 선생의 10주기 추도모임에서 이기백 선생이 누군지 이름은 밝히지 않았지만, 어떤 연구자가 황국사관과 실증사학을 구별하지 못하고 있다는 지적을 했다고 전해 들었다. 그 자리에 있던 분들은 그것이 필자라는 사실을 알았다고 한다. 그해 12월 필자를 만난 이기백 선생은 쓰다 소키치는 황국사관을 가진 역사가가 아니라고 직접 교시를 해주셨다.

이기백 선생은 쓰다 소키치가 한국사를 과학적 · 객관적으로 밝혀낸 실증사학자라고 본 것이다. 일본과 한국의 역사가들은 쓰다 소키치를 실증주의사학의 표상으로 삼아온 것도 사실이다.

한국의 역사학계는 이병도 선생을 한국 실증사학의 대명사라고까지 해 왔다. 이병도 선생이나 손진태 선생은 쓰다 소키치의 제자로서 실증사학을 이어받은 역사학자로 존경받아온 것도 사실이다. 그 결과 한국의 역사가들은 쓰다 소키치를 한국사학의 대부 정도로 생각해 온 것이 아닌가 생각이 들 정도다.

그런데 몇 년 후인 2006년에는 필자가 『민족인가, 국가인가?』에서 『삼국사기』「신라본기」 내물왕까지의 기록이 조작된 것이라고 한 쓰다 소키치의 사료비판을 가지고, 그가 황국사관과 식민사학을 동전의 양면처럼 표리를 이루어 가지고 있던 역사가라고 했다.[9] 필자는 쓰다 소키치가 한국사에 대해서는 일본황국사관과 한국폐멸사학(소위 식민사학)을 하나로 묶어 그의 주장을 펼쳤던 것으로 생각하고 있는 것이다. 쓰다 소키치에게 한국사는 무존재의 역사로 일본사를 위해 마음대로

9 이종욱, 『민족인가, 국가인가?』, 2006, p. 107.

난도질해도 되는 역사였다.

이 같은 필자의 생각이 잘못된 것이 아니라는 사실을 확인하게 되었다. 세키네 히데유키(關根英行) 선생이 2007년에 발표한 「'쓰다 사학(津田史學)'의 신대사(神代史) 해석과 한 일 민족의 계통관계」(『일본사상』 12)를 통해 쓰다 소키치가 황국사관과 친화성을 가졌고, 국수주의적 역사관과 무관하지 않다는 사실을 확인하게 되었기 때문이다. 1999년과 2006년에 필자가 쓰다 소키치에 대한 평을 했던 것이 잘못만은 아니라는 사실을 확인하게 된 것이다.

문제는 다른 역사가들이 아닌 한국사학을 이끌어온 이병도 선생과 이기백 선생이 쓰다 소키치에 의하여 날조된 역사, 그 본질적 오류를 진리로 받아들여 현대 한국사학의 금과옥조(金科玉條)로 삼았다는 것이다. 어찌 보면 이 두 분의 역사가들이 색안경을 끼고 쓰다 소키치의 정체를 바라보았다는 것이 한국사의 첫 단추를 잘못 꿴 출발점을 만든 것일 수 있다.

2. 신라 역사와 한국인 정체성의 원점을 살려내는 "우리를 만든 역사"

필자는 1970년대 초 대학원 석사학위 과정을 거치며 역사가로서의 길을 걷기 시작했다. 그런데 필자가 다른 연구자들과 한 가지 다른 것은 학부과정에서부터 인류학을 공부하기 시작했다는 것이다. 그리고 석사학위를 받은 후 미국과 캐나다의 대학원에서 인류학 · 고고학 · 사회학을 공부했다는 사실도 들 수 있다. 이 같은 인접과학의 공부를 통해 한국사학이 고수하고 있는 패러다임을 떠나 인류학자가 현장조사를 하듯 역사를 탐구하는 방법을 찾게 되었다. 이것이 필자를 학문적 고립으로부터 벗어나게 해 주었다.

한국사학의 고립된 환경을 벗어나 필자가 탐구해온 역사를 "우리를 만든 역사"라고 부를 수 있다고 본다. 이는『삼국사기』「신라본기」의 기록을 첫 부분부터 조작된 것이 아니라 신라 역사 그 자체라고 보는 데서 출발한 것이다.『삼국지』「동이전」'한조'의 기록은『삼국사기』「신라본기」에서 구할 수 없는, 또 다른 역사를 탐구하는 자료로 받아들인 것이다. "우리를 만든 역사"는 신라의 역사 첫 부분부터 "그들이 만든 역사"와 달리 본 것으로, 신라 오리진의 한국인 정체성의 원점을 찾아낸 것이다.

3. 제로베이스(zero-base)에서 "우리를 만든 역사"를 탐구해온 직접적 이유

필자가 탐구해온 "우리를 만든 역사"가 신라 오리진의 한국인을 발견한 것은 쓰다 소키치의 한국폐멸사학(소위 식민사학)이나, 신채호 선생의 한국독립사학(소위 민족주의사학)의 무대를 떠났기에 가능했던 것이다. 이는 소위 한국의 실증사학(필자는 이를 망상사학과 사족사학으로 나누어 보기로 함)과도 단절된 상황에서 역사를 재구성하는 것을 뜻한다. 한 마디로 제로베이스(zero-base)에서 한국고대사를 탐구해 온 것을 뜻한다. 여기서 "우리를 만든 역사"를 탐구할 수 있었던 이유를 몇 가지 제시하기로 한다.

첫째, 새로운 이론이나 학설을 만들기 위해서는 과거 이론이나 학설을 포기하고 청산할 필요가 있다는 것을 들 수 있다. 천동설을 청산하고 지동설이 자리를 잡았던 것과 같은 일이 벌어져야 한다는 것이다. 쓰다 소키치가 주장했던 『삼국사기』「신라본기」 초기기록에 대한 견강부회의 사료비판 하나만 청산해도 제로베이스에서 신라사를 재구성할 수 있고, 한국인 정체성의 원점을 찾을 수 있다. 따라서 『삼국사기』「신라본기」 초기기록에 대한 조작설을 청산하고, 제로베이스에서 『삼국사기』「신라본기」 초기기록에 대한 사료비판을 하고 역사자료로 받아들이는 작업이 필요하다. 이 책에서 그러한 이야기를 할 것이다.

둘째, 필자는 역사적 상상력을 갖고 누구에게나 주어진 사료를 항상 새롭게 해석해 왔다는 것을 들 수 있다. 그런 데에는 이유가 있다. 필자는 제국 일본의 한국폐멸사학에서 출발한 사료비판을 처음부터 받아들이지 않았던 것이다. 필자는 신라 건국신화부터 역사자료라고 보아왔다. 다만 신화화된 신라 건국의 역사를 역사적인 스토리로 전환하는 작업이 필요할 뿐이다. 신화를 역사화 하는 과정을 거쳐 재구성된 신라의 역사는 20세기 초 이래 근현대 한국사학이 만들어온 역사와 전혀 다른 신라의 세상을 밝혀낸 것이 되었다. 현대한국사학이 삼한론으로 처리하던 시대구분을 버리고, 새로운 시대구분을 하여 신라의 역사를 살려낼 수 있었다. 이렇게 살려낸 신라의 역사를 통해 한국인의 오리진을 찾는 결과도 가져오게 되었다.

셋째, 한국인 정체성의 원점에 대한 새로운 관점을 찾게 된 것을 들 수 있다. 필자는 신라 오리진의 한국인의 존재를 인정하는 역사를 만들었다. 신라 오리진의 한국인은 신라의 삼한통합으로 이루어진 것이다. 이러한 사실은 신라역사를 옳게 파악하면 확인할 수 있는 것들이다. 신라 건국신화에서는 육부성(六部姓)의 시조와 종성(宗姓) 중 박씨의 시조인 혁거세의 존재를 찾을 수 있다. 신라 초기에 등장한 석씨의 시조 탈해, 김씨의 시조 알지의 존재도 확인하게 된다. 신라의 역사, 그것도 초기역사 속에 육부성과 종성의 시조들이 들어있는 것을 확인하게 된다. 이로써 20세기 초 이래 만들어진 근현대 한국사학이 말해온 한국인 정체성의 원점에 대한 역사는 수정되어야 하는 것을 알 수 있었다.

넷째, "우리를 만든 역사"는 한국사를 정치적 무기로 삼는 역사탐구 방법을 거절한 것이다. "우리를 만든 역사"는 한국민족이 강했던 것으로 날조하기 위한 역사왜곡 등의 방법을 사용하지 않고, 있었던 역사를 사실 그대로 밝히는 작업을 하는 것이다.

4. "우리를 만든 역사"를 탐구할 수 있었던 새로운 길

천동설과 지동설 차이는 분명하다. 학문적인 내용을 빼고 보면 천동설은 지구에 두발을 딛고 하늘을 쳐다보면 태양도, 달도, 별들도 모두 지구를 중심으로 돌고 있는 것처럼 보인다. 그렇기에 그들에게는 천동설이 아니고는 다른 주장을 할 수 없었던 것이다. 그러나 관점을 달리해서 보면 태양을 중심으로 지구 등의 행성들이 돌고 지구 주위를 달이 도는 것을 구상할 수 있다. 지금은 누구나 지동설을 인정하고 있는 것이 사실이다.

마찬가지 일이 한국고대사에서 벌어지고 있는 중이다. 쓰다 소키치의 한국폐멸사학을 일본 와세다대학에서 역사를 공부했던 이병도 선생과 손진태 선생이 의심 없이 그대로 직수입해 따른 것이 문제다. 그들로서는 다른 길이 없었던 것이다. 한국사의 첫 단추는 그렇게 잘못 채워졌다. 지금도 한국사 교과서에 들어있는 삼한론을 쓰다 소키치의 견해에서 출발한 이병도 선생의 주장의 한 예로 들 수 있다.

1974학년도에 「남산신성비를 통해 본 신라의 지방통치체제」(『역사학보』 64, 1974)를 발표한 필자도 그 이전까지는 『한국사신론』(1967)의 삼한론 등을 그대로 진리라고 믿었다. 그런데 1975년 9월부터 미국 유학을 하며 대학원 인류학과 및 사회학과에서 · 인류학 · 고고학 · 사회학을 공부한 결과 일본의 쓰다 소키치 등 한국폐멸사학자들이 날조한 역사의 존재를 알게 되었고, 그들이 만든 무대를 떠나 사회과학적 관점에서 한국고대사를 제로베이스에서 다시 쓰게 되었다.

그 본격적인 출발점이 1981학년도 박사학위논문인 『신라국가형성사연구』(1982)였다. 이 책에서 필자는 『삼국사기』와 『삼국유사』에 나오는 신라 건국신화부터 한국사 연구의 자료로 인정했다. 그 결과 필자는 근현대 한국사학이 왜곡 · 은폐 · 말살해온 신라 내물왕까지의 역사를 전혀 다른 모습으로 살려내게 되었다. 그리고 이 책에서 말하는 것처럼 한국인 정체성의 원점도 찾을 수 있었다.

그렇게 된 데에는 몇 가지 이유가 있다. 이에 대해 차례대로 보기로 한다. 먼저 문제제기부터 하겠다.

1) 다수의 한국인이 종성과 육부성을 가진 역사적 의미

『삼국사기』「신라본기」의 건국신화 그리고 남해왕과 탈해왕조의 기록들 그리고 『삼국유사』「신라시조 혁거세왕」 조를 보면 종성(박씨·석씨 김씨)과 육부성(이씨·정씨·손씨·최씨·배씨·설씨)의 시조들이 모두 나온다. 이들이 현재 한국인의 다수가 갖고 있는 성(姓)들이다.

필자가 『신라가 한국인의 오리진이다』(2012)를 출간한 이후 지금까지 생각해온 문제가 있다. 현재 한국인들 중 신라인을 시조로 하는 성을 갖고 있는 사람이 다수인 것이 역사적 사실인가 하는 문제다.

한국인은 역사적 산물이다. 신라의 삼한통합으로 대신라(소위 통일신라) 시대에 옛 고구려나 백제 사람들은 사회적 · 정치적으로 도태되었고, 종성과 육부성을 가진 신라인들이 사회적 · 정치적 주인공이 되었던 것이다. 그러한 신라인들의 후손들은 고려나 조선에서도 그 세력을 유지하며 지배세력으로 남게 되었던 것을 생각해 본다.

한국인의 혈통 속에 신석기 · 청동기 시대 사람들의 혈통을 비롯한 모든 나라 사람들의 혈통이 이어지는 사실을 인정하더라도, 신라의 삼한통합으로 벌어진 한국사상 지배세력의 변동을 무시할 수는 없는 일이라고 본다.

삼국시대 이래 한국인들이 갖고 있던 성(姓)들은 사라지기도 하고 새로 만들어지기도 해 왔다. 그리고 김씨 · 이씨 등의 성이 모두 신라인을 시조로 하는 성도 아니고, 종성과 육부성 외의 성에도 신라인을 시조로 하는 성들도 있다. 한마디로 역사적으로 볼 때 한국인의 성(姓)은 생성과 소멸 과정을 거치며 끊임없이 변동을 겪으며 이어져온 것을 알 수 있다. 그렇더라도 현재 한국인들이 고조선인 · 고구려인 · 백제인 등이 아니라 신라인을 시조로 하는 성을 가진 사람들이 다수라는 사실은 주목할 가치가 있는 역사적 사실이다.

여기서 한국인이 신라 오리진이라는 사실을 은폐할 수는 없다고 본다. 신라의 삼한통합에 대한 역사적 의의를 옳게 파악하면 그러한 사정을 인정할 수 있을 것이다.

2) 인류학 · 고고학 · 사회학을 공부하며 얻은 사회과학적 관점으로 학문적 자유를 얻었다

필자는 인류학 · 고고학 · 사회학을 공부하였다. 이 같은 인접과학의 연구 성과에 대한 이해를 통하여 필자는 사회과학적 관점을 얻었다. 이것이 필자로 하여금 현대 한국사학이 강요하는 학문적 고립상태에 빠져들지 않을 힘을 주었다. 필자는 이 같은 인접과학을 공부함으로써 학문적 자유를 얻었다. 실제로 인접과학에 대한 공부는 한국폐멸사학이 만든 무대에서 전개되는 기존 역사연구의 방법을 버리고 제로베이스에서 한국고대사를 탐구하게 만든 힘이 되었다. 1968년 군대에 입대한 후 일과 후에는 인류학 서적들을 탐독했다. 군대 제대 후 복학한 필자는 학부과정에 역사 이외에 다른 전공과목들을 가능한 한 많이 수강하려고 노력했다. 특히 1971년 복학 후 수강한 버나츠키 교수의 『인류학개론』 과목은 필자에게 중요한 전기를 마련해 주었다. 이를 계기로 1975년 9월부터 1977년 1월까지 미국 캔사스대학교 대학원 인류학과와 캐나다 브리티쉬 콜럼비아 대학교(UBC) 대학원 인류학 및 사회학과에서 인류학 · 사회학 · 고고학을 공부할 수 있었다.

필자가 미국과 캐나다 유학을 하며 인류학 · 고고학 · 사회학을 공부한 까닭이 있다. 유학 중 동학들이 편지를 보내 필자가 앞으로 어떤 길을 갈 것인가 궁금해 한다는 말을 해왔다. 한국고대사, 인류학, 고고학, 사회학 중 어떤 길로 갈 것인지 궁금해 하고 있다는 것이었다. 그때 필자는 한국고대사를 연구하기 위해 이들 학문을 공부하는 중이라고 답했다. 필자는 1977년 3월 영남대학교의 전임강사로 취임하기 위해 귀국을 하며 대학원 과정에서 인접과학 과목들을 수강하는 일은 끝이 났다. 그러나 그 후 1982년 9월부터 1년간 캐나다 UBC에서 post-doctoral fellow로 다시 이들 학문분야에 대한 공부를 하기도 했다. 그렇더라도 역사학자로 인류학을 이 정도나마 공부한 예는 다른 나라에서도 찾기 어렵다고 본다.

이 같은 인접 학문분야에 대한 공부를 통해 필자는 소위 실증사학과 민족주의사학의 무대를 떠날 수 있었다. 실증과 민족을 무기로 해온 20세기 한국사학과 거리를 둘 수 있게 되었고, 새로운 패러다임의 한국사를 재구성할 수 있게 된 것이다. 인류학 · 고고학 · 사회학을 공부하며 필자가 한국사 연구와 관련된 중요한 사실을 배운 것들이 있다.

구전의 전통이 가지는 중요성을 알게 된 것: 국가형성 이전 정치발전단계인 추장사회(chiefdom)에 대한 이해 과정에 구전의 전통에 대한 중요성을 알게 되었다. 폴리네시아(Polynesia)의 경우 유럽인들이 쳐들어올 무렵 다수의 추장사회(chiefdom)가 존재했다. 섬에 따라 다르지만 그중에는 50세대나 거슬러 올라가는 계보를 구전하는 추장사회도 있었다.[10] 폴리네시아의 추장사회에서는 50세대에 걸친 추장들의 계보를 기억할 뿐 아니라 그와 관련된 역사도 기억한 것이 사실이다.

이 같은 사실을 보면 『삼국사기』「신라본기」에 나오는 건국신화를 비롯한 내물왕 이전 기록들을 조작된 것으로 볼 수는 없는 일이다. 쓰다 소키치는 한국사를 폐멸시키기 위해 견강부회의 사료비판을 했고, 그 결과 신라 내물왕까지의 역사를 은폐 · 말살한 것이다. 그리고 그러한 사료비판을 1945년 해방 이후 한국인 역사가들이 실증사학의 산물이라 하여 내물왕까지를 내물왕 이전으로 바꾸어 거의 그대로 따르고 있는 중이다. 필자는 폴리네시아의 추장들의 계보파악 사실을 통해, 『삼국사기』「신라본기」에 나오는 건국신화를 비롯한 내물왕 이전 기록들을 역사연구에 끌어들일 용기를 얻었다.

신화의 특성을 통해 한국 건국신화의 특성을 알게 된 것: 신화는 역사다. 적어도 『삼국사기』와 『삼국유사』에 나오는 신라 · 고구려 · 백제 · 가야의 건국신화도 모두 역사다. 이 같은 한국의 초기국가 건국신화에 대한 쓰다 소키치의 사료비판을 받아들일 일이 아니다.

신라시대에도 『광개토왕릉비』의 주몽신화 같은 건국신화가 있었다: 건국신화도 역사다. 이 같은 신라 건국신화에 대한 이해를 위하여, 먼저 414년에 건립된 『광개토왕릉비』에 나오는 고구려 건국신화를 주목하기로 한다.

천제의 아들로 어머니는 하백의 딸이었다. 알을 깨고 세상에 내려

10 Conrad Phillip Kottak, 『Cultural Anthropology』, 1975, p. 56.

왔다. 태어나면서부터 성스러움이 있었다. … 천자의 수레에 명하여 순행하여 남하하는 데 엄리대수를 거치게 되었다. 왕이 나루터에 이르러 말하기를 "나는 천제의 아들이며 어머니가 하백의 딸인 추모왕이다. 나를 위하여 띠를 잇고 거북이를 떠오르게 하라." 했다. 소리에 응하여 곧 띠를 잇고 거북이가 떠올랐다. 그런 후에 건널 수 있었다. 비류곡 홀본 서쪽 성의 산상에 도읍을 세웠다. 세상의 왕위에 있는 것을 즐겨하지 않았기에 황용을 보내 아래로 내려와 왕을 맞이하게 했다. 왕은 홀본 동강에서 용의 머리를 밟고 하늘로 올라갔다. 유언을 받은 세자 유류왕이 도로써 나라통치를 일으켰고, 대주류왕은 국가의 기초를 이어받았다. 17세손에 이르러 국강상광개토경평안호태왕이 열여덟 살에 왕위에 올라 영락대왕이라 칭했다.[11] (『광개토왕릉비』)

광개토왕(391~413)의 능에 건립된 능비문을 통해 몇 가지 사실을 알 수 있다. 첫째, 위에 제시한 기록은 크게 세 부분으로 나뉘는 비문의 첫 부분으로 고구려 역사에 대한 것이다. 『삼국사기』나 『삼국유사』를 보면 광개토왕은 고구려의 제19대 왕으로 나온다. 위의 비문을 통해서도 광개토왕이 고구려의 19대왕이라는 사실을 확인할 수 있다. 추모왕(제1대 주몽)−유류왕(제2대 유리왕)−대주류왕(제3대 대무신왕)으로 이어지는 고구려 초기 왕이 나온다. 광개토왕은 3대 대주류왕의 17세손으로 되어 있다. 따라서 위의 금석문으로도 광개토왕은 고구려 19대 왕이 된다. 414년 『광개토왕릉비』를 세운 고구려인들은 광개토왕이 『삼

11 『광개토왕릉비』를 통해 고구려 주몽의 탄생, 그리고 광개토왕이 『삼국사기』의 기록과 같이 고구려 제19대 왕이라는 사실을 확인할 수 있다. 그 원문기록을 제시한다. 天帝之子 母河伯女郎 剖卵降世 … 顧命世子儒留王 以道興治 大朱留王 紹承基業 ?至…十七罡世孫 國上廣開土境平安好太王 二九登祚 號爲永樂大王 …(『광개토왕릉비』)

국사기』나 『삼국유사』에 나오는 것과 같이 19대왕이었다고 한 것이다. 『삼국사기』나 『삼국유사』에 나오는 기록의 왕의 대수는 414년 당시 고구려인들이 보는 고구려 역사의 왕위계승 대수와 같은 것을 알 수 있다. 『삼국사기』나 『삼국유사』에 나오는 19대 광개토왕까지의 왕위계승 자료는 잘못된 것이 아니라는 것이다. 그때 이전에 고구려인들이 만든 공식적인 역사가 존재했고 그것이 『광개토왕릉비』에 나오는 것이다.

둘째, 『광개토왕릉비』에 나오는 고구려 건국신화는 『삼국사기』나 『삼국유사』에 나오는 고구려 건국신화의 대본이 되었다는 사실을 생각할 수 있다. 『삼국사기』나 『삼국유사』에 나오는 고구려 건국신화는 후대에 조정된 이야기들이 있으나, 그 원본에 해당하는 건국신화가 바로 『광개토왕릉비』에 나오는 건국신화라는 것을 알 수 있다.

이 같은 사실을 인정하고 보면 고구려 건국신화는 414년에 이미 만들어져 있었던 것을 확인하게 된다. 우리는 언제부터 그러한 고구려 건국신화가 만들어졌는지 알 수 없다. 그러나 그 이전에 이미 고구려 건국신화가 만들어졌던 것이 분명하다. 『광개토왕릉비』에 나오는 건국신화는 고구려 왕국이 인정한 공식적인 건국신화였고, 그 자체가 고구려의 공식적인 역사였던 것이다.

여기서 신라 건국신화를 어떻게 볼 것인가에 대한 단서를 찾을 수 있다. 『삼국사기』와 『삼국유사』에 나오는 신라 건국신화가 언제 만들어졌을까 하는 문제가 있다. 고구려 건국신화와 마찬가지로 혁거세가 알에서 나왔다는 이야기를 하고 있는 신라 건국신화 또한 신라시대 언제인가에 이미 건국신화로 만들어져 있었다고 볼 수 있다. 다만 신라의 경우 건국신화를 전하는 『광개토왕릉비』 같은 금석문이 아직 나타나지 않았기에 그 시기를 단정하기 어렵다. 그렇더라도 늦어도 『광개토왕릉비』와 비슷한 시기인 5세기 초에는 신라 건국신화도 만들어져 있었을 가능성을 생각해 본다. 그리고 그때 이미 현재 우리들이 『삼국사기』나 『삼국유사』에서 볼 수 있는 건국신화가 만들어졌다고 보면 어떨까 한다. 그러한 건국신화는 신라인의 공식적인 역사였던 것이다.

문제는 그런 신라 건국신화를 가지고 신라의 역사를 재구성하기 위해서는 건국신화의 특성이 무엇인지 생각할 필요가 있다. 여기서 일반적인 신화의 특성을 보기로 한다.

신화(건국신화 포함)의 세 가지 특성: 신화에는 일반적인 특성이 있다. 그리고 그러한 특성은 건국신화를 이해하는 데도 도움이 된다. 크게 세 가지 특성을 볼 수 있다.[12]

첫째, 신화는 구전을 통하여 발전하고 성장하여 왔다는 사실을 주목할 수 있다. 구전과정에서 후대인의 필요에 따라 그 내용과 양식이 조정될 뿐만 아니라, 아예 삭제되기도 한다. 건국신화에는 정치적 지배세력으로 성장한 집단의 이야기들만이 자리를 잡는다. 그렇지 못한 집단의 이야기들은 사라지게 되는 것이다. 한국의 초기국가 형성기에는 수많은 이야기들이 있었을 것이다. 그러나 그중 극히 일부의 이야기만이 건국신화를 통하여 우리에게 전해지고 있는 것이다.

『삼국사기』(1, 「신라본기」 1, '시조 혁거세거서간' 조)에 나오는 신라 건국신화의 경우, 조선유민들이 산곡에 분거하여 이루었다는 6촌의 존

12 Allan J. Lichtman and Valerie French, 『Historians and the Living Past』, 1978, pp. 79~85.

재가 나온다. 『삼국사기』에는 유리왕 9년(32)에 6촌을 6부로 편성하고 부마다 하나씩의 성을 주었다는 기록도 나온다. 그것이 육부성이다. 물론 32년에 육부성을 준 것은 아닐 것이다. 그러나 육부성의 시조가 되는 촌장들에 대한 기억을 갖고 있던 6촌 · 6부 사람들은 각기 그런 촌장을 시조로 하는 하나의 씨족들을 형성하고 있었던 것이다. 후일 신라인들이 한자식 성을 사용하게 되며 각 씨족들도 각기 하나씩의 성(姓)을 갖게 되었다. 32년에 한자식 성을 사용하지 않았다고 하여 6촌 · 6부마다 존재했던 씨족의 존재를 부정할 수는 없는 일이다.

『삼국유사』(1, 「기이」 2, '신라 시조 혁거세왕' 조)의 건국신화는 보다 많은 내용의 역사를 전하고 있다. 그리고 6촌장들이 모여 혁거세를 군주로 세우고 입방설도(立邦設都)한 건국이야기도 나온다. 이러한 자료는 신라 건국의 결정적인 정보를 제공해 주는 것이 아닐 수 없다. 그중에는 혁거세를 추대한 촌장들이 육부성의 시조들이 된 것도 있다. 그리고 육부성의 시조들은 혁거세보다 먼저 서라벌지역에 정착했던 세력들이라는 사실도 나온다.

둘째, 신화는 자연과 인간, 신과 인간에 대한 구별을 하지 않는다는 특성이 있다. 그러므로 신화를 과학적 기준에 의하여 해석하고 진위를 판단하는 것은 의미가 없는 일이다. 신화는 과거에 있었던 사실이나 사건들이 구전과정에서 직관이 확대되고 상상력이 유발되어 만들어진 산물이라고 이해해야 한다.

신라 건국신화에 나오는 것과 같이 혁거세가 알에서 태어났다는 이야기는 신라 건국세력의 등장을 신화화한 것이다. 그것을 가지고 신라 건국신화를 허구로 만들어진 것이라고 한다면 역사연구를 포기하는 행위일 뿐이다.

셋째, 신화는 시간적인 변화를 인정하지 않는다는 점을 들 수 있다. 신라 건국신화에 나오는 혁거세의 등장 시기나 군주로 추대된 시기에 대한 연대는 신화 속의 시간이다. 그것은 역사적인 시간이 아니다. 따라서 한국의 초기 국가 형성 시기에 대한 신화 속의 연대도 그대로 따를 수는 없다. 건국신화의 시간을 역사적인 시간으로 전환하는 작업을 거쳐야 비로소 건국신화가 역사 연구의 자료로 탈바꿈하게 되는 것이다.

일단 이와 같은 신화의 일반적 특성을 이해하고 나면, 건국신화는 해당 국가의 형성과 발전에 대한 소중한 정보를 담고 있다는 사실을 인정할 수 있게 된다. 물론 여기에는 건국신화에 나오는 사건 · 사실 · 시간 등을 역사적인 사실 · 사건 · 시간 등으로 전환하는 작업이 있어야 한다. 건국신화를 역사 읽기에 끌어들이는 데는 두 가지 방법이 있다.

하나, 건국신화의 사건이나 사실을 역사적 사건과 사실로 전환하는 작업이 있어야 한다. 신라의 혁거세신화를 예로 들어 보자. 혁거세는 현재 경주지역에 있었던 6촌장의 추대를 받아 군주가 되었다고 전해진다. 여기에서 혁거세가 6촌장들이 다스리던 영역을 하나로 통합시켜 나라를 세웠음을 알 수 있다. 또한 6촌장들이 지배세력으로 있던 정치발전단계와 6촌을 통합해 만들어진 새로운 정치발전단계를 구별할 수 있다. 6촌의 각 촌을 6촌장들이 각기 다스리던 촌락사회(추장사회, chiefdom)와 6촌을 통합하여 만들어진 서라벌소국(사로국)이라는 국가(state)단계를 나누어 설정할 수 있다. 서라벌소국은 소국단계이지만 국가단계라고 보아야 한다.

필자는 이러한 두 가지 정치발전 단계를 촌락사회(촌장사회 추장사회)단계와 소국단계로 구분하여 왔다. 그러한 사정은 가야의 건국신화인 수로신화에서도 찾아진다. 가락9촌 단계와 그것이 통합된 가락국 단계가 그것이다. 가락9촌은 촌락사회(추장사회) 단계였고, 가락국은 소국 단계였던 것이다. 지금까지 근현대 한국사학은 건국신화를 역사 연구에 끌어들이지 않았기 때문에 이와 같은 정치발전단계를 발견할 수 없었다. 그러나 건국신화를 통하여 촌락사회와 소국단계를 구별하게 된다면 초기국가의 형성과 발전에 대한 이해에 도움이 된다는 것을 알 수 있다.

둘, 건국신화 속의 시간을 역사적인 시간으로 전환하는 일인데, 두 가지 방법이 있다. 하나는 역사발전의 대세를 파악하여 역사적 시간을 찾는 길이다. 신화 속의 건국세력들은 대개 이주민들이거나 이주민과 관련되어 있었던 것이 분명하다. 따라서 이주민의 발생이라는 사실을 주목하게 된다. 특히 중국을 중심으로 한 동북아시아 지역의 정치적 변동의 추이를 염두에 두면서 이주민의 발생을 따져보아야 한다. 정치적 변동이 있을 때마다 그 과정에서 밀려난 세력들은 새로운 지역으로 이주하게 된다. 그러한 이주민들은 원래 살던 지역에서 취득한 정보를 가지고 다른 지역으로 이동하여 나라를 세운다. 동북아시아의 정치적 변동이라는 역사의 대세를 주목하면 한국의 초기국가 형성 시기도 짐작이 가능하다. 신라의 경우 혁거세 집단은 중국의 진한교체나 고조선 지역의 위만조선 성립 또는 위만조선 멸망과 관련되어 이주한 집단일 가능성을 열어둘 필요가 있다. 그에 따라 서라벌소국의 형성 시기도 『삼국사기』에 나오는 것과 같이 기원전 57년이 아니라, 더 이른 시기에 소국이 형성되었을 가능성을 생각할 필요가 있다.

다른 하나는 고고학 연구를 통해서 절대편년을 찾는 작업으로, 건국신화의 연대를 찾는데 결정적인 방법이 된다. 사서가 말하는 것과 같이 고조선이 기원전 2333년, 고구려가 기원전 37년, 백제가 기원전 18년, 신라가 기원전 57년 그리고 가야가 서기 42년에 건국되었다는 연대를 그대로 따를 수는 없는 일이다. 그동안 한국의 고고학은 절대편년을 찾기보다는 상대편년을 정하는 데 관심을 기울여 왔다. 그런데 유물 및 유적에 대한 상대편년은 역사학의 강력한 영향권 하에 있었기 때문에 그러한 상대편년 자체가 왜곡된 것일 수밖에 없는 것이다. 다시 말해서 고고학의 도움을 받아 초기국가 형성과 발전의 시기를 찾는 작업은 불가능했던 것이다.

그런데 1999년 국립문화재연구소가 풍납토성에 대한 발굴을 하면서부터 그러한 상황은 달라졌다. 2000년에 발표된 풍납토성의 연대측정 결과에 따르면, 그 성의 축조가 기원전 2세기부터 전개되었던 것임을 알 수 있다. 그동안에는 기원전 1세기부터 성이 축조되었다고 했지만,[13] 이제 풍납토성의 연대측정치를 인정하면 백제의 모체가 되었던 십제(十濟)의 건국 시기는 기원전 2세기 또는 그 이전으로 거슬러 올라가게 된 것이다. 지금까지 한국의 역사학계가 역사 재구성 자료로 받아들이는 것을 포기하였던 건국신화를 새롭게 읽을 필요가 있다. 이를 통하여 그 동안 은폐 · 말살되었던 역사를 살려낼 수 있는 것이다. 실제로 월성 발굴 결과 신라의 역사에 대한 편년이 새롭게 정리될 것으로 기대해 본다.

13 국립문화재연구소, 『풍납토성 II』, 2002, pp. 116~120.

추장사회(chiefdom)와 국가(state)의 차이를 알게 되었다: 앞에서 폴리네시아의 추장사회에서 50대에 걸친 추장 계보파악에 대한 사실을 잠시 이야기했다. 이 같은 추장사회는 정치발전 단계상 국가 형성 이전의 단계를 의미한다. 추장사회에서 모든 성원들은 공동 시조의 후손들로 생각되어진다. 추장이 되기 위해서는 공동 조상의 장자로 이어지는 가계가 중요했다.[14] 그 외에도 여러 가지 특성을 이야기 하고 있다.

이 같은 추장사회는 국가에 이르기 전 단계의 정치발전단계라는 것이다. 필자는 추장사회(chiefdom)와 국가(state)의 구별을 통해 신라 건국신화를 새롭게 해석할 수 있었다. 뒤에 보겠지만 신라 건국신화에 나오는 서라벌6촌과 그 촌장(추장)들이 살던 단계를 추장사회(chiefdom) 단계로 보고, 혁거세가 등장하여 서라벌6촌을 통합하여 서라벌소국을 세운 단계를 국가(state)단계로 볼 수 있었던 것이다.

한국사 연구에서 소국 형성 이전에 추장사회(chiefdom)를 설정한 연구자는 필자다. 뒤에 이야기 하겠지만 서라벌소국 형성 이전 서라벌 6촌에는 촌장들이 있었다. 후일 이들 6촌장들이 혁거세를 추대하여 군주(君主)로 삼았는데 그들 6촌장들이 각기 육부성의 시조로 된 것으로 나온다. 여기서는 인류학을 공부하여 한국인 정체성의 원점을 찾게 된 이유를 밝히는 데 필요한 사항만 들어보았다.

3) 신라 건국신화에서는 무엇을 읽어낼 수 있나?

신라 건국신화를 통해 읽어낼 수 있는 것은 무엇일까? 쓰다 소키

14 Conrad Phillip Kottak, 『Cultural Anthropology』, 1975, p. 56.

치, 이병도 선생, 손진태 선생, 이기백 선생 등 근현대 한국사학을 이끌어온 역사가들은 한국의 초기국가 건국신화를 역사로 인정하지 않았다. 신라 건국신화도 예외가 아니다. 여기서 신라 건국신화의 일부만 보겠다.

> 전한(前漢) 지절 원년(기원전 69) 3월 1일 6부(당시는 6촌)의 조(祖)들이 각기 자제들을 거느리고 알천의 언덕 위에 모여 의논을 하였다. "우리는 위로 군주(君主)가 없어 백성들을 다스리지 못하기 때문에 백성들이 모두 방자하여 제 하고자 하는 대로 하니 어찌 덕이 있는 사람을 찾아 군주로 삼고 입방(立邦)·설도(設都)하지 않겠는가? 하고 의논을 하였다.
>
> 이때 높은 곳에 올라 남쪽을 바라보니 양산 밑 나정 곁에 이상한 기운이 번개처럼 땅에 드리우더니 흰 말 한 마리가 꿇어 절하는 모양을 하고 있었다. 그 곳을 찾아 살펴보니 하나의 자주색 알이 있었는데 말은 사람을 보고 길게 울며 하늘로 올라갔다. 그 알을 쪼개니 사내아이가 나왔는데 모양이 단정하고 아름다웠다. 놀랍고 이상하게 여겨 동천에서 목욕시켰다. 몸에는 광채가 났고 새와 짐승이 모두 춤추며 천지가 진동하고 해와 달이 청명해졌다. 따라서 혁거세(赫居世)왕이라 했다. 왕위의 호칭을 거슬감이라 했다(『삼국유사』1, 「기이」2, 신라시조 혁거세왕).

위의 건국신화는 『삼국유사』에 나오는 것이다. 이를 통해 여러 가지 사실을 알 수 있다. 위의 신화에 따르면 6촌의 조(祖)들이 각기 하나 씩의 촌을 다스리던 시대가 있었던 것을 알 수 있다. 6촌에 대해서는 그 자세한 내용이 같은 『삼국유사』(1, 기이 2, 신라시조 혁거세왕 조)

의 기록에 나온다. 그에 따르면 6개 촌에 대해 각기 촌명, 촌의 위치, 촌장 이름, 촌장이 내려온 장소, 촌장을 시조로 하는 왕경 6부 중 해당 부의 성씨, 고려의 부명, 고려시대 부의 방위, 고려시대 부에 속한 촌명 등이 나온다.

그리고 다음과 같은 기록도 주목할 수 있다.

> 위의 글을 살펴보면 이 6부(또는 6촌)의 조(祖)들은 모두 하늘에서 내려온 것 같다. 노례왕 9년(32)에 비로소 6부의 이름을 고치고 또 6성을 주었다. 지금 풍속에는 중흥부를 어머니라 하고, 장복부를 아버지라 하고, 임천부를 아들이라 하고, 가덕부를 딸이라 하는 데 그 이유는 자세히 알 수 없다(『삼국유사』 1, 기이 2, 신라시조 혁거세왕).

서라벌소국 형성 이전 서라벌6촌은 서라벌소국 형성 이후 언제인가 신라왕경6부로 되었고, 신라왕경6부는 고려의 경주6부로 된 것을 신라 건국신화를 통해 알 수 있다. 그런데 각 촌(부)에 하나씩의 성이 주어진 것도 사실이다. 육부성이 바로 그 성(姓)들이었다. 혁거세 세력이 등장하여 서라벌소국을 형성하기 전 서라벌의 6촌은 각기 독립된 정치체를 형성했다. 서라벌소국이 형성된 후 6촌은 서라벌소국을 형성한 영역이 되었다. 이때 6촌은 서라벌소국의 지방행정구역이 된 것이다.

혁거세가 서라벌소국을 형성한 후 6촌장들은 각기 해당 촌의 지배세력으로 남아 있었다. 그중 혁거세를 추대하여 군주로 삼았던 6촌장들은 후일 한자식 성을 사용하게 되며 육부성의 시조가 된 것이다. 6촌의 각 촌마다 하나의 씨족이 있었고, 각기 시조에 대한 신화를 갖고 있었다. 그렇기에 한자식 성이 없었다고 하여 촌마다 있던 씨족의 존재를 부정할 수는 없는 일이다. 각 촌의 씨족들은 그들의 시조신화를 암송하였고 후일 한자식 성을 사용하게 되며 씨족마다 다른 성을 갖게 되어 씨족을 나타내고 구별하는 장치로 삼았던 것이다.

서라벌소국의 최고 지배세력은 왕을 배출하던 세력들이 차지했다. 혁거세를 시조로 하는 박씨, 탈해를 시조로 하는 석씨, 알지를 시조로 하는 김씨 세력들이 그들이었다. 이들이 바로 종성(宗姓) 씨족이다. 그들 종성 씨족세력들은 6촌(6부)의 지배세력이 아니라 소국 나아가 신라 왕국 전체의 지배세력들이었다.

4) 『신라국가형성사연구』를 작성하며 뛰어 넘었어야 했던 두 가지 장벽

인류학을 공부하며 구전의 전통을 인정하고, 신화의 특성을 알게 되고 추장사회(chiefdom)와 국가(state)단계를 구별하게 되며 필자는 새로운 차원에서, 제로베이스에서 한국고대사를 다시 쓰게 되었다.

그 결과 1981학년도에 필자가 박사학위 논문을 작성할 때, 적어도 두 가지의 뿌리 깊은 벽을 뛰어 넘지 않을 수 없다고 했다.[15] 첫째, 『삼국지』「동이전」의 기록을 중시하고 『삼국사기』「신라본기」의 기록을 부정적으로 보아 신라 내물왕(356~402) 이전 신라의 정치적 성장에 대한 해명을 하지 않던 것을 문제로 들었다. 둘째, 문헌 중심의 실증사학의

15 이종욱, 『신라국가형성사연구』, 1982, pp. iii~iv.

벽을 들었다. 필자는 고고학 자료를 역사연구에 끌어들였고, 인류학 이론을 받아들여 보다 폭 넓은 분석의 틀을 마련했다.

그렇게 해 탄생한 것이 1981학년도에 제출했던 필자의 박사학위 논문인 『신라국가형성사연구』[16](1982, 일조각)였다. 필자의 박사학위 논문을 출판한 이 책은 20세기 한국사를 만들어온 중심 역사가들인 신채호 선생, 쓰다 소키치 · 이병도 · 손진태 · 이기백 선생 그리고 이분들이 길러낸 3세대 그리고 그 이후의 역사가들이 관심을 갖지 않고 있는 것들을 다루었다. 당시는 물론 20세기 또는 21세기 한국사학을 이끌어온 역사가들은 생각조차 하지 않았던 역사를 재구성했던 것이다.

필자가 쓰다 소키치가 창작한 한국고대사 패러다임과 다른 또 하나의 패러다임을 만든 데에는 크게 두 가지 이유를 찾을 수 있다.

첫째, 필자는 20세기에 만들어진 한국고대사의 문제점들을 파악하였다는 것이다. 서강에 재학하는 중 필자는 이기백 선생의 강의를 빼놓지 않고 들었다. 1967년 『한국사개설』 강의를 시작으로 학부과목은 물론, 석사 · 박사학위과정에서도 매학기 선생님의 강의를 수강했다. 대학원 사학과에 재학하는 동안 이기백 선생으로부터 역사학자가 되는 엄한 훈련을 받았다. 그 과정에 20세기 당시까지 만들어진 한국고대사에 대한 연구들을 모두 검토했었다. 그 결과 필자는 기존 연구의 문제점을 파악할 수 있었다.

제국 일본의 한국 폐멸 시기는 물론이고 해방 이후 한국고대사 연구는 쓰다 소키치가 만든 한국폐멸사학의 무대에 머물고 있는 것이 가

16 이 책은 1983년 1월 21일 한국일보사가 제정한 제23회 「한국출판문화상」 저작상 부문 수상작으로 선정되었다.

장 큰 문제라는 사실도 알게 되었다. 그 결과 1976년 말부터 쓰다 소키치가 만든 한국폐멸사학의 무대를 떠나 새로운 무대에서 한국고대사를 재구성하기 시작했다. 그리고 박사학위 과정에서 본격적으로 새로운 패러다임의 논문을 발표하기 시작했다. 박사학위 논문으로『신라국가형성사연구』를 출간한 것이 그 본격적인 활동의 시작이었다. 이후 필자의 연구는 20세기에 만들어진 기존 연구 성과와는 다른 궤도를 달리게 되었다.

둘째, 한국고대사를 보는 필자의 관점은 어떻게 확보한 것일까 하는 것이다. 이는 마치 천동설에서 지동설로 넘어가는 것과 같은 것이다. 20세기 초 제국 일본의 한국 강점 · 폐멸이 자행되면서 신채호 선생 같은 한국인들은 한국의 독립을 위한 무기로 한국사, 특히 한국고대사를 만들어냈다. 한국고대사를 통해 민족을 만든 것이 그것이다. 그런가 하면 쓰다 소키치를 비롯한 제국 일본의 역사가들은 소위 실증사학을 표방하며『삼국사기』「신라본기」앞부분 수백 년의 역사를 은폐 · 말살하여 신라 초기 수백 년의 역사를 말살하고, 나아가 한국인 정체성의 원점을 은폐 · 말살하였다.

필자는 1945년 해방 이후 한국사학을 장악해온 민족과 실증을 무기로 한 한국고대사의 문제를 간파했다. 그렇기에 그 두 개의 무대를 떠나 실제로 있었던 역사를 찾는 작업을 하게 된 것이다. 과거 천동설을 신봉하던 사람들은 지구에 두발로 버티고 서서 하늘을 쳐다보며 지구를 중심으로 태양, 별들, 달이 도는 현상을 당연한 것으로 받아들였다. 이는 마치 1945년 해방 이후 한국고대사 연구자들이 민족과 실증을 당연한 것으로 받아들여 한국고대사를 만들어온 것과 같은 것이다.

그 결과 1~2세대 연구자들은 민족 · 민족사를 만든다고 했고, 실증을 외치며 한국인 정체성의 원점을 은폐 · 말살해온 것이다. 3~5세대 연구자들은 거기에 더해 화사첨족의 역사를 만들어 교과서에까지 집어넣고 있는 상황이 시작되고 있는 중이다. 이는 한국사를 위해 비판받아야 할 일이나, 그들 모두 한통속이기에 누구도 비판을 하는 연구자가 없었다.

필자는 결국 20세기에 탄생한 한국고대사의 무대를 떠나 한국고대사를 재구성해낸 것이 사실이다. 아무나 할 수 있는 일은 아니라고 본다. 그 것은 용기가 필요한 일이고, 운이 좋아야 하는 일이었다. 용기는 필자가 하는 연구가 잘못이 아니라는 확신이 있었기에 저절로 생겼다. 운은 필자처럼 좋은 스승, 대단한 스승을 만나는 일이 필요한 것이다. 견해가 다른 주장을 펼친 논문을 박사학위 논문으로 인정해주신 일은 물론이고 나아가 처음 대학교수가 되는 데 또 대학을 옮길 때 결정적으로 도움을 주신 이기백 선생을 만난 일은 필자가 마음 놓고 새로운 패러다임의 한국사를 만들 기회를 준 것이다. 이는 행운이었다. 아니면 필자는 벌써 다른 길을 걸었을 것이다. 그렇게 되었다면 근현대 한국사학이 만든 역사, 날조된 역사를 비판하고, 한국인 정체성의 원점을 찾는 작업은 또 다른 시기, 또 다른 역사가를 기다려야 했을 것이다.

5) 신라 오리진의 한국인을 발견한 것은 2007년 이후의 일이다

사실 1981학년도에 박사학위 논문을 제출하며 신라사가 가지는 의미를 밝힌 적이 있다.

> 신라사가 한국사체계 안에서 차지하는 비중은 결코 작지 않다. 그것은 신라가 단순히 천년의 역사를 가졌기 때문만은 아니다. 신라는 한국사에 나타나는 초기국가 형성기부터 존재한 나라로 후일 삼국을 통일하여 하나의 민족국가를 형성하였다는 면에서 더 중요한 의미를 찾을 수 있다. 이는 바꾸어 말하여 한국사의 구조적인 특성이 신라사에서 비롯되었다고 할 수 있는 것을 뜻한다. 그리고 신라사의 특성은 신라의 국가형성기에 이루어졌음에 틀림없다. 따라서 신라국가형성에 대한 연구는 한국사 해명에 있어 중요한 시발점이 된다고 믿어진다.[17]

위의 주장은 처음부터 『삼국사기』 「신라본기」를 신라사 연구의 자료로 받아들인 데서 나온 것이다. 필자는 쓰다 소키치의 『삼국사기』 「신라본기」에 대한 사료비판을 추종하지 않았기에 위와 같은 주장을 할 수 있었던 것이다. 그러면서도 1981학년도에 제출했던 박사학위 논문이나 2002년에 발간한 『신라의 역사 1』에서도 한국인 정체성의 원점에 대한 역사는 생각하지 못했다. 그런 면에서 필자도 "그들이 만든 역사"의 희생이 된 것이다.

그러다가 2007년 2학기와 2008년 1학기 안식년을 경주에서 보내며 신라가 한국인의 오리진이라는 생각을 하게 된 것이다. 그때 1년간 만난 경주는 신라인들의 경주라는 생각을 하게 되었다. 종성과 육부성의 후손들이 전국 각지에서 경주로 와서 시조를 비롯한 조상들에 대한 제사를 지내는 모습을 보며 한국인의 오리진이 신라가 아닐 수 없다는 생각을 한 것이다. 그렇게 하여 그때 경주에서 작성했던 책을 『신라가 한

17 이종욱, 『신라국가형성사연구』, 1982, p. 1.

국인의 오리진이다』라는 제목으로 2012년에 출간할 수 있었다.

이 책은 쓰다 소키치가 날조한 신라사의 패러다임을 금과옥조로 이어받은 서울대학파가 만든 길드의 무대를 떠나, 누구에게나 주어진 사료를 가지고 "그들이 만든 역사"와 다른 패러다임의 역사인 "우리를 만든 역사"를 펼치자는 책이라 하겠다.

1부

"우리를 만든 역사", 사회과학적 관점으로 발견한 신라 역사와 그 안의 한국인 정체성의 원점

1부

"우리를 만든 역사", 사회과학적 관점으로 발견한 신라 역사와 그 안의 한국인 정체성의 원점

누구에게나 주어진 똑같은 자료를 가지고 서로 다른, 대화를 나누기 어려울 정도로 다른 역사를 재구성하는 일이 가능할까? 일반적으로 그럴 수는 없다고 생각할 것이다. 그러나 한국고대사의 경우, 특히 한국인 정체성의 원점에 대한 역사에 대해서는 그런 일이 벌어지고 있다. 필자의 경우 근현대 한국사학이 만들어 강요하고 있는 학문적 고립 환경을 처음부터 떠났기에 제로베이스에서 한국고대사를 재구성하는 일이 가능했다.

필자는 1981학년도에 박사학위 논문을 제출할 당시 그 논문이 한국인 정체성의 원점을 다룬 역사를 향한 것이라는 사실을 제대로 인식하지 못했다. 그러면서도 그때 "한국사의 구조적인 특성이 신라사에서 비롯되었다고 할 수 있는 것을 뜻한다. 그리고 신라사의 특성은 신라의 국가형성기에 이루어졌음에 틀림없다. 따라서 신라국가형성에 대

한 연구는 한국사 해명에 있어 중요한 시발점이 된다고 믿어진다."라 밝힌 바 있다.[18]

"우리를 만든 역사"의 출발점은 『삼국사기』와 『삼국유사』에 나오는 신라 건국신화다. 필자는 지금까지 "그들이 만든 역사"를 추종하는 연구자들이 조작된 것으로 본 건국신화를 통해 신라의 역사 나아가 한국 고대사를 재구성해 왔고, 그렇게 재구성한 신라 역사 속에서 한국인 정체성의 원점을 발견할 수 있었다.

1. 한국인의 정체성의 원점, 육부성(六部姓)과 종성(宗姓)의 시조들

『삼국사기』「신라본기」와 『삼국유사』에 나오는 신라 건국신화에는 육부성의 시조들과 혁거세를 시조로 하는 박씨에 대한 기록이 나온다. 그리고 『삼국사기』「신라본기」 남해왕 조의 기록에는 석씨의 시조 탈해가 나오고, 탈해왕 대의 기록에는 김씨의 시조 알지에 대한 기록이 나온다. 이 같은 기록 자체는 현재 한국인 중 다수가 육부성과 종성에 속한다는 사실과 관련하여 『삼국사기』「신라본기」의 첫 부분이나 『삼국유사』'신라시조 혁거세왕'조에 나오는 신라 건국신화부터 사료로서의 신빙성이 있다는 사실을 말해준다.

18 이종욱, 『신라국가형성사연구』, 1982, p. 1.

1) 신라 건국신화의 서라벌6촌장들을 시조로 하는 육부성

6부성의 시조들: 필자가 추장사회(chiefdom) 단계로 설정한 서라벌 6촌의 촌장들이 현재 한국인과 관계가 있다는 사실을 주목할 필요가 있다. 사실 필자는 『신라국가형성사연구』(1982)는 물론이고 『신라의 역사 1』(2002)을 출간할 때까지도 서라벌6촌과 한국인의 관계에 대해 별 생각이 없었다. 그런데 2007년 2학기부터 2008년 1학기까지 경주에 가서 살던 필자는 현재 한국인들이 신라의 역사적 유산을 잇고 있다는 사실을 생각하게 되었다. 그중의 하나가 종성(宗姓)과 육부성(六部姓)을 가진 한국인의 존재였다.

다음은 『삼국유사』의 건국신화 중 한 부분을 보기로 한다. 『삼국유사』의 건국신화가 그 내용이 풍부하다.

> 진한(辰韓)[19]의 땅에 6촌이 있었다.
>
> 첫째는 알천양산촌인데 그 남쪽은 지금의 담엄사 방면이다. 촌장의 이름은 알평이며 그가 처음 표암봉에 내려왔다. 급량부 이씨의 조상이 되었다. (노례왕 9년에 부를 두어 급량부라 했는데 고려 태조 천복 5년(경자)에 이를 중흥부라고 고쳤다. 파잠, 동산, 피상, 동촌이 이에 속한다.)
>
> 둘째는 돌산고허촌인데 촌장은 소벌도리이며 그가 처음 형산에 내려왔다. 사량부 정씨의 조상이 되었다. 지금은 그곳을 남산부라 하니 구량벌 마등오, 도북, 회덕 등 남촌이 이에 속한다.
>
> 셋째는 무산대수촌인데 촌장은 구례마이며 그가 처음 이산에 내려왔다. 점량부 또는 모량부 손씨의 조상이 되었다. 지금은 장복부라

19 진한(辰韓)이 아니라 서라벌 또는 사로가 타당하다.

하며 박곡촌 등 서촌이 이에 속한다.

넷째는 자산진지촌인데 촌장은 지백호이며 그가 처음 화산에 내려왔다. 본피부 최씨의 조상이 되었다. 지금은 통선부라 하며 시파 등 동남촌이 이에 속한다. 최치원은 본피부 사람이다. 지금 황룡사 남쪽, 미탄사 남쪽에 옛터가 있는데 이를 최후(崔侯)의 고택이라 하므로 거의 분명하다.

다섯째는 금산가리촌인데 촌장은 지타이며 그가 처음 명활산에 내려왔다. 한기부(漢岐部) 또는 한기부(韓岐部) 배씨의 조상이 되었다. 지금은 가덕부라 하니 상서지, 하서지, 내아 등 동촌(東村)이 이에 속한다.

여섯째는 명활산고야촌인데 촌장은 호진이며 그가 처음 금강산에 내려왔다. 습비부 설씨의 조상이 되었다. 지금은 임천부라 하며 물이촌, 잉구미촌, 궐곡 등 동촌이 이에 속한다.

전한(前漢) 지절 원년(기원전 69) 3월 1일 6부(당시는 6촌)의 조(祖)들이 각기 자제들을 거느리고 알천의 언덕 위에 모여 의논을 하였다. "우리는 위로 군주(君主)가 없어 백성들을 다스리지 못하기 때문에 백성들이 모두 방자하여 제 하고자 하는 대로 하니 어찌 덕이 있는 사람을 찾아 군주로 삼고 입방(立邦)·설도(設都)하지 않겠는가?" 하고 의논을 하였다. (『삼국유사』1, 「기이」2, 신라시조 혁거세왕)

『삼국사기』에도 육부성에 대한 기록이 나온다.

(유리이사금) 9년(32) 봄에 6부의 이름을 개정하고 이어 성(姓)을 내렸다. 양산부를 양부(梁部)라 하고 그 성을 이(李)라 하였고, 고허부를 사량부(沙梁部)라 하고 그 성을 최(崔)라 했으며, 대수부를 점량부(일설에 모량이라고 함)라 하고 그 성을 손(孫)이라 했으며, 간진부를 본피

부라 하고 그 성을 정(鄭)이라 했으며, 가리부를 한기부라 하고 그 성을 배(裵)라 했으며, 명활부를 습비부라 하고 그 성을 설(薛)이라 했다 (『삼국사기』 1, 「신라본기」 1, 유리이사금 9년).

『삼국유사』에는 사량부가 정씨이고 본피부가 최씨로 나오는데, 『삼국사기』에는 사량부가 최씨이고 본피부가 정씨로 나온다. 그렇더라도 서라벌6촌이 왕경6부가 된 후 한자식 성을 사용하게 되며 육부성을 사용한 것을 생각할 수 있다. 그 이전 한자식 성을 사용할 때까지 서라벌6촌의 장이었던 알평 · 소벌도리 · 구례마 · 지백호 · 지타 · 호진 등이 시조가 되어 그 후손들이 하나의 씨족(氏族, clan)을 형성한 것을 생각할 수 있다. 여기서 한자식 성의 사용을 주목할 것이 아니라 6촌(6부)의 시조들을 당시 각 촌락에 살던 사람들이 기억했고 그 시조들의 후손들이 후일 각기 다른 육부성을 갖게 된 것을 볼 필요가 있다.

현재 한국인 중 육부성을 가진 사람들의 시조를 한국사는 기록해 온 것이다.

서라벌6촌, 신라왕경6부, 고려경주6부의 역사적 연계(連繫): 앞에 제시한 『삼국유사』 '신라시조 혁거세왕' 조를 보면 중요한 사실이 하나 나온다. 다름 아니라 소국 형성 이전 서라벌6촌, 신라왕경6부 그리고 고려초 경주6부의 연계에 대한 내용이다. 중요한 것은 『삼국유사』 '신라시조 혁거세왕' 조 안에 나오는 서라벌6촌장과 신라왕경6부의 육부성(六部姓)의 시조들이 같다는 사실이다. 서라벌6촌의 촌장으로 혁거세를 군주로 추대했다는 인물들이 육부성의 시조가 되었다는 것이다.

그러한 서라벌6촌장을 시조로 하는 씨족들이 현재 한국에 다수가 살고 있다는 사실을 무시 · 은폐할 수는 없는 일이다.

그러한 자료를 가지고 표를 그려 보았다.

〈표〉 서라벌6촌, 신라왕경6부, 고려경주6부의 연계[20]

번호	서라벌(사로)6촌			신라왕경6부		고려초6부		
	6촌명	6촌장명	시조강림지	6부명	성	6부명	부위치	관계
1	알천양산촌	알평	표암봉	급량부	이	중흥부	(중앙)	모
2	돌산고허촌	소벌도리	형산	사량부	정(최)	남산부	남촌	
3	무산대수촌	구례마	이산	모(점)량부	손	장복부	서촌	부
4	자산진지촌	지백호	화산	본피부	최(정)	통선부	동남촌	
5	금산가리촌	지타	명활산	한기부	배	가덕부	동촌	여
6	명활산고야촌	호진	금강산	습비부	설	임천부	동북촌	자

* 『삼국유사』 1, 「기이」 2, '신라시조 혁거세왕' 조를 가지고 작성한 위의 표를 보면 신라의 시조 혁거세왕부터의 신라왕들은 6촌 · 6부에 끼어들 틈이 없다. 왕들은 6촌 · 6부를 모두 지배하는 지배자였기 때문이다. 따라서 이병도 선생과 이기백 선생이 박씨와 김씨를 부의 세력으로 본 주장은 인정할 수 없다. 나아가 왕이 부의 부장이었다고 하는 부체제설도 잘못 만들어진 것이 분명하다.

『삼국유사』에 나오는 신라 건국신화를 보면 서라벌6촌, 신라왕경6부 그리고 고려경주6부 관계에 대한 내용이 나온다. 원래 6촌장들이 다스리던 서라벌6촌이 독립된 정치체로 있던 추장사회(chiefdom) 단계를 설정할 수 있다.[21] 〈표〉의 서라벌6촌에 대한 항목이 그것이다. 그 안에 6촌명이 나오고, 6촌의 시조들에 대한 이름이 나오고, 시조들이 탄강한 곳이 나온다. 6촌장들은 후일 신라인들은 물론이고 현재 한국인들이 갖고 있는 육부성의 시조로 받들어지는 인물들이다.

---

20 이종욱, 『신라국가형성사연구』, 1982, p. 14.

21 이종욱, 『신라국가형성사연구』, 1982, pp. 17~18.

다음으로 신라왕경6부는 어느 날 갑자기 만들어진 것이 아니라, 원래 존재하던 서라벌6촌을 단위로 하여 그 이름을 바꾼 것이다. 그렇게 바꾼 신라왕경의 6부명이 〈표〉에 나온다. 신라의 왕경은 서라벌소국이 진한소국들을 정복하여 나가며 점차 신라의 수도로 기능하게 되며 신라의 왕경(王京)으로 자리 잡게 된 것이다. 이 같은 왕경은 서라벌소국 즉 서라벌6촌을 통합한 영역을 왕경으로 만든 것이다.

한편 신라가 망한 후 고려 시대에는 옛 신라왕경을 고려의 새로운 지방행정구역으로 편제하고 그 영역을 고려의 경주6부로 이름을 바꾼 것이다. 그렇더라고 서라벌6촌, 신라왕경6부, 고려경주6부는 그 영역이 같았던 것을 생각할 필요가 있다.

서라벌6촌, 신라왕경6부, 고려경주6부는 역사적 연속성을 가졌던 것이다. 다만 그 지배세력들의 변화를 주목할 수 있다. 서라벌6촌의 최고 지배세력들은 알천양산촌의 알평, 돌산고허촌의 소벌도리 등 〈표〉에 나오는 6촌장들이었다. 그리고 신라왕경6부의 지배세력들은 알평이나 소벌도리와 같이 혁거세를 군주로 추대했던 6촌장들의 후손들이 그 지위를 이어갔다.

신라 시대에는 서라벌6촌의 이름을 바꾸었다. 알천양산촌은 급량부(양부)로 돌산고허촌은 사량부로 바꾼 것이 그러한 예다. 그리고 언제인가 6부의 세력들은 한자식 성을 갖게 되었다. 알평의 후손에게는 이씨, 소벌도리의 후손에게는 정씨(『삼국유사』) 또는 최씨(『삼국사기』)라는 성이 주어졌다. 그러한 성은 후일 6부성으로 부르게 된 것이다.

신라왕경6부에는 부마다 하나씩의 성을 가진 씨족이 있었던 것으로 되어 있다. 그들 6부의 세력들 위에는 신라의 왕을 배출하던 혁거세를 시조로 하는 박씨, 탈해를 시조로 하는 석씨, 알지를 시조로 하는 김씨 세력이 있었다. 이들 세 씨족의 성은 후일 종성(宗姓)이라고 부르게 되었다. 신라 시대에는 이들 종성세력은 6부 세력이 아닌 신라 왕국 전체의 지배세력이었다.[22] 실제로 신라 골품제 하에서 육부성을 가졌던 6부의 세력은 6두품까지 신분에 오를 수 있었다. 그와 달리 종성 중 왕을 배출하던 종족(宗族)은 성골 · 진골까지의 신분을 차지했다. 물론 종성을 가졌던 세력들 중에서 방계화된 종족들은 족강이 되어 신분이 떨어져 두품신분을 갖게 되기도 했다.

고려 시대에 들어가면 경주 지역에는 신라시대의 골품제가 사라지고 새로운 신분제가 만들어지게 되었다. 종래 왕을 배출하던 세력들이 사라지게 된 것이다. 대신 신라시대의 종성과 육부성을 가졌던 세력 중 일부 종족(宗族)들이 세력을 유지하며 경주지역의 향리세력으로 그 지위를 유지해 갔다. 그러한 흔적이『호장선생안』에 나오는 사람들이다.

2) 혁거세 · 탈해 · 알지 신화(설화)에 나오는 종성의 시조들

신라가 망한 후 혁거세 · 탈해 · 알지를 시조로 하는 박씨 · 석씨 · 김씨의 성을 종성(宗姓)이라고 부르고 있다. 현재 이 같은 종성을 가진 한국인들도 적은 수가 아니다. 종성과 관련된 자료들을 볼 수 있다.

혁거세에 대한 신화는 위에 제시한 신라 건국신화에 나오고 있다.

전한(前漢) 지절 원년(기원전 69) 3월 1일 6부(당시는 6촌)의 조(祖)

22 이 같은 사실을 이해하면 부체제설은 존재할 수 없게 되는 것이 분명하다.

들이 각기 자제들을 거느리고 알천의 언덕 위에 모여 의논을 하였다. "우리는 위로 군주(君主)가 없어 백성들을 다스리지 못하기 때문에 백성들이 모두 방자하여 제 하고자 하는 대로 하니 어찌 덕이 있는 사람을 찾아 군주로 삼고 입방(立邦) · 설도(設都)하지 않겠는가? 하고 의논을 하였다.

이때 높은 곳에 올라 남쪽을 바라보니 양산 밑 나정 곁에 이상한 기운이 번개처럼 땅에 드리우더니 흰 말 한 마리가 꿇어 절하는 모양을 하고 있었다. 그 곳을 찾아 살펴보니 하나의 자주색 알이 있었는데 말은 사람을 보고 길게 울며 하늘로 올라갔다. 그 알을 쪼개니 사내아이가 나왔는데 모양이 단정하고 아름다웠다. 놀랍고 이상하게 여겨 동천에서 목욕시켰다. 몸에는 광채가 났고 새와 짐승이 모두 춤추며 천지가 진동하고 해와 달이 청명해졌다. 따라서 혁거세(赫居世) 왕이라 했다. 왕위의 호칭을 거슬감이라 했다.

그때 사람들이 다투어 경하하며 말하기를 지금 천자가 하늘에서 내려왔으니 마땅히 덕이 있는 여군(女君)을 찾아 배필을 삼아야 한다고 하였다. 이날 사량리 알영정가에 계룡이 나타나 왼쪽 갈비에서 계집애를 낳았는데 자색이 뛰어나게 고왔다. 그러나 입술이 닭의 부리와 같았다. 월성의 북천에 가서 목욕을 시키니 부리가 떨어졌다. 그로 인하여 그 내를 발천이라고 하였다.

남산 서북록(지금의 창림사)에 궁실을 짓고 두 성스러운 아이를 받들어 길렀다. 사내아이는 알에서 출생하였는데 알은 바가지와 같았다. 향인(鄕人)들은 바가지를 박이라 하므로 성을 박(朴)이라 하였다. 계집아이는 그가 나온 우물 이름으로 이름 지었다. 두 성인의 나이가 13살에 이른 오봉 원년 갑자(기원전 57)에 남자는 왕이 되고 이어 여자로서 후(后)로 삼았다.

나라 이름을 서라벌(徐羅伐) 또는 서벌 또는 사라 또는 사로(斯盧)

라고도 하였다. 처음 왕후가 계정에서 출생하였으므로 혹 일러서 계림국이라고도 하니 계룡이 상서로움을 보여주었기 때문이다. 일설에는 탈해왕 때에 김알지를 얻었는데 숲 속에서 닭이 울었기에 국호를 계림으로 고쳤다고 한다. 후세에 마침내 신라라는 이름을 정하였다. (『삼국유사』1, 「기이」2, 신라시조 혁거세왕)

다음은 『삼국사기』에 나오는 탈해의 등장에 대한 기록을 보자.

탈해(토해라고도 한다) 이사금이 왕위에 올랐다. 그때 나이가 62살이었다. 성은 석(昔)이고 왕비는 아효부인이다. 탈해는 본디 다파라국에서 났는데 그 나라는 왜국 동북 1천리에 있다. 처음 그 왕이 여국왕(女國王)의 딸에게 장가들어 아내로 삼았는데 임신 7년 만에 큰 알을 낳자, 왕은 "사람으로서 알을 낳았으니 상서롭지 않다. 마땅히 버려야 한다"고 말하였다. 그녀는 차마 버리지 못하고 비단으로 알을 보물과 함께 싸서 궤에 넣고 바다에 띄웠다. 처음에 금관국 해변에 이르렀으나 금관국인들이 괴이하게 여겨 거두지 않았다. 다시 진한의 아진포구에 이르렀으니 때는 혁거세왕 재위 39년이었다. 그때 해변에 있던 노파가 줄로 끌어 해안에 매고 궤를 열어보니 한 소아가 있었다. 그 노파가 데려다 길렀다. 자라자 키가 9척으로 풍신이 빼어났으며 지식이 다른 사람보다 뛰어났다. 어떤 이가 말하기를 "이 아이는 성씨를 알 수 없으나 처음 궤가 올 때 까치 한 마리가 날아 울며 따랐다. 마땅히 작(鵲) 자를 줄여 석(昔)으로 성씨를 삼는 것이 마땅하다. 또 궤를 풀고 나왔으니 탈해로 이름하는 것이 마땅하다" 하였다. 탈해는 처음에 고기를 잡는 것을 생업으로 삼았는데 그 어머니를 봉양하는 데 한 번도 게으른 기색이 없었다. 어머니가 말하기를 "너는 예사 사람이 아니다. 골격과 모습이 특이하니 마땅히 공부를 하여 공명을 세워라" 하였다. 이에 오로지 학문에 전념하였고 겸하여 지리를 알았다. 양산 아래 호공의 집을 바라보고 길지라 생각하여 꾀를 내어 빼앗아 살았다. 그 땅은 후에 월성이 되었다. 남해왕 5년에 이르러 그가 어질다는 말을 듣고 (왕은) 그 딸을 처로 삼게 하였다. 7년에 이르러 그를 등용하여 대보로 삼고 정사를 맡겼다. 유리가 죽을 때 말하기를 "선왕이 유언하기를 내가 죽은 후에 아들과 사위를 논하지 말고 나이가 많은 어진 사람으로 왕위를 잇게 하라고 하였다. 이에 내가 먼저 왕이 되었으나 이제 마땅히 왕위를 (탈해에게) 전해야 한다" 하였다(『삼국사기』 1, 「신라본기」 1, 탈해이사금 즉위 조).

『삼국사기』나 『삼국유사』를 보면 탈해는 신라 제4대왕으로 나온다. 다음은 알지의 등장에 대한 기록을 볼 수 있다.

(1) (탈해 이사금) 9년(65) 봄 3월에 왕은 금성 서쪽 시림의 나무 사이에서 닭 우는소리가 나는 것을 듣고 날이 샐 무렵 호공을 보내어 보니 금색의 작은 궤가 나뭇가지에 걸려 있고 흰 닭이 그 아래서 울고 있었다. 왕이 사람을 시켜 궤를 가져다 여니 사내아이가 그 안에 있었는데 자태와 용모가 기이하고 점잖았다. 왕이 기뻐하여 좌우에게 일러 말하기를 "이것이 어찌 하늘이 나에게 아이를 준 것이 아니겠는가?" 하였다. 이에 거두어 길렀다. 자라자 총명하고 지략이 많아 이름을 알지라 했다. 그가 금궤에서 나왔기에 성을 김씨라 했다. 시림의 이름을 고쳐 계림이라 하였고 따라서 국호로 삼았다. (『삼국사기』 1, 「신라본기」 1, 탈해이사금 9년)

(2) 영평 3년(60) 경신(혹은 중원 6년이라 하나 잘못이다. 중원은 2년까지 뿐이다) 8월 4일에 호공이 밤에 월성 서쪽 마을로 갔더니 시림 중(혹은 구림이라고 한다)에 큰 광명을 보았다. 자주색 구름이 하늘로부

터 땅에 드리우고 구름 속에는 황금 궤가 나뭇가지에 걸렸는데 궤로부터 빛이 나왔다. 또한 흰 닭이 있어 나무 아래에서 울었다. 그 모양을 왕에게 보고하니 왕이 그 숲으로 거둥하여 궤를 열었는데 사내아이가 있어 누웠다가 일어났다. 마치 혁거세의 옛 일과 같았으므로 그 말에 따라 알지로 이름하였다. 알지는 곧 향언(신라말)으로 어린아이를 부르는 말이다. 그를 안고 궁궐로 돌아오는데 조수(鳥獸)가 뒤를 따르며 기뻐 뛰며 춤추었다.

왕은 길일을 택하여 태자로 책립하였다. 후에 그는 파사에게 왕위를 양위하고 왕위에 즉위하지 않았다. (『삼국유사』1, 「기이」2, 김알지 탈해왕대)

알지가 서라벌소국에 등장한 것은 탈해왕 9년(65) 또는 중국 영평 3년(60)이었던 것으로 나오고 있다. 탈해는 알지를 태자로까지 삼았는데 알지는 왕위를 파사왕에게 양위하였다고 한다. 탈해왕이 알지를 태자로 삼았다는 내용은 설화화한 이야기라고 여겨진다. 그렇더라도 그와 같은 설화가 만들어진 데에는 분명 이유가 있었을 것이다. 알지 또한 혁거세나 탈해와 마찬가지로 새로운 이주민으로 나름대로 정치적인 실력을 갖추었다고 여겨진다.

위와 같은 신라 건국신화 속의 혁거세나 탈해설화, 알지설화를 통해 종성의 시조들에 대해 알 수 있다. 이 같은 종성 시조들은 현재까지 한국인들이 그들이 속한 씨족의 시조로 받들고 있는 것이 사실이다. 종성의 시조들에 대한 신화 또는 설화적인 기록은 조작된 이야기가 아니라 종성의 시조들에 대한 신화화 또는 설화화된 이야기라는 사실을 인정할 필요가 있다.

3) 왕경6부와 육부성, 왕도(王都)와 종성

신라 건국신화에 나오는 서라벌6촌은 후일 신라왕경6부로 되었다. 신라왕경6부가 된 후에도 6부의 지배세력은 혁거세를 추대했다는 6촌장을 시조로 하는 씨족들이 차지하고 있었다. 한편 서라벌6촌장들의 추대로 군주가 되었다는 혁거세를 비롯하여 탈해와 알지를 시조로 하는 씨족들은 후일 박씨 · 석씨 · 김씨의 종성을 갖게 되었다. 이들 종성세력은 혁거세가 입방설도할 때 설도한 도읍이 확대된 왕도(王都)의 지배세력이 되었다. 이를 지도로 그려보면 아래와 같다.

〈지도〉 신라왕경6부와 육부성, 왕도(王都)와 종성
(『신라의 역사 1』, 2002, p. 95 지도를 참조한 것임)

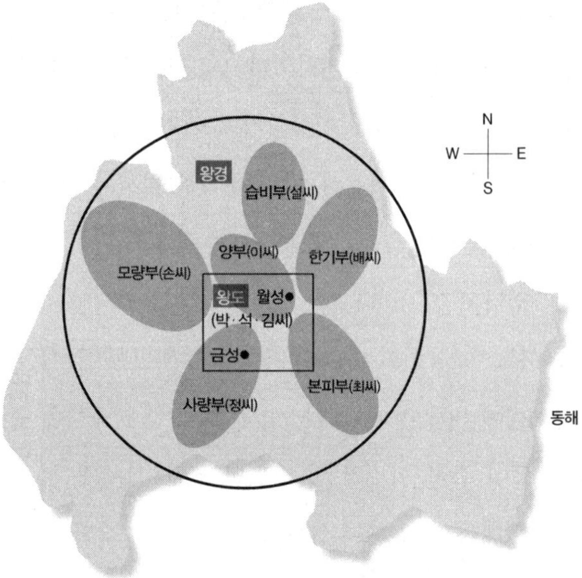

*『삼국유사』에 따르면 신라왕경6부의 지배세력은 혁거세를 군주로 추대했다는 6촌장을 시조로 하는 육부성이었다. 양부는 이씨, 사량부는 정씨, 모량부는 손씨, 본피부는 최씨, 한기부는 배씨, 습비부는 설씨로 되어 있다. 그리고 왕을 배출했던 종성인 박씨·석씨·김씨는 6부의 세력이 아니라, 금성과 월성이 있는 왕도(王都)의 세력이었다.

2. 경주에서 발견한 한국인 정체성의 원점

1945년 해방 후 쓰다 소키치가 하였던 견강부회의 사료비판을 진리라고 여겨온 서울대학파에 속한 역사가들의 관점에서는 한국인 정체성의 원점을 살려낼 길이 없다. 현재 한국인의 다수가 신라인을 시조로 하는 성을 가진 씨족이라는 사실을 설명할 길이 없다. 여기서 신라인을 시조로 하는 한국인들을 주목하기로 한다. 현재 한국인들은 역사적 산물이기 때문이다.

경주에서 만난 신라인을 시조로 하는 한국인들: 한국인의 시조는 누구일까? 필자도 2002년에 『신라의 역사 1』을 출간했을 때까지 한국인의 시조에 대한 생각을 제대로 하지 못했다. 그런데 2007년 2학기부터 2008년 1학기까지의 안식년 1년을 경주에서 보내며 참 많은 곳을 답사했다. 그 과정에 신라를 보는 관점에 커다란 변화가 생겼다.

사실 처음 2007년 안식년을 맞아 경주에 갈 때는 별 생각이 없었다. 가능한 한 많은 유적을 찾아보자는 생각이었다. 그리고 가능하면 김유신에 대한 전기를 쓸 생각이었다. 그런데 경주 답사를 하는 과정에 또 경주에서 전개되는 연례행사들을 보며 신라의 역사가 갖고 있는 의미를 새롭게 생각하게 되었다.

특히 신라의 왕을 배출했던 박씨 · 석씨 · 김씨의 종성(宗姓)과 이씨 · 정씨 · 손씨 · 최씨 · 설씨 · 배씨의 육부성(六部姓)의 시조 사당이 있다는 사실을 새삼스럽게 다시 보게 되었다. 이들 종성과 육부성의 시조를 모신 사당에서는 매년 일정한 시기에 제사를 지낸다. 박씨의 사당인 숭덕전이 있는 오릉에서 2007년 추분, 2008년 춘분에 지낸 제사를 보았고, 같은 때 김씨의 사당인 숭혜전 근처에 있는 미추왕릉과 내물왕릉의 제사를 보았고, 낭산의 선덕여왕릉에서의 제사, 태종무열대왕릉의 제사, 문무왕의 능인 대왕암 앞의 이견대에서의 제사나, 석씨의 사당인 숭신전이 있는 탈해왕릉에서의 제사 등을 직접 볼 수 있었다. 그리고 육부성의 시조를 모신 표암재 등의 사당에서도 제사를 지내는 사실을 알 수 있었다.

오릉에서 거행된 제사에 참가한 박씨 후손들은 전국에서 왔다. 오릉 앞 주차장은 시장처럼 전국에서 몰려온 버스와 승용차들로 가득 찼다. 실제 잡화를 파는 장도 섰었다. 그때 이러한 현상을 어떻게 설명할 것인가 강한 충격을 받았다. 필자는 935년 멸망한 신라가 살아 있다는 생각을 하게 되었다. 아니 신라라기보다 신라인들이 살아 있다는 생각을 하게 된 것이다. 신라는 망했지만 신라인의 후손들이 지금도 그들의 조상을 추모하는 제사를 지내고 있는 것이다. 박씨 만이 아니라 석씨 · 김씨 그리고 육부성의 후손들도 그들의 시조를 비롯한 조상들에 대한 제사를 지내고 있는 것이다.

그러면 역사 속의 한국인들은 어떤 존재들이었을까? 역사 속의 한국인들도 역사적 산물이라는 생각을 하게 되었다. 1985년과 2000년에 있었던 인구 및 주택센서스 조사결과 현재 한국인 중 종성과 육부성 그리고 김해 김씨를 성으로 가진 한국인이 다수라는 사실을 주목하게 되었다. 적지 않은 한국인이 신라인을 시조로 하는 성을 갖고 있지만, 그 후 고려와 조선 시대에 만들어진 성을 갖고 있는 사람들도 있다. 그 중에는 중국이나 일본 등 외국에서 귀화하여 성을 갖게 된 씨족도 있다. 그렇더라도 현재 한국인이 갖고 있는 성의 시조를 찾아 올라가면 신라 내물왕 이전 역사로 올라간다는 사실을 주목할 필요가 있다.

이렇게 이야기하면 한국사연구자들이 꼭 하는 반론이 있다. 조선 전기 15 · 16세기까지만 해도 노비를 비롯한 천민층이 대략 전체 인구의 40% 안팎이었다고 하니 무성층이 그만큼 많았다는 것이다.[23] 17세기 이후 족보가 위조되는 일들이 많아 그 통계를 믿을 수 없다는 주장을 할 수도 있다. 『한국사시민강좌』(24, 1999)에 족보가 위조된 것이 많다는 주장이 있다.[24] 이기백 선생은 현재 한국인의 대부분이 상민이나 노비의 후손으로 보았다. 한국인에게 남아 있는 족보는 모두 진실을 말하는 것으로 믿기 힘들다고 했다.[25] 양반 행세를 하기 위해 족보를 위조한 종족(宗族, lineage)들이 많이 나타났던 사실을 인정한다. 그런데 그 이전 고려나 조선 시대에 신라인을 시조로 하는 한국인들이 사회적 · 정치적 지배세력으로 자리 잡았다는 사실도 인정할 필요가 있다.

또는 1909년 민적법을 시행하여 모든 한국인이 성을 갖게 될 때 성이 없는 사람이 많았다는 것이다. 옳은 이야기이다. 그러나 한 가지 질문을 하지 않을 수 없다. 고조선인이나 고구려인 또는 백제인을 시조로 하는 성씨를 찾기 어려운 이유는 무엇 때문일까? 그리고 신라인을 시조로 하는 성을 가진 한국인이 다수인 이유는 무엇인가? 또한 신라인을 시조로 하는 종성과 육부성이 아닌 성을 가진 한국인도 각자의 모친, 조부모대 네 분 중 세 분, 증조부모대의 여덟 분 중 일곱 분의 성

23 이수건, 『한국의 성씨와 족보』, 2003, p. 333.

24 백승종, 「위조 족보의 유행」, 『한국사 시민강좌』 24, 1999, pp. 67~85.

25 이기백, 「족보와 현대사회」, 『한국사 시민강좌』 24, 1999, p. 114.

을 보면 반 정도는 신라인을 시조로 하는 성을 가진 것이 사실일 것이다. 또한 1909년 민적법이 시행되며 성이 없던 사람들이 새로이 성을 갖게 될 때 왜 신라인을 시조로 하는 성을 택한 사람들이 있었을까? 그런 경우 아무런 의미가 없을까? 왜 이런 일이 벌어졌을까? 경주에서 종성과 육부성의 조상들에 대한 제사를 바라보며 조선 후기의 족보 위조나 1909년 민적법의 시행으로 새로 성을 갖게 된 사람들을 떠올리기만 할 일은 아니라고 생각했다.

『세종장헌대왕실록(세종실록)』 150, 「지리지」 '경주부(慶州府)' 조에 나오는 토성(土姓)과 천강성(天降姓): 1454년에 완성된 『세종실록』「지리지」를 보면 경주의 지배세력에 대한 이해를 얻을 수 있는 자료가 나온다.

> 본부의 토성이 여섯이니 이(李)·최(崔)·정(鄭)·손(孫)·배(裵)·설(薛)이다. 삼가 선원(璿源, 조선 왕실의 세계)을 상고하건대, 본디 나온 곳은 바로 경주 이씨다. 천강성(天降姓, 하늘에서 내린 성)이 셋이니 박(朴)·석(昔)·김(金)이다.

『세종실록』「지리지」에는 토성이 여섯이고 천강성이 셋인 것으로 나온다. 조선시대 경주의 지배세력인 이들 성은 모두 신라인을 시조로 하는 성들이다. 그중 신라의 왕을 배출했던 성을 천강성이라고 했고 6부인을 시조로 하는 성을 토성이라고 한 것을 볼 수 있다.

『신증동국여지승람』 21, '경주부' 조에 나오는 종성(宗姓)과 육부성(六部姓): 1530년에 완성된 『신증동국여지승람』 21, '경주부' 조를 보면 다음과 같은 기록이 나온다.

> 성씨(姓氏) (본부, 本府) 박(朴) · 석(昔) · 김(金) (모두 신라 종성(宗姓)이다). 이(李, 급량) · 최(崔, 사량) · 정(鄭, 본피) · 손(孫, 모량) · 배(裵, 한지) · 설(薛, 습비). 이상 육부성은 신라 유리왕 때 내려준 것이다.

『신증동국여지승람』에 종성과 육부성이 나온다. 『세종실록』에 나오는 천강성이 종성이고 토성이 육부성이다. 이 책에서는 종성과 육부성이라는 명칭을 사용했다. 분명한 사실은 『신증동국여지승람』에 나오는 것과 같이 육부성(토성)은 신라시대에 각기 하나씩의 부의 세력인 것을 읽을 수 있다. 조선시대에도 종성(천강성)은 신라 시대 6부의 세력이라는 이야기는 찾을 수 없다.

여하튼 조선시대 경주의 지배세력들은 신라시대부터 내려온 씨족들인 종성과 육부성이라는 사실을 확인하게 된다.

경주 『호장선생안』을 통해 만나는 신라인의 후손들: 경주의 경우는 특별한 예가 아닐 수 없다. 935년 경순왕이 나라를 들어 왕건에게 항복하며 신라가 망한 후 신라의 수도였던 현재 경주는 고려의 경주가 되었다. 그런데 고려 · 조선을 거치며 옛 신라인들이 경주의 지배세력으로 남아 있었던 것이 사실이다.

그러한 사정이 바로 경주 『호장선생안(戶長先生案)』을 통해서도 확인된다. 『호장선생안』은 고려와 조선 시대 경주지역 상호장들의 명부이다. 여기서는 『호장선생안』 자체에 대한 논의는 하지 않을 것이다. 다만 그 안에 나오는 호장 명단을 주목할 필요가 있다. 경주 지역에 살던 세력들은 어느 날 갑자기 나타난 것이 아니라 신라(사실은 신라 국가 형성이전 서라벌6촌) 사람들의 후손들이 고려와 조선을 거치며 동 지역에서 세력을 유지한 것을 확인하자는 것이다.

『호장선생안』은 구안(舊案)과 신안(新案) 둘로 나뉜다. 구안은 원래 1361년 이필 등이 만들었다. 그 이후 구안은 계속 보충되어 나갔다. 1523년 김다경이 구안을 새롭게 만들어 함께 보관했다(김다경이 만든 것을 신안이라고도 했으나, 보통 신안은 1741년 이정신이 만든 것을 가리킨다). 1592년 임진왜란이 일어났을 때 최락이 구안을 무장사에 감추어 보존했다. 이 구안에는 1281년부터 1713년까지 이르는 432년간 256명의 명단이 나오고 있다. 신안은 1741년 이정신이 처음으로 작성해 호장들의 명단을 수록해 나간 것으로 1652년부터 1907년까지 255년간 160명의 명단이 실려 있다.

호장은 고려와 조선에서 지방에 설치해 운용하던 관직이다. 고려 태조 왕건이 935년 신라 경순왕의 항복을 받은 후인 936년 신라의 옛 왕경을 경주(慶州)로 고쳤다. 경주는 천정(千丁) 이상의 지역이었기에 당제(堂祭) 10인을 두었는데, 광종 때 당제를 호장(戶長)으로 바꾸고 그 수를 8명으로 정했다. 그 명단을 찾을 수 없었으나, 1361년 이필 등이 상호장의 성명을 찾아 상호장 명단을 작성한 것이다. 『호장선생안』에는 상호장의 성명과 사조(부·조·증조·외조), 인신을 맡은 연월 등을 기록하여 후세에 전하고자 한 것이다.[26]

『호장선생안』을 통해 주목할 사실은 다름 아니라, 신라가 망한 후

26 『호장선생안』, 『국역 경주선생안』, 2002, p. 282 참조.

에도 경주의 향리들은 신라인의 후손들로 이어졌다는 것이다. 조철제 선생의 『『경주선생안』의 내용과 전래경위』를 보기로 한다. 그에 따르면 구안(1281~1713)에 나오는 호장 명단에 김씨 124명, 이씨 54명, 최씨 48명, 손씨 10명, 정씨 16명, 박씨 4명이 나온다. 신안(1652~1907)에는 김씨 31명, 이씨 22명, 최씨 70명, 손씨 35명, 정씨 1명, 엄씨 1명이 나온다. 그중 엄씨는 1907년에 호장이 된 예다. 따라서 엄씨 1인을 제하면 나머지 구안과 신안에 이름이 나오는 향리들은 모두 신라인을 시조로 하는 인물들이었던 것을 짐작할 수 있다. 이들 경주지역의 지배세력들이 차지하던 향리직은 종성과 육부성으로 이루어진 신라인의 후손들이 차지했던 것을 알 수 있다.

신라가 망한 이후 경주만이 아니라 다른 지역에서도 이 같은 현상은 이어진 것이 아닐까? 이 같은 현상은 한국인의 역사적 형성을 이야기할 때 고려해야 할 사실이라 생각된다. 『호장선생안』에 나오는 성씨 중 박씨 · 김씨는 신라의 왕을 배출하던 종성(宗姓)이다. 그리고 이씨 · 최씨 · 손씨 · 정씨는 혁거세가 서라벌6촌을 통합하여 서라벌소국(사로국)을 세우기 이전 서라벌6촌에 존재했던 촌장(추장)을 시조로 하는 씨족이다. 고려와 조선 시대 경주의 향리들은 단순히 서라벌소국 형성 이후가 아니라 그 이전 촌락사회(추장사회, chiefdom) 단계의 촌장(추장)도 시조로 한다는 사실을 주목할 수 있다. 이것이 한국인의 역사적 형성을 말해주는 하나의 예가 된다. 현재 한국인은 어느 날 갑자기 만들어진 것이 아니라 서라벌소국과 같은 소국 형성 이전 추장사회 단계의 촌장(추장)을 시조로 하는 씨족들로부터 그 출발점이 찾아지는 것이다. 이 같은 사실은 한국고대사를 새로운 무대에서 보게 만드는 패러다임의 전환을 의미한다.

한 가지 덧붙이자면, 『호장선생안』의 구안이 만들어질 때는 그들 호장들에게는 아직 족보가 없었다. 그러나 호장들은 족보가 없어도 대소 종족(宗族)의 성원들로 그 조상이 멀리 종성과 육부성의 시조들과 연결되었다는 의식을 가졌던 것이 사실이다. 이 같은 씨족의 존재에 대한 계승은 경주만이 아니라 다른 지역에 정착한 종성과 육부성의 종족들도 마찬가지였다고 헤아려진다.

3. 고려 · 조선 · 현대 한국에서 만나는 신라 오리진의 한국인들

현대 한국사학은 신라 오리진의 한국인을 은폐해 왔다. 그보다는 관심이 없었다고 해야 맞을지 모르겠다. 그런데 대신라(소위 통일신라) 이후 고려 · 조선을 거치는 동안 한국인들 중에는 그들의 시조가 신라인이라는 사실을 자랑스럽게 밝힌 예들을 얼마든지 찾을 수 있다. 여기서는 고려시대부터 내려오며 그러한 예를 찾아보기로 한다.

1) 고려시대에 만나는 신라인의 후손들

고려시대의 경우에도 신라인의 후손임을 밝힌 예들은 많이 있다. 김용선 편저, 『고려묘지명집성』(2001, 제3판; 『역주 고려묘지명집성』, 2001)의 자료들을 볼 수 있다.

하나, 김은설(金殷說) 묘지명을 볼 수 있다.

> 신라 경순왕 김부의 넷째 아들로, 시중 시랑이고 고려 평장사 은설이 무진년(968) 3월 초 4일 기축일에 세상을 떠났으므로, 성의 북쪽 10리 종암 아래 오룡산 남쪽 기슭의 쌍룡이 어우러지는 북쪽 언덕에 장사지냈다. 형은 일(鎰)이고, 다음은 굉(鍠)이며, 그 다음은 명종(鳴鍾)이다. 아우는 중석(重錫), 건(鍵), 종(鍾)이고 아들은 강릉군 태화이다.[27]

김은설은 신라 경순왕이 고려에 항복한 후 30여 년을 더 살고 968년에 세상을 떠난 것을 알 수 있다. 김은설에게는 위로 세 명의 형이 있고, 아래로 네 명의 동생이 있었다. 이들 8형제는 후일 하나의 종족(宗族)을 이루는 시조들로 되었다고 한다.

둘, 최계방(崔繼芳) 묘지명(1117)을 볼 수 있다.

> …공의 이름은 계방이고, 자는 복시이며 성은 최씨인데, 선조는 수주 출신으로 삼한의 대족이다. … 어머니 김씨는 낙랑군대부인으로 봉해졌는데 중추사 병부상서 원황의 딸로서, 명의태후의 어머니의 언니이며, 선조는 신라사람이다.[28]

최계방은 신라사람의 후손이라는 내용은 없다. 그러나 삼한의 대족이라는 것으로 보아 신라인의 후손일 가능성이 있다. 최계방의 어머

27 김용선 편저, 「김은설 묘지명」, 『고려묘지명집성』, 2001(제3판): 『역주 고려묘지명집성』, 2001, p. 3.

28 김용선 편저, 「최계방 묘지명」, 『고려묘지명집성』, 2001(제3판): 『역주 고려묘지명집성』, 2001, p. 54.

니는 김씨로 그 선조는 신라사람이라고 나온다. 알지의 후손인 김씨였던 것을 생각할 수 있다.

셋, 최정(崔精, 1076~1157) 묘지명을 볼 수 있다.

> 군의 성은 최씨이고, 이름은 정으로 그 선조는 수주사람이다. 어려서 유생이 되었으나, 무자년(1108)에 외고조부인 삼한공신 대상 김칠의 음(蔭)으로 처음 서리가 되었다. 또 현과에 합격하여 용강현위와 연해 감선사가 되어 나갔다가 임기가 차자 물러났다. …
>
> 군은 신라를 중흥한 군주인 태종 춘추대왕의 13세 손으로 수사공 상서좌복야 추밀원사 판공부사로 은퇴하고 시호가 원평공인 한충의 둘째 딸과 결혼하였으며, 자녀가 있다.[29]

최정의 경우 그가 신라인의 후손인지는 알 수 없으나, 그의 처 김씨는 신라를 중흥한 군주인 태종 춘추대왕의 13세손인 (김)한충의 둘째 딸이라는 것을 주목할 수 있다. 고려시대 사람들은 삼한통합을 이룬 주역인 신라 태종무열대왕을 그 계보의 기준점으로 삼기도 한 것을 볼 수 있다. 태종무열왕은 최정의 처가 시집오기 전 속했던 종족(宗族)의 시조였던 것이다.

넷, 최용(崔湧)의 처 김씨(1066~1148) 묘지명이다.

> 부인 김씨는 그 선조가 해동 명주(溟洲) 사람으로, 신라왕의 자손이다. 증조 징우와 조부 양은 모두 청현직을 거쳐 벼슬이 복야에 이르렀다. 아버지 상기는 문종 때 특히 충성과 강직함으로 조정에서 칭

29 김용선 편저, 「최정 묘지명」, 『고려묘지명집성』, 2001(제3판); 『역주 고려묘지명집성』, 2001, pp. 316~317.

송을 받았는데, 벼슬이 문하시랑 평장사 판상서예병부사 감수국사 상주국에 이르고 시호는 문정공이다. 어머니는 한남군대부인 최씨로 수주 사람이다.

부인은 24세에 청하군의 최씨에게 시집왔다. (부군의) 이름은 용으로 수사공 좌복야 참지정사 판공부사 00랑에 추증되었는데, 수대사 중서령 문화공 유선의 손자이며, 평장사 양평공 사제의 셋째 아들이다.

(부인은) 8남 5녀를 낳았다. 장녀는 소경 황위공에게 출가하였고, 장남은 홍호사 주지 삼중대사 준류이다. 2남은 위위경 지공부 · 합문사 윤숙이고, 3남은 형부시랑 지어사대사 보문각직학사 지제고 윤의이며, 3녀는 자심궁주이니 곧 예종의 숙비이다. 6남은 주부 윤수이고, 8남은 내시주부 윤서이며, 나머지는 모두 일찍 죽었다.[30]

이 자료를 통해 고려시대에 여자도 증조-조부-부로 이어지는 가계(家系)를 파악하고 있었던 사실을 알 수 있다. 최용의 처 김씨는 명주 사람으로 신라왕의 후손(김주원의 후손이었을 것이라 생각됨)이라고 한다. 그리고 최용과 부인 김씨 사이에 출생한 8남 5녀에 대한 자료도 묘지명에 나온다. 자녀에 대한 자료는 최용과 김씨 부인의 자료와 합쳐지며 고려 지배세력의 한 집단을 드러내 주는 자료가 된다.

다섯, 고려 묘지명 중 김방경(金方慶) 묘지명과 김방경의 아들 김순(金恂)의 묘지명을 볼 필요가 있다.

(1) 김방경(1219~1300) 묘지명: 공의 성은 김이고, 이름은 방경으

30 김용선 편저, 「최용 처 김씨 묘지명」, 『고려묘지명집성』, 2001(제3판): 『역주 고려묘지명집성』, 2001, pp. 149~150.

로, 영가군(永嘉郡, 안동) 사람이다. 증조 의화는 사호였으나 검교군기감에 추증되었고, 조부는 장야서승 겸 직사관 민성으로 은청광록대부 상서우복야에 추증되었으며, 아버지는 정의대부 병부상서 한림학사 충사수찬관 지제고 효인으로 금자광록대부 중서령에 추증되었는데, 모두 공이 귀하게 되었으므로 추증된 것이다. 어머니는 원흥진부사 낭장인 송기의 딸로 본관은 김해부이다.[31]

(2) 김순(1258~1321) 묘지명: 공의 이름은 순이고, 자는 귀후이며 가계가 신라왕 김부(金傅, 경순왕)에서 나왔다. … 0공은 김부의 10세손으로 안동부가 곧 그 고향이다. 증조 민성은 좌복야 행장야서승 겸 직사관에 추봉되었고, 조부 효인은 중서령 행정의대부 병부상서 한림학사 충사관수찬관 지제고에 추봉되었으며, 아버지 방경은 선수중봉대부 관고려군도원수 추충정난정원공신 광정대부 삼중대광 판도첨의부사사 전리사사 상락군개국공 식읍1000호 실봉 300호로 선충협모전난정국공신 벽상삼한 삼중대광 충렬공으로 추증되었다. 어머니 박씨는 중서사인 지제고 익정의 딸로 음평군부인에 봉해졌다.[32]

김방경의 묘지명에는 그가 신라왕 김부(경순왕)의 후손이라는 기록이 없다. 그 아들 김순의 묘지명에 그러한 사실이 나온다. 이는 고려 사람들이 신라인의 후손이라는 사실을 모두 밝힌 것이 아니라는 것을 보여준다. 따라서 묘지명을 보더라도 신라인의 후손들은 더 늘어날 것으로 생각된다. 물론 고려사람 모두가 신라인을 시조로 한다는 것은 아니다. 그렇더라도 고려사람 중 신라인을 시조로 하는 사람들이 적지

31 김용선 편저, 「김방경 묘지명」, 『고려묘지명집성』, 2001(제3판): 『역주 고려묘지명집성』, 2001, p. 663.

32 김용선 편저, 「김순 묘지명」, 『고려묘지명집성』, 2001(제3판): 『역주 고려묘지명집성』, 2001, pp. 725~726.

않았던 것은 분명하다고 생각된다.

여섯, 고려 묘지명 중 김지우(金之祐, 1008~1151) 묘지명을 볼 수 있다.

> 군의 이름은 지우(之祐)이고, 자는 복기로, 선조는 신라국 원성대왕의 후손이다. 대왕은 대광 김예를 낳고, 예는 삼한공신 삼중대광 인윤을 낳고, 윤은 대자대보 좌복야 인웅을 낳고, 웅은 사도내사시랑평장사 인위를 낳고, 위는 병부상서 중추사 원황을 낳고, 황은 중서령 낙랑공 경용을 낳고, 용은 중서시랑평장사 판상서공부사 인규를 낳고, 규가 지우를 낳았다.
>
> 처음 공신 인윤이 대조(태조)를 섬겨 삼국을 통합하는 데 공로가 있었으므로 대조를 따라 서울로 올라 와 가문을 일구었다. 김씨 집안이 대대로 벼슬하여 현달하였으니, 김씨 성이 이로부터 비롯하였으며, 지금에 이르러서도 귀성(貴姓)으로 불리운다. 어머니는 개주군부인으로 좌복야 참지정사 왕하의 딸이다.[33]

김지우 묘지명을 통해 신라 원성대왕의 후손인 김씨 중 한 사람인 인윤이 고려 태조 왕건을 도와 공을 세웠고 그로 인해 고려 서울로 이주하여 가문을 이루고 귀성으로 불린 것을 알 수 있다. 신라가 망하고 신라인들 중 고려 서울로 가서 가문을 이룬 예를 볼 수 있다.

일곱, 고려 박경산(朴景山, 1081~1158) 묘지명에도 그가 신라인의 후손임을 밝히는 기록이 나온다.

33 김용선 편저, 「김지우 묘지명」, 『고려묘지명집성』, 2001(제3판): 『역주 고려묘지명집성』, 2001, p. 190.

박씨의 선조는 계림(鷄林, 신라) 사람으로, 대개 신라 시조 혁거세의 후예이다. 신라 말에 그 후손인 찰산후 적고의 아들 직윤 대모달이 평주로 이주하여 관내 팔심호의 읍장이 되었다. 그로부터 직윤 이하의 후손은 평주 사람이 되었다. 직윤의 아들은 삼한공신 삼중대광 지윤이고, 지윤의 아들은 삼한공신 대위 겸 시중인 수경인데, 수경의 아들은 삼한공신 사도 승위이니, 공은 승위의 4대손이다.

공의 이름은 경산이다. 증조는 대자대부 종이고, 조부는 대자대사 충후이며 아버지는 참지정사 문열공 인량이다. 공은 어려서 문열공의 음(蔭)으로 선종 7년 경오년(1090)에 처음으로 장례전판관이 되고 얼마되지 않아 예부시에 나가 을제로 급제하였다.[34]

박경산은 신라 시조 혁거세를 시조로 하는 박씨 성을 가졌다. 신라 말에 그 후손인 대모달이 평주(황해도 평산군)로 이주하여 읍장이 되었고 그 후손들은 평주 사람이 되었다. 박경산의 조상은 신라 말에 왕경인 경주를 떠나 황해도 평산에 정착한 것을 알 수 있다.

그런데 『세종장헌대왕실록』 제152권, 「평산도호부」 조를 보면 평산도호부에 토성(土姓)이 6이니, 정(丁) · 박(朴) · 신(申) · 윤(尹) · 유(庾) · 김(金)이라고 나온다. 여기서 단정할 수는 없으나 박경산의 조상 대모달과 그 아들들이 평주 사람이 된 사실을 통해 신라 말 왕경인들의 지방 이주와 정착 그리고 지방의 토성층이 되는 현장을 볼 수 있다는 생각을 해본다. 평산 박씨의 시조 박지윤(朴智胤)은 박경산 묘지명에 나오는 박지윤(朴遲胤)과 동일인일 가능성이 있다면 위와 같은 추측이 가능

34 김용선 편저, 「박경산 묘지명」, 『고려묘지명집성』, 2001(제3판): 『역주 고려묘지명집성』, 2001, p. 253.

해진다. 평산 박씨를 본관으로 하는 사람들은 박경산 묘지명에 나오는 박지윤(朴遲胤)을 시조로 하는 것일 수도 있지 않을까?

여덟, 고려 김의원(金義元, 1071~1153) 묘지명에는 다음과 같은 내용이 있다.

> 공의 이름은 의원이고, 나주 광양현 사람이다. 그 선조는 본래 신라에서 나왔는데, (신라) 말 난을 피했다가 이로 말미암아 (그곳에서) 집안을 이루었다. 아버지 양감은 수대보 문하시중 감수국사이고 어머니 최씨는 상서우복야 중추원사 연하의 딸로 서해군대부인에 추증되었다. 조부 정준은 수사도 문하시랑평장사이고 증조 책은 좌복야 한림학사이며 고조 준은 삼중대광이다. 준의 부친 길은 중대광인데, 길 이상은 옛날 습속에 가보(家譜)를 만들지 않았으므로 모두 그 이름을 알 수 없다.[35]

김의원의 묘지명에는 신라사람이며 김씨였다고 나온다. 이때 김씨가 알지의 후손일 것으로 짐작이 간다. 그런데 주목되는 사실은 이때 가보(家譜)를 만들지 않아 김의원의 고조와 5대조까지만 기록하고 있다는 것이다. 김의원은 1153년 83세의 나이로 세상을 떠났다. 그가 태어난 시기는 1071년경으로 계산이 된다. 이때 가보(家譜)를 작성하지 않았다고 한다. 그렇다고 김의원만이 아니라 당시 사람들이 그 계보를 모른 것은 아니었다. 다만 고조와 5대조 정도의 조상을 시조로 하는 종족(宗族)이 만들어져 운용된 것은 생각할 수 있다. 이러한 종족

35 김용선 편저, 「김의원 묘지명」, 『고려묘지명집성』, 2001(제3판): 『역주 고려묘지명집성』, 2001, p. 202.

의 존재는 당시 고려의 사회적 · 정치적 기층 망을 형성했던 것이다.

아홉, 이제현(李齊賢, 1287~1367. 7)의 묘지명을 보겠다.

> 공의 이름은 제현이고, 자는 중사(仲思)이며, 아버지의 성은 이씨(李氏)이다. 신라 시조 혁거세 때의 좌명대신으로 이알평이라는 분이 있었다. 그 후손인 소판 거명이 병부령 금현을 낳고, 병부가 삼한공신 대수 금서를 낳았다. 신라왕 김부가 이미 국토를 바치고 고려 조정에 들어와 대조(태조)의 딸 낙랑공주에게 장가들어 딸을 낳으니, 금서의 처가 윤홍을 낳고, 윤홍이 승훈을 낳고, 승훈이 주복을 낳고, 주복이 친을 낳고, 칭이 치련을 낳고, 치련이 총섬을 낳고, 총섬이 춘정을 낳고, 춘정이 현복을 낳고, 현복이 선용을 낳고, 선용이 승고를 낳았다. 승고가 문림랑 상의 직장동정 득견을 낳고, 상의가 좌복야로 추증된 핵을 낳고, 복야는 검교정승 문정공 진을 낳았다. (진이) 대릉직 박인육의 딸과 혼인하니, 진한국대부인이다. 지원 정해년(충렬왕 13년, 1287) 12월 경진일에 공이 태어났다.[36]

이제현은 잘 알려진 인물이다. 그의 묘지명에 그의 아버지 성이 이씨임을 기록하고 이씨의 시조인 알평을 밝히고 있다. 알평의 후손인 거명, 고려의 삼한공신이 된 대수 등의 부계가계의 조상을 밝히고 있다. 이제현의 아버지 진과 어머니 박인육의 딸을 기록하고 있다. 고려인 들 중 이제현 같은 사람은 이씨의 시조인 알평을 알고 있었고, 이제현까지의 가계 계보를 기억하고 있었던 것을 볼 수 있다. 그 가계계보 파악은 완벽한 것은 아닐 것이다. 그렇더라도 계보 자체가 후대인

36 김용선 편저, 「이제현 묘지명」, 『고려묘지명집성』, 2001(제3판); 『역주 고려묘지명집성』, 2001, pp. 1040~1041.

의 필요에 의하여 수정되고 조정되는 속성이 있음을 인정하면 이제현과 그 혈족들은 계보 파악을 통해 씨족이 나뉜 종족(宗族, lineage)을 유지해 나간 것을 생각하기 어렵지 않다.

김용선 선생의 『역주 고려묘지명집상』(상·하, 2001)에는 317명의 묘지명이 나오고 있다. 2016년에 나온 김용선 선생 편저 『(속)고려묘지명집성』(2016)에는 28명의 묘지명이 나온다. 그중 위에 인용한 기록 외에도 신라인을 시조로 한다는 자료들은 여럿 나온다. 그런데 현재로서는 종성과 육부성을 가진 사람들의 예를 모두 찾을 수는 없다. 그렇더라도 신라인을 시조로 한다는 기록을 묘지명에서 찾을 수 있다는 사실은 의미가 있다. 고려 사람들이 신라인을 시조로 한다는 것을 밝히고 있기 때문이다. 삼국시대의 백제인이나 고구려인을 시조로 한다는 자료는 찾기 어렵다. 고려인들 중 신라인을 시조로 한다는 사람들의 존재를 통해 삼한통합 후 번성한 신라인들이 고려에 들어와서도 지배세력으로 그 지위를 이었던 것을 생각할 수 있다. 그들 신라인을 시조로 하는 고려의 지배세력들은 고려의 중앙정계에도 진출했으나 고려의 각 지역에 정착하여 본관을 갖게 된 것도 생각할 수 있다. 그리고 각 지역의 향리세력으로 자리 잡았던 것도 사실이다.

이와 같은 고려의 지배세력들은 조선의 양반층으로 자리 잡았던 것도 분명하다. 이수건 선생이 밝힌 것과 같이 조선의 양반치고 고려의 향리 아니었던 세력이 없다는 것이다.[37] 한편 고려 향리 중에 신라인을 시조로 하는 종성과 육부성을 가진 세력 또한 적지 않았다고 여

37 이수건, 『한국의 성씨와 족보』, 2003, p. 2.

겨진다.

2) 조선시대에 만나는 신라인의 후손

시대를 내려와 조선시대 사람으로 박제가(1750~1805)를 볼 수 있다. 그의 「소전(小傳)」에 "그는 조선이 개국한지 384년째 되던 해 압록강 동편으로 1천여 리 떨어진 곳에서 태어났다. 조상은 신라에서 나왔고, 밀양이 그 관향이다."라 나온다.[38] 그리고 "초정(楚亭, 박제가)은 밀양 박씨 우부승지 박평(1700~1760)과 전주 이씨(1721~1773)의 둘째 아들로 1750년 11월 5일 서울에서 태어났다."고 나온다.[39] 박제가는 박평의 서자로 태어났다. 박제가는 밀양 박씨로 신라인이 그 조상이라고 한다. 밀양 박씨는 경명왕의 장자 박언침을 시조로 하는 본관인데 이 밀양 박씨는 번성하여 여러 파가 나뉘어 있는 상황이다. 그렇더라도 밀양 박씨의 먼 조상은 혁거세에서 나온 것을 인식하고 있었던 것을 알 수 있다. 조선 시대 사람들도 신라인을 시조로 하는 성과 본관을 가지고 있었던 것을 확인하게 된다.

조선시대에 만들어진 많은 족보들 중에는 고려나 조선시대에 새로운 성을 갖고 새로운 씨족을 만든 예들도 적지 않지만, 신라인을 시조로 한다는 계보를 갖고 있는 족보가 적지 않다. 물론 그 계보는 후대에 조정되고 거짓으로 조상을 기재한 것도 있을 줄 안다. 그런데 원래 계보는 후대인의 필요에서 조정되는 특성을 인정하더라도 신라인을 시

38 박제가(정민, 이승수, 박수밀 외 옮김), 『정유각집(貞蕤閣集)』 하, 2010, p. 206.

39 박제가(정민, 이승수, 박수밀 외 옮김), 『정유각집(貞蕤閣集)』 상, 2010, p. 541.

조로 하는 족보는 찾기 어렵지 않다. 대신라까지 사람을 시조로 하는 경우 삼국 중 신라인이 아닌 (고조선인이나) 고구려인이나 백제인을 시조로 하는 성을 찾기는 쉽지 않은 이유를 생각할 필요가 있다. 김유신을 중시조로 하는 김씨는 김유신이 신라인이었기 때문에 번성한 성이 되었다고 본다.

3) 20세기에 만나는 신라인의 후손

김구 저 『백범일지』(범우사, 1984)는 1929년 5월 탈고한 원고를 국문으로 번역한 책이다. 이 책의 첫머리에 나오는 대목이 주목된다.

> 우리는 안동(安東) 김씨 경순왕의 자손이다. 신라의 마지막 임금 경순왕이 어떻게 고려 왕건(王建) 태조의 따님 낙랑공주의 부마(駙馬)가 되셔서 우리들의 조상이 되셨는지는 『삼국사기』나 안동 김씨 족보를 보면 알 것이다.
>
> 경순왕의 8대 손이 충렬공, 충렬공의 현손이 익원공인데, 이 어른이 우리 파의 시조요, 나는 익원공의 21대 손이다. 충렬공, 익원공은 다 고려조의 공신이거니와 이조에 들어와서도 우리 조상은 대대로 서울에 살아서 글과 벼슬로 가업을 삼고 있었다. 그러다가 우리 방조(傍祖) 김자점이 역적으로 몰려서 멸문지화를 당하게 되매 내게 11대 조 되시는 어른이 처자를 끌고 서울을 도망하여 일시 고향에 망명하시더니, 그곳도 서울에서 가까워 안전하지 못하므로 해주 부중(府中)에서 서쪽으로 80리 백운방 텃골 팔봉산 양가봉 밑에 숨을 자리를 구하시게 되었다. 그 곳 뒷개에 있는 선영에는 11대 조부모의 산소를 비롯하여 역대 선산(先山)이 계시고 조모님도 이 선영에 모셨다.

그때에 우리 집이 멸문지화를 피하는 길은 오직 하나뿐이었으니, 그것은 양반의 행색을 감추고 상놈 행세를 하는 일이었다. 텃골에 와서는 조상님네는 농부의 행색으로 묵은장을 일구어 농사를 짓다가 군역전(軍役田)이라는 땅을 짓게 되면서부터는 아주 상놈의 패를 차게 되었다. 이 땅을 부치는 사람은 나라에서 부를 때에는 언제나 군사로 나서는 법이니, 그때에는 나라에서 문(文)을 높이고 무(武)를 낮추어 군사라면 천역 즉 천한 일이었다. 이것이 우리나라를 쇠약하게 한 큰 원인인 것은 말할 것도 없다. 이리하여 우리는 판에 박힌 상놈으로 텃골 근동에서 양반 행세하는 진주 강씨, 덕수 이씨들에게 대대로 천대와 압제를 받아왔다. 우리 문중의 딸들이 저들에게 시집을 가는 일은 있어도 우리가 저들의 딸에게 장가든 일은 없었다.

그러나 중년에는 우리 가문이 꽤 창성하였던 모양이어서 텃골 우리 터에는 기와집이 즐비하였고 또 선산에는 석물도 크고 많았으며 내가 여남은 살 적까지도 우리 문중에 혼상대사가 있을 때 이정길(李貞吉)이란 사람이 언제나 와서 일을 보았는데 이 사람은 본래 우리 집의 종으로서 속량(贖良) 받은 사람이라 하니, 그는 우리 같은 상놈의 집에서 종으로 태어났던 것이라, 참으로 흉악한 팔자라고 아니 할 수 없다.[40]

김구(1876~1949) 선생은 스스로 안동 김씨 경순왕의 자손이라고 하고 있다. 경순왕은 알지를 시조로 하는 씨족의 한 사람이었다. 김구 선생은 스스로 신라인의 후손임을 밝힌 것이다.

조선 시대 사람들로 고려를 거쳐, 신라인의 후손임을 자처하는 세력들은 많이 있었다. 신라인의 후손을 자처하던 씨족 또는 종족의 후

40 김구, 『백범일지』, 1984, pp. 13~14.

손들이 현재도 존재한다.

4) 한국사 속 신라인의 후손들을 은폐할 수는 없는 일이다

고려는 물론 조선에서도 많은 사람들이 그의 조상을 거슬러 올라가 신라인을 시조로 들고 있다는 사실을 확인하게 된다. 그리고 제국 일본이 한국을 폐멸(실제 폐멸시킬 수는 없었다)시킨 시기에도 김구 선생이나 이시영 전 부통령은 그들의 시조를 신라인으로 이야기 하고 있다. 이 시기에는 신채호 선생 등이 단군을 시조로 하는 민족을 만든 후였다. 그럼에도 불구하고 김구 선생이나 이시영 선생이 그들의 시조가 신라인임을 밝히고 있다는 사실을 주목할 필요가 있다.

한국인이 시조를 잃게 된 것은 1945년 해방 이후 국가가 주도한 한국사 교육을 받으면서부터가 아닌가 생각된다. 특히 쓰다 소키치의 kids들이 학문권력을 장악하면서부터 한국인들에게 그런 일이 벌어진 것이 사실이다. 물론 그들에게 모든 책임을 미룰 수는 없다. 1945년 8월 15일 이후 한국은 자유민주주의 체제를 도입했기에 과거처럼 그 씨족(氏族)이나 종족(宗族) 같은 혈족을 따지는 사회와는 다른 사회가 된 것이 분명하다. 그렇기에 씨족이나 종족을 따지는 일이 점차 줄어들고 사라지게 된 것을 생각할 필요가 있다.

그러나 김구 선생이나 이시영 선생까지 세대는 그들의 시조를 따지는 일이 중요했던 것도 틀림없다. 적어도 제국 일본이 한국을 강점 폐멸시키기 전까지는 그랬다. 조선을 거쳐 고려 그리고 대신라는 물론이고 삼국시대에도 혈족관계를 따지는 일은 중요한 의미를 가졌다. 그러한 씨족, 종족 등 혈족관계는 개개인의 사회적 · 정치적 지위를 정해 주는 기준이 되었고, 신분을 결정하는 기준이 되기도 했다. 나아가 경제적 지위도 혈연관계 속에서 정해졌던 것이 조선은 물론 그 이전의 사회였다.

이제, 우리는 한국사의 새로운 분야를 개척해야 한다고 본다. 한국인을 만든 역사를 찾자는 것이다.

5) 신라의 삼한통합이 갖는 역사적 의의

한국인 정체성의 원점은 신라의 삼한통합으로 정해졌다. 신라 오리진의 한국인의 존재를 인정하기 위해서는 이 같은 삼한통합에 대한 올바른 이해가 필요하다.

삼한 통합의 꿈을 외친 김유신: 화랑도의 파벌을 통합하여 하나로 합친 김유신은 늘 화랑도에게 일러 말한 것이 있다.

> 우리나라는 동쪽 바다에 치우쳐 있어 삼한을 통합할 수 없다. 이것이 부끄러운 일이다. 어찌 다만 골품과 낭도의 소속을 다투느냐? 고구려와 백제를 평정하게 되면 곧 나라에 외우(外憂, 외국의 적으로 인한 걱정)가 없어질 것이니, 가히 부귀를 누릴 수 있을 것이다. 이것을 잊으면 안 된다(『화랑세기』 15세 풍월주 유신공).

이 말을 한 시기는 유신이 18살 나이에 15세 풍월주가 되었던 612년이었다. 김유신은 18살의 나이에 삼한통합을 이루어 외우(外憂) 즉 외국의 적들의 침략을 없애고 신라 · 신라인의 부귀를 가져오도록 하자고 외친 것이다. 이 같은 김유신의 말은 660년 백제 정복, 668년 고구려 정복으로 실제로 실현이 되었다.

주목해야 할 사실은 당시 김유신에게는 민족이라는 생각은 조금도 없었다는 것이다. 오직 신라를 끊임없이 쳐들어오는 고구려와 백제의 침략으로부터 벗어나기 위해서는 고구려와 백제를 평정해야 한다고 본 것을 알 수 있다. 김유신에게 고구려와 백제는 외국의 적이었던 것이다.

이 같은 김유신의 생각은 신라인들이 공유한 것이 분명하다. 때문에 신라가 고구려와 백제를 평정한 후 신라는 민족 공존의 정책이 아니라, 정복자의 권리를 행사했던 사실도 짐작하기 어렵지 않다.

신라의 삼한통합: 신라 오리진의 한국인은 신라의 삼한통합 때문에 만들어졌다. 여기서 삼한통합의 주역인 김춘추를 다시 보지 않을 수 없다. 김춘추에게는 죄만 있고 공은 없을까? 김춘추가 현재 한국인에게 남긴 역사적 유산은 없을까? 김춘추와 신라의 삼한통합(소위 삼국통일)은 어떤 관계에 있을까? 신라의 삼한통합을 성취하는 데 김춘추는 결정적인 역할을 했던 것이 분명하다. 또한 삼한통합 전쟁은 현재 한국인을 만든 결정적인 전쟁이었던 것도 사실이다.

원래 김춘추는 백제 정복을 생각했다. 641년 왕위에 오른 백제 의자왕은 642년 7월 직접 군대를 거느리고 신라의 서쪽 40여 성을 빼앗았다. 8월에는 장군 윤충으로 하여금 신라 대야성을 함락시키도록 했다. 그때 대야성의 성주였던 도독 이찬 품석과 그의 아내 등이 자결했다. 품석의 아내 고타소는 김춘추의 정비였던 보라궁주와 사이에 출생한 딸이었다. 딸의 죽음에 대한 소식을 들은 김춘추는 하루 종일 기둥에 기대서서 눈도 깜빡이지 않고 사람이나 물건이 앞을 지나쳐도 알아보지 못했다. 그리고 얼마 후

> 아! 대장부가 어찌 백제를 삼키지 못하랴?

하였다고 한다. 이에 김춘추는 선덕여왕에게 청하기를 고구려에 가서 청병을 하여 백제에 대한 원수를 갚겠다고 하여 허락을 받았다. 김춘추는 그해에 고구려에 들어가 보장왕과 연개소문에게 청병을 했으나 실패하고 돌아왔다.

김춘추가 백제를 정복하겠다는 생각을 한 것은 맏딸 고타소의 죽음 때문이었다. 김춘추 개인의 사적인 복수심이 끝내 백제를 멸망시켰고, 나아가 김춘추의 아들 문무왕이 고구려를 멸망시키는 결과를 가져온 것이 사실이다. 김춘추가 결심한 큰 사사로움 즉 대사(大私)가 백제와 고구려 정복이라는 국가의 공(公)으로 귀결된 것이다.

신라의 삼한통합은 김춘추의 힘으로 이루어진 것이 사실이다. 그 중 가장 중요한 사실은 당나라 군대를 끌어들인 것이다. 신라로서는 당나라의 도움이 없이는 백제와 고구려를 정복하는 일은 불가능했다. 642년 또 다른 적국인 고구려에 청병을 하러 갔다가 실패하고 돌아온 김춘추는 당나라에 청병하는 길을 택했다. 648년 당나라에 간 김춘추는 당태종(627~649)을 만나 청병을 했다. 당시 당태종은 645년 고구려 침공에 실패한 후였다. 그렇기에 신라와 힘을 합해 고구려를 정복하기

를 원한 것이 분명하다. 이러한 사정을 간파한 김춘추는 당태종에게 청병을 하였다.

김춘추와 당태종의 만남은 신라의 삼한통합의 길을 연 사건이었다. 사실 당태종 대에 이르러 당나라는 역사상 흔치 않는 성세를 누리고 있었고, 당의 판도 또한 전에 없이 확대되었다. 당태종 스스로는 학문을 좋아하였다. 김춘추는 당태종에 대한 정보를 확보하고 당나라에 갔다. 『삼국사기』 기록에는 진덕여왕이 김춘추와 그 아들 문왕을 당나라에 입조케 한 것으로 나온다.[41] 그러나 사실 진덕여왕 대(647~654)는 김춘추를 왕으로 세우려는 칠성우들이 왕정을 장악하고 있던 때였다. 따라서 김춘추는 스스로 결정하여 당나라에 간 것이라 볼 수 있다.

당나라에 간 김춘추는 마침내 당태종을 만났다. 당태종은 김춘추의 영특하고 훌륭한 모습을 보고 후하게 대우했다. 그런데 김춘추는 당나라에 간 목적을 감추고 당태종에게 당의 국학에 가서 석전(釋奠, 공자를 제사지내는 큰 제사)과 경전 강론을 참관하기를 청했다. 당태종이 이를 허락하고 자신이 손수 지은 『진서(晉書)』 등을 주었다. 당태종이 잔치를 베풀어 김춘추를 초대해 "무슨 생각을 품고 있는가?" 물었다. 이에 김춘추가 꿇어 앉아 "신의 본국은 바다 모퉁이에 치우쳐 있는데도 엎드려 천자의 조정을 섬겨오기를 여러 해 동안 해왔습니다. 그런데 백제는 강하고 교활하여 여러 차례 제 나라를 침탈했습니다. 더욱이 지난해에는 대거 깊이 쳐들어와 수십 성을 함락해 당나라에 조공하는 길을 막았습니다. 만약 폐하께서 당나라의 군대를 빌려주시어 흉

41 『삼국사기』 5, 「신라본기」 5, 진덕여왕 2년.

악을 잘라버리지 않는다면, 저의 나라 인민은 모두 포로가 될 것입니다. 그러면 바다를 건너 직공을 바치는 일을 다시 할 수 없을 것입니다" 하고 아뢰었다.[42]

당태종이 옳다고 여겨 출병을 허락했다. 그때 당태종이 김춘추에게 한 약속 내용이 기록에 나온다. 671년 7월 26일 당나라 총관 설인귀가 임윤법사를 시켜 편지를 보내왔는데, 문무왕이 그에 대한 답서를 보내는 가운데 나오는 대목을 주목할 수 있다.

> 선왕(무열왕)께서 정관 22년(648) 중국 조정에 들어가 태종 문황제의 조칙을 받았는데 "짐이 이제 고구려를 침은 다른 까닭이 있는 것이 아니라 그대들 신라가 고구려 · 백제 두 나라에 핍박되어 매양 침략과 업신여김을 입어 편안한 때가 없음을 가엾게 여긴 때문이다. 그러므로 산천과 토지는 내가 탐내는 바가 아니며 옥백과 자녀도 내게는 있는 바이니 내가 두 나라를 평정하게 되면 평양 이남과 백제의 토지는 모두 그대들 신라에 주어서 길이 편안하게 하겠다" 하였고 계책을 가르쳐주시고 군사의 기일을 정해주셨습니다. (『삼국사기』 7, 「신라본기」 7, 문무왕 11년)

진덕여왕 2년(648) 김춘추가 당나라에 가서 당태종을 만났을 때 당태종이 한 약속이 위에 나온다. 그에 따르면 당태종은 신라를 구원하여 고구려와 백제를 평정하게 되면 평양 이남과 백제의 토지는 신라에 주겠다고 약속한 것을 볼 수 있다. 고구려와 백제를 멸망하면 평양 이남의 땅을 신라가 지배하기로 되었던 것이다. 그런데 고구려와 백제를

42 『삼국사기』 5, 「신라본기」 5, 진덕여왕 2년.

정복한 후 당나라는 약속을 지키지 않았다.

668년 9월 고구려를 정복한 후 신라는 당나라를 축출하는 또 다른 9년 전쟁을 벌이지 않을 수 없었다. 백제와 고구려를 멸망시킨 당나라는 평양에 안동도호부를 설치하고 설인귀를 안동도호로 삼아 2만의 병력으로 지키게 했다. 옛 백제 땅에는 웅진도독부를 설치했고, 신라에는 계림주대도독부를 설치하여 문무왕을 계림주대도독으로 삼은 바 있다. 당나라는 삼국을 지배하려했다.

언제인지는 분명치 않으나 고구려를 정복 한 이후 신라는 당나라 군대를 몰아내는 전쟁을 벌인 것이 사실이다. 674년에 당고종은 문무왕을 폐위시키고 문무왕의 아우 김인문을 신라왕으로 삼아 신라로 돌려보냈다. 675년에 문무왕이 사신을 보내 사죄하자 문무왕의 관작을 회복시켰다. 이에 김인문은 중도에서 돌아갔다.

신라와 당나라의 전쟁에서 신라가 승기를 잡은 것은 675년 매초성 전투에서 신라가 승리한 때였다. 당나라는 이근행으로 하여금 20만의 병사를 거느리고 매초성에 진을 쳤다. 신라군이 당나라 군대를 공격하여 대승을 거두었다. 이후 676년까지 여러 차례의 전투가 있었으나 결국 신라가 승리를 하였다.

735년 정월 하정사로 당에 갔던 김의충이 돌아올 때 당현종은 패강 이남의 땅을 신라에게 준다는 조서를 내렸다. 신라에서는 736년에 사신을 보내 감사드렸다. 신라는 당나라의 힘을 빌려 외국의 적인 고구려와 백제를 멸망시키고 나라의 평화를 찾을 수 있었다.

20세기에 만들어진 민족사에서는 신라가 당나라의 군대를 끌어들여 고구려와 백제를 정복한 것을 반민족적인 행위로 이야기했다. 그러나 신라인들은 그들이 당나라 군대를 끌어들여 고구려와 백제를 정복한 것을 반민족적인 행위로 보지 않았다. 근현대 한국사학 특히 민족사를 표방하는 역사가들이 제국 일본의 한국 강점과 폐멸을 막기 위한 역사를 만들며 신라가 당나라 군대를 끌어들인 것을 반민족적인 행위의 표상으로 만든 것이다. 이 같은 정치적 목적을 품은 무기가 된 역사는 현재 한국인의 역사의식으로 작동하고 있는 것도 사실이다. 외세를 끌어들여 동족의 나라를 멸망으로 이끄는 것은 반민족적인 행위라는 역사의식이다.

한 가지 분명히 할 사실이 있다. 신라의 삼한통합을 민족통일 문제로 보는 역사의식이다. 고구려 · 백제 · 신라인들은 동족(同族)이라는 의식이 없었다. 삼국 사람들은 하나의 민족이라는 의식이 없었다. 삼국 사람들은 고구려 · 백제 · 신라라는 국가를 서로 다른 나라로 보았다. 그런데 20세기에 들어선 이후 한국의 역사가들이 삼국 사람들을 동족으로 만들어내고 민족공조를 했어야 한다는 역사를 만들어낸 것이다. 신라가 당나라 군대를 끌어들여 동족의 나라인 고구려와 백제를 멸망시켰다고 비판을 하여온 것이다.

고구려 · 백제 · 신라를 동족의 나라로 만든 근현대 한국사학은 신라 오리진의 한국인의 존재를 인정하지 않았다. 삼국 사람을 동족 즉 같은 민족의 나라로 보는 역사에서는 신라가 삼한을 통합했기에 대신라(소위 통일신라) 이후 한국사의 무대는 신라인들의 차지가 되었다는 사실을 인정할 수 없게 된 것이다. 신라의 삼한통합으로 옛 고구려와 백제 사람들은 사회적 · 정치적으로 도태된 사실을 인정할 필요가 있다.

또한 역설적으로 들릴지 모르겠지만, 신라가 고구려와 백제를 정복하지 않았다면 두 나라는 한국사에 들어올 수 없었다는 생각을 하게 된다.

6) 현재의 한국인은 삼한통합의 역사적 산물이다

한국인의 오리진은 어디에서 찾을 수 있을까? 지금까지 현재 한국인의 오리진을 찾는 연구는 거의 없었다. V자 항아리의 밑바닥 부분에 현재 우리들이 있다고 보면, V자 항아리의 윗부분에는 구석기 · 신석기 · 청동기 시대 사람들이 위치한다고 가정할 수 있다. 현재 한국인은 한국사의 무대에서 고고학적으로 구석기, 신석기 · 청동기를 사용하던 사람들은 물론이고 그 이후 고조선, 부여, 고구려, 백제, 신라, 가야 등의 여러 국가들이 존재하던 시대를 거쳐 신라의 삼한통합 이후 대신라, 고려, 조선 시대를 지나 현재에 이르기까지 사람들의 혈통을 잇고 있다. 그 과정에 외국으로부터의 이주민들도 한국인 혈통의 형성에 참여했다. 이 같은 역사전개 과정을 거쳐 현재 한국인이 만들어진 것이다. 그런 면에서 현재 한국인은 역사적 산물이다. 한국 역사는 한국인을 만든 터전이었다.

그런데 지금까지 있어온 현재 한국인의 형성에 대한 주장을 보면 문제가 있다. 신채호 선생은 단군을 시조로 하는 부여족이라는 민족을 생각해냈다. 『한국사신론』에서는 신석기 · 청동기 시대 이래 한국사의 무대에 살던 사람들이 한국민족을 형성했다고 한다. 그 어느 주장도 한국인의 갈래를 제대로 밝힌 것은 아니다. 한국사 속에 존재했던 여러 나라들이 현재 한국인을 형성하는 데 동등하게 기여를 한 것이 아니기 때문이다. 현재 한국인들은 고구려를 자랑스럽게 여기고 신라를 부끄럽게 여기는 역사를 진리로 알고 있다. 이는 신라를 푸대접하는 역사고, 신라에게 상처 입히는 역사라 하겠다. 근현대 한국사학이 그렇게 만들었기 때문이다. 그러나 현재 한국인을 형성하는 데 기여한 정도를 보면 고구려보다는 신라가 비교할 수 없을 정도로 큰 비중을 차지하고 있다. 실제로 한국인이 갖고 있는 성(姓)을 주목하면 그러한 사정을 확인할 수 있다.

현재 한국인들이 갖고 있는 성(姓)은 각 개인이 속하는 씨족(氏族)을 밝히는 장치다. 이 같은 성을 달리하는 씨족은 오랜 역사적 과정을 거치며 이어진 역사적 산물이다. 이에 한국인들이 갖고 있는 성(姓)을 주목할 필요가 있다. 미리 말하지만 한국인의 족보나 따지자는 것이 아니다. 한국인의 오리진을 찾자는 것이다. 한국인이 갖고 있는 각 성은 시조를 달리하는 씨족(氏族, clan)을 의미한다. 여기서 이수건 선생의 『한국인의 성씨와 족보』(2003)를 보기로 한다. 『고려사』에 나오는 266개 성의 대부분은 『세종실록』「지리지」에도 나온다고 한다. 1486년에 편찬된 『동국여지승람』에는 277개의 성이 나온다.

1985년 경제기획원에서 실시한 인구 및 주택센서스 조사결과 274개 성(본관은 3435개)이 조사되었다. 그 동안 한국인의 성은 새로 생겨나기도 하고 사라지기도 해왔다. 또한 호적기재 착오 등으로 인구 100명 미만의 희귀성이 40여 개나 만들어지기도 했다고 한다. 한국인의 성은 본관(本貫)으로 나뉘기도 한다. 본관은 성이 나뉜 종족(宗族, lineage)으로 대성들을 보면 여러 본관이 나뉜다. 김씨는 285개, 이씨는 241개, 박씨는 128개, 최씨는 127개, 정씨는 122개 본관으로 나뉘는 것으로 조사되었다. 성에 따라, 본관에 따라 인구수도 다르다. 김씨는 878만여 명, 이씨는 598만여 명, 박씨는 343만여 명, 최씨는 181만여 명, 정씨는 178만여 명으로 조사되었다. 김씨 안에는 신라인 김유신을 중시조로 하는 김해 김씨(376만여 명)와 신라의 왕을 배출했던 씨족인 경주 김씨(152만여 명) 등이 나뉘는 데 이 두 본관들은 같은 글자를 쓰나, 시조를 달리하여 씨족을 달리한다. 이씨 중에는 전주 이씨(230만여 명), 경주 이씨(121만여 명) 등이 있다. 전주 이씨와 경주 이씨는 시조를 같이 하는 씨족이라고 헤아려진다. 전주 이씨는 경주 이씨에서 갈라진 본관일 것으로 여겨지기 때문이다. 언제인가 경주 이씨 일족이 전주로 이주해 본관을 전주로 한 것이다. 전주 이씨는 조선의 왕을 배출하며 번성한 본관이 되었다. 여하튼 현재 한국인 중 신라인을 시조로 하는 성을 가진 사람의 수가 많다.

현재 한국인의 오리진을 찾아 역사를 거슬러 올라가면 조선, 고려를 거쳐 대신라(소위 통일신라)로 올라갈 수 있다. 대신라에서 한국인의 씨족의 오리진을 찾는다면 고구려 · 백제 · 신라 중 어느 나라로 찾아 올라갈 것인가? 한 가지 현재 한국인으로서는 이해하기 힘든 사실이 있을 줄 안다. 현재 한국인 중 백제인이나 고구려인을 시조로 하는 성을 가진 사람을 찾기 어렵다는 사실이다. 더하여 고조선인을 시조로 하는 한국인도 찾기 어렵다. 고조선인이나 백제인 그리고 고구려인들은 각기 나라가 망한 후 사회적 · 정치적으로 도태되어 현재까지 그 씨족을 유지할 수 없었던 것이 아닌가?

따라서 현재 한국인의 조상을 찾아 시대를 거슬러 올라가면 다수의 한국인이 삼국시대 신라로 올라가게 된다. 그것도 20세기 초 이래 근현대 한국사학이 은폐 · 침묵시켜온 신라 내물왕 이전 역사로 올라가는 것을 알 수 있다. 현재 다수 한국인이 갖고 있는 종성과 육부성의 시조들이 신라 내물왕 이전 역사 속의 인물들이라는 사실을 확인하게 된다. 혹 성과 본관의 시조가 신라인이 아니라 하더라도 모친이나, 조부모 중 세 분, 증조부모 중 일곱 분 중 반 정도는 신라인을 시조로 하는 성이나 본관을 가진 분일 확률이 있을 줄 안다.

왜 이런 일이 벌어졌을까? 앞에서도 말했지만 신라의 삼한통합(이른바 삼국통일) 때문에 한국인은 신라 오리진이 된 것이다. 신라가 백제와 고구려를 정복하지 않았다면 백제와 고구려의 역사는 한국사에 포함되지 않았을 것이고, 백제와 고구려인들은 신라 오리진이라는 블랙홀에 빠져들어 "한국인"을 형성한 혈통을 제공할 수 없었을 것이다.

2부

"그들이 만든 역사", 한국날조사학에게 상처받은 신라와 한국인 정체성의 원점

2부

"그들이 만든 역사", 한국날조사학에게 상처받은 신라와 한국인 정체성의 원점

2부의 키워드는 역사 날조다. 날조(捏造)는 근거가 없는 사실을 사실처럼 조작하는 것을 의미한다. 제국일본이 한국을 폐멸시켰던 시기인 1910년 8월부터 1945년 8월까지 일본인들에게 한국 · 한국사는 무존재가 되어 있었다. 한국 · 한국인은 폐멸되어 공식적으로는 지구상에서 존재하지 않게 되었다. 한국인을 폐멸시킨 대표적인 역사가가 바로 이 책에서 다루는 쓰다 소키치다. 학문적으로 그는 표면적으로는 임나일본부설을 날조하기 위해 신라의 앞 부분 수백 년의 역사를 말살했고, 나아가 한국인 정체성의 원점을 말살했다. 그런데 한국인 정체성의 원점을 말살한 결과는 한국인을 일본민족(국민)으로 만드는 정책을 학문적으로 뒷받침하는 것이었다. 쓰다 소키치의 조그만 논문 한편이 한국인을 폐멸시키는 무기가 된 것이다.

그런데 이병도 선생과 손진태 선생은 해방전부터 제국 일본의 역사가들에 의하여 그렇게 날조된 역사를 진리라고 받아들여 현대 한국사학의 금과옥조로 만들었다. 이렇게 제국 일본의 역사가들에 의하여 한번 만들어진 주장이 해방 후 한국사 연구자들에게 받아들여졌고 그 이후 몇 세대에 걸쳐 이어지고 있는 역사를 한국날조사학(韓國捏造史學)이라고 부를 수도 있다고 본다.

2부에서는 근현대 한국사학이 만든 "그들이 만든 역사", 한국인 정체성의 원점을 왜곡 · 말살한 역사에 대해 다루기로 한다. 그 시기는 1905년 11월 18일 제국 일본의 강요로 을사조약(제2차 한일협약, 을사늑약)이 체결되었을 때부터 이 책을 쓰는 현재까지의 기간이 된다. 시간으로 따지면 110년도 넘는 기간이 된다. 이 기간 동안 근대 한국사학은 신라에게 상처를 입혔고, 한국인 정체성의 원점을 은폐 · 말살하였다. 그런데도 아무도 그 동안 신라가 입은 상처를 치유하지 않았고 말살된 한국인 정체성의 원점을 찾는 노력도 하지 않았다.

이 모든 문제는 쓰다 소키치의 『삼국사기』「신라본기」에 대한 견강부회의 사료비판에서 출발한 것이다. 제국 일본이 한국을 폐멸시켰던 시기에 만들어진 학문적인 패러다임을 청산하는 일이 얼마나 어려운 것인지 절감한다. 바로 그런 이유에서 이 책은 제국 일본이 한국폐멸사학의 한 부분을 청산하는 작업이라 할 수 있다. 제국 일본의 한국폐멸기에 만들어진 다른 학문분야에도 이 같이 청산해야할 수많은 문제들이 있다는 생각이 든다.

1장

근대 한국사학이 만든 무기로서의 역사에게 상처받은 신라와 한국인 정체성의 원점

1장
근대 한국사학이 만든 무기로서의 역사에게 상처받은 신라와 한국인 정체성의 원점

역사를 무기로 만들었던 시대가 있었다. 2부 1장에서 다루는 두 가지 서로 다른 목적으로 만들어진 역사를 보면 그러한 사정을 확인하게 된다. 여기서 다루는 시기는 1905년 을사조약 체결로 제국 일본이 한국을 강점한 시기부터 1945년 8월 15일 한국이 해방(광복)될 때까지다. 이 시기 한국사 그중에서도 한국고대사는 무기로 만들어졌다. 당시 만들어진 무기가 된 역사의 성격을 알기 위해서 이 시기의 특성을 먼저 파악해 보기로 한다.

1. 제국 일본의 한국 강점 · 폐멸 시기의 성격과 한국사 날조

제국 일본은 1905년 을사조약 체결로 한국을 강점했다: 제국 일본이 한국을 본격적으로 강점해 들어온 것은 1904년 2월 일본의 도발로 시작된 러일전쟁에 일본이 승리하고 1905년 9월 5일 포츠머드강화조약을 체결한 후, 1905년 11월 18일에 일본이 한국에 강요한 을사조약을 이토 히로부미(伊藤博文) 주도로 이완용 등 을사5적을 내세워 체결하면서부터였다. 이로써 한국의 외교권이 박탈되었다. 이에 시종무관장 민영환 선생 등 서울과 지방의 여러 분들이 자결을 했다. 을사조약 체결 소식이 알려지자 장지연 선생은 일본의 검열을 받지 않고 「시일야방성대곡(是日也放聲大哭)」을 『황성신문』(11. 20)에 게재했다. 장지연 선생은 일본에 의하여 잡혔고 신문은 무기정간 당했다. 또한 을사조약에 반대하는 의병들이 전국적으로 봉기했다. 1907년 고종황제는 네델란드 헤이그에서 열리는 만국평화회의에 이준 · 이위종 · 이상설 등 3명의 밀사를 파견했다. 그러나 밀사들은 회의에는 공식적으로 참석할 수 없었다. 이준은 그곳에서 운명을 했다. 1907년 7월 18일 일본은 고종을 강제 퇴위시키고, 7월 24일에는 정미7조약을 체결하여 차관정치를 시작했다. 그해 8월 1일에는 군대를 해산했다. 이 소식을 접한 장병들은 일본군과 시가전을 벌이기도 했고 전국적으로 의병이 봉기했다. 의병들은 면사무소 · 경찰분소 · 우체국 등을 공격했는데, 그러한 조직들이 일본의 한국 강점을 위한 기구로 운용되었기 때문이었다. 한국은 고종의 비준도 없이 체결된 1905년 을사조약(을사늑약)으로 일본에게 강점을 당한 것이다. 을사조약을 진두지휘한 것은 이토 히로부미였다. 이토 히로부미는 하얼빈 역에서 1909년 10월 26일 안중근 의사의 총격을 받고 죽었다. 일본 국회에 가면 그 현관에 세 명의 동상이 서있다. 그중 하나가 이토 히로부미의 동상이다.

1910년 8월 한국이 폐멸되다: 일본은 1905년 한국을 강점한 후 무엇을 더 노렸을까? 이와 관련하여 1910년 8월 22일 비밀리에 조인되고 일주일 뒤인 8월 29일 공표된 '한국 병합' 조약의 이면에 대한 글을 볼 수 있다. 요시노 마코토(한철호 옮김)의 『동아시아 속의 한일2천년사』에 인용된 글을 재인용해 보겠다.

> 한국이 완전히 **폐멸**(廢滅)돼 제국 일본의 일부가 됐다는 뜻을 명확하게 함과 동시에 어조가 너무 과격하지 않은 단어를 선택하려고 여러 가지를 고려했지만, 끝내 적당한 단어를 발견할 수가 없었다. 따라서 당시 아직 일반적으로 사용되고 있지 않은 단어를 쓰는 편이 좋겠다고 판단하고, **병합**(倂合)이라는 단어를 … 사용했다(고마쓰 미도리(小松綠), 『조선병합의 이면(裏面)』, 1920).[43]

결국 일본의 한국 병합은 한국 · 한국인 폐멸을 뜻하는 것이다. 한국인들은 일본이 한국을 폐멸시켰다는 사실을 인정하고 싶지 않겠지만 일본인들은 한국을 완전히 폐멸시켰던 것을 알 수 있다.

실제로 1910년 8월 한국 폐멸 이후 1945년 8월 해방(광복)될 때까지 한국 · 한국인은 지구상에서 공식적으로는 사라졌던 것이다. 1905년 한국 강점 후 일본이 노린 것은 한국 · 한국인 폐멸이었다. 물론 오랜 역사적 전통을 가진 한국인 · 한국사가 실제로 무존재가 될 수는 없는 일이지만, 이로써 제국 일본 · 일본인들에게 한국 · 한국인 · 한국사는 무존재가 되었다. 특히 제국 일본의 역사가들은 한국사를 일본사를 강한 것으로 날조하기 위한 희생으로 삼았던 것이 사실이다.

제국 일본은 공식적으로는 지구상에서 사라진 한국인을 일본인으

43 요시노 마코토, 한철호 옮김, 『동아시아 속의 한일2천년사』, 2005, p. 297.

로 만드는 정책을 폈다. 오해하지 말기 바란다. 이 기간 동안 제국 일본의 한국 폐멸 정책에도 불구하고 한국인들은 한국인으로서의 정체성을 유지했고 한국 · 한국인의 독립을 진정으로 원했던 사실을 부정하자는 것이 아니다. 그렇더라도 이 기간 동안 오랜 역사를 통해 만들어진 한국의 모든 역사적 유산이 일본의 한국 · 한국인 폐멸 정책에 의하여 사라질 위기에 처했었던 것도 사실이다.

한국인은 일본의 황국신민화 정책의 대상이 되었다. 첫째, 일본은 한국인의 역사적 유산을 말살하는 정책을 폈다. 한국인을 일본 천황에게 충성을 바치는 황국의 신민으로 만들고자 한 것이다. 그 일환으로 1940년 2월 11일 일본의 기원절(건국 기념일)에 시행된 창씨개명(創氏改名) 정책의 강요를 들 수 있다.[44] 한국인의 성(姓)과 그런 성을 가진 씨족의 존재는 오랜 역사적 유산이었다. 이러한 성을 가진 씨족을 그대로 두고서는 한국인들을 일본 천황제의 가족 국가로 끌어들이는 일은 불가능한 일이었다. 이에 창씨개명을 강요하여 한국인의 오래된 부계종족 · 부계씨족 관념을 무너뜨리고 오랜 역사적 유산인 한국의 가족제도 · 친족제도를 무너뜨리는 정책을 시행했던 것이다.

이러한 정책을 실시하기 위해 일본은 일선동조론(日鮮同祖論) 또는 일선양민족동원론(日鮮兩民族同源論)을 펴서 일본과 한국의 인종적 일체성, 혈연적 근친성을 강조했다.[45] 일본의 한국인 폐멸 정책은 한국인의 역사적 유산 중 한국인의 정체성을 유지할 수 있는 근본이 되는 한

44 요시노 마코토, 한철호 옮김, 『동아시아 속의 한일2천년사』, 2005, p. 311.
이기백, 「일제시대에 경험한 몇 가지 일들」, 『한국사산고』, 2005, p. 19.

45 요시노 마코토, 한철호 옮김, 『동아시아 속의 한일2천년사』, 2005, p. 305.

국인의 혈족제도 자체를 뿌리 뽑으려는 것이었다. 이 같은 창씨개명 정책의 목적을 알 필요가 있다. 일본은 한국인 정체성의 원점을 말살하여, 한국인을 일본인으로 만들려는 정책을 폈다. 이를 보면 당시 일본인들은 한국인 정체성의 원점이 가지는 중요성과 역사적 의미를 알고 있었던 것이 확실하다. 그런데 한국인들은 지금까지 한국인 정체성의 원점이 갖는 의미를 조금도 이해하지 못하고 있는 것이 사실이다.

둘째, 한국인을 일본인으로 만드는 또 다른 면을 볼 수 있다. 1911년 10월 20일 제정된 '보통학교규칙'에 따르면 당시 교육은 충량하면서도 근면한 국민(일본의 신민)을 만드는 데 목적을 두고 있었던 것을 알 수 있다. 이후 학교 수업은 일본어로 이루어지게 되었고, 한국어는 외국어가 되었다.[46]

시간이 지나며 일본의 한국 · 한국인 폐멸정책은 가속화되었다. 1937년에는 학교나 직장에서 "우리는 모두 대일본제국의 신민입니다", "천황 폐하께 충의를 다 하겠습니다."는 등의 '황국신민의 서사(誓詞)'라는 것을 제창하게 했다.[47] 그런가 하면 각 급 학교에서는 '조선어 및 한문' 시간을 제외하고는 모두 국어(일본어)로 수업하는 정책을 폈다.[48] 이는 한국어를 통해 전하는 한국의 문화 · 관습 · 생각 등을 못하도록 만드는 조치였다.

일본의 한국에 대한 폐멸 정책은 철저한 것이다. 1919년 3 · 1 독립운동 이후 제국 일본이 문화정치로 전환한 것은 잘 알려진 사실이

46 나카타 아키후미, 박환무 옮김, 『일본의 조선통치와 국제관계』, 2008, p. 31.

47 요시노 마코토, 한철호 옮김, 『동아시아 속의 한일2천년사』, 2005, p. 310.

48 이기백, 「일제시대에 경험한 몇 가지 일들」, 『한국사산고』, 2005, pp. 15~17.

다. 문화정치의 의미는 무엇일까? 아래 인용문을 볼 수 있다.

> 서로의 이질성을 전제한 뒤 본국과 다른 제도를 적용했던 구미의 식민지 통치자와는 달리, "조선 통치의 궁극적 목적은 일본인과 똑같이 만드는 데 있다"고 했습니다. 한국 지배의 목표는 궁극적으로 한국인을 완전히 일본인화하고 최종적으로는 제반 제도도 일본과 똑같이 만들어간다는 내지연장주의였습니다. 그러한 동화주의의 방침을 더욱 선명히 하여 교육 정책 등에 중점을 두고 친일 세력을 육성하려 했던 것이 문화정치였다고 할 수 있습니다. 동화가 가능한 근거로서 일본인과 한국의 인종적인 일체성, 혈연적인 근친성이 강조됐으며, 일선동조론 등이 선전됐습니다.[49]

이를 보면 일본의 한국에 대한 통치는 나치 독일이 유대인을 학살한 것과는 또 다른 한국 · 한국인 폐멸 정책을 시행한 것이라는 사실을 알 수 있다. 차이라면 나치 독일은 유대인을 학살했으나, 제국 일본은 창씨개명 정책을 강요하여 한국인을 일본민족(국민)으로 만들려 했지만, 이는 한국인을 살려두고 영원히 일본의 2등 국민(의붓자식)으로 만들려는 정책을 폈던 것이다. 그들 일본인에게 한국인은 존재하지 않았다는 것이다. 그런데 분명히 할 사실이 있다. 1923년 9월 일본 관동대지진 때 일본의 경찰 · 군대 · 민간인들이 한국인을 무참히 살해했는데, 그 수가 6천 명에서 2만 명까지 추정된다고 한다. 당시 일본인들에게 한국인은 아무렇게나 죽여도 되는 존재였다. 그런 일본인들에게 한국사 또한 무존재의 역사였던 것이다.

49 요시노 마코토, 한철호 옮김, 『동아시아 속의 한일2천년사』, 2005, p. 305.

2) 일본의 한국폐멸과 영국의 인도 식민통치 비교

일본은 한국에 대한 영국식의 식민통치가 아니라, 한국 폐멸을 처음부터 계획했던 것이 분명하다. 다음과 같은 사실로 그것을 알 수 있다.

먼저 영국의 인도 통치에 대해 아시스 난디(이옥순·이정진 역)의 『친밀한 적』(창비, 2015)의 한 부분을 볼 수 있다.

(1) 인도에서 대부분의 영국인들은 인도 의상을 입고 인도의 풍속과 종교 관행을 따르는 등 집이나 일터에서 모두 인도인처럼 생활했다. 그들 대다수는 인도 여성과 결혼했고 인도의 신과 여신을 경배했으며 브라만 계층의 주술적 능력에 경외심과 두려움을 품었다. 탐욕으로 악명 높았던 첫 번째와 두 번째 영국 총독은 인도적인 것에 대한 존중으로도 널리 알려져 있다. 두 총독의 재임 기간에는 인도 생활양식이 영국이 다스리는 인도의 정치문화를 지배했다. 심지어 인도에 주둔한 영국군은 때때로 인도의 신과 여신을 경배해야 했고, 한 번은 영국 군대가 힌두교 사원의 헌금으로 경비를 충당하기도 했다. 더불어 영국령 인도에서 선교사들의 활동이 금지됐고, 법정의 판결은 주로 인도법률에 의거했으며, 교육체계는 인도 방식을 따랐다.[50]

다음은 일본의 한국 · 한국인 통치에 대한 글을 보기로 한다.

(2) 1910년대 일본의 조선통치를 살펴보는 데 빠뜨릴 수 없는 것

50 아시스 난디(이옥순 · 이정진 역), 『친밀한 적』, 2015, p. 44.

이 교육제도다. 조선총독부는 1911년 11월 1일 '조선교육령'을 시행했는데, 제2조에 "교육은 교육에 관한 칙령의 취지에 의거하여 국민을 육성함을 본의로 삼는다"고 명시했다. 일본에서 1890년에 발포한 「교육칙어」에 의거하여 조선인의 신민화를 목표로 삼았음을 엿볼 수 있다. 조선교육령을 기초로 1911년 10월 20일에 '보통학교규칙'이 제정되었다. 이는 일본의 소학교에 해당하는 초등교육기관으로 수업 연한 3~4년이었던 보통학교의 법적 근거가 되었는데, 일본어를 필수로 배울 것과 수업시간에도 일본어만 사용할 것을 지정했고, '충량하면서도 근면한 국민' 육성, 조선어와 한문의 통합(이렇게 함으로써 한 과목을 구성했다), 조선어의 외국어 취급 등을 명시했다. 이 시기에 보통학교 교사가 긴 칼(사벨sabel)을 찬 모습은 일상적인 광경이었다.[51]

위의 글들을 보며 필자는 사실 놀랐다. 비록 영국의 인도에 대한 식민통치 초기의 사정을 말하는 내용이지만, 믿어지지 않았다. 영국의 인도에 대한 통치 초기의 사정과 일본의 한국에 대한 통치 초기의 사정을 말하는 위의 통치방식들이 이렇게 다를 수 있는가 하는 생각에서였다. 이를 통해 영국의 인도에 대한 통치 방식과 일본의 한국에 대한 통치 방식이 전혀 다른 것이었다는 사실을 비로소 알게 된다. 일본의 한국에 대한 통치방식은 영국식의 식민지 통치방식과 전혀 달랐다. 일본은 처음부터 한국·한국인을 폐멸시키고 일본·일본인으로 만드는 방식을 택했던 것이다.

51 나카타 아키후미, 박환무 옮김, 『일본의 조선통치와 국제관계-조선독립운동과 미국 1910~1922』, 2008, p. 31.

3) 식민사학(植民史學)인가, 한국폐멸사학(韓國廢滅史學)인가?

여기서 하나의 용어를 정리할 필요가 있다. 우리는 무심코 제국 일본의 한국에 대한 통치와 관련된 문제에 대해 식민정책, 식민사학(식민주의사학) 등의 용어를 써 왔다. 이 같은 식민(植民)이라는 용어는 일본인들이 한국인을 기만하기 위한 용어가 아닌가 생각하게 되었다. 아니면 한국인들이 그 의미를 따져보지 않고 무심코 사용한 용어라 하겠다.

1905년 러일전쟁에서 승리한 일본은 한국을 강점해 들어왔다. 1905년에서 1910년까지를 일본의 한국강점기라고 하고, 1910년에서 1945년까지를 일본의 한국폐멸기라고 부를 것을 제안해 본다. 그런 의미에서 식민, 식민사학이 아니라 일본의 한국폐멸, 한국폐멸사학(韓國廢滅史學)이라 용어를 사용해야 역사적 사실을 더 정확하게 설명할 수 있다고 본다.

1절

쓰다 소키치(津田左右吉)의 한국폐멸사학이 날조한 역사, 신라 역사와 한국인 정체성의 원점에 치명적인 상처를 입히다

1절

쓰다 소키치(津田左右吉)의 한국폐멸사학이 날조한 역사, 신라 역사와 한국인 정체성의 원점에 치명적인 상처를 입히다

쓰다 소키치에게 한국, 한국사는 어떤 의미를 지닌 것이었을까? 제국 일본이 한국을 폐멸시켰을 때, 일본 · 일본인들에게 한국 · 한국인 · 한국사는 무존재였다.[52] 그리고 19세기 말 이래 일본인 역사가에게 한국고대사는 일본의 기원을 찾기 위한 것이었고, 그 전제는 한국을 열등한 왕국으로 만드는 것이었다고 한다.[53] 제국 일본이 한국을 폐멸시킨 상황에서 한국고대사를 다룬 쓰다 소키치도 이 같은 일본인 역사가와 다를 것이 없었다. 일본사의 기원을 그럴듯한 것으로 날조하기 위한 희생으로 삼기 위해 한국사를 다루었을 뿐이다. 그에게 한국사는 없었다.

52 스테판 다나카(박영재 · 함동주 옮김)의 『일본 동양학의 구조』, 2004, p. 351.

53 스테판 다나카(박영재 · 함동주 옮김)의 『일본 동양학의 구조』, 2004, pp. 112~114.

1902년 쓰다 소키치가 저술한 『국사교과서』에서 그는 일본민족의 동화력이 강대하여 건국 이래 정복된 자도 귀화한 자도 모두 일본 황실을 종가(宗家)로 하는 이 혈족(일본민족) 속으로 융해 · 화합되었다고 했다.[54] 쓰다 소키치의 이 말은 1910년 8월 일본에 의하여 폐멸된 한국 · 한국인의 운명을 예고하는 것이었다. 이후 쓰다 소키치의 한국사 연구는 한국인을 일본민족으로 만드는 작업과 무관하지 않았다.

사실 필자는 쓰다 소키치가 만든 한국폐멸사학의 무대를 떠나 한국고대사를 재구성해 왔다. 따라서 필자는 그를 바라볼 이유가 없었다. 그러나 현대 한국사학이 그가 만든 무대에서 벗어나지 못하고 고립된 연구 환경을 만들어 한국고대사를 갈라파고스제도의 거북이의 등껍질처럼 진화시키고 있는 것을 그대로 둘 수 없어 이 글을 쓰는 것이다. 여기서 쓰다 소키치의 정체를 보기로 한다.

1910년 8월 22일 한국과 일본 사이에 소위 한일병합조약이 체결되었다. 그 조약을 보면 8월 29일 순종황제는 한국 전부에 관한 일체의 통치권을 완전히 또 영구히 일본 황제에게 양여했고, 일본 황제는 그러한 양여를 수락하고 한국을 일본제국에 병합함을 승인한 것으로 되어 있다. 이 같은 제국 일본의 한국병합은 어떤 비율로 이루어졌을까? 일본 100이고 한국 0의 병합이었다. 공식적으로는 지구상에서 한국이 사라지고 한국인은 모두 일본인이 되는 병합이었다. 이런 상황에서 일본제국의 역사가들에게 한국사는 어떤 의미를 지닌 존재였을까? 그들에게 한국 · 한국인 · 한국사는 없었다.

54 津田左右吉, 『國史教科書』, 『津田左右吉全集』 23, 1966, pp. 558~559.

일본 최고의 역사가로 평가받고 있는 쓰다 소키치는 한국사를 위해 한국사를 연구한 역사가가 아니었다. 그는 제국주의 일본의 시대적 산물이었을 뿐이다. 쓰다 소키치를 이해하기 위해 다음 인용문을 보기로 한다.

> 1940년 2월 11일 기원절(일본 건국기념일)을 기해 시행됐던 창씨개명(創氏改名)은 한국의 가족제도를 일본식으로 바꾸고, 강제로 가(家)의 명칭인 '씨(氏)'를 '창(創)'출하려는 것으로, 임의로 맡겼던 창씨 '개명'도 말단에서는 사실상 강제로 이뤄졌습니다. 부계 혈족 집단에 대한 귀속 의식과 밀접하게 관련된 전통적인 문화의식을 무너뜨리고, 천황제의 가족국가로 끌어들이려는 데 근본적인 목적이 있었습니다. "내지 사회와 똑같은 씨를 갖고, 고래로부터 전통의 씨 이념 속에 살면서 천황 중심의 가정 건설에 매진하기" 위한, 그야말로 황민화(皇民化) 정책의 요점이라고 할 만한 시책이었습니다. 더욱이 "조직 분자가 순일무잡(純一無雜)"해서 "모두가 일본인"이라는 점에 일본군의 강함이 있기 때문에, 부대 안에 "김모, 박모 등이 섞여 있다고 가정해보면, 시책의 이로움과 해로움의 여부가 저절로 명확해진다"고 주장하는 군의 강력한 요청으로 인해 시행되었습니다.
>
> 식민지 정책의 밑바탕을 이룬 동화주의가 전쟁의 필요에 따라 극한으로 치달았던 것이 바로 1930년대 이후에 시행된 황민화정책입니다. 뒷날 되돌아보면 극히 난센스인 시책이라도 일본 제국에 의한 한국 통치 정책의 필연적인 귀결이었다는 점을 명확히 해두지 않으면 안 됩니다. 그것은 정신의 내면까지 바꾸려 한 정책이었던 만큼 **피지배인들에게는 심각한 상처**를 주는 한편, 지배자에게는 '선의'의 선택이었다는 의식을 뿌리 깊게 남김으로써 자신들의 식민지 지배에 대해 충분히 반성하지 않은 채 그냥 마무리 지으려는 요인이 되고

있습니다.[55]

위의 인용문에 나오는 것과 같이 한국인들이 김모 · 박모 같은 신라 오리진의 종성과 육부성을 갖고 있는 한 한국인을 황민화 정책의 대상으로 삼는 일은 불가능했던 것이다. 특히 종성과 육부성의 시조들은 2천년도 더 전의 인물들이었다. 이는 일본 국민의 종가(宗家)라고 하는 천황가의 시조 못지않게 오래된 역사를 가진 것을 의미한다. 따라서 제국 일본은 한국인 다수가 갖고 있는 종성과 육부성의 존재를 말살하는 정책을 펴지 않을 수 없었다.

이와 관련하여 주목할 사실은 쓰다 소키치가 1919년에 『삼국사기』 「신라본기」 상대부분의 기록이 허구로 만들어진 것이라고 견강부회의 사료비판을 하였다는 것이다. 이 같은 사료비판으로 종성과 육부성의 시조들이 살던 시대의 역사가 말살되었다. 물론 쓰다 소키치가 직접 한국인의 황민화정책이나 창씨개명정책을 주장한 것은 아니지만, 그의 사료비판은 2천년도 넘는 역사를 이어온 종성과 육부성의 존재를 말살하는 결과를 가져온 것이 사실이다. 이렇게 쓰다 소키치는 제국 일본이 한국인의 정신 내면까지 바꾸려한 정책인 창씨개명 정책의 걸림돌을 제거한 역사가라는 사실을 생각할 수 있다. 분명한 사실은 제국 일본은 종성과 육부성으로 이루어진 신라 오리진의 한국인 정체성을 말살하는 데 온 힘을 기울인 것을 볼 수 있다. 그와 달리 현재 한국인들이 신라 오리진의 한국인 정체성에 대해 관심이 없는 것이 사실이다.

55 요시노 마코토, 한철호 옮김, 『동아시아 속의 한일2천년사』, 2005, pp. 311~312.

1. 쓰다 소키치를 비판하기 위한 준비

1) 쓰다 소키치를 비판하는 정치적 맥락(context)

쓰다 소키치는 1889년에 제정된 제국일본헌법 제1조 "대일본제국은 만세일계의 천황이 이를 통치한다."는 조항을 철저하게 지키며 천황중심의 역사를 만들었던 역사가였다. 이 책에서는 『고사기와 일본서기의 신연구』(洛陽堂, 1919)의 부록으로 실린 「삼국사기 신라본기에 대하여」[56]를 그 예로 들기로 한다. 이 논문을 한국사 논문이라고 생각할지 모르지만, 실제 이는 제국 일본의 역사가들이 일본사를 날조하기 위해 쓴 것에 불과하다. 특히 『고사기와 일본서기의 신연구』 제1장에 나오는 신공(神功) 황후의 신라 정토에 대한 이야기를 역사적 사실로 둔갑시키기 위해 한국고대사를 제물로 삼은 것이다. 그 자신 1913년 「신라정토지리고」에서 『삼국사기』 「신라본기」에 실린 왜의 신라침공 기사를 허구라 한 바 있다. 어찌 보면 그것을 확장한 것이 이 논문이다.[57]

제국 일본이 한국을 강점 · 폐멸시킨 정치적 상황이 아니었다면,

56 이 책에서 원문은 津田左右吉, 「三國史記の新羅本紀について」(『古事記及び日本書紀の新研究』, 『津田左右吉全集』 別巻 1, 1989, 岩波書店, pp. 500~511)을 이용했고, 번역본은 1963년도에 간행된 『津田左右吉全集』 제2권의 부록으로 실린 논문을 모본으로 삼아 번역되었다는 이부오 · 장익수 역 津田左右吉의 「『삼국사기』 「신라본기」에 대하여」(『신라사학보』 15, 2009, pp. 259~270)를 이용하였다. 그런데 실제는 박환무 선생이 필자에게 해 주었던 번역을 이용하였음을 밝힌다.

57 津田左右吉, 이부오 · 장익수 역, 「『삼국사기』 「신라본기」에 대하여」, 『신라사학보』 15, 2009, pp. 259~270.

임나일본부설을 합리화하여 고대 일본이 한국 남부를 지배했다는 역사를 날조하고, 그러한 날조된 역사를 바탕으로 20세기 제국 일본이 한국을 폐멸시킨 정치적 행위의 정당성을 부여하려는 이 같은 논문을 쓸 필요가 없었을지 모른다는 생각을 해 본다.

실제로 쓰다 소키치의 궁극적인 연구목표는 중국이나 한국 자체가 아니라, 일본역사나 일본사상의 특수성에 대한 것이라 한다.[58] 『고사기와 일본서기의 신연구』에 신라와 가라(加羅)에 대해 다루었으나, 그 자체가 일본사를 위한 것일 뿐, 신라나 가라의 역사 자체를 다룬 것은 아니다.

『고사기와 일본서기의 신연구』는 『고사기』와 『일본서기』의 초대 천황인 신무천황(神武天皇, 재위 기원전 660~기원전 585)을 비롯하여 중애천황(仲哀天皇, 재위 192~200) 이전의 기술, 소위 신대사를 믿을 수 없다는 주장을 펼친 책이다. 그러면서도 왜(倭)가 가야지역에 세웠다고 하는 임나일본부의 존재를 인정하기 위해 『삼국사기』「신라본기」 상대 기사에 나오는 왜(倭) 관련 기록을 믿을 수 없다고 한 것이다. 『삼국사기』「신라본기」에 나오는 왜 관련 기록을 인정하면 임나일본부설을 역사적 사실로 인정할 수 없게 되기 때문이다. 그렇기에 그는 『삼국사기』「신라본기」에 나오는 왜 관련 기록이 허구라고 하기 위해 「신라본기」 안에 나오는 다른 기록들 모두가 조작된 것이라 했고, 그렇기에 왜 관련 기록도 결국 조작된 것이라는 사료비판을 하였다.

58 세키네 히데유키(關根英行), 「'쓰다 사학(津田史學)'의 신대사(神代史) 해석과 한 · 일 민족의 계통관계」(『일본사상』 12, 2007, p. 85)에서 하타다 다카시(旗田巍))의 견해를 언급한 것을 참조했다.

쓰다 소키치는 신라 내물왕(356~402) 때 왜병이 처음으로 신라를 눌렀다고 보았는데[59] 『삼국사기』「신라본기」의 기록을 보면 그런 사실이 안 나온다. 여기서 쓰다 소키치가 이 논문을 쓴 이유는 『삼국사기』「신라본기」 상대 기사에 나오는 왜 · 왜인의 정체를 인정하면 왜가 가야를 지배했고, 백제를 보호국으로 삼았고, 신라를 조공국으로 삼았다는 것과 같은 일본인들이 만든 일본사를 날조할 수 없기 때문인 것을 알 수 있다. 그는 그가 발명한 일본사를 위해 5세기경까지 한국고대의 왕국들이 열등한 역사를 가졌다는 주장을 하기 위해 『삼국사기』「신라본기」 상대기사를 조작된 것으로 창작하지 않을 수 없었던 것이다.

사실 쓰다 소키치는 신라사에 대한 본격적인 연구를 한 것도 아니었다. 그는 1908년 만철(滿鐵)의 만선지리역사 조사원으로 근무하며 한국사 연구에 관여했으나 조선사를 만선사 속에 흡수시키며 한국사 연구에서 멀어지게 되었고, 서서히 관심을 일본고대사 연구로 옮겼다고 한다.[60] 그는 한국사에 대한 본격적인 연구를 하지 않았음을 알 수 있다.

그럼에도 불구하고 제국 일본의 한국 폐멸 시기에 발표된 이 논문은 그때부터 지금까지 일본과 한국 역사학계에서 신라사 연구의 기준으로 되었다. 1934년 5월 진단학회를 창립하여 활동한 이병도 선생 등은 쓰다 소키치의 이 논문을 금과옥조(金科玉條)로 삼아 삼한 문제를 다

59 津田左右吉, 이부오 · 장익수 역, 「『삼국사기』「신라본기」에 대하여」, 『신라사학보』 15, 2009, p. 269.

60 세키네 히데유키(關根英行), 「'쓰다 사학(津田史學)'의 신대사(神代史) 해석과 한 · 일 민족의 계통관계」(『일본사상』 12, 2007, p. 94.)에서 언급한 하타다 다카시(旗田巍), 『日本人の朝鮮觀』, 1969, p. 201.

룬 것이다. 그 결과 1945년 해방된 순간부터 서울대학파들은 쓰다 소키치의 이 논문을 금과옥조(金科玉條)로 삼은 것은 지극히 당연한 일이라 하겠다. 그 때문에 현재 한국인들은 한국인 정체성의 원점조차 찾을 수 없게 되었다. 그리고 쓰다 소키치가 이 논문에서 이야기한 많은 내용들이 신라 역사의 기본적인 틀이 되어 있는 것도 사실이다. 그 결과 현재 사용되는 한국사 교과서에도 쓰다 소키치가 날조한 역사 때문에 만들어진 역사가 버젓이 도사리고 있는 중이다.

쓰다 소키치의 이 논문의 견해를 전적으로 받아들이는 연구자는 없을 것이라 하면서도, 이 논문에 대한 현재의 일반적인 평은 쓰다 소키치는 "엄밀한 실증주의를 기준으로 접근하여 『삼국사기』「신라본기」의 신라 상대(上代) 기사를 거의 허구라고 평가했다"는 것이다.[61] 실제로 1945년 해방(광복) 이후 한국고대사 연구의 1~2세대 연구자들이 『삼국사기』「신라본기」 내물왕 이전 기록을 진위반잡(眞僞半雜)의 기록으로 보더라도 필요에 따라 그 내용을 이용해온 것이 사실이다. 그러면서 더 문제가 되는 것은 쓰다 소키치의 이 논문이 엄밀한 실증주의를 기준으로 접근했다는 생각이다. 이 논문의 사료비판 방법은 객관적·과학적 역사연구의 방법과는 무관한 것으로 견강부회의 주관적 사료비판으로 일관한 것이 분명하다.

타이머신을 타고 쓰다 소키치의 「삼국사기 신라본기에 대하여」라는 논문을 없었던 것으로 할 수 있다면, 한국고대사는 전혀 다른 것으로 이미 만들어져 있었을 것이라는 생각이 든다. 나아가 한국인 정체

---

61 津田左右吉, 이부오·장익수 역, 「『삼국사기』「신라본기」에 대하여」, 『신라사학보』, 2009, p. 258.

성의 원점도 실제로 있었던 사실대로 찾을 수 있게 되었을 것이라는 생각을 해본다. 필자는 발표된 지 거의 1백년이 되어 오는 이 시점에서 쓰다 소키치의 「삼국사기 신라본기에 대하여」의 존재를 청산하는 작업을 본격적으로 할 것이다.

2) 제국 일본의 근대 역사가 쓰다 소키치를 비판하는 배경

먼저 쓰다 소키치가 만든 역사가 갖는 근본적인 성격을 이해할 필요가 있다. 쓰다 소키치의 역사에는 본질적 오류가 있다는 사실을 아래와 같이 지적할 수 있다.

1. 시라토리 구라키치(白鳥庫吉), 쓰다 소키치를 이해하기 위한 출발

한 역사가를 탄생시킨 시대의 장벽을 뛰어넘는 역사가를 만나는 기회를 갖는다는 것은 쉬운 일이 아니다. 쓰다 소키치도 시대의 산물이다. 특히 도쿄제국대학에서 시라토리 구라키치(1865~1942)에게 교육받은 역사가들이 일본의 역사학계를 장악했고, 그들의 영향력은 아직도 인정되고 있다. 1908년 만철 만선지리역사조사부가 설립된 후 시라토리 구라키치가 데리고 간 연구자집단에 쓰다 소키치도 있었다. 쓰다 소키치는 도쿄제국대학 출신은 아니지만 시라토리 구라키치의 영향권 하에 있었던 것이다.

여기서 시라토리 구라키치를 중심으로 당시 일본 역사학계의 동향을 먼저 알아보기로 한다. 이와 관련하여 스테판 다나카(박영재·함동주 옮김) 선생의 『일본 동양학의 구조』(2004)의 내용을 정리했다.

시라토리 구라키치는 일본인들이 만주와 조선의 지리적 · 역사적 사실들을 정확히 알지 못하면 민족의 특성에 대해 이해하고 그 지역을 적절히 통치할 수 없는 것으로 보았다고 한다. 그는 이러한 연구를 통하여 자신의 작업을 정책결정과 직접 연결시키려 했다고 한다.[62] 시라토리 구라키치는 "순수연구와 응용연구를 구분하면서도, 순수연구를 현재의 상황이라는 프리즘으로 보면서 그것을 육성하는 이유를 국가 이익에 두었다"고 한다.[63]

시라토리 구라키치는 만선지리역사조사부에서 나온 한 책의 서문에서 "동아 열국의 국제관계와 조선인의 국민성을 아는 데 절호의 자료를 공급하는 것이라고 해야 한다. 특히 반도가 우리 제국의 영토로 들어온 오늘날에는 새로 얻은 민(民)에 대한 수무(綏撫, 안심시키고 어루만짐)의 정책, 이 땅에서의 실제적 경영, 나아가 대륙에 대한 제반 교섭, 또한 모두 그 자취에서 귀감이 되는 바가 있어야 한다"고 했다는 것이다.[64]

1908년 만철에 만선역사지리조사부를 만들고 다양한 연구를 했는데 공통된 주된 가정은 만주와 조선은 지역일 뿐, 국가나 민족이 아니라는 것이었다고 한다. 또한 조선과 만주는 일본의 성장을 촉진하고 잉여인구를 수용하며, 방어벽 역할을 하기 위해 여러 가지 방법으로 이용되어 왔고, 앞으로도 그러한 지리적 지역에 불과하다는 것이다. 사실상 무존재(nonexistence)인 만주와 조선의 지위는 역사에 의해, 또

62 스테판 다나카(박영재 · 함동주 옮김)의 『일본 동양학의 구조』, 2004, pp. 346~347.

63 스테판 다나카(박영재 · 함동주 옮김)의 『일본 동양학의 구조』, 2004, pp. 333~334.

64 스테판 다나카(박영재 · 함동주 옮김)의 『일본 동양학의 구조』, 2004, p. 347.

는 좀 더 정확하게 일본 전문가들이 '동양'에 대해 쓴 '순수'와 '실용' 내러티브에 의해 뒷받침되었다고 한다.[65]

19세기 말 일본 역사가들은 일본의 기원을 찾기 위해 한국고대사에 대한 연구를 했다. 그런데 이 같은 한국고대사 연구에는 한국을 열등한 왕국으로 만드는 전제가 있었다는 것이다.[66] 시라토리 구라키치는 한국의 탄생신화를 이용하여 한국이 5세기까지 통일국가를 형성하지 않았다는 역사를 만들고자 했다는 것이다.[67] 이렇게 한국의 통일을 늦게 잡은 것은 일본이 일찍이 한국보다 발전한 국가였다는 역사를 날조하기 위한 이유 때문이었다.

시라토리 구라키치는 일본이 가야를 통치했고, 백제를 보호국으로 삼았고, 신라를 조공국으로 만든 것은 백제 · 가야 · 신라가 고구려와 싸울 때 원조 요청을 받았기 때문이라 주장했다고 한다. 이 같은 과거를 통해 한국이 일본의 보호 하에 돌아왔음을 볼 수 있기에 일본의 한국 강점 · 폐멸은 제국주의적인 것이 아니라 했다는 것이다.[68]

이 같은 시라토리 구라키치의 한국사에 대한 주장은 객관적인 해석으로 받아들여져 한국고대사 연구의 기준이 되었다. 그런데 이 같은 시라토리 구라키치(白鳥庫吉)의 주장에 대해 정보를 선택적으로 사용한 것이 문제라 하고, 그가 과학자 흉내를 낸 것에 불과하다는 비판이 있

65 스테판 다나카(박영재 · 함동주 옮김)의 『일본 동양학의 구조』, 2004, p. 351.

66 스테판 다나카(박영재 · 함동주 옮김)의 『일본 동양학의 구조』, 2004, pp. 112~114.

67 단군신화는 372년 불교가 들어온 이후 불교 승려들이 처음 전하기 시작한 것이며 단군은 조선의 건국자가 아니라 했기에 5세기경까지 조선은 존재하지 않았다고 한다. (스테판 다나카(박영재 · 함동주 옮김)의 『일본 동양학의 구조』, 2004, pp. 130~131.

68 스테판 다나카(박영재 · 함동주 옮김)의 『일본 동양학의 구조』, 2004, pp. 347~348.

음을 볼 수 있다.[69] 당시 제국 일본의 역사가들에게 한국사를 재구성하는 것 자체는 관심사가 아니었다. 일본사를 만들기 위해 필요한 키워드들, 사실과 상황들이 필요했던 것이다. 어차피 한국고대사 관련 사료는 그들이 필요한 대로 견강부회의 사료비판, 사후해석을 통한 사료비판의 대상이 되었을 뿐이었다.

그런데 그런 연구가 한번 객관적인 연구라고 받아들여진 이상, 그렇게 잘못 만들어진 역사는 당시 제국 일본의 역사가들로서는 그것을 바꾸기는 쉽지 않게 되었다. 시라토리 구라키치가 창작해낸 한국고대사의 패러다임은 그 후 쓰다 소키치 등에 의하여 이어졌다. 그들 제국 일본의 역사가들에게 한국고대사는 그들이 원하는 일본사를 만들기 위한 희생이었을 뿐이다. 시라토리 구라키치는 근본적으로 한국폐멸사학(소위 식민사학)을 이끈 역사가였다.

시라토리 구라키치는 도쿄대학 교수로서 아시아에 대한 체계적인 연구 분야를 수립하려고 노력하는 데 결정적인 역할을 했다고 한다. 특히 도쿄대학은 일본 역사 연구의 중심이었고, 일본 최고 권위의 지식 창고라는 도쿄대학이 지닌 위치 때문에, 비록 시라토리 구라키치는 '발견자'는 아니었지만 그들이 역사를 통해 일본과 세계에 대해 이해하는 바를 공인받게 되었다는 것이다.[70]

시라토리 구라키치는 쓰다 소키치의 스승이라고 한다.[71] 쓰다 소키

69 스테판 다나카(박영재 · 함동주 옮김)의 『일본 동양학의 구조』, 2004, p. 178.

70 스테판 다나카(박영재 · 함동주 옮김)의 『일본 동양학의 구조』, 2004, pp. 276~278.

71 세키네 히데유키(關根英行), 「'쓰다 사학(津田史學)'의 신대사(神代史) 해석과 한 · 일 민족의 계통관계」, 『일본사상』 12, 2007, p. 93.

치의 최초 저서라고 하는『신대사의 새로운 연구』(1913)의 서론에 시라토리 구라키치의 강연을 들었던 다음날부터 이 책을 쓰기 시작했다고 한 것으로 보아 쓰다 소키치도 신대사를 역사적 사실로 인정하지 않던 시라토리 구라키치의 영향을 받은 것으로 보고 있다.[72]

2. 세키네 히데유키(關根英行) 선생이 밝힌 쓰다 소키치의 정체

쓰다 소키치는 엄밀한 실증주의를 기준으로 접근하여『삼국사기』「신라본기」를 사료비판 해 상대(上代) 기록을 거의 허구라고 했다고 한다.[73] 그런 데에는 이유가 있었다. 쓰다 소키치가 어떤 역사가였는지 파악하는 일은 그가 왜 이 논문을 써야만 했는지를 생각할 수 있게 해준다.

필자는 세키네 히데유키 선생의「'쓰다 사학(津田史學)'의 신대사(神代史) 해석과 한 · 일 민족의 계통관계」(일본사상 제12호, 2007. 6)를 통하여 새로운 사실들을 알게 되어 이 글을 쓸 수 있게 되었음을 밝힌다.[74] 세키네 히데유키 선생은 "제2차 세계대전 이후 고대 일본사의 패러다임으로 군림해온 '쓰다 사학(津田史學)'의 문제점을 신대사(神代史) 해석의 동기나 목적, 그리고 한 · 일 민족의 계통관계 인식이라는 관점에서 조명"한 논문을 발표했다.

72 세키네 히데유키(關根英行),「'쓰다 사학(津田史學)'의 신대사(神代史) 해석과 한 · 일 민족의 계통관계」,『일본사상』12, 2007, p. 94.

73 津田左右吉, 이부오 · 장익수 역,「『삼국사기』「신라본기」에 대하여」,『신라사학보』15, 2009, p. 259.

74 세키네 히데유키(關根英行) 선생의 논문을 통해 필자는 비로소 쓰다 소키치의 정체를 알게 되었다. 세키네 히데유키 교수에게 감사드린다.

하나, 실증주의사학의 최고 역사가로 평가받은 쓰다 소키치: 우선 쓰다 소키치의 주장이 어떤 이유로 한국인 역사가들에게 아무런 의심 없이 진리처럼 받아들여졌을까 하는 의문을 풀기 위해, 그가 어떤 역사가였는지 알아볼 필요가 있다. 세키네 히데유키 선생의 논문을 통해 보기로 한다.

그는 1891년 와세다대학의 전신인 도쿄전문학교(東京專門學校) 정치과를 졸업했다. 그는 1918년 10월 모교인 와세다대학 교수로 취임하였다. 그는 1913년 『신대사의 새로운 연구』라는 출세작을 발표했고, 1919년에는 『고사기 및 일본서기의 신연구』를 발표했는데, 이 책 안에 부록으로 「삼국사기 신라본기에 대하여」(「三國史記の新羅本紀について」)라는 논문을 수록했다.

이후 그는 일본과 중국의 역사와 사상사에 대한 방대한 작품을 남겼다. 그중 『고사기』와 『일본서기』 비판에 기초한 일본고대사연구가 주목된다. 그는 "『고사기』와 『일본서기』의 신화 내용의 불일치나 모순 등을 지적하면서 신대사(神代史)가 천황이 일본 군주가 된 후에 그 지배적 지위를 정당화하기 위해 만들어진 '가공된 이야기'임을 주장했다. 또한 신대사뿐만 아니라 초대 천황인 신무천황(神武天皇, 재위 기원전 660~기원전 585)을 비롯하여 중애천황(仲哀天皇, 재위 192~200) 이전의 기술도 역시 믿을 수 없다고 주장하였다."[75]고 한다. 1940년 필화사건으로 위의 두 책을 포함한 4권의 저서가 판매금지 처분되고 출판법 위

75 세키네 히데유키, 「'쓰다 사학(津田史學)'의 신대사(神代史) 해석과 한 · 일 민족의 계통관계」, 『일본사상』 12, 2007, pp. 78~79.

반으로 유죄판결을 받아 대학에서 해임 당했다.[76]

1945년 "제2차 세계대전 후에는 마르크스주의사학의 대두에 위기감을 느껴 천황제를 지지하는 쪽에서 논쟁을 벌였으며 후속 연구자에게 많은 영향을 주었다"[77]고 한다. 쓰다 소키치는 황국사관에 맞서 탄압을 당한 영웅으로 우러러 받들며 그의 견해는 일본 사학계에서 금과옥조(金科玉條)로 되었다고 한다.[78] 쓰다 소키치의 견해는 제2차 세계대전이 끝난 후 사학자들로부터 절대적인 지지를 받았을 뿐만 아니라 국가 권력으로부터 탄압받은 비극의 영웅으로 평가 받았고, 그의 학설이 옳았음을 평가받게 되면서 그의 위치가 재구성되며 학계에 정착되었다고 한다.[79] 이로써 쓰다 소키치는 실증주의사학의 최고 역사가로 평가받게 되었다는 것이다. 한국인 역사가들이 쓰다 소키치를 존경하고 추종해 온 이유도 일본인들의 그것과 같은 것이 분명하다. 그런 이유로 이병도 선생 등 한국인 역사가들은 쓰다 소키치의 주장을 "오리의 각인"으로 삼은 것이다.

둘, 신화의 본질을 이해하지 못한 쓰다 소키치: 그러면 쓰다 소키치는 정말 역사를 객관적으로 다룬 역사가였을까? 마침, 세키네 히데

76 세키네 히데유키, 「'쓰다 사학(津田史學)'의 신대사(神代史) 해석과 한 · 일 민족의 계통관계」, 『일본사상』 12,, 2007, p. 81.

77 세키네 히데유키, 「'쓰다 사학(津田史學)'의 신대사(神代史) 해석과 한 · 일 민족의 계통관계」, 『일본사상』 12, 2007, p. 81.

78 세키네 히데유키, 「'쓰다 사학(津田史學)'의 신대사(神代史) 해석과 한 · 일 민족의 계통관계」, 『일본사상』 12, 2007, p. 81.

79 세키네 히데유키, 「'쓰다 사학(津田史學)'의 신대사(神代史) 해석과 한 · 일 민족의 계통관계」, 『일본사상』 12, 2007, p. 82.

유키 선생의 주장을 주목할 수 있다. 쓰다 소키치의 사학에 대한 긍정적 평가를 살핀 세키네 히데유키 선생은 최근 일본에서는 그가 만든 역사에 대한 위상을 종합적으로 진단하고 그 폐해를 비판하는 일이 벌어지고 있다고 한다.

그중 쓰다 소키치에게 따라 다니는 실증주의사학의 정체에 대한 것이 있다. 세키네 히데유키 선생은 재야학자 야스모토 비덴(安本美典)의 견해[80]를 인용하며 일본의 에도시대(江戸時代)부터 『일본서기』에 대한 세 가지 견해가 있었다고 했다. 하나는 "신화를 통해서 고대인의 마음을 탐구하는 입장", 다른 하나는 "신화가 역사적 사실을 핵으로 형성되었다고 보는 입장", 끝으로 "신화는 천황의 지배적 지위를 정당화하기 위해 만들어진 것으로 보는 입장"으로 구분되었다고 한다. 이 분류에 따르면 쓰다 소키치의 주장은 세 번째 입장을 계승한 것이며 참신하거나 획기적인 주장일 수 없다는 것이다.[81]

쓰다 소키치의 사학은 "'19세기의 의심'이라고 하는 주관적 방법으로 신화를 해석한 것으로 참된 과학이라고 할 수 없으며 오히려 고대사 연구에 폐해를 가져왔다고 비판"했다고 한다. 제2차 세계대전 이후 이 같은 결함 있는 쓰다 소키치의 학설이 "일본 학계에 수용된 이유는 신화가 객관적 사실을 포함하고 있는지의 여부보다 사실을 포함하고 있다고 생각해서는 안 된다고 하는 판단이 앞섰기 때문"이라는 것이다. 그러면서 야스모토 비덴은 오히려 쓰다 소키치의 사학은 "그 당시

---

80 야스모토 비덴(安本美典), 『推理 邪馬台國と日本神話の謎』, 2006.

81 세키네 히데유키, 「'쓰다 사학(津田史學)'의 신대사(神代史) 해석과 한·일 민족의 계통 관계」, 『일본사상』 12, 2007, pp. 83~84.

여러 입장 중 황국사관과 가장 예리하게 대립하였다"며 긍정적으로 평가하여 "실증주의사학"의 평가와 별로 다를 것이 없다고 했다.[82]

쓰다 소키치에 대한 이 같은 비판을 통해 그가 주관적인 방법으로 신화를 해석한 것을 알 수 있고, 그러한 연구는 고대사 연구에 폐해를 가져온 것을 생각할 수 있게 되었다. 근본적으로 쓰다 소키치는 신화의 속성을 이해하지 못한 역사가였다. 이 책에서 비판하는 「삼국사기 신라본기에 대하여」라는 논문에서도 마찬가지로 신화와 관련하여 잘못된 해석을 벌였다. 이와 관련하여 지금까지 쓰다 소키치가 일본 최고의 실증주의사학자라 해 온 것은 잘못임을 말하지 않을 수 없다.

그리고 한국의 역사가들이 그러한 해석을 아무런 비판 없이 따랐기에 그 폐해가 지금까지 한국 역사학에 이어지고 있는 것이 사실이다.

셋, 쓰다 소키치의 은폐된 황국사관: 쓰다 소키치에 대해 한국의 역사가들이 가장 크게 잘못 알고 있는 것은 무엇일까? 세키네 히데유키 선생이 쓰다 소키치의 사학이 "황국사관과 무관한가?"라는 질문을 던지고 있는 것을 주목할 필요가 있다. 「삼국사기 신라본기에 대하여」라는 논문의 밑바탕에는 바로 황국사관이 도사리고 있다는 사실을 우리는 모르고 있었다. 이것이 문제다.

세키네 히데유키 선생은 대부분의 경우 일본 국수주의는 천황제와 친화성을 갖고 있다고 하며, 쓰다 소키치 사학이 황국사관과 친화성을

82 세키네 히데유키, 「'쓰다 사학(津田史學)'의 신대사(神代史) 해석과 한 · 일 민족의 계통 관계」, 『일본사상』 12, 2007, p. 84.

지닌 근거를 아래와 같이 제시하고 있다.

> (1) 우리 일본민족은 커다란 가족으로서의 황실은 우리의 종가(宗家)이다. 우리는 황실의 지류라 할 수 있듯이 양자가 끈끈한 정으로 맺어진 것은 실로 "국체(國體)의 정화(精華)"이다. 따라서 역사 이래 정복된 자도 귀화한 자도 모두 이 혈족 속으로 융해 · 화합하여 흔연히 하나가 되는 것은 실로 우리 민족의 동화력이 강대함을 보여주는 것이다. 아울러 이 국체의 존엄성을 나타내는 것이다.[83]
>
> (2) 황실과 여러 민족 즉 국민과는 동일부모에서 생긴 동포(同胞)이며 황실은 그 동포의 종가이기 때문에 황실과 국민은 본래 일체이며 멀리 떨어진 대립관계에 있는 것이 아니다. 양자는 뼈와 살처럼 내적인 것이기 때문에 본래 끊을 수 없는 관계, 끊어서는 안 되는 관계이며 그러므로 만세일계(萬世一系)이다.[84]

이러한 쓰다 소키치의 주장을 통해, 쓰다 소키치가 황국사관과 가장 예리하게 대립하였다는 평은 적절치 않다는 것을 밝히고 있다. 세키네 히데유키 선생은 황국사관(皇國史觀)에 대한 사전적 의미를 제시했다.

> 쇼와(昭和) 초기에 미토학(水戸學)이나 막부 말기의 국학에 의거한 역사관을 가리키며 구체적으로는 '만세일계의 천황'을 받드는 일본의 '국체(國體)'가 변하지 않았던 것에 일본의 특수성을 찾는 역사관이며 …(『일본사상사사전』, 2001, p. 168.)

83 津田左右吉, 『津田左右吉全集)』 23, 1966, pp. 558~559.

84 津田左右吉, 『津田左右吉全集』 別卷 1, 1966, p. 123.

이런 사전적 정의를 보면 쓰다 소키치가 한 위의 말들은 대립하는 것이 아니라, 오히려 친화성을 가진 것을 확인하게 된다고 했다.

1946년 쓰다 소키치는 잡지 『세계(世界)』에 「건국 사정과 황실의 만세일계 사상의 유래」를 발표했다. 그 안에서 그는 "국민 스스로가 국가의 모든 것을 주재하는 현대에 있어서는 황실은 국민의 황실이며 천황은 '우리의 천황'이다. '우리의 천황'은 우리가 사랑해야 한다. 국민의 황실은 국민이 그것을 품어야 한다."고 한 주장은 쓰다 소키치가 필화사건으로 국가권력에 의하여 탄압을 받았기에 천황제를 비판할 것으로 기대한 것과는 다른 일이 벌어진 것이라 한다.[85]

세키네 히데유키 선생은 오구마 에이지(小熊英二)의 견해를 들어 쓰다 소키치가 황국사관을 지녔음에도 불구하고 제2차 세계대전 후 학계에 수용된 이유는 여러 가지 있지만 진보주의적인 가치관과 일치된 때문이라고 하며, 그가 황국사관을 가진 역사가란 사실이 뜻밖이 아니라 학계가 현재까지 오해해 왔던 것이라 했다.[86]

세키네 히데유키 선생은 쓰다 소키치의 실증주의 연구방법이 순수한 학문적 동기에서 개발된 것일까 의문을 제기하고 있다. 그는 일본열도에 원래 일본민족 이외에는 살지 않았다는 시라토리 구라키치(白鳥庫吉)의 견해를 따라 신대사를 인정하지 않았다고 한다. 이들이 신대사를 가공의 이야기로 보는 것은 천황의 권위를 떨어뜨리기 위한 것이

85 세키네 히데유키, 「'쓰다 사학(津田史學)'의 신대사(神代史) 해석과 한 · 일 민족의 계통관계」, 『일본사상』 12, 2007.

86 세키네 히데유키, 「'쓰다 사학(津田史學)'의 신대사(神代史) 해석과 한 · 일 민족의 계통관계」, 『일본사상』 12, 2007, p. 93.

아니라, 천황의 권위를 보존하는 데 목적이 있었다는 것이며, 단일민족론 위에 천황제를 구축하기 위한 시도였다는 것이다. 결국 그를 추종한 연구자들이 그의 연구방법론을 지나치게 높이 평가했다는 것이다.[87]

넷, 쓰다 소키치의 국수주의적 사학의 동기와 목적: 세키네 히데유키 선생은 쓰다 소키치의 황국사관과 단일민족론의 형성계기를 쓰다 소키치 개인의 원초적 체험으로 환원하여 천황의 속성을 "무권력"에서 찾았다고 했다.[88] 한편 그의 역사관 형성의 계기를 개인의 체험에서 찾지 않고, 당대 사조에서 찾는 견해도 제시했다. 1905년의 러일전쟁에 승리한 후 일본은 1910년의 한국폐멸과 만주진출 등으로 식민지 제국으로 팽창했다. 식민지 내에서의 민족갈등과 일본 내에서의 민주화 갈등이 국민 정체성이나 천황제 재정립 논쟁으로 이어졌다는 견해를 소개했다. 그리고 러일전쟁을 전후하여 대일본제국의 공식 이데올로기가 "아시아주의"에서 "대아시아주의"(또한 "대일본주의")로 변환했다는 견해도 소개했다.[89] 그중 아시아주의는 일본이 아시아의 일원으로서 아사아의 질서구축을 호소하는 입장이고, 대아시아주의는 일본이 아시아의 주도자로서 자리매김한 팽창주의적 민족주의를 말한다는 것이다.[90]

87 세키네 히데유키, 「'쓰다 사학(津田史學)'의 신대사(神代史) 해석과 한 · 일 민족의 계통관계」, 『일본사상』 12, 2007, pp. 93~94.

88 세키네 히데유키, 「'쓰다 사학(津田史學)'의 신대사(神代史) 해석과 한 · 일 민족의 계통관계」, 『일본사상』 12, 2007, p. 88.

89 세키네 히데유키, 「'쓰다 사학(津田史學)'의 신대사(神代史) 해석과 한 · 일 민족의 계통관계」, 『일본사상』 12, 2007, p. 90.

90 세키네 히데유키, 「'쓰다 사학(津田史學)'의 신대사(神代史) 해석과 한 · 일 민족의 계통관계」, 『일본사상』 12, 2007, p. 91.

이 시기 일본민족의 정체성에 대해서도 수정을 하게 된 지식인들이 많았다고 한다. 그리고 동양학의 성격도 서양문명에 대해 중국을 중심으로 동양문명의 존재를 주장한 사상에서, 동양문명에 대한 일본문명의 통치의 대상으로서 "동양"과 통치의 주체로서 "일본"을 분리시키는 식민주의적 지식 형성으로 보는 견해를 소개하였다. 이는 쓰다 소키치가 시도한 동양학의 재정립이자 고대 일본사의 재구성이라는 것이다. 쓰다 소키치는 일본민족을 종주국 내부에 한정시켜 재정립했다는 것이다.[91]

그 과정에 일본민족 통합의 구심점으로 기능해야할 천황의 불완전성을 보완하기 위해 "일본민족"과 기타 "아시아민족"을 분리시켜 후자를 배제하는 이데올로기를 산출하였다는 것이다. 쓰다 소키치가 중국을 혐오한 것도 이 때문이라고 한다. 그의 궁극적 목표는 한국이나 중국이 아니라 일본의 특수성이라는 것이다. 그의 단일민족론은 "대아시아주의"에 포함되는 배외주의 문맥에서 이해가 가능하다는 것이다.[92]

쓰다 소키치는 1908년 만철의 조사원으로 일하기 시작했다. 만철의 초대 총재 고토 신페이(後藤新平)는 일본제국에 있어서 종주국 일본과 식민지를 별개 영역으로 분리하는 통치주의를 제창한 식민지정책론자였다고 한다.[93] 그때 쓰다 소키치는 중국 · 조선의 차별화를 통해

91 세키네 히데유키, 「'쓰다 사학(津田史學)'의 신대사(神代史) 해석과 한 · 일 민족의 계통관계」, 『일본사상』 12, 2007, p. 91.

92 세키네 히데유키, 「'쓰다 사학(津田史學)'의 신대사(神代史) 해석과 한 · 일 민족의 계통관계」, 『일본사상』 12, 2007, p. 92.

93 세키네 히데유키, 「'쓰다 사학(津田史學)'의 신대사(神代史) 해석과 한 · 일 민족의 계통관계」, 『일본사상』 12, 2007, p. 92.

국수주의적인 일본의 정체성을 구성해 "동양사"와 "일본사"라는 학문 영역을 재정립했다고 한다.[94]

쓰다 소키치가 국수주의적 일본의 정체성을 구성한 것은 한국에 대한 식민통치(실제는 한국폐멸통치)와 무관한 것이 아니었다. 그리고 한국사연구와도 무관한 것일 수 없었다.

다섯, 국수주의적 단일민족론으로 전환한 쓰다 소키치: 1902년의 저술[95]을 통해 보면 원래 쓰다 소키치는 일본민족의 형성 계기를 혈연보다 이민족을 동화하는 힘을 강조하는 혼합민족론자였다고 한다. 1913년의 저술(『津田左右吉全集』 別巻 1, 1989, p. 124)을 보면 "사실상에 있어 일본의 국민은 인종이 같고 언어가 같고 풍속 · 습관이 같으며 또한 열력(閱歷, 경력)도 같은 동일민족이기 때문이며 황실과 일반 씨족과의 사이가 친애의 정으로 연결되고 있기 때문이다."라 했다고 한다. 1902년에서 1913년 사이에 천황 중심의 황국사관을 지닌 것은 같지만 일본 민족의 정체성과 관련하여 혼합민족론에서 단일민족론으로 바뀐 것을 볼 수 있다고 한다.[96] 그의 스승인 시라토리 구라키치는 전형적인 단일민족론자였다. 이에 쓰다 소키치가 시라토리 구라키치에게 영향을 받은 것을 알 수 있다.

---

94 세키네 히데유키, 「'쓰다 사학(津田史學)'의 신대사(神代史) 해석과 한 · 일 민족의 계통 관계」, 『일본사상』 12, 2007, p. 92.

95 세키네 히데유키, 「'쓰다 사학(津田史學)'의 신대사(神代史) 해석과 한 · 일 민족의 계통 관계」, 『일본사상』 12, 2007, p. 89.

96 세키네 히데유키, 「'쓰다 사학(津田史學)'의 신대사(神代史) 해석과 한 · 일 민족의 계통 관계」, 『일본사상』 12, 2007, pp. 89~90.

세키네 히데유키 선생은 쓰다 소키치와 관련하여 또 한 가지 중요한 사실을 지적하고 있다. 쓰다 소키치가 한·일 민족관계를 부정했다는 것이다. 일본민족은 중국민족이나 조선·만주·몽고의 민족과도 역사적·민족적으로 완전히 다른 민족이고, 고대에 민족 이동도 없었다고 했음을 밝혔다. 또한 시라토리 구라키치가 한국어와 일본어가 같은 계통이라 생각했었으나 두 언어가 다른 계통이라 주장한 견해를 따라 종래의 견해를 정정할 필요가 있다고 했음을 지적했다. 쓰다 소키치가 가장 가까운 한국과의 결별을 통해서 아시아로부터 일본을 차별화하는 상징적인 선언을 했다는 것이다.[97]

실증주의 역사의 초석을 다진 역사가로서 쓰다 소키치를 잠시 볼 수 있다. 한국폐멸 이전에 만들어진 고대 일본인이 한반도로부터 도래했다는 주장인 도래설(渡來說)은 신대사를 역사적 사실로 인정하여 만들어진 것이다. 그런데 그와 같은 이른바 도래설은 "일선동조론(日鮮同祖論)"이라는 정치 이데올로기로 활용되며 한반도 침략 이데올로기를 제공한 혐오스러운 학설로 간주되었고, 실증주의에 위반되는 비과학적 학설로 배척되었다고 한다. 그러한 데 근거를 제공하여 전후(戰後) 일본역사의 초석을 세운 역사가가 바로 쓰다 소키치라는 것이다.[98]

또한 세키네 히데유키 선생은 쓰다 소키치가 민족과 국민을 분리했다는 사실을 다루고 있다. 쓰다 소키치는 신대사가 천황의 역사이지

97 세키네 히데유키, 「'쓰다 사학(津田史學)'의 신대사(神代史) 해석과 한·일 민족의 계통관계」, 『일본사상』 12, 2007, pp. 95~96.

98 세키네 히데유키, 「'쓰다 사학(津田史學)'의 신대사(神代史) 해석과 한·일 민족의 계통관계」, 『일본사상』 12, 2007, p. 78.

일본민족의 역사는 아니라고 했음을 지적했다. 그러한 구분의 근본적 이유는 신화에 나오고 있는 정복자가 한국에서 왔다는 가설인 도래설을 차단하려는 적극적인 의도가 숨어 있다는 것이다. 만일 『고사기』나 『일본서기』의 이야기대로 볼 경우 일본민족의 단일성이 부정됨으로써 '도래설'이 끊임없이 제기될 수 있다는 것이다. "그러나 국가의 역사에 한정시켜 신대사를 '가공 이야기'로 규정하기만 하면 '도래설'을 제기할 수 있는 근거를 상실하게 만들 수 있기 때문"[99]이라는 것이다.

이 같은 세키네 히데유키 선생의 견해를 통해 쓰다 소키치가 추구한 역사가 얼마나 국수주의적인가를 알 수 있다. 그 동안 그를 실증사학자의 표상으로 삼아 왔지만 실제 그는 필요한 만큼 견강부회의 사료비판을 하여 자기 마음대로 역사를 날조했던 역사가라는 사실을 알 수 있다. 「삼국사기 신라본기에 대하여」라는 논문도 그렇게 만들어진 역사날조가 아닐 수 없다.

여섯, 천황가에 한민족의 혈통이 유입될 계기를 차단한 쓰다 소키치: 다음은 세키네 히데유키 선생이 밝힌 한 · 일관계 신화와 정복신화를 부정한 쓰다 소키치의 주장의 정체를 볼 수 있다. 1919년 나온 『고사기 및 일본서기의 신연구』에서 "스사노오의 신라 방문신화", "신라왕자 아메노히보코의 일본 도래 신화" 등에 대해 정리하였다. 쓰다 소키치는 이들 신화의 사실성을 모두 부정하였다. 이 같이 한국관련 신대사 기록내용을 부정함으로써 천황가에 한민족의 혈통이 유입될 수

99 세키네 히데유키, 「'쓰다 사학(津田史學)'의 신대사(神代史) 해석과 한 · 일 민족의 계통관계」, 『일본사상』 12, 2007, pp. 101~102.

있는 계기를 모두 차단하려한 의도가 보인다는 것이다.[100]

"신공황후(神功皇后)의 신라정벌 신화"에 대해서는 그 이야기의 기초가 된 역사적 사실이 있었을 것이나 이 이야기를 그대로 사실의 기록으로 볼 수는 없다고 한 것을 들어, 쓰다 소키치의 이중성을 지적하였다. 한 · 일간에 서로 섞이는 것에 대한 거부반응을 보인 것과는 달리 어떤 기록들은 사실성이 있는 것으로 말하는 대목이다.

이에 대해 세키네 히데유키 선생은 최재석 선생이 한일관계와 일본의 고대국가에 대하여 허위 주장을 하기 위한 연막술이라 한 견해를 소개하고 있다.[101] 여기서 필자는 한 가지 더 생각해 본다. 다름 아니라 『삼국사기』「신라본기」에 나오는 기록 중 일본을 강하게 만들 수 있는 기록들은 사실로 인정하고 싶은 쓰다 소키치의 마음을 읽을 수 있다는 것이다. 필자가 이미 밝힌 것과 같이 실제로 왜가 가야지역에 주둔하여 신라를 공격했다는 그의 생각도 허구의 사실을 기초로 해 만들어낸 것으로 역사 속의 왜(倭)를 강한 나라로 만들려는 생각이 작동한 것이 아닐 수 없다고 본다.[102]

세키네 히데유키 선생은 천손강림 신화에 대해 황실의 조상이 해외에서 와서 토착민족을 정복했다는 생각은 학문적인 방법이 아니라고 한 기록을 제시했다. 단일민족론을 표방한 쓰다 소키치는 일본민족

100 세키네 히데유키, 「'쓰다 사학(津田史學)'의 신대사(神代史) 해석과 한 · 일 민족의 계통관계」, 『일본사상』 12, 2007, pp. 96~98.

101 세키네 히데유키, 「'쓰다 사학(津田史學)'의 신대사(神代史) 해석과 한 · 일 민족의 계통관계」, 『일본사상』 12, 2007, pp. 98~99.

102 이종욱, 『민족인가, 국가인가?』, 2006, p. 59.

의 유래에 대한 주장에서 그의 특별한 면을 보여주는 것이다.[103] 쓰다 소키치의 민족주의적 또는 국수주의적인 면을 읽을 수 있는 장면이다.

일곱, 쓰다 소키치의 국수주의와 한국멸시 성향: 한국 학자들 사이에 일본의 양심으로 불리던 하타다 다카시(旗田巍) 선생이 한창 영웅시되던 쓰다 소키치의 정체를 간파했다는 것이다. 즉 쓰다 소키치가 궁극적으로 연구목표로 삼은 것은 중국과 한국 자체가 아니라 일본역사나 일본사상의 특수성이라고 했다는 것이다. 하타다 다카시 선생은 쓰다 소키치의 연구목적의 문제점과 국수주의적인 성향을 꿰뚫어 보았음을 지적했다.[104] 쓰다 소키치가 가진 국수주의는 중국이나 한국을 희생으로 삼아 일본역사, 일본사상을 특별한(특수한) 것으로 만들려는 의도가 있었다는 것을 알 수 있다. 그 과정에 「삼국사기 신라본기에 대하여」라는 논문을 썼던 것이다.

구체적으로 쓰다 소키치는 한국 · 한국인을 어떻게 보았을까? 우선 세키네 히데유키 선생에 따르면 쓰다 소키치의 "중국 비판은 유명하지만 그의 한국 기피 성향은 '쓰다 사학' 형성 계기의 근간을 이루고 있음에도 불구하고 그 동안 간과되어 온 감이 있다."[105]고 했다.

그러고 보니 필자는 쓰다 소키치가 역사 속의 한국인들도 멸시하

---

103 세키네 히데유키, 「'쓰다 사학(津田史學)'의 신대사(神代史) 해석과 한 · 일 민족의 계통관계」, 『일본사상』 12, 2007, pp. 99~100.

104 세키네 히데유키, 「'쓰다 사학(津田史學)'의 신대사(神代史) 해석과 한 · 일 민족의 계통관계」, 『일본사상』 12, 2007, p. 85.

105 세키네 히데유키, 「'쓰다 사학(津田史學)'의 신대사(神代史) 해석과 한 · 일 민족의 계통관계」, 『일본사상』 제12호, 2007, p. 79.

고 혐오한 인물이라는 점을 이미 밝힌 바 있다.[106] 뒤에 보겠지만 쓰다 소키치는 현재만이 아니라 역사 속의 한국인까지 기피하고 멸시하고 혐오한 역사가였던 것이다. 그의 안중에는 한국 · 한국인 · 한국사는 존재하지 않았던 것이다.

3) 쓰다 소키치에 대한 비판의 필요성과 그 방법

쓰다 소키치를 황국사관과 한국폐멸사학을 가진 역사가였다: 필자는 1999년에 『삼국사기』「신라본기」 상대부분 기록이 조작된 것이라고 한 쓰다 소키치가 일본황국사관에 의한 민족주의 담론의 틀을 조금도 벗어나지 않고 있다고 했다.[107] 이 책을 쓰며 다시 밝힌다. 쓰다 소키치가 쓴 『삼국사기』「신라본기」 상대기록에 대한 사료비판은 일본사에 대한 황국사관과 한국폐멸사학이 동전의 양면처럼 작동해 나온 작품이라고 본다. 그런데 1999년 당시 구체적인 자료를 가지고 황국사관을 말한 것은 아니었다. 더욱이 한국사 연구자들은 쓰다 소키치를 일본 최고의 실증사학자로 생각하는 학문적 분위기 속에서 쓰다 소키치를 황국사관을 가진 역사가라고 한 것이다.

쓰다 소키치를 황국사관을 가진 역사가로 본 것은 2006년 『민족인가, 국가인가?』(소나무)에서도 마찬가지였다.

> 요컨대 그의 역사학은 일본사에 대해서는 만세일계의 황실을 받

106 이종욱, 「津田左右吉의 망령이 만들어낸 민족」, 『신라사학보』 17, 2009, p. 9.

107 이종욱, 『한국고대사의 새로운 체계』, 1999, p. 36.

들어 온 민족사학이고, 한국사에 대해서는 초기 수백 년의 역사를 왜곡·말살한 철저한 식민사학이다. 바꾸어 말하여 그의 역사학은 명치기 이래 나온 광범위한 의미의 '황국(국체)사관'과 '식민사관'이 표리를 이루고 있다. 그것은 1930~40년대의 전쟁 때 세력을 떨친 황국사관이 아니라, 근대 역사학적 방법론인 실증사학에 바탕을 둔 황국사관이다. 사실 그는 일본사를 만들기 위해 한국 고대사를 왜곡·말살했을 뿐 식민지 한국의 역사 자체에 대한 본격적인 관심은 없었다. 나아가 한국·한국인에 대한 그의 평가는 일제의 한국 강점과 식민지 통치의 정당성을 마련한 것이다. 그러한 그가 실증사학이라는 가면을 쓰고 한국사의 사료에 대해 문헌 비판을 한 그 자체가 한국사의 비극적 시작이다.[108]

필자는 쓰다 소키치의 『삼국사기』「신라본기」 상대기록에 대한 사료비판 자체가 본질적 오류를 갖고 만들어졌다는 생각을 하게 되었기에, 그가 황국사관과 식민사관(지금은 한국폐멸사학으로 부름)을 가진 역사가라는 생각을 했던 것이다. 실제로 앞에서 소개한 세키네 히데유키(關根英行) 선생의 논문을 보면[109] 필자의 생각이 틀린 것이 아니라는 사실을 확인할 수 있었다.

쓰다 소키치의 주장을 청산해야할 이유 세 가지: 이번 절에서 쓰다 소키치가 「삼국사기 신라본기에 대하여」(1919)라는 논문을 통해 펼쳤던

108 이종욱 『민족인가, 국가인가?』 2006, pp. 106~107.

109 필자는 세키네 히데유키 선생의 논문에 힘입어 「신라 오리진의 한국·한국인을 만든 역사를 찾아서-제국 일본의 "한국폐멸사학" 청산을 중심으로-」(『신라사학보』 31, 2014)를 발표할 수 있었다.

주장을 한국사 연구에서 청산해야할 이유들을 밝히고자 한다. 여기서는 한국사와 관련하여 우선 세 가지 이유만 간단히 밝히기로 한다.

하나, 쓰다 소키치가 한국인 정체성의 원점을 말살한 문제를 지적할 수 있다: 쓰다 소키치는 『삼국사기』 「신라본기」에 나오는 건국신화부터 5세기 초까지 상대부분 기록을 조작된 것이라는 사료비판을 함으로써 신라인과 현재 한국인의 관계를 차단하였다. 그리고 그가 구체적으로 밝히지는 않았지만 한국인의 오리진을 말살한 것은 제국 일본의 한국 · 한국인 폐멸 정책의 바탕이 된 것도 사실이다.

이와 관련하여 두 가지 문제를 들 수 있다. 하나는 쓰다 소키치 자신은 일선동조론을 부정하지만 제국 일본에 일선동조론을 펼 수 있는 바탕을 마련한 것이다. 다른 하나는 한국인의 오리진을 말살함으로써 1940년 2월 11일 기원절(일본 건국기념일)을 기해 창씨개명 정책을 강행하게 되었던 것이다. 창씨개명은 오랜 역사적 전통을 가진 한국인의 성(姓, 씨족)과 본관(本貫, 종족)을 말살하고, 가(家)를 단위로 씨(氏)를 만들어 일본 황실을 종가로 하는 가족의 성원이 되도록 하는 정책이었다. 창씨개명 정책을 시행한 지 얼마 안 되어 한국이 해방되었기 망정이지 한두 세대 더 이어졌다면 한국인 자체가 사라져 일본민족으로 되었을 수도 있다는 생각을 해본다. 쓰다 소키치야말로 결과적으로 한국의 역사를 말살하는 방법으로, 역사를 무기로 삼아 제국 일본의 한국 · 한국인 폐멸정책에 앞장섰던 것이다.

둘, 쓰다 소키치는 견강부회의 사료비판을 통해 5세기 초까지 기록을 조작된 것이라 하여 6촌과 6부의 관계를 왜곡 · 은폐시키는 잘못을 저질렀다:

현재 이와 관련하여 『삼국사기』(1, 「신라본기」 1, 시조 혁세거서간 즉위조와 유리이사금 9년조) 그리고 『삼국유사』(1, 기이 2, '신라시조 혁거세왕'조)를 함께 볼 필요가 있다. 이 기록들은 신라 건국신화와 관련된 자료들이다.

신라 건국신화를 보면 신라 건국의 시조가 되는 혁거세는 6촌장들이 각기 하나씩 다스리던 6개의 촌을 통합해 입방설도(立邦設都)한 것을 알 수 있다. 입방(立邦)은 서라벌소국(사로국)을 세운 것이고, 설도(設都)는 6촌 어디인가에 도읍(都邑)을 만든 것이다. 처음 도읍은 금성이었고, 파사왕 22년(101)에 월성을 하나 더 만들어 왕이 이주하며, 사량부의 금성(金城)과 양부의 월성(月城)을 왕성(王城)으로 삼았다. 그 과정에 왕성을 둘러싼 신라의 도읍인 왕도(王都)는 사량부와 양부의 일부 지역으로 확장되었다. 물론 금성과 월성을 축조할 당시 사량부와 양부라는 명칭은 아직 사용하지 않았지만 돌산고허촌이나 알천양산촌이라는 고유의 명칭이 있어 후일 그러한 촌명이 중국식의 한자의 부명인 사량부와 양부로 바뀐 것이다. 그리고 신라의 왕을 배출한 세 씨족은 후일 한자식 성을 사용하게 되며 각기 하나씩의 성(姓)을 가졌다. 그것이 종성(宗姓)이다.

한편 혁거세를 군주(君主)로 추대했다는 6촌의 촌장들과 그 후손들은 그 후에도 각 촌의 지배세력으로 그 지위를 유지했다. 1세기 중·후반 경부터 3세기 중반까지 기간에 신라가 진한소국들을 정복하며 과거 서라벌6촌으로 이루어진 서라벌소국 영역은 신라 왕국의 왕경(王京)이 되었고, 6촌은 왕경의 지방행정구역인 6부로 되었다. 후일 언제인가 혁거세를 추대했다는 촌장을 시조로 하는 씨족들이 한자식 성을 갖게 되었다. 그것이 육부성(六部姓)이다.

신라의 왕을 배출했던 종성세력(씨족)은 서라벌소국을 세울 때부터 신라가 망할 때까지 6촌(후에 6부로 개편됨)의 세력이 된 적이 없다. 6촌(6부)의 세력은 처음부터 혁거세를 추대했던 촌장을 시조로 하는 씨족들이었다. 그런데 이병도 선생이나 이기백 선생 등은 신라의 왕들이 6부 중 한 부의 세력이었다고 주장을 했다. 그리고 그러한 주장의 연속선상에서 노태돈 선생은 그의 서울대 석사학위 논문을 통해 신라의 왕들이 왕경6부 중 한 부(部)의 세력인 부장(部長)이라는 주장을 했다. 이것이 소위 부체제설이다. 그러나 이 같은 부체제설은 신라 건국신화를 역사로 이해했다면 처음부터 나올 수 없는 주장이다. 부체제설은 쓰다 소키치가 쓴 바로 이 『삼국사기』「신라본기」에 대한 비판논문에서 신라 건국신화를 조작된 것으로 주장한 견해에 바탕을 두었기에 나올 수 있었던 것이 틀림없다. 부체제설은 제국 일본의 한국폐멸사학의 부산물일 뿐이다.

셋, 일본 최고의 실증주의사학자로 알려진 쓰다 소키치가 사후해석을 위해 견강부회의 사료비판을 했다는 사실을 분명히 지적할 수 있다: 『삼국사기』의 기록과 『삼국지』의 기록 중 하나를 택하는 사료비판 방법은 처음부터 잘못된 것이다. 필자는 그러한 문제를 지적해 왔다.[110] 이 두 사서는 저술 목적이 다른 것이 분명하다. 신라의 역사를 해명하기 위해서는 신라의 역사를 기록한 『삼국사기』를 중심자료로 보아야 한다. 그와 달리 낙랑군 등 한군현(漢郡縣) 나아가 중국왕조와 신라의 관계를

110 이종욱, 「『삼국지』 '한전' 정치 관계 기록의 사료적 가치와 그 한계」, 『길현익교수 정년기념 사학논총』, 1996; 『한국고대사의 새로운 체계』, 1999, pp. 59~86.

이해하기 위해서는 『삼국지』의 기록을 중심으로 보아야 한다. 서로 다른 목적을 가진 두 책의 존재를 인정하지 않고, 신라의 역사를 『삼국지』의 기록만으로 해명하는 것은 처음부터 신라의 역사를 은폐 · 말살하려는 의도에서 나온 것이 분명하다.

이 같은 신라 역사에 대한 은폐 · 말살은 현재까지 한국사 교과서 등을 통해 이어지고 있다. 『한국사신론』(1967)을 보겠다.

> 신라의 모체는 이미 이야기한 바와 같이 삼한 78개 소국(부족국가) 중의 하나인 사로였다. A.D. 3세기 중엽만 하더라도 사로는 경주라는 좁은 지역을 차지하고 있는 하나의 부족국가에 지나지 않았다. 그 사로는 주위 여러 부족과의 연맹체 형성을 위한 움직임을 나타내게 되었는데, 석씨의 출현은 그러한 움직임의 표현으로 생각된다. 그러다가 나물마립간(356~402) 때에 이르러 낙동강 동쪽의 경북 일대를 지배하는 대부족연맹체를 형성하기에 성공한 것 같다. 사로는 정복과 동맹의 과정을 통해서 신라에로 비약하는 제일보를 내디딘 것이다.[111]

이 같은 주장은 2015년 한국사 교과서에 이어지고 있는 것을 볼 수 있다. 8가지 검인정 교과서 중 하나를 보면 다음과 같은 내용이 나온다.

> "4세기 후반 내물왕 때에는 낙동강 동쪽 진한 지역을 대부분 차지하고, 고대 국가의 기틀을 마련하였다."[112]

111 이기백, 『한국사신론』, 1967, pp. 59~60.

112 고등학교 『한국사』, 2015, 2판, 천재교육, p. 26.

위와 같은 내용의 이야기는 다른 교과서들에서도 대동소이하게 보인다. 그런데 『한국사신론』이나 한국사 교과서들의 내용은 『삼국사기』가 아니라 중국 사서인 『삼국지』의 기록을 따른 것이다.

쓰다 소키치가 『삼국사기』「신라본기」에 대한 사료비판에서 주장한 것들을 청산하면 전혀 다른 역사가 만들어진다. 『삼국사기』「신라본기」의 기록에 따르면 서라벌소국은 기원 후 1세기 중 · 후반 경부터 3세기 중반 경까지 2세기에 걸친 기간 동안 진한의 소국들을 모두 정복한 것으로 나오고 있기 때문이다.[113]

문제는 1945년 이후 지금까지 한국 역사학계를 장악해온 서울대학파들이 제국 일본의 역사가들이 만들어낸 한국폐멸사학으로부터 벗어나지 못했다는 것이다. 한국인 역사가 스스로 학문적 독립을 포기하고 제국 일본의 역사가들이 만든 한국폐멸사학을 실증사학이라고 추종해온 것이다. 지금은 『삼국사기』「신라본기」에 대해 소위 수정론 등의 주장을 하고 있으나 이 역시 근본적으로 제국 일본의 한국폐멸사학을 추종하고 있는 것이 사실이다. 지금이라도 한국사학은 제국 일본의 한국폐멸사학이 만든 감옥을 깨부수고 독립을 해야 한다.

쓰다 소키치의 주장을 비판한 힘: 1945년 해방 이후 제대로 된 한국사 개설서 한 권 없던 상황에서 한국사를 만든 한국인 역사가들은 쓰다 소키치를 존경해 마지않던 서울대학파들이었다.

그런데 세키네 히데유키 선생의 논문을 통해 쓰다 소키치가 어떤 역사가였는지 확인하게 되었다. 우리는 그를 실증주의사학자로 알고

113 이종욱, 『신라국가형성사연구』, 1982, pp. 83~90.

있으나, 그런 실증사학을 한국폐멸사학과 같은 것으로 보게 되었다. 그의 한국사 연구는 일본사를 위한 것이지 한국사를 위한 것이 아니었다. 또한 그는 은폐되어온 황국사관론자였다. 그는 일본인의 형성과정에 한반도로부터 이주한 사람은 없었다는 주장을 한 단일민족론자였으며 신대사를 부정한 것은 천황가에 한민족의 혈통이 유입되어 토착민을 정복했다는 생각을 차단하기 위한 역사를 만들려는 것이었다. 실제로 『일본서기』·『고사기』의 신대기의 기사를 가공의 이야기로 규정한 것은 끊임없이 제기되는 '도래설'을 끊으려는 것이었다. 이러한 쓰다 소키치의 정체를 생각하면 그가 일본 민족의 단일성 · 순수성에 대한 주장을 하기 위해 『삼국사기』「신라본기」에 나오는 왜(倭)관련 기록들의 사료적 가치를 부정한 것을 생각할 수 있다.

그 동안 필자는 쓰다 소키치의 위와 같은 주장의 숨은 이유를 옳게 파악하지 못했다. 그것은 필자 또한 시대적 산물로 1971년 서강대 사학과에서 수강했던 이기백 선생님의 한국사강독 시간에 『삼국지』「동이전」의 기록이 대단히 중요한 것으로 배웠던 것을 들 수 있다. 그때 이병도 선생의 『한국사』(고대편)이나 『한국사신론』 등을 통해 『삼국사기』「신라본기」 내물왕 이전 기록은 사료적인 가치가 없다는 사실을 믿게 되었다. 그 결과 대학원에서 석사학위 논문을 쓸 때까지도 『삼국사기』「신라본기」 내물왕 이전 기록은 사료적인 가치가 없다고 생각한 것이 사실이다.

실제로 필자의 석사학위 논문 「남산신성비를 통하여 본 신라의 지방통치체제」(『역사학보』 64, 1974)를 작성할 때까지 『삼국사기』의 사료로는 더 이상 거슬러 올라가 논문을 쓰는 일은 불가능하다고 생각했다.

『삼국사기』「신라본기」 내물왕 이전 기록에 나오는 기록들을 가지고는 신라의 역사를 재구성하는 것은 객관적 역사를 밝히는 실증사학이 아니라고 생각한 것이다.

그런데 1974학년도에 석사학위를 마친 후, 1975년 9월부터 미국·캐나다에서 인류학·고고학·사회학을 공부하는 과정에 『삼국사기』「신라본기」 내물왕 이전 기록에 들어 있는 건국신화를 포함해 종래 신빙할 수 없는 사료로 생각하던 바로 그 사료를 보는 눈이 달라졌다. 그 결과 1977년 쓴 논문 「백제의 국가형성」을 시작으로 하여, 1981년 『신라국가형성사연구』(1982, 일조각)라는 제목의 박사학위 논문을 작성할 때에는 『삼국사기』「신라본기」의 신라 건국신화부터 내물왕대까지의 기록을 당당하게 활용하고, 인류학·고고학·사회학적인 관점에서 신라의 국가형성과 발전에 대한 역사를 재구성할 수 있었다.

바로 이렇게 역사연구를 하는 과정에 쓰다 소키치의 실증사학이 잘못된 것이라는 사실을 인식할 수 있었다. 여기서 본격적으로 쓰다 소키치의 문제를 지적하게 된 것이다. 쓰다 소키치는 실증사학자로 알려졌으나 실제는 주관적인 방법으로 견강부회의 사료비판으로 역사를 날조한 역사가였던 것이다. 역사가로서 쓰다 소키치의 속성을 이해하면 그가 쓴 「삼국사기 신라본기에 대하여」에 대한 비판이 쉽게 이루어질 수 있다.

필자는 인류학 등 인접과학에 대한 이해를 통해 쓰다 소키치가 만든 한국고대사의 무대를 떠날 수 있었고, 날조사학·망상사학·사족사학으로 탐구해온 "그들이 만든 역사"와 맞서 "우리를 만든 역사"를 세상에 내놓을 수 있었다. "우리를 만든 역사"는 인류학을 포함한 사회과학적 관점으로, 새로운 관점에서 한국인 정체성의 원점부터 찾아낸 신라의 역사 나아가 한국고대사를 재구성한 것이다.

쓰다 소키치의 한국폐멸사학 청산이 불가능했던 이유: 한국인 역사가들도 쓰다 소키치를 일본 최고의 실증주의 역사가로 받아들인 것을 생각할 수 있다.

1945년 해방 직후 서울대학교의 교수가 되었던 이병도 선생은 1919년, 손진태 선생은 1927년에 와세다대학을 졸업했다. 이 두 역사가들은 1934년 설립된 진단학회에서 활동을 했고, 모두 실증사학을 표방하는 연구자들이었다. 특히 이병도 선생은 한국 실증사학의 태두 또는 한국 실증사학의 대명사라고 한다. 1934년 창립된 진단학회를 중심으로 나아가 1945년 해방 당시 이병도 선생은 쓰다 소키치의 신라 내물왕까지(이병도 선생이 내물왕 이전으로 바꿈) 역사 은폐 · 말살론을 거의 그대로 받아 들여 한국고대사를 만들었다.[114]

이병도 · 손진태 · 이기백 선생이 쓰다 소키치의 주장을 실증주의 사학의 연구결과로 생각하여 기본적으로 그대로 받아들인 것은 어쩌면 지극히 당연한 일이라 할 수 있다. 이들에게는 쓰다 소키치가 황국사관을 가졌다는 사실은 상상도하기 어려운 일이었던 것이다. 역사가들도 시대의 산물이기에 그러한 시대의 벽을 넘어 새로운 패러다임을 만들기는 불가능했다고 여겨진다.

이들이 쓰다 소키치를 실증주의사학자로 본 것 자체가 한국고대사

114 그중 손진태는 내물왕이 아닌 13대 미추왕대(261~284)부터 신라의 국가적 흥기가 있었다고 하여 그때부터 『삼국사기』의 기록을 믿을 수 있는 것으로 보았다(이종욱, 『역사충돌』, 2003, p. 21). 그렇더라도 이 같은 주장은 쓰다 소키치가 만들어 놓은 덫에 걸린 것이라 하지 않을 수 없다.

나아가 한국사학의 첫 단추가 잘못 꿰어진 것을 뜻한다. 쓰다 소키치를 존경한 결과 그의 한국사 연구의 목적과 그 문제점에 대한 생각을 하지 못하게 되었고, 소위 식민사학 청산을 외치면서 쓰다 소키치는 그 청산 대상에서 제외했던 것이다. 이로써 식민사학 청산은 지금까지 불가능하게 되었다.

앞에서 본 것처럼 제국 일본의 역사가들은 한국의 존재를 인정하지 않았다. 그런 속에서 만들어진 쓰다 소키치의 한국사는 한국사가 아닌 일본사를 위한 제물이 된 것이다. 이 같은 사실을 인정해야 쓰다 소키치가 날조한 역사를 청산할 수 있다고 본다.

견강부회의 주관적인 사료비판을 한 쓰다 소키치의 문제: 이제 쓰다 소키치의 「삼국사기 신라본기에 대하여」가 갖고 있는 문제점을 차례대로 보기로 한다. 쓰다 소키치의 『삼국사기』「신라본기」에 대한 사료비판은 간단하다. 우선 신라 상대(1대 혁거세~28대 진덕여왕)인 18대 실성왕(402~417) 무렵에도 명백하게 허구로 볼만한 기사가 있으므로, 왜군(倭軍)이 처음으로 신라를 눌렀다고 추측할 수 있는 시대인 17대 내물왕(356~402) 무렵 기사도 다른 확실한 사료와 비교 대상이 없는 한 무심코 신용할 수 없다는 것이다.[115] 쓰다 소키치는 왜 이 같은 생각을 펼쳐나갔을까?

하나, 한국사 연구에 일본 신대사를 보는 관점을 끌어들인 쓰다 소키치의 문제: 먼저 한 가지 밝힐 것이 있다. 세키네 히데유키 선생이 지

115 여기서 편의상 쓰다 소키치가 내물왕까지의 기록을 조작된 것이라 했다고 보기로 한다.

적한 신화에 대한 쓰다 소키치의 관점을 보아둘 필요가 있다. 그는 한일병합(실제는 한국폐멸) 전에 나온 일본인의 한반도 도래설(渡來說)은 『일본서기』와 『고사기』의 신대사(神代史)를 근거로 논리를 전개하였다고 했다. 그런데 도래설이 비과학적인 학설이라는 초석을 만든 연구자는 쓰다 소키치라 했다. 세키네 히데유키 선생은 "결국 쓰다 (소키치)는 신대사와 초기 천황 기사에서 〈역사적 사실〉을 밝히려는 시도는 의미가 없으며 다만 고대인의 〈사상〉을 밝히는 데는 의미가 있다고 하였다."[116]라 말했다. 쓰다 소키치가 말한 초기 천황의 역사는 초대 천황이라고 하는 신무천황(神武天皇, 기원전 660~585)에서 중애천황(仲哀天皇, 192~200) 이전의 역사를 말한다. 쓰다 소키치는 이 같은 일본사를 보는 관점을 한국사에도 적용한 것이 사실이다. 신라 상대부분 수백 년 역사(혁거세에서 내물왕까지)를 이 같은 방법으로 은폐·말살한 것은 그 때문이다.

1934년 진단학회 창립 이후는 물론이고, 1945년 해방 후 한국사를 만드는 과정에 신라 내물왕 이전 역사를 보는 관점 등에서 이 같은 주장은 한국인 역사가들에 의하여 그대로 추종되었고, 그 후 역사 연구의 방향타가 되었다. 이는 분명 문제가 아닐 수 없다. 신화도 역사이기 때문이다. 신라 건국신화부터 시작하여 그 이후 쓰다 소키치가 조

116 세키네 히데유키, 「'쓰다 사학(津田史學)'의 신대사(神代史) 해석과 한·일 민족의 계통 관계」, 『일본사상』 12, 2007, p. 79. 그러면서 다음과 같은 쓰다 소키치의 주장을 제시했다. "신화나 민간설화 … 가 조직적으로 크게 짜여져 있는 경우는 거기에 무엇인가의 의도가 작용하고 있음을 간과해서는 아니 된다. … 이러한 성질의 이야기는 그 자체가 사실을 기술하고 있는 것이 아니라 거기에 나타난 정신이나 사상은 엄연한 역사상의 사실이며 국민의 역사에 있어서는 중대한 의미를 지니고 있다."(津田左右吉, 『古事記及び日本書紀の新研究』, 『津田左右吉全集』 別卷 1, 1989, p. 199.)

작되었다고 하는 시기의 역사 기록들을 모두 살려내야 한다.

둘, 임나일본부설을 날조하기 위한 『삼국사기』「신라본기」 조작론: 쓰다 소키치는 고대 일본이 한국의 왕국들보다 강했다는 역사를 날조한 사람 중 한 명이다. 제국 일본이 한국을 폐멸시켰던 시기 일본인 역사가들은 한국의 역사까지 말살했다. 그들 일본의 역사가들은 한국고대사를 은폐·왜곡·말살시키는 방법으로 고대 일본을 강했던 것으로 날조했다. 최재석 선생의 『일본고대사연구비판』(1990)에서 뽑아 놓은 쓰다 소키치의 몇 가지 주장을 볼 수 있다. 쓰다 소키치는 "4세기 말부터 5세기에 걸쳐 일본은 한반도를 경영했다."[117]고 하거나, "가라(임나) 뿐만 아니라 그 부근의 제국(諸國) 즉 변한의 대부분이 임나일본에 예속되었다."[118]고 했다. 나아가 "가라(임나) 또는 백제는 일본의 보호국이며 또는 속국이었다.[119]"라고도 했다. 또는 "웅략(雄略, 456-479) 계체(繼體,507-531) 천황 시에 왜(倭)에 의한 한지(韓地)경영이 행해졌다."고도 했다.[120]

그런가 하면 "신공황후의 신라 정토는 상대(上代)에 있어서 저명한 사실로서 아국(我國, 왜)의 대한(對韓)정책은 이로부터 활동의 시작

117 최재석, 「津田左右吉의 일본고대사연구 비판」, 『일본고대사연구비판』, 1990, p. 77; 『日本古代史の研究』, 1972, p. 453.

118 최재석, 「津田左右吉의 일본고대사연구 비판」, 『일본고대사연구비판』, 1990, p. 77; 『津田左右吉全集』 別卷 1, 1989, p. 276.

119 최재석, 「津田左右吉의 일본고대사연구 비판」, 『일본고대사연구비판』, 1990, p. 79; 『津田左右吉全集』 別卷 1, 1989, p. 271.

120 최재석, 「津田左右吉의 일본고대사연구 비판」, 『일본고대사연구비판』, 1990, p. 77; 『津田左右吉全集』 別卷 1, 1989, p. 151.

이 전개되며 임나일본부의 기초도 이것에 의하여 굳건해졌다."[121]라고도 했다. 고대 일본(왜)을 강한 나라로 만들기 위해 『일본서기』에 나오는 신공황후의 신라정벌 기사를 사실로 인정하며, 그로부터 임나일본부의 기초가 굳건해졌다고 한 것이다. 이러한 주장을 통해 쓰다 소키치는 제국 일본의 역사가들과 마찬가지로 한국사를 폐멸하는 데 앞장선 역사가였다는 사실을 확인할 수 있다.

그러나 신공황후의 신라정벌에 대한 기록은 『삼국사기』에는 안 나온다. 일본의 사서에만 나오는 것이다. 또한 4세기 말에서 5세기 또는 6세기까지 왜가 한국의 여러 나라를 지배했다는 내용도 한국사서에서는 찾을 수 없는 것이다. 그와 같은 신공황후의 신라정벌에 대한 일본의 기록이야말로 가공(架空)의 기록이라 하겠다.

쓰다 소키치는 이와 같이 가공의 기록을 가지고 고대 일본이 한반도를 경영했다는 주장을 하기 위해, 그러한 내용이 나오지 않는 『삼국사기』「신라본기」 기록이 허구로 만들어진 것이라는 사료비판을 한 것이다. 실제 왜가 신라를 정벌한 일이 없기에 그런 역사기록이 『삼국사기』에 안 나오는 것은 당연한 일이다. 이 같은 엄연한 사실을 인정하면 제국 일본의 역사가들이 날조한 임나일본부가 한반도를 경영했다는 식의 역사 날조는 만들어낼 수 없는 것이다.

그렇기에 쓰다 소키치는 『일본서기』 같은 일본 측 사서에 나오는 잘못된, 가공의 기록을 가지고 임나일본부설을 만들기 위해 『삼국사기』「신라본기」의 5세기까지의 기록을 가공의 산물이라 주장하는 사료

---

121 최재석, 「津田左右吉의 일본고대사연구 비판」, 『일본고대사연구비판』, 1990, p. 74; 『津田左右吉全集』 11, 1964, p. 127.

비판을 한 것이다.

셋, 쓰다 소키치의 사료비판 방법과 그 특성: 쓰다 소키치의 사료비판 방법은 특이한 것이다. 일단 그는 『삼국사기』「신라본기」 상대부분 기록이 사료로서 가치가 없다는 전제를 하고 사료비판을 하는 방법을 택했다는 사실을 주목할 필요가 있다. 실제로 『삼국사기』「신라본기」 기록을 조작된 것이라 해 놓고 대신 중국 사서인 『삼국지』를 끌어들이는 방법을 택했다. 그리고 그가 내세운 전제에 충실하게 그는 『삼국사기』「신라본기」 상대기록에 나오는 여러 가지 역사적 사실들에 대해 그가 필요한 시기까지의 기록들이 모두 조작된 것이라는 견강부회의 주장을 한 것이다. 이것이 그의 실증사학의 정체였다.

2. 쓰다 소키치의 「삼국사기 신라본기에 대하여」에 대한 비판

쓰다 소키치가 1919년에 쓴 『고사기 및 일본서기 신연구』의 목차를 보면 부록으로 「삼국사기 신라본기에 대하여」라는 논문이 나오고 논문의 세부 목차로 10가지가 나온다. 그 목차는 다음과 같다.[122]

1. 신라본기에 보이는 왜
2. 3세기 이전의 신라

122 津田左右吉, 『古事記及び日本書紀の新研究』, 『津田左右吉全集』 別巻 1, 1989, p. 190.

3. 건국설화

4. 영토확장의 기사

5. 지나적 정치도덕의 사상

6. 신라기의 자료

7. 국왕의 세계와 기년

8. 왜에 관한 기사

9. 왕실의 조선에 관한 동방제국의 설화

10. 신라본기와 일본서기

이 책에서는 위의 목차에 따라 순서대로 쓰다 소키치의『삼국사기』「신라본기」에 대한 사료비판이 갖는 문제를 비판하겠다. 사실 쓰다 소키치는 신라사를 무존재(nonexistence)의 역사로 보며 견강부회의 사료비판을 했다. 그렇기에 여기서 다루는 사료비판도 일본의 기원이나 임나일본부설을 날조하기 위한 희생으로 삼는 과정에 마음대로 난도질하여 조작된 것이라고 했던 사실을 확인하게 된다. 그에게 한국사를 살려낸다는 생각은 처음부터 없었다. 사실 필자는 쓰다 소키치의 이 논문을 완전히 무시하였기에 "우리를 만든 역사"를 재구성할 수 있었다. 따라서 이 논문을 비판하는 일은 필자 개인에게는 시간낭비일 뿐이지만, 서울대학파가 만든 길드에 속한 연구자들이 그가 자행한 사료비판을 벗어나지 못하고 있기에 어쩔 수 없이 이 글을 쓰게 되었다.

하나, **"「신라본기」에 보이는 왜"**에 대한 주장의 문제를 보기로 한다. 이는 쓰다 소키치가『삼국사기』「신라본기」에 대한 사료비판 논문을 쓴 목적이 무엇인지를 말해주는 부분이다. 그가 이 논문을 쓴 표면적 목적과 숨은 목적을 구분할 필요가 있다. 그리고 이 논문이 이후 한국 역사학계에 미친 영향이 무엇인가도 알아볼 필요가 있다.

먼저 쓰다 소키치의 다음 주장에서 이 논문을 쓴 표면적 목적을 찾을 수 있다.

> 조선반도의 고사(古史)로서 고려시대에 편찬된 『삼국사기』 특히 그것의 「신라본기」 상대 부분에는 소위 왜(倭) 또는 왜인(倭人)에 관한 기사가 대단히 풍부하게 포함되어 있다. 따라서 그들 기사들은 『고사기』·『일본서기』와 함께 우리(왜)의 상대사를 천명할 수 있는 귀중한 사료인 것처럼 생각된 적이 있다. 그러나 대체로 『삼국사기』의 상대 부분이 역사적 사실의 기재로서 인정하기 어렵다는 점은 동방아세아 역사를 연구하는 현대 학자들 사이에는 이미 이론이 없는 것이기 때문에 왜(倭)에 관한 이들 기사들도 또한 마찬가지로 사료로서는 가치가 없는 것으로 보지 않으면 안 된다.[123]

『삼국사기』「신라본기」 상대부분 기록에 왜 · 왜인에 대한 기록이 많이 나오나 역사적 사실을 기록한 것이 아니라는 주장을 하기 위해 이 논문을 쓴 것을 볼 수 있다. 그러면서 『삼국사기』「신라본기」 상대 기록을 신빙할 수 없는 이유를 밝히겠다고 했다.

> 다만 어떤 까닭으로 그것을 신용하기 어려운지를 정리하여 설명

123 津田左右吉, 이부오 · 장익수 역, 「『삼국사기』「신라본기」에 대하여」, 『신라사학보』 15, 2009, pp. 259. 번역논문의 페이지를 밝힌다. 그런데 실제 번역을 그대로 따른 것은 아니다.

한 글이 아직 눈에 띄지 않는 것 같아서 여기서 「신라본기」에 관하여 대체적인 요점을 언급함으로써 독자가 참고하는 데 이바지하고자 한다고 했다.[124]

이 말은 그가 이 논문을 쓴 직접적인 이유를 밝힌 것이다. 1919년 이 논문 발표 때까지 『삼국사기』「신라본기」 기록을 신빙할 수 없는 이유를 밝힌 논문이 없어 자기가 쓴다는 것이다.

그는 『삼국사기』「신라본기」 상대 기사 중 어느 때까지 기록을 믿을 수 없다는 것인지도 밝혔다.

> (『삼국사기』) 「신라본기」 상대 부분 기사에 대한 비판이 반드시 이것으로써 다 된 것은 아니지만 왜(倭)에 관한 기재를 채록함에 있어 부족했음을 증명하는 데에는 이로써 충분하다고 생각한다. 그리고 대체적으로 말하면 앞서 말한 바와 같이 실성이사금(402~417) 무렵에도 명백히 허구로 간주해야 할 기사가 있기 때문에 그 전의 내물이사금(356~402) 무렵 즉 아군(我軍, 왜병)이 처음으로 신라를 눌렀다고 추측할 수 있는 시대의 기사도 그 밖의 확실한 사료의 기재와 대조할 수 있는 것이 아닌 한 무심코 신용할 수 없다.[125]

『삼국사기』「신라본기」 상대부분 기록 중 내물왕 무렵 왜병이 처음 신라를 이겼다고 생각할 수 있는 시대의 기록도 쉽게 신용할 수 없다

---

124 津田左右吉, 이부오 · 장익수 역, 「『삼국사기』「신라본기」에 대하여」, 『신라사학보』 15, 2009, pp. 259.

125 津田左右吉, 이부오 · 장익수 역, 「『삼국사기』「신라본기」에 대하여」, 『신라사학보』 15, 2009, pp. 269. 그런데 쓰다 소키치는 『삼국사기』「신라본기」 기록 중 자비왕 11년 소지왕 3년 등의 기록도 모두 신용할 수 없다고도 했다고 한다(최재석, 『일본고대사연구비판』, 1990, p. 69).

는 것이다. 그는 신라 내물왕까지의 기록을 기본적으로 사료로 신용할 수 없는 가공의 산물로 본 것을 알 수 있다.

여기서 쓰다 소키치의 주장이 갖고 있는 숨은 목적을 볼 수 있다. 그는 『삼국사기』「신라본기」 상대부분의 기록에 나오는 왜 · 왜인에 대한 기사를 인정하고 싶지 않았던 심정을 알 수 있다. 황국사관을 갖고 있던 쓰다 소키치는 『삼국사기』「신라본기」에 나오는 왜 · 왜인 관계기록을 인정하면 그가 구상하고, 그가 원하는 단일민족의 일본사, 천황중심의 일본, 천황가에 한민족의 혈통이 유입되었다는 주장 차단 그리고 강한 일본의 역사를 조작해낼 수 없기 때문이었다.

그런가 하면 이 논문이 일본과 한국 역사학계에 미친 영향도 생각할 수 있다. 쓰다 소키치의 말처럼 『삼국사기』「신라본기」에 대한 사료비판이 없었던 것은 아니지만, 1919년 그가 발표한 이 논문처럼 본격적인 사료비판을 한 예는 없었던 것이 사실이다.

그렇기에 쓰다 소키치의 「신라본기」에 대한 사료비판은 의미가 있는 것이다. 그리고 옳건 그르건 이 논문은 쓰다 소키치가 한국인의 정체성을 왜곡 · 은폐하는 한국인 역사가들의 우두머리가 되도록 만든 것도 사실이다. 그렇기에 필자는 쓰다 소키치의 「신라본기」에 대한 사료비판의 문제점을 비판하지 않을 수 없다. 『삼국사기』「신라본기」 내물왕까지 기록에 나오는 왜 · 왜인에 대한 기록을 말살할 수는 없는 일이다. 그 안에 실제 왜 · 왜인에 대한 역사가 있기 때문이다.

둘, 쓰다 소키치는 "3세기 이전의 신라"에 대한 잘못된 주장을 하였다. 그는 신라 상대의 역사 연구 자료인 『삼국사기』「신라본기」가 허구라는 이야기를 날조하기 위해 280년대 언제인가 편찬된 중국 사서인 『삼국지』「동이전」'한조'를 끌어들였다. 『삼국지』「동이전」'한조'에 대한 그의 주장이 있다.

> 한지(韓地)에 관한 확실한 문헌으로 현존하는 것으로서는 「위지」 '한전'(『삼국지』「동이전」 '한조')과 거기에 인용된 『위략』이 최초이며, 그것에 의해 3세기의 상태를 알 수 있고 또 조금 소급하여 1~2세기경의 대체적인 모습을 알 수 있다.[126]

이 같은 주장은 잘못된 것이다. 한 가지 예를 들기로 한다. 220년에서 280년까지 중국 위(魏)·오(吳)·촉(蜀) 세 나라의 역사를 다룬 『삼국지』에 나오는 '왜인전'은 왜의 역사를 다루는 중요 사서가 되어 있다. 그것은 『일본서기』와 『고사기』의 해당시기 역사에 대한 기록을 믿을 수 없는 것이 분명하기 때문이다.

그런데 시기를 늦추어 중국 수나라(581~618)의 역사인 『수서』 '왜국(倭國)' 조를 가지고 그 시기의 왜의 역사 전체를 옳게 다룰 수는 없다. 또한 중국 당나라(618~907)의 역사인 『구당서』의 '일본국(日本國)' 조나 『당서』의 '일본' 조 기록을 가지고 일본의 역사를 옳게 재구성할 수는 없다. 그 시기의 역사는 『일본서기』나 『고사기』의 자료가 있어야 제대로 재구성 할 수 있는 것이다. 물론 『수서』 '왜국(倭國)' 조와 『구당서』의 '일본국(日本國)' 조나 『당서』의 '일본' 조 기록들은 『일본서기』나 『고사기』에서 다루지 않고 있는 또 다른 부분의 역사를 재구성할 사료가

126 津田左右吉, 이부오·장익수 역, 「『삼국사기』「신라본기」에 대하여」, 『신라사학보』 15, 2009, p. 259.

되는 것이 틀림없다.

『삼국사기』「신라본기」 상대부분 기록과 『삼국지』「동이전」 '한조'의 기록도 서로 다른 목적에서, 서로 다른 면을 기록한 것이기에 두 사료 모두를 사용해야 한층 제대로 된 역사를 재구성할 수 있는 것이다. 그리고 『삼국사기』「신라본기」 상대부분 기록은 사료 비판이 필요하지만, 신라의 역사를 재구성하는 데 그 첫 부분인 건국신화부터 사료적인 가치를 인정하지 않을 수 없는 것이 분명하다.

그런데 쓰다 소키치는 그렇게 단순한 역사가는 아니었다. 그는 『삼국사기』「신라본기」 상대부분의 기록을 허구로 조작된 것이라는 논증을 하여 그 안에 들어 있는 왜 · 왜인 관계 기록들도 모두 사료적인 가치가 없음을 입증하는 방법을 택하는 과정에 가장 확실한 사료라고 하며 『삼국지』「동이전」 '한조'[127]의 기록을 끌어들인 것이다. 『삼국사기』「신라본기」 상대부분의 기록이 허구로 만들어진 것이라는 증거로 『삼국지』「동이전」 '한조'의 기록을 끌어들인 것이다. 그러나 이 같은 사료비판을 한 데에는 이유가 있다. 편찬 목적이 다른 『삼국지』「동이전」 '한조'의 기록을 신용할 수 있는 사료로 보면서 양자택일하는 방법을 택하면 『삼국사기』「신라본기」 · 내물왕까지 기록은 사료적인 가치가 없는 것이라 할 수 있기 때문이다. 『삼국지』는 3세기 후반에 편찬되었고, 『삼국사기』는 1145년에 편찬되었기에 『삼국지』의 자료가 사료적인 가치가 크다는 것이다. 그러나 이 두 사서는 어느 것을 버릴 것이 아니라 둘 다 신라역사 재구성 자료로 삼아야 하는 것이다.

---

127 『三國志』 30, 「魏書」 30, '烏丸鮮卑東夷傳' 30.

『삼국지』「동이전」'한조'나 그 안에 인용된 『위략』 기록은 중국인에 의해 중국인을 위해 저술된 중국인이 전해들은 내용을 가지고 만들어낸 것으로 신라의 역사 자체를 다룬 것이 아니다. 『삼국지』「동이전」'한조'의 기록은 중국과의 관계에 대한 기록, 중국과 관계를 가졌던 각 정치체의 실체, 특산물, 법속 · 풍속 · 종교 등에 대한 기록, 각 정치체의 주민들에 대한 사항들이 기록되어 있다.[128] 중국인에 의해 편찬된 이 같은 기록들은 심하게 말하자면 일종의 신라에 대한 관광안내서에 해당한다. 그 안에는 신라 왕들의 이름조차 없다. 당시 중국인들은 한국에서 성장하고 있던 백제나 신라, 가야의 역사에 대해 기록할 필요가 없었던 것이다. 『삼국지』「동이전」'한조'의 저술 목적 자체가 신라나 백제의 역사에 대한 것이 아니었다.

『삼국사기』「신라본기」와 『삼국지』「동이전」'한조'는 같은 시대를 다루더라도 서로 다른 저술목적으로 편찬된 것이기 때문이다. 따라서 두 사서 모두를 연사연구를 위한 사료로 이용하는 것은 타당하지만, 둘 중 하나를 사료로 인정하고, 다른 하나를 허구로 편찬된 것으로 보는 사료비판 방법은 잘못된 것이 틀림없다. 그것은 주관적인 해석, 사후해석을 위한 그리고 쓰다 소키치가 원하는 일본의 역사를 날조하기 위해 의도적으로 행한 잘못된 사료비판 방법일 뿐이다.

신라의 역사 나아가 한국고대사의 경우 『삼국사기』 초기기록들이 없으면 그 역사를 근본적으로 재구성할 수 없다. 『삼국사기』「신라본기」를 비롯한 「고구려본기」나 「백제본기」의 초기기록들도 모두 당당하

128 이종욱, 『한국고대사의 새로운 체계』, 1999, pp. 66~67.

게 사료로 이용할 기록들이다. 이때 『삼국지』 '한조'의 기록은 『삼국사기』에 없는 또 다른 부분을 보충해주는 자료로 이용할 필요가 있는 것일 뿐이다.

쓰다 소키치는 『삼국사기』 「신라본기」의 내물왕 이전 역사를 은폐·말살하는 방법을 날조해낸 후, 『삼국지』 「동이전」 '한조'를 가지고 적어도 3세기 나아가 5세기까지의 신라 역사를 은폐·말살시켰다. 쓰다 소키치의 이 같은 사료비판에는 근본적인 문제가 있다.[129]

『삼국지』 「동이전」 '한조'로 진한(辰韓)을 열등한 것으로 만든 삼한론의 문제: 쓰다 소키치가 『삼국사기』 「신라본기」의 기록은 조작된 것이라 하고, 같은 시기의 역사를 다루는 기본 사서로 『삼국지』 「동이전」 '한조'를 끌어들인 것은 한국폐멸사학의 한 단면을 보여주는 것이다. 그는 그런 방법으로 『삼국지』 「동이전」 '한조'를 통해 창작해낸 신라의 역사를 일본의 역사보다 열등한 것으로 만들어낼 수 있었다. 그것은 5세기까지 왜가 신라보다 강한 나라였다는 역사를 날조하기 위한 것이기 때문이었다.

『삼국지』 「동이전」 '한조'로 창작해낸 신라의 역사는 어떤 것일까? 쓰다 소키치는 앞에 제시한 사료를 통해 보면, 3세기 신라는 진한 12국 중 1국에 불과한 소부락으로 만들어졌다는 것이다. 그리고 1~2세기에는 그 문화 정도가 낮았던 점도 상상할 수 있다고 했다. 또한 지리적인 이유로 낙랑·대방으로부터 가장 먼 구석에 있던 경주는 문화 정

129 이종욱, 「『삼국지』 '한전' 정치 관계 기록의 사료적 가치와 그 한계」, 『길현익교수 정년기념 사학논총』, 1996; 『한국고대사의 새로운 체계』, 1999, pp. 59~86.

도가 낮았다고 했다. 그런 이유로 진한(辰韓)의 문화는 마한보다 열등하고, 신라는 진한 중에서도 더욱 열등했다고 보았다.[130]

그러나 쓰다 소키치의 이 같은 주장은 허구로 날조된 것이 분명하다. 그 동안 나온 고고학적인 발굴 결과를 보면,[131] 신라의 문화가 열등하였던 것이 아니었음을 잘 알 수 있다. 오히려 경주의 신라 유적들은 당시 한반도 남부 지역 중 가장 앞선 문화를 잘 보여주고 있는 것이 사실이기 때문이다.

무엇보다 중요한 사실은 『삼국사기』「신라본기」의 기록을 건국신화부터 역사연구의 자료로 끌어들이면, 신라는 『삼국지』「동이전」 '한조'의 기록과 다른 신라의 정치적 성장 · 발전에 대한 역사를 살려낼 수 있고, 그 성장 · 발전이 일찍부터 전개된 것을 알 수 있게 된다.[132] 『삼국지』「동이전」 '한조'의 기록은 신라의 정치적 성장 · 발전에 대한 역사를 제대로 기록한 것이 아님을 알 수 있다.

중국사서에 신라 건국 이후 기사가 없어 『삼국사기』「신라본기」 기록이 조작된 것이라고 한 잘못된 사료비판: 『삼국지』「동이전」 '한조'의 기록을 끌어들여 3세기 신라가 진한 12국 중의 1소부락에 불과했다는 쓰다 소키치의 주장은 한걸음 더 나갔다.

그는 『삼국사기』「신라본기」에 신라의 혁거세가 기원전 57년 국가

130 津田左右吉, 이부오 · 장익수 역, 「『삼국사기』「신라본기」에 대하여」, 『신라사학보』 15, 2009, p. 259.

131 이종욱, 「신라의 나정—신화를 역사로 전환하기—」, 『경주 나정—신화에서 역사로—』, 2005, pp. 45~66 참조.

132 이종욱, 『신라국가형사연구』,1982, pp. 11~115 참조.

를 세웠고 이후 연대기가 계속 이어지는 것을 문제 삼고 있다. 연대기가 후세에 이어진다면 중국문화가 신라에 상당히 깊게 심어져 있어야 하고, 진한(辰韓) 나아가 삼한 전체도 같은 정도의 문화를 가지고 있어야 한다며, 그렇게 되려면 중국 혹은 낙랑과 교섭이 밀접했어야 하며 중국 사서에 한지(韓地)에 대한 기사가 많이 나타났어야 하지만 그런 흔적이 조금도 없다고 했고, 정치상태도 너무 유치하다고 했다.[133]

이런 주장은 처음부터 잘못된 것이다. 어떤 이유로 신라인들의 역사에 중국문화가 상당히 들어 있어야 한다는 것인가? 이 같은 주장은 신라 나아가 한국의 역사를 중국의 지배에 있었던 것을 전제로 하는 주장일 뿐이다. 그러나 신라의 건국신화나 한국 초기국가 형성 신화를 보면 중국의 영향이 없이 국가들을 형성한 것이 분명하다. 그런가 하면 중국의 진한(秦漢) 교체, 고조선의 멸망과 위만조선의 형성, 위만조선의 멸망과 낙랑군 설치, 낙랑군 설치 이후 진한을 포함한 낙랑과의 관계 속에 서라벌소국은 중국, 낙랑군, 고조선이나 위만조선 등과 관계를 맺었던 것을 볼 수 있다.

쓰다 소키치는 『삼국사기』 「신라본기」 상대 기록이 조작된 것이라고 하기 위해 한국사는 중국이나 일본의 영향을 받았다는 주장을 하는 등 견강부회의 사후해석을 한 결과 위와 같은 역사 날조를 한 것이 분명하다. 여기서도 쓰다 소키치의 한국에 대한 기피 혹은 멸시의 감정을 드러내며, 이 같은 이야기를 한 것으로 볼 수 있다. 어쩌면 그보다도 한국사에 대한 이해 부족과 그렇게 부족한 한국사 지식을 가지고

133 津田左右吉, 이부오 · 장익수 역, 「『삼국사기』 「신라본기」에 대하여」, 『신라사학보』 15, 2009, p. 260.

강한 일본의 역사를 만드는 과정에 한국사를 희생으로 삼았던 것일 수 있다고 생각해 본다.

셋, 쓰다 소키치는 신라의 "건국설화"에 대해 잘못된 생각을 갖고 있었다. 그런데 그는 신라 건국설화(건국신화)를 역사적 사실을 밝힐 자료로 보지 않았다. 신라의 건국신화에 나오는 국가형성과 관련된 문제를 둘러싼 쓰다 소키치의 잘못된 주장을 보기로 한다.

신라 건국신화를 역사기록으로 보지 않는 쓰다 소키치의 잘못: 쓰다 소키치는 신라의 건국신화에 대한 이해를 할 능력이 없었거나, 의도적으로 그것을 침묵시킨 연구자였다는 생각이 든다. 그의 이야기를 통해 그러한 사실을 확인할 수 있다.

> 또한 건국시조 혁거세(赫居世)는 알에서 태어났다고 하지만, 이것이 설화인 것은 물론이다. 따라서 건국 기사는 이미 모든 점에서 믿기 어렵다.[134]

쓰다 소키치는 혁거세가 알에서 태어났다는 기록을 근거로 하여 신라 건국신화를 모든 점에서 믿기 어렵다고 한 것이다. 그가 말하는 설화는 역사기록을 조작했다는 의미로 보아야 한다. 그러나 한국의 건국신화를 보면 알에서 태어난 시조들이 여럿 있다. 가야의 왕들이 알에서 태어났고, 주몽도 알에서 태어났다고 나온다. 특히 고구려의 시조 주몽신화가 414년에 건립된 『광개토왕릉비』에 나오는 것을 보면 고

134 津田左右吉, 이부오 · 장익수 역, 「『삼국사기』「신라본기」에 대하여」, 『신라사학보』 15, 2009, p. 262.

구려인들이 이미 난생신화를 건국신화로 만들어 갖고 있었던 것을 알 수 있다. 따라서 신라 건국신화도 신라시대에 이미 난생신화로 정착된 것을 짐작할 수 있다. 이 같은 난생신화는 난생이라는 이유로 인하여 신화 자체를 조작된 것으로 볼 수는 없는 일이다.

그는 나아가 건국신화 자체를 조작된 것으로 몰아갔다.

> 일반적으로 어떤 나라, 어떤 왕조의 상대사도 사실에 입각하여 저절로 생긴 전설 등을 써두는 것을 막론하고 특수한 의도에 의해 후대에 조작되어 만들어진(構成) 것이 있음은 「신라본기」의 한 예로도 알 수 있다. 지나(支那)의 각 왕조의 선조에 대한 설화, … 또 한국의 경우 고려 · 조선조의 선조에 대한 이야기도 마찬가지이다. 역사상에 나타난 것은 어느 것이나 조작을 통해 만들어진 것이라 했다. 『삼국사기』의 「고구려본기」나 「백제본기」도 마찬가지다.[135]

쓰다 소키치는 신화나 설화의 속성을 몰랐거나 알면서도 그가 갖고 있는 황국사관, 민족주의 또는 국수주의에 의한 역사를 만들기 위해 신화나 전설이 조작된 것이라 했던 것이라 믿어진다. 분명히 말하지만, 신화나 설화도 역사다. 신라의 건국신화도 역사다. 다만 신화의 내용 그 자체를 역사연구에 그대로 이용할 수는 없다. 그런 데에는 이유가 있다. 신화의 특성 때문이다. 신화의 특성을 생각할 필요가 있다. 그 구체적인 내용은 프롤로그에서 신화의 세 가지 특성을 말하며 밝혔다.

실제로 신화는 역사적 사실 · 사건 · 시간 등이 구전과정에 후대인

135 津田左右吉, 이부오 · 장익수 역, 「『삼국사기』 「신라본기」에 대하여」, 『신라사학보』 15, 2009, p. 269.

의 필요에 따라 또는 후대인의 직관이 작동하여 신화화된 것으로 그 안에 나오는 사실 · 사건 · 시간 등을 역사적인 것으로 전환해야 한다. 쓰다 소키치는 이러한 사실을 몰랐거나 알면서 숨긴 것이라 하겠다. 여하튼 신화속의 사실 · 사건 그리고 시간을 역사적 사실 · 사건 그리고 시간으로 전환하는 작업은 쓰다 소키치 같은 역사 날조를 하는 역사가의 몫이 아니라 제대로 된 역사를 살려내는 역사가의 몫이다. 이를 위해 우리는 인접학문의 도움이 필요한 것이다.

이 같은 신화 특히 신라의 건국신화는 우리들 한국인의 이야기이다. 그 안에 나오는 6촌장을 시조로 하는 육부성(六部姓)과 종성(宗姓) 중 혁거세를 시조로 하는 박씨족은 현재도 번성한 씨족이 되어 있다. 이 같은 성씨의 시조들에 대한 이야기가 바로 신라 건국신화이다. 이 건국신화를 허구의 산물로 돌리는 것은 한국 · 한국인 폐멸에 나선 한국폐멸사학자나 할 주장이다.

건국신화 속의 6촌과 6부를 왜곡시킨 쓰다 소키치의 잘못: 쓰다 소키치는 혁거세의 신라 건국과 관련하여 특히 6촌과 6부의 관계를 다음과 같이 왜곡시키고 있다.

> 소위 혁거세가 어떻게 해서 신라를 세웠는가, 그 이전의 상태는 어떠했는가를 보면 「신라본기」는 그것을 분명하게 설명하고 있지 않다. 다만 조선 유민이 6촌을 형성했다는 기사가 있으며, 그 6촌의 지명에서 생각하면 왕성(즉 지금의 경주) 땅인 것 같으며 유리이사금 조에 기록한 바에 의하면 그것은 나중의 소위 6부의 기원으로 간주될 것 같기 때문에 신라의 기초는 이 6촌이었다고 할 수 있을 것으로 보인다. 『양서(梁書)』 '신라전'에 '국유육탁평(國有六啄評)'이라 했으므로

신라 본래 땅에 6부가 있었던 것은 사실일 것이다. 그러나 그것이 「신라본기」의 소위 6촌인지 어떤지는 달리 증거가 없는 듯하다.)[136]

위의 주장을 보면 두 가지 문제를 지적할 수 있다. 하나는 6촌 · 6부에 대한 것이고, 다른 하나는 조선유민에 대한 것이다. 우선 6촌 · 6부에 대한 문제부터 보기로 한다.

혁거세 등장 시 6촌이 후일 왕경6부로 된 역사를 은폐한 쓰다 소키치: 쓰다 소키치는 『삼국사기』 「신라본기」에 나오는 건국신화에 조선유민(朝鮮遺民)이 산곡에 분거하여 6촌을 이루었다는 기록에서 6촌을 주목했지만, 6촌과 6부의 관계를 인정하지 않았다.

조선유민이 6촌을 형성했다는 기록이 있는데, 6촌은 왕성(경주) 땅인 것 같다고 하였다. 그러면서 「신라본기」 유리이사금 9년 조에 나오는 후대 6부의 기원이 6촌이었다고 보는 것 같으나, 『양서』의 기록을 제시하며, 신라 본래 땅에 6부가 있었던 것이 사실이라 하면서도 6촌이 6부로 변경된 것을 인정하지도 않았다.

쓰다 소키치가 혁거세(赫居世) 등장 이전 서라벌6촌(사로6촌)과 그 후 6촌을 개편한 6부의 관계를 부정한 것은 지금까지도 한국인 연구자들이 신라의 역사를 잘못 읽어내도록 만든 출발점 중 하나가 되었다.

『삼국유사』(1, 「기이」 2, '신라시조 혁거세왕' 조)를 보면 혁거세가 등장하여 서라벌소국을 세우기 이전 6촌이 있었고, 그 6촌은 신라왕경의 6부로 되었고, 신라왕경6부가 고려 시대의 경주6부로 된 것으로 나오고

136 津田左右吉, 이부오 · 장익수 역, 「『삼국사기』 「신라본기」에 대하여」, 『신라사학보』 15, 2009, p. 260.

있다. 혁거세가 등장하기 이전 현재 경주지역에 6촌이 있었는데, 혁거세가 등장하여 군주가 되며 6촌을 통합하여 하나의 소국인 서라벌소국을 세웠다.

혁거세를 군주로 추대한 6촌장들은 각기 육부성의 시조로 되었다. 그리고 당시 6촌은 서라벌소국(사로국)의 6개 지방행정구역으로 편제되었다. 시간이 지난 후에 서라벌6촌은 신라의 왕경이 되었고, 과거 서라벌6촌의 각 촌은 신라왕경의 6부의 부(部)로 개편되었다.[137]

혁거세는 6촌의 안에 설도(設都)하여 도읍을 세운 것은 사실이지만, 그는 군주가 되는 순간 6촌의 어느 한 촌의 촌장이 아니라, 6촌을 통합하여 탄생한 서라벌소국 전체의 군주가 된 것이다. 따라서 신라의 왕을 배출했던 혁거세나 그의 후손들 그리고 탈해를 시조로 하는 석씨족, 알지를 시조로 하는 김씨족이 6촌 중 어느 한 촌의 세력인 적은 없었던 것이 분명하다. 그들 신라 초기의 왕을 배출했던 세력들은 모두 왕국의 지배세력이었지, 촌의 세력이었던 적은 없었다.

분명한 사실은 쓰다 소키치가 6촌과 6부의 관계를 잘못 주장한 데에서 출발하여 해방 후 한국고대사를 연구한 1~2세대 역사가들은 신라의 왕을 배출했던 세력들이 각기 6부 중 한 부의 세력이었다는 주장을 했고, 3~5세대 연구자들은 소위 부체제설을 주장하고 있는 중이다. 이와 관련한 문제는 뒤에 소위 부체제설에 대한 비판을 할 때 자세히 다루기로 한다.

137 이종욱, 『신라국가형성사연구』, 1982, pp. 222~243.

신라 건국신화에 나오는 조선유민이 중국인이라는 쓰다 소키치의 잘못된 주장: 쓰다 소키치는 조선유민이 산곡(山谷) 간에 분거하여 6촌을 이루었다는 기록에서 "조선유민(朝鮮遺民)"은 위만에게 정복당한 기(箕) 씨이거나 무제(武帝)에게 멸망당한 위(衛) 씨인지 판정할 수 없지만 누구건 그 유민은 중국인으로 보아야 한다고 했다. 그렇다면 신라는 중국인을 기초로 했다고 보아야 하지만 실제가 그렇지 않기에 신라 건국신화는 조작된 것이라는 주장을 했다.[138]

실제로 그는 혁거세가 박씨이고 거서간이란 칭호를 사용했는데 이는 모두 진한인(辰韓人)의 언어로 신라인 혹은 그중심을 이룬 주인공들이 중국인이라는 정황은 찾을 수 없다고 했다.[139] 그리고 유리이사금 9년 6촌을 6부로 삼고 각각 성(姓)을 만들었다고 하는데 그들이 중국인이었다면 이미 성이 있었을 것이고 중국인의 사상으로 보면 성(姓)은 절대 변경하지 말아야 하는 것이라 이 이야기 자체가 모순된다고 했다. 더욱이 『삼국지』「동이전」에 진한인(辰韓人)들 전체가 진인(秦人) 즉 중국인이라는 설이 있으나, 이것은 진한인이 중국인과 만나 '그 말은 한인(韓人)의 말이 아니다(其語非韓人)'라는 『위략』의 기록과 모순된다고 했다. 또한 진한(辰韓) 전체가 중국인이었다면 『삼국지』「동이전(위지)」 등에 나오는 것처럼 낙랑군으로부터 이적(夷狄)으로 취급되었을 리 없으므로 여기서도 자체모순이라 했다. 그 외에도 다른 이유를 들어 신

138 津田左右吉, 이부오 · 장익수 역, 「『삼국사기』「신라본기」에 대하여」, 『신라사학보』 15, 2009, pp. 260~262.

139 津田左右吉, 이부오 · 장익수 역, 「『삼국사기』「신라본기」에 대하여」, 『신라사학보』 15, 2009, pp. 260~261.

라인 혹은 진한인(辰韓人)이 중국인이라는 설은 사실이 아니라 했다.[140] 이는 건국신화에 나오는 "조선유민"이 기씨나 위씨인 중국인이어야 한다는 것과 배치되는 것으로, 『삼국사기』의 건국신화 기록이 조작되었다는 것이다.

그러나 조선유민(朝鮮遺民)을 기자의 후손이나 위만의 후손인 중국인으로 본 쓰다 소키치의 주장은 처음부터 잘못된 것이다. 신라인을 구성한 중심세력이 중국인이라고 본 것은 사료를 잘못 해석한 것이다. 조선유민들이 서라벌 지역에 와서 산 것은 사실일 것이지만, 서라벌 지역 사람 전체가 다 조선유민들은 아니었던 것이 분명하기 때문이다.[141] 또한 조선유민을 모두 중국인으로 볼 것이 아니라, 대체로 고조선계통의 이주민이었다고 보아야 할 것이다. 그리고 이들 이주민은 한정된 수였을 것이다.

한편 혁거세가 등장하기 이전에 6촌에는 지석묘를 축조하던 사람들이 살았다. 그들 촌장들이 촌락사회를 형성했고, 후일 혁거세가 소국을 형성한 후 6촌장들은 각기 6촌의 촌장으로 남게 되었다. 혁거세가 군주가 되며 추장사회(촌락사회) 단계의 6촌장들이 소국단계의 6촌(6부)이라는 지방행정구역의 장으로 된 것이다.

6촌이나 6촌을 통합한 서라벌소국 지역에 고조선의 원래 조선인이나 위만조선 계통의 중국인 또는 위만세력의 지배를 받게 되었던 원래 조선인들이 흘러들어온 것은 사실이었겠지만, 그들이 신라인의 중

140 津田左右吉, 이부오 · 장익수 역, 「『삼국사기』「신라본기」에 대하여」, 『신라사학보』 15, 2009, p. 261.

141 이종욱, 『신라국가형성사연구』, 1982, pp. 16~17.

심세력이 된 것은 아니었다. 그리고 조선의 유민은 중국인의 후손이 아니라 단군이 소국을 세웠던 (고)조선인의 후손일 가능성이 더 크다. 한국사에서 기자의 후예들이 고조선의 지배세력이 되었다는 주장은 지금 아무도 받아들이지 않는 것이 사실이다. 이렇게 보면 쓰다 소키치가 신라인의 중심이 중국인이 아니라고 한 논증은 『삼국사기』 「신라본기」 기록이 조작되었다는 트집을 잡기 위한 것으로 구태여 할 필요가 없는 주장이 분명하다.

『삼국사기』 「신라본기」에 나오는 왕을 배출했던 인물들에 대한 기록을 역사적 사실이 아니라고 한 사료비판의 허구성: 그는 혁거세 · 탈해 · 알지 그리고 호공에 대한 신화적인 이야기를 역사적 사실이 아니라 했다.

이와 관련하여 두 가지 문제를 지적할 수 있다. 하나는 쓰다 소키치가 신라의 왕실에 관한 기사에서 왕을 배출했던 신화 · 설화를 허구의 산물이라 한 것을 들 수 있다. 혁거세가 알에서 태어났다는 신화, 탈해의 탄생신화, 김씨의 시조 알지의 탄생신화와 그 안의 계림에 대한 신화를 모두 사실이 아니라고 했다. 쓰다 소키치가 신라의 왕을 배출했던 박씨 · 석씨 · 김씨의 시조를 인정하지 않았던 것이다. 이들 종성의 시조를 역사적 인물로 인정하면 일본천황과 비슷한 시기에 현재 다수의 한국인들이 갖고 있는 성(姓)의 시조가 존재했던 것을 확인하게 된다. 이 같은 역사를 쓰다 소키치는 인정하고 싶지 않았다고 생각된다.

다른 하나는 『삼국사기』(1, 「신라본기」 1, 시조 혁거세 거서간 38년 조)에 나오는 기록 즉 "호공(瓠公)이라는 사람은 그 족성(族姓)을 상세히 알 수 없으나 본디 왜인(倭人)이며 처음에 표주박을 허리에 차고 바다를 건너왔으므로 호공이라 이름했다."는 기록에 나오는 호공설화도 사실이 아니라고 했다. 왜인(倭人)으로 나오는 호공의 존재를 말살함으로써, 『삼국사기』「신라본기」 상대부분에 나오는 초기기록 속의 왜인의 존재를 은폐한 것이다.

그러면 그는 왜 이 같은 이주민 세력의 존재를 은폐·말살하고자 했을까? 그는 단일민족론자였기 때문이다. 호공이 왜에서 신라로 건너온 것은 사실이지만, 단일민족론자인 그에게는 그것조차 인정하고 싶지 않았던 것이다. 그 경우 왜의 여러 소국을 세웠던 세력들이 한반도에서 건너간 세력이라는 주장이 가능해지기 때문이다. 그는 왜의 정치세력들에 이주민이 존재했다는 사실을 인정하지 않고자 한 것이다. 그러나 우리 모두가 잘 알듯 왜(일본)에는 한반도 또는 중국에서 이주민들이 흘러들어갔고 그들이 지배세력이 되어 왜의 소국들을 세웠던 것이 사실이다. 또한 한국사상 초기국가를 세웠던 단군, 동명, 주몽, 온조, 혁거세, 수로 등 모두가 이주민이었다는 사실을 생각하면 그러한 사정을 짐작하기 어렵지 않다. 호공 같은 이주민의 존재를 은폐·말살한 쓰다 소키치가야 말로 황국사관(皇國史觀)을 가진 역사가가 아닐 수 없다.

넷, 『삼국사기』「신라본기」에 나오는 신라의 "영토확장 기사"에 대해 조작된 것이라고 한 주장을 볼 수 있다. 구체적으로 그는 『삼국사기』「신라본기」에 나오는 신라의 진한소국정복과 그 넘어 영토확장에 대한 기록과 『삼국사기』「신라본기」의 기록 중 신라 건국 후 낙랑 등과의 대외

관계에 대한 기록들이 조작되었다는 주장을 폈다.

4세기 전반 흘해왕대(310~356)에 진한지방을 통일했다는 쓰다 소키치의 주장이 가지는 문제: 그는 「신라본기」의 기록 중 건국 후의 영토범위와 그 확장에 대한 것을 검토하며 그것이 허구로 만들어진 것이라 주장했다. 그는 이 같은 조작설 주장의 근거로는 『삼국지』「동이전」'한조'의 기록을 가지고 3세기의 신라는 진한 12국 중 하나였다는 것을 들고 있다. 그는 신라만이 아니라 백제도 이 무렵(3세기) 그 존재조차 분명치 않으며 설사 있었다 해도 마한의 한 소부락에 불과했다고 주장했다.[142] 신라가 3세기 이전에 진한의 다른 소국을 정복했다는 사실은 생각하지 않았던 것이다.

그는 신라가 진한 지방을 통일한 시대는 4세기 전반 흘해이사금대(310~356)였다고 주장하였다.[143] 그러나 이 같은 주장은 본질적 문제가 있는 것이다.

『삼국사기』의 기록을 따르면 서라벌소국은 1세기 중반 경부터 3세기 중·후반까지 약 2세기에 걸친 기간 동안 진한의 소국들을 모두 정복했던 것이 사실이다.[144] 이 같은 신라의 진한소국 정복을 인정하면 쓰다 소키치를 비롯한 제국 일본의 역사가들이 만든 임나일본부설은 성립할 수 없는 것이 분명해진다. 따라서 제국 일본의 역사가들은 신

142 津田左右吉, 이부오·장익수 역, 「『삼국사기』「신라본기」에 대하여」, 『신라사학보』 15, 2009, p. 262.

143 津田左右吉, 이부오·장익수 역, 「『삼국사기』「신라본기」에 대하여」, 『신라사학보』 15, 2009, p. 264.

144 이종욱, 『신라국가형성사연구』, 1982, pp. 83~90.

라의 진한소국 정복을 통한 정치적 성장에 대한 역사를 견강부회의 사료비판으로 침묵시켰던 것이다.

신라의 정치적 성장과 낙랑 등과의 대외관계를 은폐한 쓰다 소키치의 문제: 『삼국사기』「신라본기」에는 신라와 낙랑(樂浪)·화려(華麗)·불내(不耐)·백제·가야·말갈(靺鞨)·동옥저·맥국(貊國)·고구려·왜 등과의 관계에 대한 기록이 나온다. 그는 신라와 그런 여러 세력들과의 관계를 인정하지 않았다. 당시 신라는 하나의 소부락이었다는 것이고, 마한에 속한 백제도 소부락에 지나지 않았다는 것이다. 그런 소부락이 낙랑 등의 세력과 전쟁 등을 벌일 수는 없었다는 것이다.[145]

『신라국가형성사연구』(1982)에서 필자는 신라의 초기국가 형성과 정치적 성장에 대해 밝혔다.[146] 우선 초기국가로서 소국 형성 이전에 촌락사회(chiefdom, 추장사회 또는 촌장사회) 단계의 존재를 찾았다. 혁거세가 등장하기 이전 서라벌6촌(사로6촌)의 각 촌이 독립된 정치체로 있던 단계로 그 시기는 지석묘를 축조하던 때로 보았다. 그 시기를 기원전 7세기에서 기원전 2세기라 했으나, 고고학적인 연구 결과 촌락사회의 상한 시기는 지석묘의 축조 상한시기까지(기원전 12세기 또는 더) 올라갈 것이 분명하다.[147] 한편 기원전 2세기경 혁거세를 중심으로 하는 세력이 등장하여 6촌을 통합하여 하나의 소국인 서라벌소국(사로국)

---

145 津田左右吉, 이부오·장익수 역, 「『삼국사기』「신라본기」에 대하여」, 『신라사학보』 15, 2009, pp. 262~263.

146 이종욱, 『신라국가형성사연구』, 1982, pp. 11~90, pp. 90~115.

147 이종욱, 『신라국가형성사연구』, 1982, p. 17; 이종욱, 『신라의 역사 1』, 2002, p. 70.

을 형성했다고 보기로 했다.[148]

기원전 108년 낙랑군이 설치된 후 경상북도 일대의 소국들이 낙랑군과의 원거리교역을 위한 교역망을 만들었다. 이 원거리교역망이 진한이라는 소국연맹체를 형성한 요인이라고 보았다. 이들 진한의 소국들은 서라벌소국을 창구로 하여 낙랑군과 원거리교역을 했다. 그것이 기원전 1세기경부터였다.[149]

그 후 낙랑과의 원거리교역을 하며 정치적 · 군사적 세력을 키운 서라벌소국은 기원 후 1세기 중 · 후반경부터 진한소국을 정복하기 시작하여 3세기 중엽이 되면 진한소국을 모두 정복한 왕국 신라로 성장하게 되었다.[150]

쓰다 소키치가 만든 한국고대사의 틀로부터 벗어나면『삼국사기』「신라본기」에 나오는 신라와 낙랑(기원전 108~313) 등 여러 정치세력과의 관계는 날조된 역사가 아니라 실제 있었던 역사라는 사실을 알게 된다. 특히 기원전 1세기 낙랑군과의 교역을 위하여 진한이라는 소국연맹체가 형성되었다고 보게 되면 신라가 낙랑 등과 관계를 가진 것은 조금도 이상한 일이 아니다. 그리고 다행스러운 일은 고고학적으로 진한소국들과 낙랑군의 교역관계를 밝힐 유적과 유물들이 계속 나오고

148 이종욱,『신라국가형성사연구』, 1982, p. 49; 이종욱,『신라의 역사 1』, 2002, pp. 90~91.

149 이종욱,『신라국가형성사연구』, 1982, pp, 74~83; 이종욱,『신라의 역사 1』, 2002, pp. 106~120.

150 이종욱,『신라국가형성사연구』, 1982, pp. 83~90; 이종욱,『신라의 역사 1』, 2002, pp. 126~150.

있다는 것이다.[151]

여기서 『삼국사기』「신라본기」에 나오는 낙랑·화려·불내·백제·가야·말갈·동옥저·맥국·고구려·왜 등의 정치체는 허구로 날조된 것이 아니라 적어도 기원전 2~1세기경부터 이미 한국사의 무대에 등장했던 정치체였던 것을 생각할 수 있다.

한 가지 더 밝힐 것이 있다. 신라와 진한소국들과의 관계에 대한 것이다. 기원전 108년 낙랑군이 설치된 후 진한이라는 소국연맹체가 형성되어 낙랑과 원거리교역을 하게 되었다.[152] 그 과정에 서라벌소국은 진한연맹의 소국들이 낙랑군과 원거리교역을 하던 교역창구가 되었다. 그 과정에 진한소국들이 서라벌소국에 교역품을 가져오고 낙랑으로부터 수입한 물건을 받아가는 형식의 중간무역 형태의 교역도 이루어졌다고 본다. 이때 진한소국들이 서라벌소국에 공물을 바치는 형태의 모습이 나온 것으로 여겨진다.[153]

한편 서라벌소국의 진한소국 정복에 대해 볼 수 있다. 탈해왕대(57~80)에 신라는 우시산국과 거칠산국을 정복한 것으로 나온다.[154] 이것을 시작으로 파사왕대(80~112)에는 음즙벌국·실직곡국·압독국·비지국·다벌국·초팔국 등 여러 소국을 정복했다. 3세기 중엽 첨해왕대(247~261)에 이르면 사벌국을 정복하고, 그때 경상북도 일대를 신

151 경주 조양동 유적 등에서 그러한 유물들이 나오고 있다.

152 이종욱, 『신라국가형성사연구』, 1982, pp. 73~83; 이종욱, 『신라의 역사 1』, 2002, pp. 106~117.

153 이종욱, 『신라국가형성사연구』, 1982, p. 101.

154 『삼국사기』 44, 「열전」 4, '거도' 전.

라의 영토로 만들었다.[155]

7세기에 옛 임나일본부의 서부를 신라가 편입했다는 잘못된 주장: 쓰다 소키치는 6 · 7세기에 이르러서야 비로소 신라의 영토로 편입된 지역을, 『삼국사기』「신라본기」에서는 일찍이 장악했던 것으로 기재한 경우가 있다고 했다.[156] 그는 그중 유리왕대(284~298)에 다사군(多沙郡, 현재의 하동이라고 하며)이 공물을 바쳤다는 기록을 주목했다. 그는 진주 · 하동을 포함한 경상남도 서부 즉 예전의 임나일본부(任那日本府) 영토가 신라에 들어간 시기는 7세기라고 했다. 그렇기에 유리왕대에 다사군에서 공물을 바쳤다는 기록은 조작된 것이라고 했다.

여기서 문제는 다사군이 어디인가 알 수 없다는 것이다. 그리고 다사군이 하동지역이더라도 532년에 금관가야를 561년에 대가야를 정복한 신라로서는 그 정도의 영향력을 행사할 수는 있었다고 여겨진다.

다섯, 『삼국사기』「신라본기」가 "지나(支那, 중국)적 정치도덕의 사상"으로 안출(案出)되었다는 쓰다 소키치의 잘못된 주장을 볼 수 있다. 쓰다 소키치는 『삼국사기』「신라본기」가 어떻게 조작되었는지 그 방법을 이야기했다. 여기서 그가 『삼국사기』「신라본기」를 어떻게 발명되었다고 사료비판했는지 볼 필요는 있다.

중국사서에서 빌려왔다는 주장: 『삼국사기』「신라본기」의 기록 중에는 지나(支那) 사서에서 빌려온 것 또는 거기에 의거하여 안출(案出)한

155 이종욱, 『신라국가형성사연구』, 1982, pp. 73~90.

156 津田左右吉, 이부오 · 장익수 역, 「『삼국사기』「신라본기」에 대하여」, 『신라사학보』 15, 2009, p. 264.

것이 있다고 주장했다. 서라벌6촌 사람들을 조선유민이라 한 것은 앞서 언급한 『위략』의 기사 즉 위씨조선의 유민 2천여 호가 진한(辰韓)에 왔다고 하는 이야기로부터 나온 것으로, 그것을 진한 6부라고도 말한 것은 『위략』에 진한의 이야기로 써 있기 때문일 것이라 하는 식이다. 지나인(支那人, 중국인)이 소위 이적(夷狄)을 중국인의 후예라 생각한 것과 달리 신라인이 자기들의 조상을 지나인으로 간주한 것은 불가사의한 일이지만, 탁발위(拓跋魏)가 그 조상을 황제(黃帝)라 했던 것처럼 사상적으로 지나(支那)를 본위로 하고 있는 자들에게는 당연한 일이라 할 것이라는 주장을 했다. 신라인이 스스로 중국인을 조상으로 생각한 일이 없다. 쓰다 소키치는 자기 마음대로 '조선유민'이란 기록을 중국인으로 본 것이며, 이는 분명 잘못된 주장이다.

또 진한(辰韓)에 진인(秦人)이 왔다는 것은 물론 「위지」(『삼국지』 「동이전」)에서 채록한 것이라 주장했다. 그런가 하면 (혁거세가) 알에서 태어났다고 하는 전설도 『삼국지』 「동이전」 '부여조'에 부기 되어 있는 『위략』의 기사로부터 변용되었을 것이라고도 했다. 그리고 낙랑군이 신라에 침공해 온 기사는 사실이 아닌 것은 분명하지만, 낙랑군이라는 이름도 또한 (중국) 서적에서 취한 것이 틀림없다고 주장했다.[157]

그런데 중국의 진(秦)이 망하고 그 유민들이 한반도로 흘러들어 온 것이 역사적 사실이고, 낙랑에 온 중국상인들이 신라까지 와서 원거리교역을 하거나 도둑질을 한 것도 사실이다.[158] 건국신화에 나오는

---

157 津田左右吉, 이부오 · 장익수 역, 「『삼국사기』 「신라본기」에 대하여」, 『신라사학보』 15, 2009, pp. 265~266.

158 이종욱, 『신라국가형성사연구』, 1982, p. 98.

혁거세 이야기도 중국 사서를 베낀 것이 아니라 신라의 건국에 대한 역사가 신라인들에 의하여 구전으로 전해지는 과정에 신화화된 것일 뿐이다.

이런 식이다. 『삼국사기』「신라본기」에 나오는 중국관련 기록들은 모두 후세에 중국 사서에서 취해 안출해낸 것이라는 주장이다. 쓰다 소키치는 3세기의 신라가 진한의 한 소부락에 불과했다고 정해놓고 그 이전 신라의 역사를 은폐·말살한 것이다.

신라가 지석묘를 축조하던 시대(늦어도 기원전 12세기~기원전 3·2세기)에 서라벌6촌 지역에는 여섯 촌이 있었고, 촌마다 각기 촌장이 있었다.[159] 이 6촌은 아직 정치적으로 통합된 소국단계에 이르지 않았다. 이 같은 서라벌6촌에 고조선계나 중국계 유이민이 흘러들어온 것이 사실이다. 기원전 5세기 고조선소국이 이웃 소국들을 정복할 때 이주민이 발생했고, 그들 중 일부는 서라벌6촌에 왔을 가능성이 있다.[160] 한편 기원전 4세기 말 또는 3세기초 중국 연(燕)나라 장수 진개(秦開)가 고조선을 침략하여 요동지역을 장악했을 때, 고조선은 그중심을 요동지역에서 평양지역으로 옮겼다.[161] 이때 고조선계 이주민들이 한반도 남쪽 서라벌6촌으로도 흘러들어온 것을 생각할 수 있다.[162]

그 후 위만이 고조선의 준왕을 몰아내고 고조선의 왕위를 장악했을 때도 고조선계 유이민들이 서라벌6촌으로도 이주했을 가능성이 있

159 이종욱, 『신라국가형성사연구』, 1982, pp. 17~18.

160 이종욱, 『신라의 역사 1』, 2002, p. 84.

161 이종욱, 『고조선사연구』, 1993, p. 168.

162 이종욱, 『신라의 역사 1』, 2002, p. 84.

다. 기원전 108년 낙랑군이 설치되었을 때 위만조선계 주민들이 서라벌6촌으로 이주했던 것도 생각할 수 있다. 또한 중국에서 기원전 3~2세기 진한(秦漢)의 교체와 정치적변동이 있을 때 중국 동북지역의 연·제·조 지역의 중국인들이 서라벌6촌 지역으로 이주한 것도 생각하기 어렵지 않다.[163] 이들이 진인(秦人)이나 한인(漢人)으로 기록된 것일 수 있다.

그러한 견강부회의 사후해석을 정당화하기 위해 「신라본기」의 기사 중 중국관계 기록들이 모두 후세에 중국사서의 기록을 갖고 조작된 것이라는 쓰다 소키치의 주장은 처음부터 잘못된 것이 분명하다. 신라의 역사를 있었던 대로 인정하면 일찍부터 신라는 중국과 관계를 가졌을 뿐 아니라, 중국계·고조선계 이주민들이 서라벌 지역으로 이주한 사실도 생각할 수 있다.

『삼국사기』「신라본기」 상대기록이 중국사상의 소산이라고 한 쓰다 소키치의 잘못: 쓰다 소키치는 『삼국사기』「신라본기」 초기기록(내물왕까지의 기록)에 나오는 기사 중 여러 가지를 역사적 사실이 아니라 중국사상의 소산이라 주장하였다. 정치에 관해서는 왕에게 덕(德)이 있고 백성이 도(道)를 알고 있었기 때문에 왜인(倭人)이나 낙랑인(樂浪人)이 군사를 이끌고 왔지만 감히 침범하지 못하고 돌아갔다든지, 남한에 성인이 나왔다고 하여 동옥저의 사자가 조공해 왔다든지, 재앙을 다행으로 삼는 것은 불인(不仁)이라 하여 적국(敵國) 왕을 애도했다든지, 환과(鰥寡)·고독(孤獨)·노병(老病)의 사람들을 급양했기에 이웃나라의 백성들

163 이종욱, 『신라국가형성사연구』, 1982, p. 16.

이 많이 와서 귀부했다든지(유리왕 때), 유리와 탈해가 서로 왕위를 양보했다든지 하는 여러 예를 들었다.

쓰다 소키치는 이 같은 기사는 중국사상을 기준으로 한 이상적 군주가 있어서 이상적 정치가 이루어졌다는 기사를 만들어냈다는 주장이다. 그중 가장 심한 것은 남해차차웅이 고기잡이를 업(業)으로 삼고 있던 탈해의 현명함을 듣고 딸을 탈해의 처로 삼게 하고 등용하여 정사를 위임했으며 유리이사금이 자기 자식을 제쳐두고 탈해에게 왕위를 전했다고 하는 요순(堯舜) 선양(禪讓)의 이야기를 거의 그대로 모사한 이야기조차 있다는 것이다. 그리고 이것들 모두가 사실이 아닌 것은 물론이라 했다.[164]

이런 이야기들이 모두 지나(중국) 사상의 소산임은 말할 나위가 없다고 주장했다. 또한 산천에 제사지낸다든지, 기림이사금대((298~310)에 태백산에 망제(望祭)를 지냈다든지 하는 것은 지나인(支那人)의 사상이지 한인(韓人)의 풍습이 아니라는 주장도 했다. 그러나 신라시대에는 우리들이 알 수 없는 많은 신들을 모셨다고 생각된다.

쓰다 소키치는 신라인들이 위와 같은 일들을 한 것을 인정하지 않았던 것이 분명하다. 그 모두를 지나(支那) 사상이고 지나인(支那人)의 사상의 소산이라 한 것이다. 이는 일찍이 서라벌소국을 형성하고 진한 연맹의 맹주국이 되었고, 1세기 중 · 후반부터 3세기 중반경까지 진한 소국을 정복하여 하나의 커다란 왕국으로 성장했던 신라 · 신라인들의 존재를 인정하지 않고자 했기 때문에 나온 주장이다.

164 津田左右吉, 이부오 · 장익수 역, 「『삼국사기』「신라본기」에 대하여」, 『신라사학보』 15, 2009, pp. 264~265.

정치도덕이 중국 경전에서 나왔다는 주장의 문제: 쓰다 소키치가 정치도덕에 관한 사상의 기초자료가 중국의 경전으로부터 나온 것이라는 점은 말할 나위가 없을 것이라고 주장한 것을 볼 수 있다.[165] 적어도 내물왕 이전 역사를 은폐 · 말살할 필요에서 나온 주장일 뿐이다. 신라는 늦어도 기원전 2세기 서라벌6촌을 통합해 서라벌소국을 형성했다고 필자는 보아왔다. 기원전 108년 이후 낙랑군과도 원거리교역 관계를 갖기 시작했다.[166] 그 과정에 중국사상을 이해하는 신라인들이 나온 것이 사실일 것이다. 그리고 일단 국가가 형성되면 중국사상을 받아들이지 않더라도 국가를 통치하기 위해 중국사상이 말하는 여러 가지 행위를 신라조정에서도 행하였던 것을 생각할 필요가 있다.

여섯, 그는 "신라본기의 자료"가 후대의 사실을 옛 것으로 했다는 잘못된 주장을 폈다. 쓰다 소키치는 『삼국사기』 「신라본기」의 내용 중 후세의 상태를 옛부터 있었던 이야기로 삼거나 또는 나중의 사적(事蹟)에 의거하여 구상한 것이 있는데, 앞에서 말한 영토에 관한 내용과 고구려 · 백제 · 가야와의 관계 등이 그것이라 주장했다. 특히 외국과 관계에 관해서는 이상의 두 가지 방법에 의해 부근의 민족 또는 국토의 이름을 열거한 것임을 상상할 수 있다고 주장했다.[167]

이러한 주장 또한 쓰다 소키치가 신라의 국가형성 그리고 정치적

---

165 津田左右吉, 이부오 · 장익수 역, 「『삼국사기』 「신라본기」에 대하여」, 『신라사학보』 15, 2009, p. 266.

166 이종욱, 『신라의 역사 1』, 2002, p. 119.

167 津田左右吉, 이부오 · 장익수 역, 「『삼국사기』 「신라본기」에 대하여」, 『신라사학보』 15, 2009, p. 266.

성장과 발전에 대한 은폐와 말살을 위해 나온 것이라 단정해 말할 수 있다. 그가 신라 내물왕 이전 역사를 말살하여야 했던 이유가 있는 것이다.

일곱, 『삼국사기』「신라본기」에 나오는 전체 기년(紀年)과 역대 "국왕의 세계(世系)와 기년"이 허구라는 쓰다 소키치의 주장이 가지는 문제를 볼 수 있다. 쓰다 소키치는 『삼국사기』「신라본기」에 나오는 전체의 기년(紀年)이나 역대 국왕의 세계(世系)도 또한 허구(虛構)임을 추측할 수 있다고 주장했다. 특히 혁거세의 건국시기를 갑자년(기원전 57) 4월이라 한 것은 간지(干支)의 시작에 맞춘 것이고, 다음 갑자년(기원 후 4년) 3월에 죽은 것은 재위기간을 만 60년으로 한 것과 같은 사상에서 파생한 것 같다고 했다. 혁거세의 즉위를 기원전 57년이라 한 것은 기원전 37년을 시조 동명의 즉위년이라 했던 고구려와 기원전 18년을 시조 온조의 즉위년이라 했던 백제의 건국연대보다 끌어 올리려던 의도에서 나온 것이 아닐까 하는 주장도 하였다. 삼국의 건국시기가 거의 20년씩 간격을 두고 거의 같은 시대라고 한 것은 그 자체가 우연이 아니고 작의(作意)가 보인다고 했다. 그리고 역대 국왕의 재위 연수 등에도 1·2·3·4의 조합 외에는 나오지 않는다고 하며 이에 의거해 작자의 심리를 엿볼 수 있지만 너무 지나치게 하는 것 같아 여기서 생략해 둔다고도 했다.[168]

한국의 역사가들도 이 같은 쓰다 소키치의 주장을 받아들여 온 것

168 津田左右吉, 이부오 · 장익수 역, 「『삼국사기』「신라본기」에 대하여」, 『신라사학보』 15, 2009, p. 266.

이 사실이다. 신라의 건국연대를 고구려나 백제보다 끌어 올렸다는 것은 그 하나다. 고구려의 건국이나 백제의 건국연대는 『삼국사기』의 기록보다 올라가는 것이 틀림없다. 백제 왕성인 풍납토성에서 발굴된 자료를 가지고 연대측정을 한 결과 백제의 모체가 되었던 십제(十濟)의 건국연대는 기원전 2세기 또는 그 이전으로 올라갈 수 있다는 사실이 밝혀져, 그러한 사실을 알게 되었다. 건국연대는 신라의 경우도 마찬가지로 기록보다 올라갈 것이 틀림없다.[169]

그런데 정말 중요한 문제는 『삼국사기』 「신라본기」에 나오는 기년이나 역대국왕의 세계가 허구라고 한 주장이다. 그 결과 한국의 역사가들은 「신라본기」에 나오는 내물왕 이전 역대 왕들의 기년을 조정하는 작업을 해온 것이 사실이다.[170] 그러나 비록 신라의 예는 아니지만, 『삼국사기』 「고구려본기」에 19대 왕으로 나오는 광개토왕(391~413)은 『광개토왕릉비』에 고구려의 시조인 추모(鄒牟, 주몽)의 손자인 대주류왕(제3대 대무신왕)의 17세 손으로 나온다. 이 같은 자료로 보면 『광개토왕릉비』에 광개토왕이 고구려의 19대 왕으로 나오는 것을 알 수 있다. 고구려인들은 광개토왕 대 이전 언제인가 고구려의 왕의 계보와 그 기년을 조정해 놓았던 것을 알 수 있다. 그러한 기년이 『삼국사기』 「고구려본기」에 들어 있는 것이다. 단정할 수는 없으나 신라도 이와 같은 왕의 계보 조정이 일찍이 이루어졌고, 그것이 『삼국사기』 「신라본

169 이형구, 「풍납토성(백제왕성)에 관한 조사 연구」, 『풍납토성(백제왕성) 연구논문집』, 2000, pp. 30~35 참조; 윤근일, 「풍납토성의 발굴과 그 의의」, 『풍납토성(백제왕성) 연구논문집』, 2000, p. 51 참조.

170 최근의 주장으로는 강종훈의 『신라상고사연구』(2000, p. 46)가 있다.

기」에 나오고 있다고 볼 수 있다.

물론 필자도 『삼국사기』 「신라본기」에 나오는 혁거세의 건국 시기는 조정된 것이라고 본다.[171] 다만 그 실제의 시기는 기원전 57년 이전으로 거슬러 올라가야 한다고 보는 것이다. 특히 거서간이라고 하는 왕호를 사용한 시기는 이주민인 혁거세 세력이 서라벌6촌을 통합하여 하나의 소국인 서라벌소국을 세운 후 진한의 여러 소국들과 소국연맹체를 형성하기 전까지의 기간으로 보아온 바 있다. 그 과정에 혁거세라는 인물은 한 사람이 아니라 소국단계의 몇 명의 왕을 한 명으로 지칭한 것으로 보아야 한다고 생각했다.[172] 또한 고구려의 건국 시기는 기원전 3세기까지 올라간다고 보았고,[173] 백제의 국가형성 시기도 기원전 2세기 또는 3세기까지 올라갈 수 있다고 보았다.[174] 백제의 경우, 풍납토성 출토 자료에 대한 연대측정결과가 그러한 추측이 틀린 것만은 아니라는 사실을 말해준다. 신라의 경우도 마찬가지일 것으로 보여진다.

중요한 사실은 「신라본기」에 나오는 역대 왕들의 존재를 부정할 수 없다는 것이다. 쓰다 소키치의 주장에 따르면 흘해왕 또는 내물왕 이전 왕들의 존재도 옳게 인정하지 않는 것이 사실이기 때문이다. 그리고 쓰다 소키치가 「신라본기」 상대부분의 기년을 조작된 것으로 보았기 때문에 한국인 역사가들 스스로 견강부회의 사후해석 방법을 가지고 잘못된 기년조정을 하여온 것이다. 1945년 해방 후 서울대학파들은

171 이종욱, 『신라의 역사 1』, 2002, p. 44.

172 이종욱, 『신라의 역사 1』, 2002, p. 44.

173 이종욱, 『고구려의 역사』, 2005, pp. 56~59.

174 이종욱, 「백제의 온조설화」, 『한국사의 1막1장 건국신화』, 2004, p. 185.

쓰다 소키치가 행한 사료비판을 추종하며 신라의 왕의 계보나 그 기년에 대해 신용을 하지 않았다. 그렇게 만들어진 역사는 결국 이병도 선생의 삼한론으로 귀결되었다. 삼한론은 한국폐멸사학의 결과물이 아닐 수 없다.

여덟, 견강부회의 사료비판을 근거로 일본 제국의 국수주의적 관점에서 『삼국사기』「신라본기」 "왜에 관한 기사"를 조작된 것이라고 한 의도적 잘못을 저지른 쓰다 소키치의 문제를 볼 수 있다. 그는 『삼국사기』「신라본기」에 나오는 왜(倭)에 대한 기록의 신빙성 문제와 관련하여 다음과 같이 말했다.

> 「신라본기」 상대 부분의 기록은 거의 공허하게 되어버리고 남은 부분은 왜(倭)에 관한 것뿐이다. 하지만 「신라본기」 전체의 성질이 위에 서술한 바와 같다면, 왜에 관한 기사의 가치도 자연스럽게 유추할 수 있다. 첫째, 왜인이 많이 왕성의 동쪽 해안에서 공격해온 것같이 기록하고 있지만, 이것은 제1장에서 설명한 것과 같은 이유로 사실로서 수긍할 수 없는 것이다. 그리고 4세기 후반에서 5세기에 걸쳐 아국(我國, 왜)이 가야를 근거로 삼아 신라와 맞섰다는 명백한 사건이 거의 나타나 있지 않는 것은 점점 더 왜인에 관한 기사를 채록하는 것이 부족함을 나타내는 것이어서 많은 전쟁담은 사실이 망각된 뒤에 조작되었을 것이다.[175]

위의 인용문에 나오는 제1장은 「삼국사기 신라본기에 대하여」를

175 津田左右吉, 이부오 · 장익수 역, 「『삼국사기』「신라본기」에 대하여」, 『신라사학보』 15, 2009, p. 267.

부록으로 수록한 『고사기 및 일본서기의 신연구』의 제1장 「신라정토 이야기」를 의미한다. 쓰다 소키치는 『삼국사기』 「신라본기」에 나오는 왜 · 왜병 · 왜인에 대한 기록을 인정하지 않기로 작정하고 사료비판을 했다. 그는 왜인들이 동쪽 해안으로부터 신라 왕성을 자주 침공한 것으로 나오는 『삼국사기』의 기록들이 역사적 사실이 아니라고 주관적인 주장을 한 것이다. 대신 소위 임나일본부설을 역사적 사실로 인정한 그는 4세기 후반부터 5세기에 걸쳐 왜(倭)가 가야를 근거로 삼아 신라와 대적했다고 본 것이다.

이 같은 쓰다 소키치의 주장은 『고사기』나 『일본서기』에 나오는 왜의 신라 침공기록들을 역사적 사실로 본 것이다. 그런 데에는 이유가 있다. 만일 『삼국사기』 「신라본기」에 나오는 왜 · 왜병 · 왜인 · 왜적 등에 대한 기록을 인정하면 『고사기』나 『일본서기』에 나오는 왜의 신라 침공기사는 날조된 것이라는 사실이 분명해지기 때문이다.

실제로 『삼국사기』 「신라본기」에 나오는 왜 · 왜인 · 왜병의 정체를 볼 수 있다.[176] 여기서는 필자가 쓴 「광개토왕릉비 및 『삼국사기』에 보이는 '왜병'의 정체」(『한국사 시민강좌』 11, 1992, pp. 43~70)를 중심으로 보겠다. 신라 초기부터 소지왕 22년(500)까지의 기간 동안 왜 · 왜인 · 왜병 · 왜국 · 왜국왕 · 왜여왕 · 왜왕 · 왜적 등의 기록이 나온다. 그중 신라를 실제로 침략했던 왜인과 왜병 기록은 사실상 같은 의미로 사용되었다. 왜인 · 왜병들은 대체로 동쪽과 남쪽 해변으로 침범한 것을 볼 수 있다. 왜인 · 왜병이 서쪽과 북쪽으로부터 침범한 예는 없다. 이러

176 이종욱, 「광개토왕릉비 및 『삼국사기』에 보이는 '왜병'의 정체」, 『한국사 시민강좌』 11, 1992, pp. 43~70.

한 사실로 미루어 보면, 왜병이 4세기 후반에서 5세기에 걸쳐 가야를 근거로 삼아 신라와 대적했다는 위와 같은 쓰다 소키치의 주장은 처음부터 허구로 만들어진 임나일본부설을 근거로 한 날조된 주장일 뿐이라는 것을 알 수 있다.

『삼국사기』「신라본기」에 따르면 신라를 침공한 왜병들은 배를 타고 바다를 건너온 것이 분명하다. 그들 중 왕성까지 쳐들어 와 금성을 포위한 적도 있었다. 눌지왕 28년(444)에는 왜병이 금성을 10일 동안 포위했다가 식량이 떨어져 돌아간 일도 있다. 그러나 그러한 왜병들의 규모가 큰 것이 아니었다. 많았을 경우 1백 척의 배에 1천 명 정도였던 것을 볼 수 있다. 당시 왜병들은 기습적으로 신라의 해변을 침범했다. 이들 왜병들은 1천여 명이 살획되기도 했고, 모두 물에 빠져 죽기도 했고, 3백 명이 살획되기도 했다. 이렇게 매번 실패하면서도 왜인들이 신라를 침공한 이유는 무엇일까? 왜인들은 신라를 침공하여 특수기술자 · 생산도구 · 일상생활용품 · 식량 등을 약탈 대상으로 삼기도 했다. 신라인을 잡아가기도 했고, 왜에 흉년이 들어 먹을 것을 구하러 온 왜인이 천여 명이었다는 기록도 있다. 당시 외교적 · 정치적 목적으로 신라에 쳐들어온 예는 많지 않았던 것이다. 신라는 왜병을 막기 위한 대비를 했다.

신라를 침공한 왜병의 본거지에 대한 견해들이 있다. 쓰다 소키치를 비롯한 일본인 역사가들 중에는 왜가 가야에 근거한 임나일본부라는 주장을 폈다. 그러나 이 같은 주장은 왜병들이 신라의 서쪽이나 북쪽에서는 침략하지 않았고, 동쪽이나 남쪽 해변을 통해 왔다는 사실을 생각하면 성립할 수 없는 것이다. 그리고 왜병의 본거지를 기내(畿

內)에 자리 잡았던 대화정권이라는 주장도 있으나, 대화정권은 5세기 중엽에야 지배권을 확립했다는 견해를 보면 4세기 말 5세기 초 왜병의 본거지를 기내로 볼 수는 없다. 한편, 당시 왜는 계절적으로 신라를 약탈했던 해적집단으로 왜의 본거지를 북구주로 보고, 대마도를 중간 기지(병참기지)로 삼았다는 주장도 있다.[177] 신라의 해변을 침략했던 왜병을 동원한 주체가 대화정권이었던 예는 거의 없었다고 본다. 북구주 세력이거나 도적들이 있었다고 보여진다.

신라에서는 왜병의 본거지를 어디로 보았을까? 실성왕 7년(408) 2월 왕은 왜인들이 대마도에 영(營)을 설치하고 무기와 군량을 쌓아두고 신라를 습격할 모의를 한다는 보고를 받았다. 이에 왕은 군대를 일으켜 적의 군비를 쳐부수려 했으나 미사품의 말을 듣고 멈춘 일이 있다. 신라인들은 대마도를 왜인의 본거지로 생각했던 것이다. 신라인들은 신라 해변을 침공한 왜병이 가야에 설치되었다는 임나일본부에서 온 왜인들이라는 생각은 조금도 없었다. 그것은 임나일본부가 설치되지 않았기 때문이다.

여기서 제국일본의 근대 역사가들이 창작해낸 임나일본부설과 관련하여『광개토왕릉비』의 소위 신묘년조를 주목할 필요가 있다. 이 신묘년조가 임나일본부설을 만든 근본적인 출발점이 되기도 했기 때문이다.

A 百殘新羅舊是屬民 由來朝貢 B1 而倭以辛卯年來 渡海破 B2 百

177 Takashi Hatada, 「An interpretation of the King Kwanggaet'o Inscription」, 『Korean Studies』 3, 1979, p. 17.

殘00新羅 以爲臣民(제8행, 34자~9행 24자)

위의 신묘년조는 "A 백제와 신라는 옛부터 (고구려의) 속민이었다. 그래서 (고구려에) 조공을 해왔다. B1 그러나 신묘년 이래로부터 왜구가 바다를 건너 백제와 신라를 쳐서 그들의 신민으로 삼았다"라 해석된다. 이 같은 해석은 주로 임나일본부설을 만든 일본인들이 해온 것이다. 일본인들은 이 같은 해석을 하고 그 해석이 역사적 사실이라고 해왔다.

그와 달리 임나일본부설을 인정하지 않는 한국인 역사가들은 위의 문장을 역사적 사실에 맞게 주어를 추기해 넣고 해석해 왔다. 그러한 해석의 시작은 정인보 선생이 했다. 그에 따르면 "백제와 신라는 모두 고구려의 옛 속민으로서 조공을 했다. 그런데 왜가 신묘년에 (고구려에) 내침했기에 (고구려가) 바다를 건너 (왜를) 격파했다. 이에 백제는 (왜와 화통해) 신라를 (침략했다.) (신라가 원래 광개토왕의) 신민이었는데, (신라가 불리하게 되어 '백제가 감히 이럴 수가 있는가?' 해 영락 원년 왕이 몸소 수군을 이끌고 백제를 토벌했다.)"라고 해석했다.[178] 그 후 이런 유형의 해석이 더 이루어진 바 있다.

필자는 신묘년조의 기록을 역사적 사실이라고 보지 않는다. 그렇다고 역사적 사실에 맞추어 신묘년조의 기록을 해석하는 방법도 옳지 않다고 보았다. 신묘년조의 기록은 문장 그대로 해석해야 하지만 역사적 사실은 달랐다고 보는 것이다. 필자는 이에 대한 논문을 쓴 바 있다. 「광개토왕비의 신묘년조에 대한 해석」(『한국상고사학보』 10, 1992,

178 정인보, 「담원문록(薝園文錄)」, 『담원정인보전집』 5, 1985, pp. 253~254.

pp. 187~197; 『한국고대사의 새로운 체계』, 1999, pp. 201~217)이 그것이다. 여기서는 『한국고대사의 새로운 체계』에 실린 글을 정리하기로 한다.

우선 신묘년조의 A부분에 나오는 백제와 신라가 옛부터 고구려의 속민이었나 하는 문제다. 백제는 신묘년(391) 이전에 고구려의 속민인 적이 없었던 것은 분명하다. 371년 겨울 백제 근초고왕은 태자와 함께 3만 명의 정병을 거느리고 고구려 평양성을 공격하였다. 이때 고구려 왕인 고국원왕이 백제군이 쏜 화살에 맞아 전사했다. 신묘년은 그 20년 후였다. 백제는 고구려의 신민이 아니었다는 사실을 쉽게 알 수 있다.

신라의 경우는 어떠했을까? 신라 내물왕(356~402)과 실성왕(402~417) 대에 신라가 질자를 고구려에 보냈고, 400년에는 고구려의 원병이 신라 국경 밖을 순라하던 왜병을 물리쳐준 일이 있다. 그렇다고 신라가 고구려의 속민이었던 것은 아니었다. 백제와 마찬가지로 신라는 고구려의 속민일 수는 없었다.

『삼국사기』「신라본기」를 보면 신라 건국 초부터 500년까지 기간 동안 왜인·왜병들이 30여 차례 신라를 쳐들어 온 것으로 나온다. 393년에 왜인이 침입해 금성을 5일간 포위했고, 405년에는 왜병들이 명활성을 공격했고, 407년에는 왜인이 동변을 침범한 일이 있다. 이들 왜인들 중에는 왜병이 아니라 왜인들로 기습적으로 신라에 쳐들어와 약탈을 하려던 도둑들이 있었다. 그들은 신라를 신민으로 삼았던 왜병들이 아니었다. 따라서 신묘년조 B에 신묘년(391) 이래 왜가 바다를 건너 백제와 신라를 신민으로 삼았다고 나오는 것은 역사적 사실이 아닌 것을 확인하게 된다.

여기서 『광개토왕릉비』 신묘년조의 A부분이나 B부분이 모두 역사적 사실을 기록한 것이 아니라 고구려인의 필요에서 거짓 사실을 기록한 것을 알 수 있다. 『광개토왕릉비』를 보면 광개토왕이 다른 나라를 침공할 때 무엇인가 이유를 끌어댄 것을 알 수 있다. 그 결과 역사적 사실이 아닌 발명된 역사를 만든 것이다. 마침 임나일본부설을 만든 일본의 역사가들은 『광개토왕릉비』에 나오는 신묘년조의 기록을 역사적 사실로 인정하며, 391년을 기점으로 왜가 한반도 남부의 백제 · 가야 · 신라를 신민으로 삼았다는 왜의 역사를 날조했던 것이다. 그러나 신묘년조 자체가 고구려인들에 의하여 허구로 만들어진 것이기에 그것을 근거로 임나일본부설을 만든 것은 출발을 잘못한 날조된 일본사를 보여주는 것에 불과하다.[179]

여기서 쓰다 소키치가 주장한 것과 같이 4세기 후반에서 5세기에 걸쳐 왜국이 가야를 근거로 신라와 맞섰다는 주장은 처음부터 성립할 수 없는 것을 알 수 있다.

쓰다 소키치는 왜국왕이 신라에 청혼했다는 기록을 아래와 같이 역사적 사실로 보지 않았다.

> 더욱이 흘해이사금 때 왜국왕이 혼인을 청했기 때문에 신하의 딸을 보냈다든지, 거절하기 위해 딸이 이미 시집을 갔다고 하는 기사가 있지만 이것은 역대 중국 제실(帝室)과 소위 이적(夷狄) 사이에 행해졌

179 실제로 일본 석상신궁에 있는 칠지도 명문과 같이 그 당시 왜왕은 백제의 후왕이었던 것을 알 수 있다. 백제 아신왕은 397년 태자 전지를 왜에 질(質)로 보낸 것으로 되어 있지만 그 질(質)은 인질이 아니라, 아신왕이 후국(侯國)인 왜국에 태자를 보내 관할한 것으로 볼 수 있다. 백제가 왜의 속국 · 속민이 아니라 왜국 · 왜인이 백제의 속국 · 속민이었다는 사실을 생각할 필요가 있다(이종욱, 『한국고대사의 새로운 체계』, 1999, pp. 208~209).

던 이런 관계의 기사를 그대로 사적(史籍)에서 빌려온 것임은 말할 필요도 없다.[180]

흘해왕(310~356) 대의 신라는 진한소국들을 모두 병합하여 삼국 중의 한 나라로서의 모습을 갖춘 때였다. 따라서 왜국왕은 신라를 강한 나라로 여겼던 것을 짐작하기 어렵지 않다. 그 결과 왜국왕은 신라에 청혼했던 것이 『삼국사기』의 기록대로 사실이었다고 보아야 한다. 황국사관과 단일민족론을 갖고 있던 쓰다 소키치로서는 왜국왕이 신라에 청혼했다는 사실을 역사적 사실로 인정할 수 없었을 것이라는 짐작을 해 본다.

쓰다 소키치는 왜의 여왕이 신라에 사신을 보냈다는 기록도 두찬(杜撰)이라고 했다. 그의 주장을 볼 수 있다.

그리고 아달라 이사금(154~184) 때 왜의 여왕 히미코(卑彌呼)가 사신을 보내왔다는 것도 『위지』에서 가져온 것이 틀림없지만 연대가 맞지 않는 것은 작자의 두찬 때문일 것이다.[181]

『삼국사기』「신라본기」에는 『삼국지』「동이전」 '왜인전'에 나오는 히미코의 연대보다 이른 아달라왕 때 히미코가 사신을 보낸 것으로 나온다. 물론 연대에 문제가 있는 것은 사실일지라도 왜의 여왕이 신라에 사신을 보냈던 것은 짐작하기 어렵지 않다. 신라는 왜의 여왕의 눈에

180 津田左右吉, 이부오 · 장익수 역, 「『삼국사기』「신라본기」에 대하여」, 『신라사학보』 15, 2009, p. 267.

181 津田左右吉, 이부오 · 장익수 역, 「『삼국사기』「신라본기」에 대하여」, 『신라사학보』 15, 2009, p. 267.

선진국이었고 무엇인가 얻을 것이 있었다고 보였기 때문에 사신을 파견했던 것을 생각할 수 있다. 3세기 대의 신라를 진한 12국 중이 1국에 지나지 않던 소부락으로 본 쓰다 소키치의 눈에 왜의 여왕이 신라에 사신을 보낸 사건은 역사적 사실로 인정할 수 없었던 것을 생각할 수 있다.

쓰다 소키치는 탈해왕의 탄생에 대한 신화가 조작된 것이라 했다. 아래의 주장을 볼 수 있다.

> 또한 탈해이사금이 왜국의 동북 1천리에 있는 다파라국 왕이 여국왕의 딸을 취하여 낳게 한 알에서 나왔다는 이야기인데, 여국은 물론 「위지」의 야마타이(邪馬臺)의 여왕국에서 나온 것이고 「위지」에는 당시 여왕 히미코(卑彌呼)가 있었기 때문에 편의상 여왕국이라 한 것인데, 여기서는 여국(女國)이라는 국명으로 처리해 버린 것이라 했다. 다파나국의 이름의 유래는 알 수 없지만, 동북 1천리라 한 것은 「위지」에서 '여왕국에서 동쪽으로 바다를 건너 1천리를 가면 또 나라가 있는데 모두 왜의 종족이라고 한 것으로부터 나왔을 것이다. 왜(倭)라는 글자를 사용한 것은 신라인이 중국의 사적을 읽은 뒤의 소행이다.[182]

탈해의 탄생신화는 『삼국유사』에도 나온다. 따라서 어느 신화가 신라인들이 인정하던 탈해 탄생신화인지는 신중히 생각할 문제다. 그리고 탈해의 탄생에 대한 이야기는 신라시대에 이미 신화화된 것이 사실일 것이다. 탈해의 탄생신화에 왜를 끌어들이는 것은 왜가 대단해서

182 津田左右吉, 이부오 · 장익수 역, 「『삼국사기』「신라본기」에 대하여」, 『신라사학보』 15, 2009, pp. 267~268.

가 아니었을 것이다. 『삼국지』「동이전」을 본 후에 탈해 탄생신화를 만든 것은 아니었다고 생각할 수 있다. 그리고 탈해를 시조로 하는 씨족들이 신라 초기부터 왕을 배출하는 세력으로 자리 잡았던 것은 부정할 수 없는 사실이다. 그들 씨족들이 신라의 왕이 되었던 탈해의 탄생신화를 만든 것이 이상한 일도 아니었다.

쓰다 소키치는 앞에서 본 것과 같이 『삼국사기』「신라본기」에 나오는 여러 가지 사실들을 허구로 조작된 것이라는 견강부회의 주장을 한 후 아래와 같이 그의 본심을 드러냈다.

> 『삼국사기』「신라본기」 상대 부분에서 왜(倭)에 관한 기사는 사료로서 가치가 없다는 사실은 이것으로 이해될 것이다.[183]

이 같은 쓰다 소키치의 주장에는 본질적인 오류가 있다. 신라인들은 왜에 대해서는 우리가 생각하는 것보다 일찍부터, 탈해가 등장하기 전부터 알고 있었던 것은 생각할 수 있다. 실제로 호공이라는 인물이 왜에서 신라로 건너온 시기는 기록에 나오는 시기보다 앞섰을 수 있다. 특히 기원전 108년에 낙랑군이 설치된 후 중국 본토에서 온 내군(內郡)의 고인(賈人)들이 기원전 1세기부터 배를 타고 한반도의 남부와 왜까지 왕래하며 원거리교역을 했던 것이 사실이라 생각되기 때문이다.[184] 그 과정에 왜에 살던 호공 같은 사람이 신라가 어떤 나라인지 알

183 津田左右吉, 이부오 · 장익수 역, 「『삼국사기』「신라본기」에 대하여」, 『신라사학보』 15, 2009, pp. 267~268.

184 이종욱, 『신라국가형성사연구』, 1982, p. 80; 이종욱, 『신라의 역사 1』, 2002, pp. 114~117.

게 되어 신라로 온 것을 생각하기 어렵지 않다.

신라인들은 일찍부터 왜에 대해 잘 알고 있었다. 그렇기에 『삼국사기』「신라본기」에 나오는 왜에 대한 기록들은 쓰다 소키치의 주장처럼 조작된 것이 아니라 역사적 사실을 전하는 것이 아닐 수 없다.

"4세기 후반에서 5세기에 걸쳐 아국(我國, 왜)이 가야를 근거로 삼아 신라와 맞섰다는 명백한 사건이 거의 나타나 있지 않는 것은 … 사실이 망각된 뒤에 조작되었을 것이다."라고 한 주장은 한국사를 위한 사료비판이 아니라 한국사를 제국 일본이 역사가들이 날조한 임나일본부설과 같은 역사를 위한 희생으로 삼은 것을 뜻한다.[185] 임나일본부가 만들어진 적이 없기에 임나일본부에 근거해 신라를 침공한 왜가 존재하지 않은 것일 뿐이다. 그런데 임나일본부에 근거를 둔 왜병의 존재가 『삼국사기』「신라본기」에 나오지 않는 다고 하여 그 기록이 조작된 것이라는 주장을 하는 것은 제국 일본황국사관과 한국폐멸사학으로 무장되지 않는 역사가라면 할 수 없는 주장이다.

쓰다 소키치는 『삼국사기』「신라본기」에 나오는 왜에 대해 아래와 같이 몇 가지를 더 이야기 하고 있다.

> (1) 이 전쟁기사는 필경 4세기 후반 이후에 끊임없이 우리나라(왜)와 항적(抗敵)하고 있었다는 사실에 의거하여 구상된 것 같고 그것은 마치 오래전부터 자주 백제와 전쟁을 한 것같이 기록한 것 같은 것이며, 또 실제로는 없는 전쟁을 거짓으로 만들었다는 점에서는 낙랑군에 관한 기사와 같다. 뿐만 아니라 실제로 전쟁이 벌어진 시대의 내

185 津田左右吉, 이부오 · 장익수 역, 「『삼국사기』「신라본기」에 대하여」, 『신라사학보』 15, 2009, p. 267.

> 용에 대해서도 확실하게 보이는 구체적인 기사는 많이 눈에 띄지 않는다. 한두 가지 흔적이 남아 있는 것이 없는 것은 아니지만 그것조차도 연대 등을 아무데나 삽입되어 있는 것이 있다. 다만 자비마립간(458~479) 때에 삽량성 방면에서 왜와 싸웠다는 기사는 대체로 사실일 것이다.[186]

(1)에 나오는 것과 같이『삼국사기』「신라본기」에 나오는 신라와 왜의 전쟁 기록은 4세기 후반 이후 끊임없이 일본과 대적했다는 사실에 기초해 구상한 것이라는 주장을 주목할 수 있다. 이 또한 존재하지 않았던 임나일본부의 존재를 근거로 한 주장이다. 역사의 실제는 왜인들이 신라를 침공한 것은 사실이나 약탈이나 도둑질을 위한 침범이었지 신라와 왜 사이에 전쟁을 벌인 것은 아니었다. 오히려 자비왕 6년(463) 왜인이 삽량성을 침범했다가 이기지 못하고 돌아갔다는 기록을 비롯해『삼국사기』「신라본기」에 나오는 것과 같이 왜가 30여 차례나 침범했다는 사실을 그대로 인정하여야 당시 왜의 정체를 제대로 파악할 수 있다. 당시 왜인 · 왜병들은 모두 신라군에 의하여 패퇴된 것이 사실이기 때문이다. 5세기까지의 왜인 · 왜병은 사실상 두려운 존재가 아니었던 것이다.

> (2) 또한 탈해나 호공 같은 현왕(賢王) · 현신(賢臣)이 적국인 왜인 또는 그것과 관계가 있는 것을 기록한 것은 조금 기괴한 것 같지만, 이것도 왜(倭)라는 것이 신라인에게 가장 강대한 인상을 주었기 때문

186 津田左右吉, 이부오 · 장익수 역,「『삼국사기』「신라본기」에 대하여」,『신라사학보』15, 2009, p. 268.

일 것이다. 본래 적인 자가 어떤 경우에 적이라는 관념 내용을 의식할 수 없어서 인상의 강함만 남고 그것이 다른 방면과 결합된 것이다.[187]

⑵에서 쓰다 소키치는 탈해나 호공과 같이 왜와 관련된 사람을 기록한 것은 왜라는 존재가 신라인에게 강대한 인상을 주었기 때문이라고 하는 주장을 했다. 그러나 신라인들에게 왜병의 침입은 그렇게 강대한 인상을 준 사건이 아니었다. 그것은 왜병들이 도둑에 불과하였기 때문이다. 『삼국사기』「신라본기」에 나오는 왜병의 존재가 그런 사정을 말해준다. 쓰다 소키치는 왜인 · 왜병이 신라에 모두 잡혀 죽었다는 사실[188]을 인정하고 싶지 않았던 것을 들 수 있다. 한국을 폐멸시켰던 당시 민족주의자, 실제는 국수주의자인 쓰다 소키치로서는 역사속의 왜인 · 왜병들까지 강한 존재로 만들어내고 싶었던 것이다. 『삼국사기』「신라본기」에 나오는 왜인 · 왜병 관계 기록을 인정하면 왜는 약한 것이 될 수밖에 없다. 그렇기에 「신라본기」에 나오는 왜 관계 기록 자체를 허구의 산물이라 주장한 것이다. 결국 그렇게 하여 임나일본부[189]설을 주장한 것이다.

⑶ 중국사상 또 「신라본기」 전체의 태도에서 생각하면 도성(都城)

187 津田左右吉, 이부오 · 장익수 역, 「『삼국사기』「신라본기」에 대하여」, 『신라사학보』 15, 2009, p. 268.

188 이종욱, 「광개토왕릉비 및 『삼국사기』에 보이는 '왜병'의 정체」, 『한국사 시민강좌』 11, 1992, p. 59.

189 津田左右吉, 이부오 · 장익수 역, 「『삼국사기』「신라본기」에 대하여」, 『신라사학보』 15, 2009, p. 264.

이 적군에게 함락되었다든지 국왕이 외국인이라든지 하는 것은 만일 그것이 사실이었다면 오히려 역사상에서 삭제되는 것이 보통인데도 그것을 일부러 싣고 있는 것은 거기에 이러한 심리가 있음을 입증하는 것이다. 우리나라(왜)의 신화와 상대 설화에서 동맹국이며 속국인 백제보다도 가라보다도 오히려 적국인 신라가 많이 나타나고 있는 것은 일면에서는 이것과 비슷한 심리에서 유래했을 것이다.[190]

(3)에서 쓰다 소키치는 도성이 적군에게 함락 당했다든가 국왕이 외국인이었던 것이 사실이라면 차라리 역사에서 삭제하는 것이 보통인데 일부러 싣고 있는 것은 왜가 신라인에게 강대한 인상을 주었기 때문이라고 했다. 이 같은 쓰다 소키치의 주장에서 제국 일본의 역사가 또는 그 이전 『고사기』나 『일본서기』의 편찬자들이 가졌을 법한 역사편찬 태도를 볼 수 있다. 사실 왜병이 신라왕경까지 쳐들어오고 금성을 포위한 일은 있었지만 신라 왕성이 함락된 적은 없었다. 이 같은 사실을 은폐하고 신라 도성이 함락되었다고 한 쓰다 소키치의 주장은 역사 날조의 한 단면을 보여주는 것이다.

또한 도성이 함락되었다고 하거나 외국인이 왕이 되었다면 그것을 역사에서 삭제하는 것이 보통이라고 한 말을 주목할 수 있다. 이는 일본인들이 그런 역사 날조를 자행해온 것을 자인하는 주장이다. 그러나 한국사의 경우 외국에서 온 이주민들이 왕이 된 예들은 그대로 기록해 왔다. 부여 · 고구려 · 백제 · 가야는 물론이고 신라의 경우도 이주민들이 나라를 세운 것을 그대로 밝혀온 것이 사실이다. 이주민들이 신라

190 津田左右吉, 이부오 · 장익수 역, 「『삼국사기』「신라본기」에 대하여」, 『신라사학보』 15, 2009, pp. 268~269.

의 건국세력이 된 것이 부끄럽고 숨겨야할 일이 아니었던 것이다. 한국사에서는 일본인들과 같이 부끄럽다고 여겨지는 역사를 은폐하는 일은 없었다.

> (4) 뿐만 아니라 이렇게 심하게 왜(倭)에게 괴롭힘을 받으면서 혹은 덕으로써, 혹은 무력으로써 항상 그것을 쳐서 이겼다고 하는 부분에서 작자의 특수한 의도가 보이는 것이다.[191]

(4)에서 쓰다 소키치의 주장과 달리 신라가 왜의 침략을 받았고 그에 대한 대비책을 마련한 것은 사실이지만 지독하게 괴롭힘을 당했다고 보는 것은 쓰다 소키치의 한국폐멸사학의 한 자락을 보여주는 것이다. 당시 쓰다 소키치가 아무리 왜가 강한 것으로 말하더라도 역사적 사실은 신라가 선진국이었고 강한 군사력을 가지고 있었던 것이 사실이기 때문이다. 신라는 수십 년 또는 그보다 더 긴 시간이 지나며 한 번씩 기습적으로 신라 해변에 쳐들어와 도둑질을 하던 왜인들을 강한 적으로 본 일은 없었다. 다만 왜인들의 기습적인 침략이 기분 좋은 일은 아니었던 사실은 인정한다.

『삼국사기』「신라본기」의 실성왕(402~417) 무렵의 기록에도 허구라 할 만한 기사가 있기에 그 이전 내물왕(356~402) 무렵 기사도 다른 확실한 자료가 없는 한 신용할 수 없다고 했다. 쓰다 소키치는 내물왕 대에 왜군이 처음으로 신라를 압박했다고 주장했다.

제국 일본의 역사가들이 『광개토왕릉비』의 신묘년조를 근거로 임나

191 津田左右吉, 이부오 · 장익수 역, 「『삼국사기』「신라본기」에 대하여」, 『신라사학보』 15, 2009, p. 269.

일본부가 설치되었다고 하는 4세기 후반 신라는 그렇게 약한 나라가 아니었다. 내물왕 대와 눌지왕 대에 고구려와 왜에 질(質)을 보낸 것은 국내 정치에서 왕위계승 다툼 과정에 벌어진 일이었다.[192] 제국 일본의 역사가들, 임나일본부설을 날조해 낸 역사가들이 아니고는『삼국사기』「신라본기」의 기록이 허구로 조작된 것이라는 생각을 할 수 없는 일이다.

민족주의자인 쓰다 소키치로서는 이 같은 왜인 · 왜병의 존재를 용납할 수 없었던 것이 분명하다. 그는 강한 왜인 · 왜병의 존재를 원하였던 것이다. 그렇기에 「신라본기」 상대부분에 대한 여러 가지 사후해석을 하여 믿을 수 없는 것이라 해놓고, 그렇기에 왜에 대한 기록도 허구로 만들어진 것이라 한 것이다. 그렇게 하여 왜 · 왜병이 도둑에 불과했다는 사실을 은폐하려 했던 것이다.

그런데 이 같은 쓰다 소키치의 주장을 한국 역사가들이 그대로 받아들인 것이 사실이다. 특히 해방 후 한국사 연구자들이『삼국사기』「신라본기」 내물왕 이전 기록이 사료적 가치가 없는 것으로 본 것은 쓰다 소키치의 견강부회의 사료비판 때문이었다. 대신 그가 주장한 대로 3세기 후반인 280년대에 편찬된『삼국지』「동이전」'한조'의 기록을 신빙하는 사료비판을 따랐다. 이것이 그가 지금까지 한국사 연구자들에게 남긴 유산이라 하겠다.

쓰다 소키치가 처음 시작했고 한국의 역사가들이 추종해온『삼국사기』「신라본기」 내물왕까지 또는 그 이전 역사기록이 조작되었다고 한 것은 한국폐멸사학의 주장일 뿐이다.『삼국사기』「신라본기」의 건국

192 이종욱,『신라의 역사 1』, 2002, pp. 246~247.

신화부터 신라 역사를 재구성하는 자료로 이용해야 한다. 물론 사료비판을 거쳐서 이용해야 한다.

아홉, "왕실의 조선(祖先)에 관한 동방제국의 설화"에 대해 잘못된 주장을 했다. 쓰다 소키치는 어느 나라, 어느 왕조의 상대사든 역사적 사실에서 생겨난 전설 등을 정리하는 데 그치지 않고 특수한 의도에 따라 후대에 조작된 경우가 있다는 점을 이야기하며 「신라본기」를 그 예로 들고 있다.[193] 중국 각 왕조의 선조에 대한 설화, 중국의 위(魏)·요(遼)·금(金)·원(元)의 건국 초기의 기사 그리고 한국의 고려와 조선조의 선조에 대한 이야기도 마찬가지라 했다. 역사상에 보이는 것은 모두 조작으로 나왔다고 했다. 『삼국사기』에 나오는 「신라본기」는 물론이고 「고구려본기」나 「백제본기」도 마찬가지라 했다.

쓰다 소키치는 인류학에서 말하는 구전의 전통을 알지 못했던 역사가였다. 그리고 중국이나 중국 변경 밖의 여러 왕조의 선조에 대한 이야기도 조작된 것이라 한 것을 주목할 수 있다. 이는 그가 신라의 건국신화에 나오는 신라 건국세력들에 대한 기록도 조작되었다고 정리한 것을 보여준다. 그러나 건국신화는 조작된 것이 아니다. 건국신화는 국가 형성이라는 역사적 사실·사건·시간이 후대인들이 구전하는 과정에 신화적인 사실·사건·시간으로 변경된 것을 보여준다.

실제로 414년에 세워진 『광개토왕릉비』에는 주몽이 알에서 태어난 것으로 나온다. 이는 고구려의 건국세력인 주몽의 탄생에 대한 역사가

193 津田左右吉, 이부오·장익수 역, 「『삼국사기』「신라본기」에 대하여」, 『신라사학보』 15, 2009, p. 269.

전해지는 과정에 고구려인들의 상상력과 직관이 작동하여 주몽이 알에서 태어난 것으로 신화화한 것을 의미한다. 주몽이 알에서 태어났다는 신화는 고구려인들의 공식적인 건국신화로 자리 잡았던 것이다. 우리가 해야 할 일은 그러한 신화를 조작된 것으로 버릴 것이 아니라, 역사연구의 자료로 전환하는 작업을 해야 한다는 것이다. 신라 건국신화에 나오는 혁거세의 탄생에 대한 이야기도 조작된 것이 아니라, 신라인들이 신라의 건국에 대한 역사를 전하는 과정에 신화화된 것을 보여준다고 보아야 한다.

신화를 역사로 전화하는 작업은 주관적인 방법으로 할 수는 없는 것이다. 우선 건국신화의 시간을 역사적 시간으로 전환하는 작업이 필요하다. 고구려나 신라의 경우 이 같은 시간 전환 작업을 하기 쉽지 않다. 그러나 백제의 경우 풍납토성에 대한 발굴결과 백제의 왕성인 풍납토성(하남 위례성)의 축조연대를 알 수 있는 연대측정결과가 나왔다. 『삼국사기』나 『삼국유사』에는 기원전 18년에 온조(溫祖)가 하남 위례성에 도읍하여 십제(十濟)를 세웠던 것으로 나온다. 그러나 고고조학적인 조사결과 풍납토성은 기원전 199년, 184년, 135년, 그리고 109년 등의 편년이 나왔다.[194] 십제(백제)의 건국 시기는 기원전 18년이 아니라 기원전 2세기까지 또는 더 올갈 수 있다는 사실을 알게 되었다. 신라의 경우도 마찬가지다. 혁거세가 알에서 태어났다는 신화의 이야기를 조작된 것으로 버릴 것이 아니라, 신화를 역사로 전환하는 작업이 필요하다. 또한 신라의 건국시기를 기원전 57년으로 볼 것이 아니라 백

194 윤근일, 「풍납토성의 발굴과 그 의의」, 『풍납토성(백제왕성) 보존을 위한 학술회의』, 2000, p. 51.

제 풍납토성의 경우와 마찬가지로 그 시기가 올라갈 수 있다는 사실을 생각할 필요가 있다.

열, "『삼국사기』「신라본기」와 『일본서기』"를 비교하며 시간과 공간을 통 털어 한국인을 멸시한 쓰다 소키치를 볼 수 있다. 그는 한국 · 한국인을 기피[195]한 정도가 아니라, 역사속의 한국 · 한국인까지 멸시한 역사가였다.[196] 그는 『삼국사기』「신라본기」와 『일본서기』를 비교하며 역사속의 한국인들까지 멸시한 것이 사실이다.

> 이렇게 만들어진 「신라본기」의 만듦새는 대단히 조잡한 것이며 아무런 생기도 광채도 없는 것이다. 너무 심하게 지나화(支那化)되고 형식화 되어서 신라인에게 특수한 사상도 감정도 전혀 흔적을 남기지 않고 있다. 물론 이는 훨씬 후의 고려조에 편찬된 것이지만 그 사료가 된 신라인의 저작에 있어서도 역시 비슷한 것은 아니었을까? 가령 지나 사상의 윤색이 농후하더라도 또 한문으로 썼더라도 우리 『일본서기』를 그것과 비교하면 천양지차가 있다. 처지가 그렇게 만든 것인지 민족성이 드러난 것인지 어쨌든 반도인(半島人) 지식계급은 불쌍한 지나 사상의 노예였다. 어느 국민의 상대사에서도 그 한 요소가 되고 있는 것은 여러 가지 설화이며 거기에 그 국민의 특수한 사상과 감정과 생활상태 등이 드러나 있지만 이것도 「신라본기」에는 극히 빈약하고 또 신라인의 사상으로부터 나온 특색이 없다. 혁거세에게도 탈해에게도 알이 이용되고 탈해에도 계림의 알지에도 금독(金櫝)이 이용되고, 혁거세에게도 호공에게도 같은 호(瓠)가 나오기도 하지만

195 세키네 히데유키, 「'쓰다 사학(津田史學)'의 신대사(神代史) 해석과 한 · 일 민족의 계통관계」, 『일본사상』 12, 2007, p. 79.

196 이종욱, 「쓰다 소키치의 망령이 만들어낸 민족」, 『신라사학보』 17, 2009, p. 9.

아무리 생각해도 지혜가 없는 것처럼 보이지 않는가.[197]

쓰다 소키치는 시간과 공간을 통 털어 한국 · 한국인에 대해 경멸을 한 역사가였다. 그가 한국 · 한국인을 경멸한 일은 그에게는 지극히 당연한 일이라는 생각이 든다. 그는 한국사 · 한국학에 대한 본격적인 연구를 한 역사가도 결코 아니었다. 그는 그가 필요로 하는 만큼만 또 그가 필요한 대로 한국사를 은폐 · 말살하여 한국사를 날조했던 역사가였다.

앞에서 쓰다 소키치가 주장한『삼국사기』「신라본기」 내물왕까지 기록이 날조되었다는 사료비판과 그 문제점을 보았다. 쓰다 소키치는 제국 일본이 한국을 폐멸시켰기에 한국사 또한 폐멸된 상황에서 마음대로 날조론을 편 것이다. 여기서 일본황국사관과 한국폐멸사학으로 무장된 쓰다 소키치의 학자적인 양심은 어디로 갔는지 묻지 않을 수 없다.

3. 쓰다 소키치에 대한 평가: 한국사를 무존재의 역사로 본 역사가

이와 관련하여 다시 세키네 히데유키(關根英行) 선생의 논문을 보겠다.[198] 제2차 세계대전에서 일본이 항복한 이후 쓰다 소키치는 고대

197 津田左右吉, 이부오 · 장익수 역, 「『삼국사기』「신라본기」에 대하여」, 『신라사학보』 15, 2009, p. 269~270.

198 세키네 히데유키, 「'쓰다 사학(津田史學)'의 신대사(神代史) 해석과 한 · 일 민족의 계통관계」, 『일본사상』 12, 2007, p. 78.

일본사의 패러다임으로 군림했다고 한다. 고대 일본인의 한반도 도래설이 일선동조론이라는 정치 이데올로기로 활용되면서, 도래설이 침략 이데올로기에 근거를 제공한 혐오스러운 학설로 간주되었을 뿐 아니라 실증주의에 위반되는 '비과학적' 학설로 배척당하게 되었다고 한다. 그 근거를 제공하여 전후 일본사학의 초석을 만든 연구자가 바로 쓰다 소키치였다고 한다.

물론 세키네 히데유키 선생은 쓰다 소키치의 사학을 비판했다. 여기서 주목할 사실은 그의 사학이 실증주의사학이었다고 알려져 온 것이다. 그런 쓰다 소키치의 실증주의사학은 근본적으로 과학적 · 객관적 역사가 아님은 앞에서 한국사 특히 신라 내물왕까지 역사 말살에 대한 견강부회의 사료비판을 비판하며 밝혔다. 그의 사료비판을 실증사학의 산물이라고 보지만, 그 자체가 한국폐멸사학이었던 것이다. 그런 면에서 그의 사학은 일본 중심의 국수주의의 산물이라 할 수 있는 것이다. 그것이 쓰다 소키치 실증사학의 정체다.

여기서 임상우 선생의 글을 주목하게 된다.

> 이렇게 볼 때 프랑스와 영국에서 발전한 실증주의 역사학과 독일에서 발전한 역사주의적 역사학은 양자 모두 국가주의 역사학의 성립에 결정적 기여를 했다는 점에서 그들이 주장한 과학적 · 객관성과 정면 배치되는 역사적 역할을 하였다는 데서 공통점을 찾을 수 있다. … 역사학은 애초부터 과학이 아니었던 것이다. 오히려, 19세기의 역사가들에게 역사가는 그들의 신념체계, 즉 종교였다.[199]

199 임상우, 「'과학적' 역사학과 국가주의 역사서술」, 『국가권력과 역사서술』(제57회 전국역사학대회), 2014, p. 41.

이러한 사실을 보며 쓰다 소키치가 한국사 그중에 『삼국사기』「신라본기」의 내물왕까지 역사기록이 조작된 것이라 논증한 이유가 무엇인가 되돌아보지 않을 수 없다. 쓰다 소키치의 신라 내물왕까지 역사 은폐 · 말살은 과학적 · 객관적 역사 연구 결과가 아니다. 현재 김씨 · 이씨 · 박씨 · 최씨 · 정씨 등 신라인을 시조로 하는 종성과 육부성을 가진 다수 한국인의 역사적 존재를 말살함으로써 한국인의 정체성을 은폐 · 말살한 것이며, 한국 폐멸 통치를 자행한 제국 일본의 통치를 정당화한 국가주의의 산물인 것이다.

쓰다 소키치가 신라 내물왕까지의 역사를 말살한 것은 한국사를 무존재의 역사로 본 전형적인 예로 한국폐멸사학(소위 식민주의사학)의 대표적인 예가 된다. 그가 『삼국사기』「신라본기」의 내물왕까지의 기록을 조작된 것이라 논증한 것은 일본의 한국 · 한국인 폐멸을 위한 역사 조작이 아닐 수 없다. 한국인의 신라 오리진을 은폐하여 한국인 정체성의 원점을 말살한 것이다. 그와 같은 정체성 말살을 통해 제국 일본은 1940년 2월 11일 기원절(일본의 건국기념일)에 창씨개명을 시행할 수 있었던 것이다. 쓰다 소키치의 내물왕 이전 역사 말살은 그가 갖고 있던 신념체계(종교)를 위한 정치행위였던 것이다. 그것은 실증사학의 결과가 아닌 천황 중심 일본황국사관의 산물인 것이다. 그는 역사를 그가 갖고 있던 또 시대가 요구하는 정치적 욕망을 채우기 위한 무기로 삼았던 전형적인 역사가였다.

4. 쓰다 소키치의 한국 · 한국인 폐멸을 위한 역사 날조가 잘못인 이유

역사 속의 한국인까지 경멸한 쓰다 소키치의 한국사 폐멸은 『삼국사기』「신라본기」 신라 내물왕까지의 역사를 말살함으로써 한국인의 오리진, 한국인 정체성의 원점을 은폐 · 침묵시키는 데까지 이르렀다. 그리고 앞에서 말한 것과 같이 한국인의 오리진이 신라 · 신라인임을 은폐 · 침묵시킨 결과 제국 일본은 일선동조론을 펴고, 창씨개명정책을 강행할 수 있는 기초를 마련했다. 그런데 이 같은 쓰다 소키치의 신라 내물왕까지 역사 말살은 근본적인 문제가 있다. 이를 밝혀 이후로는 쓰다 소키치가 최초로 은폐 · 말살한 내물왕까지의 역사를 당당하게 살려내야 한다.

필자는 이와 관련하여 이미 한 편의 논문을 발표했다.[200] 여기서는 그중 쓰다 소키치가 주장한 신라 내물왕까지 역사 은폐 · 말살의 문제를 지적한 부분을 그대로 옮기기로 한다.

『삼국사기』「신라본기」를 가공(架空)의 산물로 본 잘못(『삼국지』「동이전」 '한조'를 끌어들인 잘못): 쓰다 소키치는 『삼국사기』「신라본기」 내물왕까지의 기록을 은폐 · 말살하기 위해 『삼국지』「동이전」 '한조'를 끌어들였다. 이에 대한 문제점을 지적한 필자의 글을 아래에 인용한다.

> 280년대에 『삼국지』를 편찬한 진수(陳壽)는 백제나 신라에 대한 제

200 이종욱, 「신라 오리진의 한국 · 한국인을 만든 역사를 찾아서-제국 일본의 "한국폐멸사학" 청산을 중심으로-」, 『신라사학보』 31, 2014, pp. 355~390.

대로 된 자료도 구할 수 없었을 것이다. 그렇기에 "한조" 정도의 스토리를 기록했던 것이다. 현재 우리들은 많은 한계를 가지고 편찬된 "한조"를 지나치게 높이 평가하고 있는 중이다. 그러나 "한조"로는 백제나 신라의 건국과 소국정복 그리고 정치 · 사회체제의 발전 등에 대한 역사를 재구성할 수 없는 것이 분명하다. 아니, "한조"의 자료를 가지고 그러한 역사를 재구성하는 것은 스스로 제대로 역사학자이기를 포기하는 것이다. 『삼국지』「동이전」의 서문에 중국 삼국시대에 동이를 굴복시키게 되며 "드디어 여러 나라를 두루 관찰하고 그들 나라의 법령과 습속을 수집하여 나라의 대소와 각국의 명칭을 상세하게 기록할 수 있었다."고 나오는 것을 통해, 진수가 백제나 신라의 정치사를 기록하려는 의도가 없었음을 알 수 있다. 그 결과 "한조"에는 중국과의 관계가 나오고 그들이 파악한 한(韓)의 정치조직을 이야기하고 있다. 그들 중국인들이 필요로 했던 삼한의 습속, 산물 등에 대한 기록도 나온다. "귀신을 믿어 국읍(國邑)에 각기 한 사람을 세워 천신에 제사를 주관하게 했는데 이를 천군(天君)이라 부른다."라거나, "꼬리가 긴 닭이 나는데 그 길이가 5척 남짓 된다."고도 하고, "국(國)에서 철이 생산되는데 한(韓) · 예(濊) · 왜인(倭人)들이 모두 와서 사간다. 시장에서의 모든 매매는 철로 이루어져서 마치 중국에서 돈을 쓰는 것과 같다."("변진" 조)라는 기록도 있다. 바로 이러한 자료들은 『삼국사기』에는 없는 것으로 당시 한반도 남부의 사회를 이해하는 데 중요한 자료가 된다.[201]

그런데 1945년 8월 해방 이후 한국인 역사가들은 『삼국사기』「신라본기」 내물왕 이전 기록을 가공의 자료로 보았다. 쓰다 소키치가 내

201 이종욱, 「신라 오리진의 한국 · 한국인을 만든 역사를 찾아서-제국 일본의 "한국폐멸사학" 청산을 중심으로-」, 『신라사학보』 31, 2014, pp. 371~373.

물왕까지 기록을 가공의 자료로 본 것과 달리 내물왕 이전까지를 가공의 자료로 본 것이 다를 뿐이다. 그들 역사가들은 쓰다 소키치를 따라 『삼국지』「동이전」'한조'의 기록을 가지고 신라 내물왕 이전 역사를 재구성해냈다.

고고학 등 인접과학이 증명해주는 『삼국사기』 초기기록의 사료적 가치: 『삼국사기』 초기기록이 허구로 만들어진 것이 아니라는 사실을 밝히기 위해 고고학적인 연구 성과의 도움을 받을 수 있다. 앞에서 백제 왕성 풍납토성의 발굴 결과 나온 방사성탄소 동위원소 연대측정치를 이야기했다. 그러한 연대측정치를 통해 백제의 건국시기가 기원전 18년이 아니라 훨씬 올라간다는 사실을 알게 되었다.[202] 신라의 경우에 대해서 필자는 다음과 같은 이야기를 했다.

> 신라의 경우 2002년부터 2005년까지 신라 건국신화의 현장인 나정유적이 발굴되었다. 이 나정유적은 혁거세가 등장한 장소이고 신라시대에 적어도 2차에 걸친 건물축조가 있었다. 신라가 망한 후 고려와 조선시대도 유적의 존재가 알려져 온 것이다. 이 유적에서는 풍납토성과 같은 연대 측정이 이루어지지 않았지만 청동기시대의 유적부터 나오고 있어, 혁거세가 신라를 건국하기 이전부터 역사가 연속되는 현장이기도 하다. 앞으로 조사결과에 따라 신라의 건국시기도

202 1999년에 발굴한 풍납토성에서 얻은 자료로 방사성탄소동위원소 연대측정을 한 결과 나온 기원전 199 · 50년까지의 연대 측정치는 확률의 문제다. 오차범위를 더하고 뺀 연대인 기원전 149년에서 기원전 249년까지 들어갈 확률은 67% 정도 되기 때문이다. 이 경우 백제의 건국연대는 기원전 18년이 아니라 훨씬 올라갈 수 있다. 이러한 사정은 신라도 마찬가지일 것이다.

기원전 57년이 아니라 기원전 2세기까지 올라갈 수 있을 것이다.[203]

2015년부터 경주의 월성유적 발굴이 진행되고 있다. 월성은 파사왕 22년(101)부터 왕성으로 사용된 곳이다. 발굴 결과에 따라 백제 왕성이었던 풍납토성(하남 위례성)에서 나온 연대측정치 같은 결과를 얻을 수 있을 것으로 기대한다. 그때 쓰다 소키치가 시작했던 근현대 한국사학의 신라사 연구는 그 본질적 오류가 드러날 것으로 본다.

5. 쓰다 소키치가 일본 역사학계에 미친 손실은 없나?

제국 일본은 한국을 강점 · 폐멸시킨 다음 정치적 폭력, 경제적 착취, 한국 문화 폐멸, 한국인을 군대나 위안부로 동원, 역사 말살 · 날조, 한국인의 정체성 말살 등 모든 분야에서 이루 말하기 어려운 많은 일을 벌였다. 그중 쓰다 소키치가 한국사 그중 내물왕까지의 역사를 날조한 문제를 주목할 수 있다. 이 같은 주장은 학문적인 것이기에 정당한 일이었을까? 그렇지 않다. 이 같은 주장의 본질적인 문제는 한국인의 정체성을 말살하여 일본의 한국 폐멸정책을 시행할 바탕을 마련하여 주었다는 것이다. 이것은 학문을 빙자한 한국폐멸주의자들의 폭력이었다. 쓰다 소키치는 역사말살을 통한 한국인 말살의 주범이 된

203 이종욱, 「신라 오리진의 한국 · 한국인을 만든 역사를 찾아서–제국 일본의 "한국폐멸사학" 청산을 중심으로–」, 『신라사학보』 31, 2014, p. 374.

것이다. 이 같이 다른 민족의 정체성을 말살하는 역사를 아무런 부담 없이 자연스럽게 행하였다는 것은 스스로 역사학자로서의 자질에 문제가 있었다는 것을 의미한다. 역사학자로서의 본성을 손상 받은 것이다. 어찌 보면 역사학 분야에서 범죄를 저지른 것이라 할 수 있다. 이 같은 쓰다 소키치의 주장을 일본이나 한국의 역사학자들이 지금까지 추종하고 있는 것은 한국은 물론 일본 역사학계에 커다란 손상을 초래한 것이 아닐 수 없다. 그가 『삼국사기』「신라본기」 내물왕까지의 기록을 조작된 것이라 한 결과, 지금도 일본인 연구자들은 신라의 건국이 4세기 중반 경으로 보는 견해를 갖게 되었다.[204]

쓰다 소키치는 『삼국사기』「신라본기」라는 한국사 텍스트를 일본사 텍스트로 전용하였다. 그 과정에 일본사를 만드는 데 방해가 되는 기록을 조작된 것이라 한 것이다. 그는 일본사의 콘텍스트 속에서 『삼국사기』를 읽으며 허구로 만들어진 것이라 한 것이다. 사실 허구의 일본사를 날조하려다보니 『삼국사기』의 기록들은 그런 허구의 일본사를 뒷받침할 수 없는 자료라는 사실을 확인하게 되었다. 오히려 『삼국사기』 기록대로 왜·왜인의 정체를 밝혔다면 역사의 실제에 한 걸음 다가설 수 있었을 것이다. 그러나 제국 일본의 역사가들은 그러한 역사연구를 할 수 없을 정도로 실제 있었던 역사와는 멀리 떨어진 역사를 날조했던 것이다. 그러한 학문적 풍토는 지금까지 이어지고 있는 중이다. 이것이 그가 일본 역사학계에 남긴 중요한 잘못이 아닐 수 없다. 분명히 말하지만 쓰다 소키치는 『삼국사기』 자료 같은 한국사자료를 가지고

---

204 武田幸南, 「新羅骨品制の再檢討」, 『東洋文化研究紀要』, 1975, pp. 199~200.
木村誠, 「6世紀新羅における骨品制の成立」, 『歷史學研究』 428, 1976, p. 13.

한국사를 본격적으로 다룬 것이 없다. 일본사를 위해 한국사 자료 나아가 한국사를 희생으로 삼은 것들이 보일 뿐이다.

그런데 1945년 이후 한국사 연구의 기준을 정한 서울대학파들은 쓰다 소키치가 1919년에 발표한『삼국사기』「신라본기」상대기록에 대한 사료비판을 실증사학의 산물로 보아 객관적 역사를 연구한다는 출발점으로 삼았다. 이것이 쓰다 소키치가 한국사학계에 미친 잘못이라 하겠다. 그런 면에서 당장 한국사의 해방이 필요하다. 언제까지 제국일본의 황국사관과 한국폐멸사관으로 무장된 쓰다 소키치가 만든 잘못된 역사연구의 무대에 머물 것인가?

6. 쓰다 소키치가 정말 말살하고 싶었던 한국사는?

쓰다 소키치가 한국사에서 말살하고 싶었던 것은 무엇일가? 세키네 히데유키 선생의 연구를 통해 그가 황국사관을 가졌던 역사가라는 사실은 앞에서 보았다. 쓰다 소키치는 일본 민족이 황실을 종가(宗家)로 하는 커다란 가족이라고 했다. 일본 국민은 동일부모에서 생긴 동포(同胞)이며 황실은 그 동포의 종가이기에 일본 황실과 국민은 일체라 했다. 양자는 만세일계라 했다. 쓰다 소키치는 한국을 폐멸시킨 일본이 한국인을 동화하여 일본민족(국민)으로 만들려는 정책을 잘 알고 있었다.

그런데 쓰다 소키치는『고사기와 일본서기의 신연구』에서 두 사서에 나오는 일본 초대 천황인 신무천황(神武天皇, 기원전 660~585)에서 중애천황(仲哀天皇, 192~200) 이전의 신대사는 믿을 수 없다고 했다. 결국 두 사서에 나오는 일본 천황의 계보에서 중애천황(仲哀天皇)의 뒤에 등장하는 신공황후(神功皇后, 201~269) 이후부터 역사적 사실로 인정한 것이 된다. 이 경우 일본 역사 속의 천황의 계보를 파악해 올라가면 응신천황(應神天皇, 270~310) 그리고 신공황후(神功皇后)까지의 계보부터 믿을 수 있는 셈이 된다. 그런데 일본에서는 이들의 계보의 실제 연대는 기록보다 늦었던 것으로 기년조정해온 것도 사실이다.

한편 한국인들은 신라인을 시조로 하는 종성(宗姓)과 육부성(六部姓)을 가진 사람이 적지 않다. 그리고 『삼국사기』나 『삼국유사』에 따르면 육부성의 시조들이 살았던 시기는 혁거세가 알에서 태어났다고 하는 기원전 69년까지 올라가는 것을 알 수 있다. 혁거세를 시조로 하는 박씨도 마찬가지다. 석씨족의 시조인 탈해는 제2대 남해왕 대에 등장했고, 김씨족의 시조인 알지는 제4대 탈해왕대에 등장한 것으로 나온다. 이는 한국인의 다수가 갖고 있는 성에 속한 씨족들이 2천 년도 넘는 역사를 가졌다는 사실을 말해준다.

『삼국사기』나 『삼국유사』에 나오는 종성과 육부성의 시조들에 대한 역사적 기록으로 인정하게 되면, 다수 한국인들이 속한 씨족은 일본 국민의 종가라고 하는 천황의 씨족보다 오랜 역사를 갖고 있는 것이 된다. 따라서 역사속의 한국인까지 기피하였거나 멸시했던 쓰다 소키치로서는 그와 같은 역사를 인정할 수는 없었다는 생각을 해 본다. 『삼국사기』「신라본기」 내물왕까지 기록을 조작된 것으로 견강부회(牽强附會)의 사료비판을 한 것도 그 때문일 수 있다는 짐작이 가기도 한다. 그리고 이러한 사료비판은 후일 한국인을 일본인으로 만드는 창씨개명 정책의 길을 터준 것이 되었던 것을 생각할 수 있다. 다수 한국인이 시조로 하는 종성과 육부성의 시조의 존재를 말살함으로써 한국인들이 성(姓, 씨족)과 본관(本貫, 종족)을 버리고 가(家)를 단위로 씨(氏)를 만들어 일본 황실을 종가로 하는 가족의 일원이 되게 하는 정책의 고속도로를 만들어낸 것이라 하겠다. 그는 일찍이 일본이 한국인을 동화하여 일본민족(국민)으로 만들려는 정책을 위해 한국사를 한국인 폐멸의 무기로 만든 것이라 하겠다. 한 마디로 『삼국사기』「신라본기」 내물왕까지 기록이 조작된 것이라고 한 쓰다 소키치는 대표적인 한국폐멸사학자라 할 수밖에 없다.

2절

신채호 선생의 한국독립사학,
한국인 정체성의 원점을 왜곡하다

2절

신채호 선생의 한국독립사학, 한국인 정체성의 원점을 왜곡하다

제국 일본이 한국을 강점 · 폐멸시켰던 시기 신채호 선생에게는 한국사가 한국을 독립시키는 또 다른 무기가 되었다. 필자는 이 책을 쓰며 신채호(申采浩, 1880~1936) 선생을 새롭게 알게 되었다. 신채호 선생은 한국 · 한국인의 독립을 위해 한 평생을 바쳤다. 신채호 선생은 독립을 위한 한 평생에서 많은 일을 했고, 그중 한 부분으로 한국사 특히 한국고대사에 관심을 기울였다. 신채호 선생 스스로 말한 것과 같이 그에게 한국사는 기본적으로 순수한 학문 연구의 대상이 아니라 한국을 독립시키기 위한 무기였던 것이다.

신채호 선생은 제국 일본이 한국을 강점해 들어오는 상황을 깨부수기 위해 강한 민족, 오래된 민족, 자랑스러운 민족의 역사를 만들어 냈다. 신채호 선생이 만든 민족역사는 한국사를 과장하고 왜곡한 것이 되었다. 여기서 신채호 선생이 만든 민족, 민족역사의 실체를 알아보기로 한다.

신채호 선생은 처음부터 역사의 과학성 · 객관성을 주장하지도 않았다. 근대 역사학자로서 신채호 선생에게 한국사는 한국의 독립이라는 그의 정치적 욕망을 실현하기 위한 수단이 되었던 것이다.

1. 신채호 선생의 한평생, 한국독립사학을 펼친 이유

신채호 선생은 제국 일본의 한국 강점 · 폐멸과 맞서 싸운 특별한 의미를 지닌 지식인이자 역사가이며 독립운동가였다. 그의 모든 삶은 독립을 위한 것이었다. 그가 재구성한 한국사 또한 독립을 이루려는 정치적 욕망의 산물이었다. 그러한 신채호 선생의 삶을 간단하게나마 되돌아볼 필요가 있다.

신채호 선생은 한국이 제국 일본에 강점 · 폐멸되던 시기에 활동을 시작했다. 1894년에 일어났던 청일전쟁부터 시작된 제국 일본의 한국 강점 야욕은 1905년에 있었던 제2차 한일협약(을사조약)으로 본격화되었고, 1910년에 있었던 한일병합조약(실제는 한국폐멸조약)으로 대한제국이 폐멸되는 상황을 맞았다. 이 시기부터 신채호 선생은 한평생을 독립운동에 몸 바쳤다.

그의 연보[205]를 보면 1899년 독립협회에 가입하여 민권운동을 벌

205 임중빈, 「단재 신채호 연보」, 안병직 편, 『신채호』, 1979, pp. 229~240.

이다 투옥되기도 했고, 1901년에는 애국계몽운동을 전개하기도 했으며, 1903년에는 성균관에서 친일 · 매국의 무리를 규탄하는 성토문을 작성하는 데 참여하고 유생들과 시위를 벌이기도 했다. 1905년에 성균관의 박사가 되었고, 장지연 선생의 초청으로 『황성신문』의 논설위원이 되어 계몽논설을 집필하기도 했다.

1905년 11월 15일 일본의 강압에 의하여 을사조약(제2차 한일협약, 을사늑약)을 맺게 되어 한국의 외교권은 완전히 박탈되었다. 『황성신문』의 주필 장지연 선생은 「시일야방성대곡」을 게재했는데, 그로 인해 신문이 폐간되었다. 신채호 선생은 1906년 『대한매일신보』의 주필이 되어 무너져 가는 대한제국을 살려내기 위한 언론활동을 폈다. 1907년에는 양기탁 · 안창호 · 이승훈 등과 신민회를 조직하는 데 참여하여 그 취지문을 기초했다. 또한 국채보상운동에도 적극 가담했다. 이 해에 『이태리건국삼걸전』을 번안 · 출간했다. 1908년에는 『을지문덕』 등을 발간했고 여러 논설을 발표했다. 또한 『대한매일신보』에 『독사신론(讀史新論)』을 연재했다.

1909년에는 망명준비를 했다. 1910년 4월 8일 안창호 선생 등과 함께 중국으로 망명하였다. 망명의 순간 그는 순암 안정복의 친필본 『동사강목』을 휴대하고 국경을 넘어 청도에 이르러 동지들과 청도회의를 열어 독립운동의 방법을 논의했다고 한다. 이어 블라디보스톡으로 가서 신문을 발간하기도 했다. 1910년 봄에는 『독사신론』을 『국사사론(國史私論)』이라 하여 최남선이 주재한 『소년』에 수록했다. 1911년에는 이동휘 등과 광복회를 조직해 부회장으로 활약했다. 1913년에는 신규식의 초청으로 상해에 가서 정인보 선생 등을 만나기도 했다. 1914년에는 중국 봉천성 회인현에 가서 학교 경영에 참가하고 대종교에 입교했다. 이 해에 신채호 선생은 독립군양성소를 시찰할 겸 백두산에 오르고 고구려의 영토를 답사하는 중 광개토왕릉을 답사했다.

1915년 북경에 머물며 『조선상고사』를 구상했고, 박은식 · 신규식 · 문일평 선생 등과 박달학원을 세워 해외 청년들의 교육을 기했다. 1917년 몰래 입국했다가 다시 중국으로 망명했다. 1918년에는 중국의 『중화보』 · 『북경일보』에 논설을 발표했다.

1919년에는 임시정부 수립에 참여했다. 3 · 1운동 얼마 후 『신대한』의 주필이 되어 여운형과 이승만을 가혹하게 비판하였다. 1920년에는 북경으로 가서 독립군자금 모금의 책임을 맡았다. 1921년에는 이승만성토문을 발표하고, 통일책진회를 발기했다. 1923년에는 김원봉이 단장인 의열단의 요청으로 민중이 직접 폭력혁명을 할 것을 천명한 『조선혁명선언』을 기초했다. 이 해에 상해에서 개최된 국민대표자회의에 참여했다. 1925년에는 『동아일보』에 『조선 역사상 일천년래 대사건』 등을 연재했다. 1927년에는 신간회의 발기인이 되기도 했다.

1928년에는 조선인 무정부주의자들의 북경회의 동방연맹대회에 참여하여 주동적인 역할을 했다. 이 해에 중국인으로 변장해 일본을 거쳐 대만에 상륙하기 직전 일본 수상서원에게 잡혀 대련 감옥으로 이송되었다. 1929년 몇 차례 재판이 있었고, 1930년 대련법정에서 10년 실형을 선고 받고 여순 감옥으로 이감되었다. 이 해에 서울에 있던 동지들의 주선으로 한국고대사 관계 논문들이 『조선사연구초』로 출간되었다. 1931년 『조선일보』에 103회에 걸쳐 『조선사』를 연재했다. 1935년 건강이 악화되어 보호해줄 사람이 있으면 출감시키겠다고 하여, 친지들이 친일파 부호 한 사람의 보증으로 가출옥을 종용했으나 친일파에게 몸을 맡길 수 없다하여 거절하였다. 1936년 2월 57세의 나이에 여순 감옥에서 순국했다.

이 글에서는 신채호 선생이 저술한 글들을 통해 선생이 말한 역사와 민족이 어떤 것인가 정리하기로 한다. 특히 신채호 선생이 주필로 있던 『대한매일신보』 1908년에 게재했던 『독사신론』을 주목기로 한다. 『독사신론』이야말로 한국독립사학의 산물이라 할 수 있다. 그런 이유를 먼저 잠시 볼 필요가 있다.

20세기 초 제국 일본은 한국을 강점하기 위해 무섭게 힘을 기울였다. 1904년 벌어진 러일전쟁도 한국을 지배하려던 러시아와 일본의 전쟁이었다. 이 전쟁에서 승리한 일본은 1905년 9월 러시아와 체결한 포스머드조약 안에 한국을 일본의 보호국으로 지배하는 내용을 넣었다. 실제로 1905년 11월 을사조약을 체결하게 되었다. 불법적으로 체결된 이 조약으로 제국 일본의 외무성이 한국 정부의 외교권을 빼앗아 갔다. 그리고 서울에는 일본의 통감부가 설치되었다. 이토 히로부미(伊藤博文)가 초대 통감으로 취임했다. 이에 맞서 한국인들은 반일의병투쟁, 애국계몽운동을 일으켰다. 1910년 8월 22일에는 소위 한국병합조약(한국폐멸조약)이 비밀리에 체결되었고 일주일 후 공표되었다. 이 조약으로 한국 · 한국인은 공식적으로는 지구상에서 사라지게 되었다. 한국은 일본의 영토로 되었고, 한국인은 일본인으로 되기에 이르렀다. 따라서 이 조약은 한국병합조약이 아니라 한국 · 한국인 폐멸조약이었던 것이다.

신채호 선생이 『독사신론』을 저술한 1908년은 을사조약과 한국폐멸조약을 체결하는 중간 정도의 시기에 해당한다. 이 무렵 신채호 선생은 한국의 독립을 위해 투쟁을 벌였던 많은 독립지사 중의 한 분이다. 신채호 선생은 한국 독립의 무기로 한국사를 저술했던 것이다.

2. 신채호 선생이 인연을 맺었던 『대한매일신보』에 나오는 민족과 역사

대체로 1905년 을사조약에서 1910년 한국폐멸조약까지의 기간 동안 『대한매일신보』를 주목하기로 한다. 이를 통해 제국 일본이 한국 · 한국인을 강점 · 폐멸해 들어오던 시기 신채호 선생이 어떤 활동을 했는지 짐작할 수 있기 때문이다.

신채호 선생은 1906년 양기탁의 추천으로 영국인 배설(裵說, Ernest Thomas Bethel)이 경영하던 『대한매일신보』의 주필로 초빙되었다. 그리고 1910년 4월 8일 국치(國恥)를 예감하고 안창호 선생 등과 함께 중국으로 망명했다.[206] 그런데 신채호 선생이 망명한 것은 단순히 국치를 예감했기 때문이 아니라, 실제 일본이 한국을 강점한 상황에서 망명을 감행한 것이었다. 망명 시기가 1910년 8월 한국폐멸조약 체결 전이었다는 사실을 주목할 수 있다.

신채호 선생이 『대한매일신보』의 주필로 활동하던 시기는 선생이 한국의 역사에 대한 저술을 활발히 하던 시기였다. 따라서 이 시기 신

---

206 안병직 편, 『신채호』, 1979, p. 230.

채호 선생의 한국사 그중 한국고대사에 대한 저술과 그 목적 등을 알아볼 필요가 있다. 특히 이 시기 『대한매일신보』에 역사와 민족에 대한 선생의 주장들이 나타나 있다고 생각되어 주목된다.

이진경 선생의 논문을 볼 수 있다.[207] 역사(歷史)라는 단어는 『독립신문』(1898. 12. 17) 논설에 처음 출현했다고 한다.[208] 그리고 『대한매일신보』(1907. 7. 9)에서는 "우리 대한국은 단군 · 기자의 사천여 년 상전하던 나라이자 강토는 천리오 동포는 이천만이니"라 했고, 『대한매일신보』(1907. 8. 22)에는 "대한 인종은 본래 단군과 기자의 성신후예로 성질이 온화하고 정직하며 풍속이 진실하고 순후하여 사천년래에 예의 · 염치를 숭상하던 나라"라고 나오고 있다. 1907년에는 단군에게는 창업의 자리, 기자에게는 예의와 문명을 시작한 자리가 할당되었다고 한다.[209] 그런데 1908년에 이르러 단군과 기자가 분리되며 기자는 사라지고, 단군만으로 단일한 기원을 삼게 되었다고 한다. 이로써 민족은 '단군성조의 자손'으로 되었고, 역사는 '단군 자손의 역사'로 되었다고 한다.[210] 그리고 한국동포(조선사람, 삼한민족)는 단군의 자손이라 하게 되었으며, 『대한매일신보』에서 단군이라는 기원의 기표는 중국적 요소로부터 단절되어 민족의 기원이라는 독자적 자리를 확보하게 되었다

207 이진경, 「근대 계몽기 『대한매일신보』에서 근대적 역사 개념의 탄생」, 『사회와 역사』 74, 2007.

208 이진경, 「근대 계몽기 『대한매일신보』에서 근대적 역사 개념의 탄생」, 『사회와 역사』 74, 2007, p. 110.

209 이진경, 「근대 계몽기 『대한매일신보』에서 근대적 역사 개념의 탄생」, 『사회와 역사』 74, 2007, p. 122.

210 이진경, 「근대 계몽기 『대한매일신보』에서 근대적 역사 개념의 탄생」, 『사회와 역사』 74, 2007, p. 123.

고 한다.[211]

여기서 이진경 선생의 견해를 더 볼 수 있다. 『대한매일신보』에서 '민족(民族)'이라는 단어가 출현하며, '민족'이 '역사'와 짝하는 개념으로 자리 잡게 되었다고 한다. 민족은 처음에는 인종, 종족 등과 유사한 의미로 사용되었다고 한다. 『대한매일신보』(1908. 2. 12) 기사에 '대한 인종'과 '대한 민족'이 나란히 병치되어 사용된 것을 그 증거로 들고 있다.

그런데 민족이라는 단어의 개념은 진화되어 나갔다. 『대한매일신보』(1908. 7. 31)의 시조 단군 이야기에는 한국의 이천만 자손이 그(단군)의 자손이라 했는데, 이는 가족이라는 은유 속에 민족이라는 개념이 구성된 것을 뜻한다고 했다. 그리고 다른 시대를, 다른 나라로서 살아간 사람들조차 민족으로 통합되었다고 한다.[212] 『대한매일신보』(1908. 6. 11) 논설에서는 단군과 부루(夫婁)를 혈족의 조상으로 하는 민족을 만들기 시작했다고 한다. 『대한매일신보』(1909. 3. 17)에 민족은 단군자손이라는 이름으로 하나의 신체, 하나의 생명을 갖는 실체로 등장한다고 했다. 『대한매일신보』(19010. 5. 11) 기사에서는 같은 조상의 같은 자손으로서 단일한 민족임과 한국의 국민이 단일한 민족으로 구성되었다고 하며, 가족적 혈통의 단일성을 강조했음을 밝혔다.[213]

『대한매일신보』(1908. 7. 30) 논설 「민족과 국민의 구별」에서 조상 ·

---

211 이진경, 「근대 계몽기 『대한매일신보』에서 근대적 역사 개념의 탄생」, 『사회와 역사』 74, 2007, p. 125.

212 이진경, 「근대 계몽기 『대한매일신보』에서 근대적 역사 개념의 탄생」, 『사회와 역사』 74, 2007, pp. 127~128.

213 이진경, 「근대 계몽기 『대한매일신보』에서 근대적 역사 개념의 탄생」, 『사회와 역사』 74, 20077, p. 131.

영토 · 역사 · 종교 · 언어를 공유한 집단이 민족이고, 국민은 여기에 같은 정신, 같은 행동, 같은 이해관계를 갖고 유기체처럼 조직되어 군대처럼 하나로 행동하는 집단으로 보았음을 지적하고 있다.[214]

역사의 기원은 민족의 기원이고, 역사는 민족의 역사이며, 역사의 미래는 민족의 미래라고 한다. 민족은 단일한 핏줄로 표상되는 순수성의 관념이며 과거의 위대한 역사를 다시 구현할 거대한 잠재력을 갖는 존재라는 관념을 수반한다고 했다. 그래서 민족은 기원적 과거의 위대함과 결부되어 사용되었고, 국민은 독립할 사상이 전무한 노예성질을 갖는 존재로 간주되어 현재의 퇴보나 타락을 말하면서 정신을 차려 합심하여 그러한 상태를 넘어서자고 촉구하는 책임이나 권리 · 의무 등의 단어와 사용되는 경향이 있음을 지적하고 있다. 국민이나 민족이 모두 nation 한 단어를 번역한 것이지만 사용되는 의미가 다른 것을 지적하며 이로써 국민과 민족이라는 이중체제가 만들어졌다고 했다.[215] 일제하에서 민족은 한국인을 지칭하며 제국 일본의 국민은 여러 민족이 포함된 것이라고 보았다.[216]

이진경 선생의 논문을 통해 우리는 신채호 선생이 『대한매일신보』의 주필로 있던 시기(1906~1910. 4. 8) 동 신문에서 이야기한 역사와 민족에 대한 정체를 어느 정도 파악할 수 있게 되었다. 이진경 선생

---

214 이진경, 「근대 계몽기 『대한매일신보』에서 근대적 역사 개념의 탄생」, 『사회와 역사』 74, 2007, p. 131.

215 이진경, 「근대 계몽기 『대한매일신보』에서 근대적 역사 개념의 탄생」, 『사회와 역사』 74, 2007, pp. 132~133.

216 이진경, 「근대 계몽기 『대한매일신보』에서 근대적 역사 개념의 탄생」, 『사회와 역사』 74, 2007, p. 135.

이 인용한『대한매일신보』의 기사들 중에는 신채호 선생이 집필한 것이 있었다는 짐작이 간다. 그 구체적인 내용은『대한매일신보』(1908. 8. 29~1908. 12 13)에 연재했던『독사신론』에 나오고 있기 때문이다.

이 시기 제국 일본과 1904년 제1차 한일협약, 1905년 을사조약(제2차 한일협약), 1907년 한일신협약(정미 7조약) 등을 체결한 한국은 제국 일본의 강점 하에 놓이게 되었다. 그리고 1910년 8월 한국병합조약(실제는 한국폐멸조약)이 체결됨으로써 한국(대한제국)이라는 국가는 이 지구상에서 사라지고 한국인이라는 종족(민족)도, 실제로는 아니지만 공식적으로는 일본인으로 되는 운명에 처했다.

이 같은 한국 · 한국인의 위기에 처해 신채호 선생 등이 활동한『대한매일신보』에서 한국의 역사와 민족에 대해 끊임없이 발표한 것은 주목할 사실이고 지극히 당연한 일이다. 이 시기 한국인들이 민족과 민족의 역사에 관심을 기울인 이유를 생각할 수 있다. 한민족은 단군의 자손으로, 순수혈통의 단일민족이라는 의식과, 단군을 시조로 하는 민족의 위대한 과거를 만들어 내려는 의도가 있었던 것이다. 이때 민족과 역사는 시시각각 한국 폐멸의 정책을 추진해 오던 제국 일본의 야욕을 물리치기 위한 무기로 생각되었던 것이다. 이때의 민족과 역사는 한국 · 한국인의 독립이라는 정치적 욕망에 의하여 만들어진 것을 생각할 수 있다. 당시『대한매일신보』에서 주필로 활동하던 신채호 선생 또한 풍전등화와 같던 한국 · 한국인의 운명을 지키기 위해 활동한 것을 생각할 필요가 있다.

3. 신채호 선생의 한국독립사학

신채호 선생이 역사를 연구한 데에는 이유가 있었다. 신채호 선생에게 국사는 국가와 민족을 지키기 위한 도구이자 무기였다. 그의 주장을 볼 수 있다. 그는 『조선사』(『조선일보』 1931. 6. 16) 총론에서 자신의 한국사 연구 경과를 밝히고 있다.

> 지금부터 16년 전에 국치(國恥)에 분발하여 비로소 『동국통감』을 열독하면서 사평체(史評體)에 가까운 『독사신론』을 지어 『대한매일신보』지상에 발표하였으며, 이어서 수십 학생의 청구에 의하여 지나(支那) 식의 연의(演義)를 본받은 『대동사천년사』란 것을 짓다가 양쪽 작업이 모두 사고로 인하여 중지되고 말았었다.

위의 말을 통해 신채호 선생이 한국사를 저술한 이유가 국치(國恥)에 분발했던 때문인 것을 알 수 있다. 신채호 선생이 『대한매일신보』에 『독사신론』을 게재한 것은 1908년이었다. 신채호 선생의 경우 국치는 대한 제국의 외교권을 박탈당하고 일본에 의하여 통감부가 설치되고 제국 일본의 보호를 받는 나라가 된 1905년의 을사조약(제2차 한일협약)이나, 한국 정부에 일본인 차관을 두고 내정을 장악하고 한국의 군대마저 해산하여 실질적으로 한국을 지배한 한일신협약(정미 7조약)을 맺은 1907년으로 거슬러 올라가는 것이다.

실제로 신채호 선생은 1910년 8월 제국 일본의 강압으로 한국병합조약(한국폐멸조약)을 체결하기 전인 1910년 4월 중국으로 망명한 것은 그 때문이다. 신채호 선생은 한국의 국치를 1910년 이전, 아니 1908년

이전으로 보는 것이 분명하다. 그렇다면 『조선일보』(1931)에 게재된 『조선사』는 1908년에서 16년 후인 1923년경 원고가 만들어진 것으로 생각할 수 있다.

『독사신론』(『대한매일신보』, 1908. 8. 27)에서 그는 다음과 같은 말을 했다.

> 국가의 역사는 민족의 소장성쇠의 상태를 자세히 기록한 것이다. 민족을 버리면 역사가 없을 것이며, 역사를 버리면 민족이 자기 나라(국가)에 대한 관념이 없어질 것이니 아, 역사가의 책임이 또한 무겁구나.

이 글에서 특히 민족을 버리면 역사가 없을 것이라는 것은 제국 일본이 한국을 강점해 들어오는 상황에서 한민족에 대한 의식이 사라지면 한국의 역사도 끝이 난다는 것을 밝히고 있는 것이다. 그리고 역사를 버리면 민족이 자기 나라 즉 국가에 대한 관념이 없어진다는 대목은 한국의 역사를 가져야 한국인들이 한국이라는 국가를 지켜낼 수 있다는 사실을 말한 것이다.

신채호 선생은 제국 일본이 한국을 강점해 들어오는 상황에서 민족과 역사, 민족과 국가, 그리고 역사와 국가에 대해 말했다. 우리들은 "민족과 역사"라는 말에 익숙하다. 그런데 "민족과 역사"라는 말은 신채호 선생이 일찍이 했던 말이라는 사실을 알 수 있다.

한편 신채호 선생이 말하는 역사(여기서는 국사, 國史)가 무엇인지도 볼 수 있다. 『대동제국사서언(大東帝國史敍言)』에 「국사는 국민의 필수물」이라는 항목에서 다음과 같이 말했다.

국사(國史)가 있어야 국민이 애조심(愛祖心)도 가질 것이며, 애국심(愛國心)도 가질 것이며, 독립심(獨立心)도 가질 것이며, 진취심(進就心)도 가질지라. … 2천만 국민으로 하여금 어두운 길에서 방황케 하니, 아, 내가 어찌 국사를 저술치 아니하리오. 아, 내가 어찌 국사를 저술치 아니하리오.(『단재신채호전집』 제3권, 2007, pp. 343~344)

그는 국사(國史)를 통해 한국인이 애조심, 애국심, 독립심, 진취심을 갖게 만들려 했던 것을 알 수 있다. 그중 애조심은 개인의 조상을 뜻할 수도 있으나 그보다는 민족의 시조에 대한 것이라고 보여지기도 한다. 그가 말하는 민족 시조는 단군을 의미한다. 그리고 애국심은 대한제국에 대한 것이고, 독립심은 제국 일본의 한국 강점과 한국폐멸에 맞서자는 것이다. 진취심은 한국을 발전시켜 제국 일본의 한국폐멸을 막자는 것이라 생각된다.

신채호 선생은 국사(國史)에 대해 이야기 했다.

우리 4240여 년의 국사가 우리무리를 양성한 까닭이며, 우리 4240여년의 국사가 우리 무리의 속마음을 지배한 까닭이니라. 이 같이 국사의 지배가 없다면 저 한라산의 꾀꼬리같이 홀연히 날아가 중국의 양자강에서 울부짖는 것도 가능한데 … 우리들은 그렇지 않아 살든 죽든 단군(檀君)의 유손(遺孫)이요, 흥하든지 망하든지 대한(大韓)의 국민(國民)이라 하는 국사적(國史的) 사상이 있는 자이니 어찌 가히 그와 같으리오. 그러므로 정치법율의 모든 학문이 없어도 되지만 국사(國史)가 없는 것은 안 되며, 상공미술의 여러 분야 사람들은 모두 없더라도 사가(史家)가 없는 것은 불가하다 하오니 어떤 이유로 그렇다고 하는가. 말하건대 국사가 없으면 국민이 무정신 · 무사상의 국민이 되어 조수(鳥獸)와 거리가 없게 될 것이다(『대동제국사서언』, 『단재 신채호전집』 제3권, 2007, p. 344).

그가 말하는 국사는 우리들을 양성하고 속마음을 지배했다고 한다. 이런 국사의 지배가 없다면 우리 대한의 국민이 정처 없이 헤맬 것이나, 우리들은 국사의 지배를 받아 살든 죽든 단군의 자손이고 흥하든지 망하든지 대한의 국민이라는 국사적 사상이 있는 자라는 것이다. 그러므로 국사가 없으면 안 되고, 역사가가 없으면 안 된다는 것이다. 국사가 없으면 국민이 무정신 · 무사상의 국민이 된다는 것이다.

위와 같이 신채호 선생이 평생 국사(國史)를 연구하여 발표한 데에는 중요한 이유가 있음을 알 수 있다. 그리고 신채호 선생의 한국사 연구는 그 자체가 한국 · 한국인의 독립을 되찾기 위한 무기를 만든 것이었다. 이 같은 역사를 한국독립사학(韓國獨立史學)이라 할 수 있다고 본다.

4. 신채호 선생이 찾았던 것은 한국인 정체성의 원점이었다

신채호 선생이 찾았던 것은 무엇일까? 그는 동국(우리나라)을 개창한 시조가 단군이라고 했다(『독사신론』, 『대한매일신보』, 1908. 9. 2.). 그는 단군을 시조로 하는 부여족을 만들어냈다. 부여족이 세운 나라로는 동부여 · 북부여 · 고구려 · 백제 · 신라 · 가락을 들고 있다(『독사신론』, 『대한매일신보』, 1908. 10. 30.). 우리나라가 부여족의 나라가 된 것은 정신적으로 볼 때는 단군시대에 이미 시작되었고, 실질적으로 애기한다면 삼국 초기에 비로소 명백해졌다고 했다(『독사신론』, 『대한매일신보』, 1908. 11. 3.).

신채호 선생은 단군을 시조로 하는 부여족을 만들어냈고, 그 부여족의 나라로는 한국고대사에 등장하는 부여 · 고구려 · 백제 · 신라 · 가락 등을 모두 포함한 것으로 이야기했다. 그들 여러 나라가 단군을 시조로 하는 부여족이라는 민족의 나라로 본 것이다.

그 결과 후일 신라가 당나라 군대를 끌어들여 고구려와 백제를 멸망한 삼한통합을 이야기할 때, 신라가 이종(異種, 당나라)을 끌어들여 동종(同種)을 멸망시킨 것은 도둑을 끌어들여 형제를 죽인 것과 같다는 주장을 하게 된 것이다. 신라의 삼한통합에 대한 불만을 이야기한 것이다.

여기서 생각할 문제가 있다. 신채호 선생이 만들어낸 것과 같이 부여족이라는 공동운명체가 존재했느냐 하는 것이다. 그러한 공동운명체를 민족으로 볼 수 있느냐 하는 것이다. 역사의 실제는 고구려 · 백제 · 신라 삼국만 해도 공동운명체라는 흔적을 찾기 어렵다. 서로 정복하느냐, 정복당하느냐 하는 관계까지 이르렀던 것이 사실이다.

신채호 선생은 단군을 시조로 하는 부여족의 역사를 강한 것으로, 광대한 것으로, 오래된 것으로 만들어냈다. 그리고 이 같이 과장된 역사를 국사로 만들어 한국인들에게 주입시켜 제국 일본의 한국 강점 · 폐멸을 막아내는 무기로 삼고자 했던 것이다.

신채호 선생은 민족 · 역사 · 국가의 관계를 말하였다. 민족을 버리면 역사가 없어질 것이고, 역사를 버리면 민족이 국가를 잃어버리게 될 것이라 한 것이 그것이다(『독사신론』, 『대한매일신보』, 1908. 8. 27). 그런가 하면 "우리들은 그렇지 않아 살든 죽든 단군(檀君)의 유손(遺孫)이요, 흥하든지 망하든지 대한(大韓)의 국민(國民)이라 하는 국사적(國史的) 사상이 있는 자"라고도 했고 "국사가 없으면 국민이 무정신 · 무사상의 국민"이 된다고도 했다(『대동제국사서언』, 『단재신채호전집』 제3권, 2007, p. 344). 이 같은 주장을 통해 신채호 선생은 한국인이 단군의 자손이라고 한 것을 확인하게 된다. 이는 신채호 선생이 한국인 정체성의 원점을 찾았던 것을 의미한다.

단군은 고조선소국의 건국세력이었다. 후일 고조선 왕국이 성장하며 단군은 그런 고조선 왕국의 시조로 되었다. 현재 한국인 중 고조선 건국세력인 단군을 시조로 하는 성을 가진 씨족을 찾기는 어렵다. 단군을 시조로 한다는 부여족 또는 한민족은 한국인 정체성의 원점을 은폐 · 왜곡하는 주장일 뿐이다.

신채호 선생은 한국인 정체성의 원점을 단군으로 생각해 내는 과정에, 그에게는 신라 오리진의 한국인의 존재는 안중에도 없었다. 그런 면에서 신채호 선생은 한국인 정체성의 원점을 은폐 · 왜곡한 것이 사실이다.

5. 신채호 선생이 만든 역사와 그에 대한 한국사학의 평

거듭 말하지만 신채호 선생은 한국의 독립을 위한 무기를 만들기 위해 역사를 연구했다. 이 같은 신채호 선생의 역사에 대한 본인 자신의 평과 민족주의사학이라고 보는 한국사학의 평을 보기로 한다.

1) 신채호 선생, 그가 만든 역사의 한계를 인정했다

신채호 선생은 스스로 그의 역사에 대해 언급한 일이 있다. 1908년 발표했던 『독사신론』을 1910년 『소년』(1910. 8. 15 발행)에 『국사사론(國史私論) 고대(古代)』(금협산인, 錦頰山人 저)라는 이름으로 다시 내며, 「전재(轉載)하면서」라는 서문을 썼다.

> 이는 순정(純正) 사학의 산물로 보아주기는 너무 경솔하고 그렇다고 순연(純然)히 감정의 결정체라고만하기도 바르지 못한지라 다만 조국의 역사에 대하여 가장 걱정하는 마음을 가지고 그 참과 옳음을 구하여 그 오래 파묻혔던 빛과 오래 막혔던 소리를 다시 들어내려고 온 정성을 다하는 한 소년의 속마음의 부르짖음으로 이에 이를 수록하노라.
>
> 그러므로 과학적 정확에는 기다(幾多)의 미비가 있을 지오 겸하여 논리와 문맥이 정연치 못한 곳이 많으니 이는 분골(奔汩)한 총망(悤忙)한 붓의 어찌하지 못함으로 용서함이 가할 듯.
>
> 이 사람을 지금에 보았으면 그 붓을 한번 다시 놀렸으면, 더욱 그로 하여금 건강한 몸으로 안상(安詳, 성격이 꼼꼼하고 자세함)하게 일하게 할 것 같으면 어떻게 내 마음이 만족함을 얻으리오 두 번 이글을 읽다가 붓을 던지고 무연함을 금치 못하노라.

신채호 선생은 위의 글에서 『독사신론』이나 그것을 전재한 『국사사론』은 순정사학의 산물도 아니고 그렇다고 순전히 감정의 결정도 아니라고 하고 있다. 다만 조국의 역사에 대하여 가장 걱정하는 마음을 가지고 오래 파묻혔던 소리를 다시 드러내려고 이를 수록한다고 했다. 그리고 과학적 정확성에는 다소간의 미비가 있고, 논리와 문맥이 정연치 못한 곳이 있다고 말하고 있다. 신채호 선생은 그 자신 그가 저술하는 한국사에 문제가 있음을 인정하고 있는 것이다.

앞에 제시했던 것과 같이 신채호 선생은 『조선사』(『조선일보』, 1931. 6. 16) 총론에서 자신의 한국사 연구 경과를 밝히고 있다. 신채호 선생은 그가 쓴 『독사신론』을 사평체(史評體)라고 하였다. 『독사신론』과 그 후에 쓰다가 중지한 『대동사천년사』에 대해 논평의 독단과 행동의 대담함을 부끄러워한다고 했다. 이 말이 겸손일까? 그렇지만은 않다고 본다. 사실 나라가 망했는데, 한국의 독립을 되찾아야겠다는 신채호 선생으로서는 무슨 일은 못하였겠는가? 그는 스스로 문제가 있다고 인정했지만, 한국의 독립을 위해 역사를 무기(도구)로 만들어낸 것이다.

다음은 신채호 선생과 사료의 관계를 이야기할 필요가 있다. 이를 위해 그가 『광개토왕릉비』를 직접 찾아갔다는 사실을 주목할 수 있다. 『조선사』(『조선일보』 1931, 6. 16)에 그러한 사정이 나오고 있다.

> 1차 4~5인의 친구와 함께 압록강 상의 즙안현 곧 제2환도성을 잠시 본 것이 나의 일생에 기념할만한 장관이라 할 것이나, 여비가 부족하여 능묘가 모두 몇인가 세어볼 틈도 없이 능으로 인정할 것이 수백이요 묘가 일만장 내외는 될 것이라는 억측을 내렸을 뿐이다. 촌사람이 주은 대나무 잎 그린 금척(金尺)과 그 곳에 머물러 사는 일본인이 박아 파는 광개토비문을 가격만을 물어보았으며 무너진(그 지상에

나온 부분만) 수백의 왕릉 가운데 천행으로 남아있는 팔층석탑 사면 네 모형의 광개토왕릉과 그 오른 쪽의 제천단을 붓으로 대강 그려 사진을 대신하였으며, 그 왕릉의 너비와 높이를 발로 밟거나 신체로 견주어 측량을 대신했을 뿐이다(높이는 십장(十丈) 가량이요 하층의 둘레는 팔십 발이니, 다른 왕릉은 상층이 부서져 높이를 알 수 없으나, 그 아래 둘레는 대개 광개토왕릉과 동일). 왕릉의 상층에 올라가 석주(石柱)가 서 있던 자취와 엎어진 기왓장의 남은 파편과 드문드문 서 있는 소나무와 잣나무를 보고 『후한서』에 '고구려는 … 금 · 은의 재화는 후한 장례에 소진되며 돌을 쌓아 봉분을 만들고 또한 소나무와 잣나무를 심었다.'라고 쓴 간단한 문귀를 비로소 충분히 해석할 수 있었고 '수백원이 있으면 묘 한 장을 파볼 것이며, 수 천원 혹은 수 만원이면 능 한 개를 파볼 것이다. 그리하면 수천 년 전 고구려 생활의 살아있는 모습을 볼 것이다.'

당시 신채호 선생은 『광개토왕릉비』 탁본을 구할 수가 없었던 것이다. 한편, 신채호 선생은 『광개토왕릉비』에 나오는 아리수(阿利水)에 대해 언급을 했다. 『조선사』(『조선일보』, 1931. 6. 17)에서 "예를 들자면 해모수와 유화왕후가 만나던 압록강이 어디냐? 지금의 압록이라 하면 당시 부여 서울인 하르빈과 너무 멀고 다른 곳이라면 다른 곳에 압록이 없어 그 의문을 깨치지 못하였더니, 첫 번째로 광개강토호태왕의 비에 압록강을 아리수라 함을 보고 압록의 이름이 아리 곧 아리(阿利)에서 나왔음을 깨달았다."라 했다.

그런데 『광개토왕릉비』에 나오는 아리수(阿利水)는 영락 6년(396) 광개토왕이 친히 군대를 이끌고 백잔국(百殘國) 즉 백제를 침공했을 때 백제가 맞서 싸우자 광개토왕이 노하여 아리수를 건너 성(백제의 왕성)

을 공격하여 백제왕(아신왕)이 이후 영원히 노객(奴客)이 되겠다고 무릎 꿇고 맹세하였다는 대목에 나오는 강이다. 이 강은 475년 개로왕 때 나오는 욱리하(郁里河)로 현재 한강을 가리키는 것이 분명하다. 신채호 선생은 현재의 한강인 아리수를 압록강이라고 한 것이다. 그는 『광개토왕릉비』를 제대로 검토하지 못했던 것을 알 수 있다.

그런가 하면 신채호 선생은 『조선사』(『조선일보』, 1931. 6. 18)에서 해외 망명 후의 사정을 말하고 있다. "… 그러므로 세세한 고증이 역사상의 대사(大事)가 아니나 도리어 역사상의 대사를 발견하는 연장이라 하겠다. 만일 다시 한걸음 나아가 『훈몽자회(訓蒙字會)』·『처용가(處容歌)』·『훈민정음(訓民正音)』 등에서 고어를 연구하고 『삼국유사』에 쓰인 향가에서 이두문의 용법을 연구하면 역사상 허다한 발견이 있을 것이다. 필자는 일찍이 이에 유의한 바 있었으나 해외에 나온 뒤부터 한 권의 서적을 얻기가 매우 어려워 10년을 두고 『삼국유사』를 좀 보았으면 하였으나 또한 얻을 수가 없었다."라 했다. 『조선일보』에 게재되었던 『조선사』가 저술된 시기는 앞에서 보았듯 1923년경으로 생각되기에, 그 무렵 신채호 선생은 『삼국유사』마저 구할 수 없었던 것을 알 수 있다. 이는 신채호 선생이 한국사를 연구하는 데 기본적인 사료조차 구하기 어려웠던 사실을 보여준다.

2) 신채호 선생의 사학을 민족주의사학이라고 규정한 현대 한국사학

『한국사신론』(1990)에서는 신채호 선생의 역사를 민족주의사학으로 규정하며, 신채호 선생이 말한 역사(정치·경제·문화 등 여러 부문에 걸친 것)를 아(我)와 비아(非我)의 투쟁으로 보았는데 한국사의 경우 주로 한국민족과 이민족의 투쟁으로 파악되며, 그 투쟁은 근본적으로 사상적인 것으로 이해된다고 했다.[217]

『한국사신론』(1990)에서 이 같은 민족주의사학이 한국사의 발전을 민족의 정신적 측면에서 설명하려 한 것이라 했다. 한국사의 근원이 되는 것은 한국민족의 혼(魂)이요 정신이므로, 이 혼이나 정신이 왕성할 때에는 한국사도 찬란한 발전을 하였으나 그것이 약해지면 역사도 또한 약해졌다고 믿었다고 했다. 따라서 비록 국가의 외형은 잃었을망정 그 근원이 되는 혼이나 정신을 지켜 나간다면, 언젠가는 다시 국권을 회복할 날이 온다고 주장하였다고 했다.

『한국사신론』(1990)에서는 실증사학이 한국사의 발전을 어떤 선입견을 가지고 이에 맞추어 보는 것을 반대했다고 하며, 오히려 실증적인 태도로 객관적인 사실을 정확하게 인식함으로써 한국사의 올바른 이해에 접근할 수 있다고 주장하고 있다. 민족주의사학은 민족의 독립운동을 정신적으로 뒷받침하여 주었으며, 실증사학은 한국사학을 독립된 학문으로 정립시키는 데 공헌하였다고 보았다.[218] 여기서 말하는 실증사학은 쓰다 소키치의 주장들을 이어받아 한국 역사학계가 발전시킨 대목이 있는 역사라 하겠다. 그러나 한국인 정체성의 원점과 관련하여 보면 그런 실증사학은 뒤에 보려는 것처럼 그 자체가 본질적 오류를 안고 있는 것이다.

---

217 이기백, 「근대 한국사학의 발전」, 『민족과 역사』, 1978, p. 68.

218 이기백, 『한국사신론』, 1990, pp. 3~4.

『한국사신론』(1990)에 따르면 신채호 선생이 속한 민족주의사학은 민족의 독립운동을 정신적으로 뒷받침해주는 기능을 가졌었으나, 실증사학과 같이 실증적인 태도로 객관적인 사실을 정확하게 인식함으로써 한국사의 올바른 이해에 접근할 수는 없었다는 것이 된다. 필자는 신채호 선생의 역사가 『한국사신론』(1990)의 지적과 같은 평을 받아 크게 잘못된 것이 없다고 인정한다. 신채호 선생 스스로도 자신의 역사를 순정(純正) 사학의 산물로 보지는 않았기 때문이다.

그러나 『한국사신론』(1990)에서 말하는 실증사학 중에는 쓰다 소키치가 내물왕까지(한국인 역사가들은 내물왕 이전까지) 은폐 · 말살한 역사도 도사리고 있는 것이 사실이다. 다름 아니라 내물왕 이전 역사를 은폐 · 말살하는 것을 중심으로 보면 지난 1백여 년간 발전해온 소위 한국 실증사학에는 신채호 선생의 역사보다 더 큰 본질적 오류가 도사리고 있음을 지적할 수 있다. 그렇더라도 실증사학을 신봉하는 역사가들이 신채호 선생이 시작한 "민족의 역사"의 내용을 어떻게든 잇고 있는 것도 사실이다.

6. 단군을 시조로 한다는 민족, 그 민족역사에 대한 제국 일본의 대응

신채호 선생이 말한 민족 · 민족사(민족의 역사) · 민족주의는 순수 학문의 차원에서 보면 문제가 있는 것이 사실이다. 그러나 제국 일본이 한국을 강점해 들어오던 그 시기 한국인으로서 한국의 독립을 지키기 위해 한국의 역사를 활용하는 것을 누가 막을 수 있겠는가? 설령 그렇게 만들어진 한국사가 사실을 밝히는 데에는 문제가 있어도 한국인의 애조심 · 애국심 · 독립심 · 진취심을 키우는 데 기여한다면, 그러한 역사 만들기는 독립운동의 한 형태이고 한국 · 한국인의 독립을 위한 정치적 무기로 충분히 활용된 것이라 하겠다. 필자는 그러한 활동을 한 신채호 선생을 비난할 생각이 없다. 신채호 선생에게 한국사는 독립운동 그 자체였기 때문이다. 신채호 선생의 독립운동의 실체를 밝히는 것이 우리의 사명이라고 본다.

신채호 선생이 만들어낸 단군을 시조로 한다는 부여족의 존재를 인정할 수는 없다고 본다. 그러나 당시 단군을 시조로 하는 민족을 만들어낸 것은 일선동조론을 주장하며 한국인을 폐멸하여 일본인으로 만들려는 정책을 획책하던 제국 일본에게는 그 정책 시행에 큰 걸림돌인 된 것이 분명하다.

여기서 이성시 선생의 「구로이타 가쓰미를 통해 본 식민지와 역사학–『조선사』 편수와 고적 조사를 중심으로–」(『만들어진 고대』, 2001, pp. 209~227)를 보기로 한다. 이성시 선생이 제시한 자료 하나가 주목된다. 1916년 7월 데라우치 마사타케(寺內正毅) 총독의 「조선반도사 편찬 요지」가 그것이다.

> 당시 한국 안팎에서 현재와의 관계를 뺀 종래의 고사(古史)에 의존하여 독립국을 꿈꾸는 저작이나 『한국통사』와 같이 합병을 비판하는 서적이 나돌아 인심을 동요시키고 있다. 이를 절멸시키려고 금지하고 억압하면 오히려 반발을 사게 되므로 공명하고 적확한 역사책을 만들어 이러한 움직임에 대항하는 것이 빠른 길이다. 이것이 『반도

사』를 편찬하는 이유다.

『반도사』 편찬의 주안점은 첫째 일본인과 한국인이 동족임을 명확히 하고, 둘째 고대부터 시대의 흐름에 따라 피폐하고 빈약하게 된 것을 기술하여 합병에 의해 한국민이 행복을 누릴 수 있게 되었다는 점을 논술하는 데 있다.[219]

이성시 선생이 제시한 또 다른 자료를 볼 수 있다. 『조선사』 편수는 1925년에 중대한 전환점을 맞았다며 그 증거로 아나바 이와키치(稻葉岩吉)가 말한 아래 자료를 제시했다.

최근 제창된 단군 신앙은 급속도로 발전하여 이제껏 돌이켜보지 않았던 한국사 연구가 한국인 사이에서 커다란 기세를 형성하고 있다. 이미 일한동원론(日韓同源論) 등으로는 해결할 수 없기 때문에 조선총독부는 적극적으로 『조선사』 편찬을 계획하여 그 정세를 바르게 이끌어 착각이 없도록 노력하는 시기를 가늠, 조선사편수회를 공포하게 된 것인데 그것이 다이쇼(大正) 14년(1925) 봄의 일이었다.[220]

한국을 폐멸시킨 제국 일본으로서는 한국인을 일본인으로 만들기 위한 정책을 폈다. 그런데 그들 일본인들의 말을 통해 한국인 폐멸정책에 걸림돌이 되는 사실이 있었음을 알 수 있다. 조선 고사(古史)에 의존해 독립을 꿈꾸는 저작이 있다는 것이다. 그리고 당시 제창된 단군 신앙이 급속도로 발전하여 그때까지 돌이켜 보지 않았던 한국사 연구

219 조선총독부, 『조선반도사 편성의 요지 및 순서 조선인명휘고 편찬의 요지 및 순서』, 1916, p. 4.

220 이나바 이와키치, 「조선사 연구과정」, 『세계역사대계 11, 조선만주사』, 1935, p. 199.

가 한국인 사이에 커다란 기세를 형성했다는 것이다. 물론 신채호 선생은 단군신앙을 주창하지는 않았지만 1914년에 대종교에 입교한 것을 볼 수 있다. 신채호 선생이 만들어낸 단군을 시조로 하는 민족은 당시 일본인들로서는 한국 폐멸의 걸림돌이 되는 골칫거리였던 것이 틀림없다. 한국인 사이에 단군에 대한 역사가 받아들여지게 되면 일한동원론은 근본적으로 받아들일 수 없게 되었기 때문이다.

그런 면에서 신채호 선생이 만들어낸 한국고대사, 민족 · 민족역사는 한국인들에게 한국의 독립을 꿈꾸는 출발점이자 목표지점이 된 것을 생각할 수 있다. 신채호 선생이 주장했던 국사는 국민의 필수물로 국사가 있기에 국민이 애조심을 갖고, 애국심을 갖고, 독립심을 가지며, 진취심도 가지게 된다고 한 주장은 앞에서 보았다. 신채호 선생의 주장은 결국 국사를 공유한 국민이 국사를 통해 공동체가 된다는 뜻으로 받아들일 수 있다.

신채호 선생의 존재만으로 그런 것은 아니지만, 조선총독부에서는 한국인들이 한국의 고사(古史)를 통해 한국 독립의 꿈을 꾸는 것을 막기 위해 『조선사』를 편찬했던 것을 알 수 있다.

그들이 편찬한 『조선사』는 뚜렷한 목표가 있었다. 1921년에 있었던 구로이타 사쓰미(黑板勝美)의 「조선의 역사적 관찰」(『조선』, 1921. 8)이라는 강연을 소개한 이성시 선생의 말을 들어보겠다.

> 구로이타는 이 강연에서 한국 문명의 기원이 평양지역에 있다는 것과 그곳에 중국 문명이 최초로 이식되었다는 것, 그리고 그 여파로 일부 사람들이 한반도에서 일본 열도로 쫓겨날 수밖에 없었다는 것

등을 말하여 일본의 민족적 기원이 한국에 있음을 강조했다. 또 한편 청일전쟁과 러일전쟁의 경위를 말하면서 합병에 의해 한국 국민이 정말로 완전한 독립 국민이 되었으며, 한국이 일본에 의존하여 개화 · 발전해야 하는 필요성을 역설했다.[221]

1921년대에도 일본인들은 일한동원론을 주장하기 위한 역사를 편찬하려 한 사실을 확인하게 된다. 그들 일본인들에게 신채호 선생의 민족 · 민족역사 · 민족주의는 보통 장애가 된 것이 아니라 생각해 본다.

거듭 말하지만 1905년 을사조약과 1910년 한국폐멸조약으로 한국은 지구상에서 공식적으로 사라졌다. 그리고 한국인도 사라지고 일본인으로 되었다. 1936년 8월 베르린 올림픽에 손기정 선수가 일장기를 달고 출전하여 금메달을 딴 것은 그 하나의 예다. 지금까지도 손기정 선수는 일본인으로 기록되어 있다. 그런데 한국인은 죽지 않았다. 한국인은 살아 있었다. 당시 『조선중앙일보』와 『동아일보』에서는 8월 13일자 신문에 월계관을 쓴 손기정 선수의 사진을 게재하며 유니폼 가슴의 일장기를 지웠다. 결국 이것이 문제가 되어 『동아일보』는 무기정간 되고, 『조선중앙일보』는 자진 휴간했다. 제국 일본의 한국·한국인 폐멸 시기에 한국인들이 이같이 살아 있었던 것은 일본의 신민이 아니라, 신채호 선생이 말한 것과 같이 하나의 시조를 가진 한국민족으로서였다. 이 시기에 한국인을 폐멸 위기에서 구하는 데에 그와 같은 민족사가 만들어낸 민족의식이 중요한 역할을 한 것이 틀림없다. 그런데 올림픽 위원회에서는 손기정 선생을 지금도 일본인으로 기록하고 있는 중이다.

---

221 이성시, 『만들어진 고대』, 2001, pp. 213~214.

7. 신채호 선생이 만든 역사, 현대 한국사학이 이어받은 내용들

신채호 선생의 한국사 연구가 독립을 위한 정치적 목적에서 시작되었음은 앞에서 밝혀 보았다. 그렇기에 학문적으로 소위 실증사학을 중시하는 연구자들은 신채호 선생의 역사연구가 실증사학과 거리가 멀다고 생각하는 것이 사실이다. 그러나 신채호 선생이 재구성해 세상에 내놓은 역사 중 현재도 그 틀을 따르는 주장들이 있다.

첫째, 신채호 선생은 민족(民族)과 역사(歷史) 그리고 국가(國家)에 대해 이야기했다(『독사신론』, 『대한매일신보』, 1908. 8. 27). 또한 우리나라 사람들 가운데 역사를 읽는 사람들은 하나의 큰 미혹에 빠져 있다고 하며, 토지역사가 있음만 알고 민족역사(民族歷史)가 있음을 알지 못하는 것이라 했다(『독사신론』, 『대한매일신보』, 1908. 10. 29).

『독사신론』(『대한매일신보』, 1908. 8. 27)을 세상에 발표한 1908년 이래 한국인들은 "민족"과 "역사"에 대해 남다른 감정을 품고 있었던 것이 사실이다. 그런가 하면 신채호 선생은 민족역사(民族歷史) 곧 민족사(民族史)의 존재에 대해 이야기하고 있다. 1905년 을사조약 체결 이후 제국 일본이 한국을 강점해 들어오는 상황에서 신채호 선생은 국가를 지키기 위한 장치로 민족과 역사, 민족역사를 생각해 냈다. 현재 한국 역사가들이 이야기해 온 민족과 역사 그리고 민족사의 출발점을 신채호 선생에게서 찾아 볼 수 있는 것이다.

둘째, 신채호 선생은 한국사를 부여족의 역사로 보았다. 그는 우리나라의 민족은 단군을 시조로 하는 부여족이라고 했다. 부여족은 역사적 변천을 거쳤다고 한다. 부여족의 시조는 장백산 고원에서 일어나 압록강 중류로 내려와서 부근의 넓은 지역에 흩어져 살았는데 강의 서쪽은 요동이고 강의 동쪽은 조선(평안도, 황해도)이라 했다. 자손이 점차 번성하여 한 갈래는 요동 각 지역에 분포하고 또 다른 갈래는 조선 및 삼한 각 지역에 분포해 토착 야만 종족을 정복·흡수했다고 보았다. 이후 많은 야만 종족이 부여족 세력 밑에 항복하거나 망하고 동화되기도 했는데, 부여족 내부에서 경쟁이 일어나 삼국이 분립하여 싸움이 그치지 않았다고 했다(『독사신론』, 『대한매일신보』, 1908. 8. 30). 이후 북쪽에 있던 민족은 안으로 동족의 침입을 받으며 밖으로 여러 민족의 핍박을 받아서 고구려가 먼저 망하고, 발해가 뒤에 망했다고 보았다(『독사신론』, 『대한매일신보』, 1908. 8. 30).

그는『독사신론』(『대한매일신보』, 1908. 10. 30)에서「부여족대발달시대」라는 제목을 달고, 삼부여가 분립했던 시대부터 삼국 초기에 이르기까지 부여족이 어떻게 번성하고 쇠퇴했으며 우리 부여족이 타족(他族)과 어떻게 관계되는지 상세히 서술하여 (1) 민족주의(民族主義)를 천명하며, (2) 국가정신을 발휘하며, (3) 우리고대사의 빠진 부분을 보충하며, (4) 수천 년 동양 역사상 우리 민족이 처한 위치를 논한다고 했다. 이어지는『독사신론』(『대한 매일신보』, 1908. 10. 31)의 글에서 부여족의 명성이 드날릴 때 우소리강 유역의 두 대국을 세우니 동부여와 북부여이고, 압록강 유역에 한 대국을 세우니 고구려이고, 한강 유역에 한 대국을 세우니 백제이고, 낙동강 유역에 두 대국을 세우니 가락과 신라라고 했다.

동국(東國, 우리나라)이 부여족의 동국이 된 것은 정신상으로 볼 때 단군 시에 이미 시작되었고, 실질적으로 보면 삼국 초기에 비로소 명백히 되었다고 한다(『독사신론』, 『대한매일신보』, 1908. 11. 3).

신채호 선생은 민족, 민족주의를 이야기한 것을 볼 수 있다. 그가 말하는 우리 민족은 단군을 시조로 하는 부여족을 뜻한다. 여기서 주목할 사항은 고구려를 세운 주몽세력이 부여에서 쫓겨난 집단이었고, 백제를 세운 세력도 고구려에서 쫓겨난 집단이고 또 백제의 지배세력 중 해씨세력은 부여에서 온 세력이다. 이렇게 보면 부여족이 널리 퍼져 나라를 세운 사실을 생각할 수 있다. 그러나 고구려나 부여를 세운 건국세력들이 부여에서 온 세력이라 하더라도 그 밖의 많은 사람들은 부여족과 무관하였다고 생각된다. 따라서 한국 고대의 여러 나라들이 부여족의 나라라고 할 수만은 없는 일이다. 또한 단군은 고조선소국을 세운 건국세력일 뿐 한민족 형성과는 거리가 있었다.

셋째, 바로 앞에서 신채호 선생이 한국인의 시조를 단군이라 한 것을 보았다. 『독사신론』(『대한매일신보』, 1908. 9. 2.)에 "우리 동국(東國)을 개창하신 시조가 단군이 아닌가."라 하고 있다. 『대동제국사서언』에서는 "우리들은 …살든 죽든 단군의 유손이오. 흥하든지 망하든지 대한민국이라 하는 국사적(國史的) 사상이 있는 자이니 …"라 했다. 이것은 신채호 선생이 한국인 정체성의 원점을 단군이라 한 것을 보여준다.

신채호 선생은 단군이 숙신족 · 조선족 · 예맥족 · 삼한족을 다스렸다고 했으며, 졸본부여에서 터를 닦아 심양(길림성) · 요동(봉천성) · 조선본부를 정복했다고 주장했다(『대한매일신보』, 1908. 3~4.). 단군이 다스린 종족이 여럿이고, 정복한 지역 또한 넓었다는 주장을 했다.

물론 신채호 선생은 한국인의 정체성을 만들기 위한 역사로서 위의 이야기를 했다. 그런데 이러한 주장은 현재 한국인의 머릿속에 주입된 역사지식의 출발점이 된 것도 사실이다. 현재 고등학교 한국사 교과서 중 단군을 민족의 시조라고 하고 있는 책은 없다. 그러나 1949년 이래 매년 10월 3일 거행되는 개천절 기념식에서 부르는 개천절 노래에 "이 나라 한 아버님은 단군이시니"라는 구절은 한국인 모두의 머릿속에 각인된 내용이다. 이 나라(대한민국)의 한 아버님(시조)는 단군이라는 것이다. 이는 1945년 광복 후 서울대 사람들이 단군신화를 역사적 사실(史實)로 보지 않은 것과 달리, 대한민국 정부가 단군을 민족의 시조로 삼는 개천절 행사를 주최해왔다. 이 같은 개천절 행사의 밑바닥에는 신채호 선생이 주장한 단군을 시조로 한다는 민족에 대한 역사도 들어 있는 것을 생각할 수 있다.

넷째, 신채호 선생은 단군과 기자를 구별하여 기자를 한국사에서 제외했다. 그는 단군을 적통으로 이어지는 종족은 부여왕조가 분명하다고 했다. 설혹 당시 우리나라에 열나라 백 나라가 있다 해도 주족(主族) 즉 중심 종족은 부여(족)이다. … 부여는 당당하게 단군의 정통을 이은 종족이거늘 부여에 대해서는 한자 한귀절도 언급하지 않고 기자(箕子)만 칭찬하니 그 무식함이 어찌 이에 이르렀는가. … 소위 민족주의(民族主義)는 말하지 않는다고 했다(『독사신론』, 『대한매일신보』, 1908. 9. 8).

또한 기자는 단군의 후예를 대신한 것도 아니고, 기자를 국인(國人)들이 받들어 세운 것도 아니며(『독사신론』, 『대한매일신보』, 1908. 9. 13), 기자 당시 은 유민(遺民) 5천을 거느리고 평양지역에 백리를 넘지 않는 땅을 차지해 정치를 폈으나 단군 후손인 부여왕조의 명령을 받았다고 했다(『독사신론』, 『대한매일신보』, 1908. 9. 15). 현재 기자(箕子)를 한국사에서 제외하는 것은 당연한 일이 되었다. 이와 관련하여 신채호 선생도 그런 주장을 했다는 사실을 인정할 필요가 있다고 본다.

다섯째, 신채호 선생은 고구려 · 백제 · 신라를 단군의 자손으로 동종(同種)이라 했다. 그는 『독사신론』에서 삼국은 동종으로 형제와 같다고 하였다(『대한매일신보』 1908. 12. 3). 신채호 선생이 말한 동종(同種)은 현재 동족(同族)으로 부르는 것이다. 그런데 삼국의 사람들은 서로 동종 · 동족이라는 개념이 없었다. 그들을 동종 · 동족으로 만든 것은 신채호 선생을 포함한 근현대 한국사학을 이끈 역사가들이었던 것이다.

여섯째, 백제와 고구려를 정복한 김춘추에 대해 신채호 선생은 신랄하게 비판을 했다. 신채호 선생은 『독사신론』(『대한매일신보』, 1908. 12. 3~4)에서 「김춘추의 공죄(功罪)」라는 제목 아래 다음과 같은 주장을 했다.

> 이종(異種, 다른 종족 또는 다른 민족)을 불러들여 동종(同種)을 멸함은 도둑을 끌어들여 형제를 죽이는 것과 다를 바 없다. … 신라의 역대 왕들은 항상 외국의 원조를 이용하여 고구려 · 백제를 없애고자 했다. … 태종대왕 김춘추에 이르러서는 이 일을 위하여 마음과 힘을 다하며 솜씨를 다 쓰고 끝내 이 일을 성취한 후에 득의만만하게 외쳤던 자이다. 혈기가 반 정도라도 있는 자이면 그를 매도함도 가하고 꾸짖고 배척함도 가하거늘 오늘날 본말을 따지지 않고 단지 동국(東國) 통일의 단서를 연 임금이라 말하니 … 동국을 통일한 공으로 그 죄를 덮을 수는 없는 일이다.

신채호 선생은 신라의 삼한통합에 대하여 비판을 하고 있다. 한국을 강점해 들어오는 제국 일본을 물리치기 위한 표상으로 신라의 삼한통합과 그중심에 있던 김춘추를 무섭게 비판한 것이다. 그러한 이유로 신채호 선생은 단군을 통일의 군주로 보았고, 김춘추를 칭찬한 역사가들에 대해 비판한 것을 볼 수 있다.

그러나 이 같은 신채호 선생의 비판을 보며 우리가 생각할 문제가 있다. 자기 나라를 멸망시키려 쳐들어오는 외국 군대를 물리치기 위해 또 다른 외국 군대를 끌어들이는 일이 잘못된 것만은 아니다. 그런데 신채호 선생은 그때 제국 일본의 침략을 막기 위해 신라가 당나라를 끌어들인 것을 마치 을사오적이 일본을 끌어들인 것처럼 본 것이다.

당시 고구려 · 백제 · 신라사람들은 단일민족이라는 의식이 없었다. 그들은 단군의 자손이라는 생각을 하지 않았다. 그런데 근현대 한국사학을 만든 역사가들이 삼국 사람들을 단일민족이라고 본 것이다. 그들 삼국 사람들은 목숨을 건 전쟁을 벌이며, 정복하느냐 정복당하느냐 하는 역사적 기로에 섰던 사람들이다. 그런 상황에서 김춘추는 당나라 군대를 끌어들여 삼한통합을 하고, 신라를 지켜냈다. 그 결과 현재 한국인 중 신라인을 시조로 하는 성을 가진 씨족의 성원들이 다수가 된 것이다.

일곱째, 신채호 선생은 발해(渤海)를 한국사에 포함시켜야 한다고 하였다. 그러면서 김부식을 발해를 한국사에서 뺀 역사가라고 비판하였다. 『독사신론』(『대한매일신보』, 1908. 12. 8)의 「발해의 존망」이라는 항목에서 우리나라 압록강 서쪽을 포기하여 적국에 물려준 일이 어느 때부터였는가 물으며, 그것은 김부식이 『삼국사기』를 편찬하던 때부터 비롯되었다고 하였다. 왜 그러한가. 발해의 대씨의 전해 내려오는 혈통을 미루어 보건대 곧 우리 단군의 자손이며 그들이 통치했던 백성을 물어보면 곧 우리 부여의 종족이요, 그들이 차지했던 강토는 곧 고구려의 옛 강토이니 대씨를 우리 국사에 저술치 않으면 어느 국사에 저술할 것인가 했다. 그런가 하면 신채호 선생은 고구려를 우리 역사에 넣은 이유가 평양에 도읍했기 때문이라 했다. 그리고 수백 년 동안 우리 역사가들이 오로지 김부식의 속임수로 말미암아 발해 역사가 우리 역사에 보이지 않는 것이라고도 했다. 그러나 발해가 단군의 자손이라는 근거는 없다.

안정복의 『동사강목』에는 "발해를 우리 역사에 수록하는 것은 부당하다(渤海不當錄于我史)"라고 나온다. 그런데 발해를 끌어들여 한국사로 만드는 일은 현재도 진행되고 있다. 역사 속의 한국을 강한 것으로 만들어 한국인의 자긍심을 높이기 위한 목적에서다.

해방 후 한국사 교과서에서 발해를 한국사로 다룬 것은 사실이다. 다만 통일신라를 다루는 과정에 부록 정도로 다루었다. 그러던 것이 2002년 제7차 교육과정에 의하여 편찬된 국정교과서 고등학교 『국사』에서는 남북국시대라 시대를 설정하여 대신라(소위 통일신라)와 발해를 대등한 비중을 두게 되었다. 이것은 손진태 선생이 1948년 발해는 물론이요, 금국(金國)까지 조선사에서 취급해야할 것이라고 한 말[222]의 한 부분을 성취한 것을 뜻한다.

222 손진태, 『조선민족사개론』, 1948; 『한국민족사개론』, 1979, pp. 229~230.

발해가 과연 한국사에 들어와야 하는가는 생각할 문제다. 특히 발해를 세웠던 말갈족은 고구려인과 다른 종족이다. 그런가 하면 발해는 중국의 역사도 아니다. 『북사』「열전」 82에는 고구려 · 백제 · 신라 · 물길(勿吉)이 들어 있는데 물길에 대한 기록 중 "언어가 홀로 다르다(언어독이(言語獨異)라 나오고 있다. 물길은 말갈과 같은 세력이다. 그런데 그 언어만 고구려 · 백제 · 신라와 달랐던 것을 알 수 있다. 따라서 필자는 발해를 말갈족 그들의 나라로 보아야 한다고 생각해 왔다. 이는 중국의 동북공정에서 말갈족의 발해를 중국사에 끌어들이는 것이 잘못이라는 사실을 밝히는 근거가 되기도 한다고 본다. 여하튼 우리는 발해를 한국사에 끌어들인 근대 역사가의 한 분이 신채호 선생이었다는 사실을 인정할 필요가 있다.

여덟째, 신채호 선생은 『독사신론』(『대한매일신보』, 1908. 9. 3)에서 단군이 숙신족 · 조선족 · 예맥족 · 삼한족을 다스렸다고 했다. 만일 전체적 통일을 찾는다면 단군 이후에 보이지 않는다고 했다(『독사신론』, 『대한매일신보』, 1908. 12. 6). 물론 단군이 위와 같은 통일을 했다는 사실은 인정할 수 없는 일이다. 단군은 고조선소국을 세운 세력일 뿐이다. 그러나 신채호 선생은 한국사를 오래되었고, 자랑스럽고 강했던 역사를 만들기 위해 단군을 등장시킨 것이다. 그렇게 하여 오래된 민족, 자랑스러운 민족, 강한 민족을 만들려고 했다. 그런 역사를 가지고 한국 · 한국인을 제국 일본의 강점으로부터 지켜내는 무기로 삼으려 했다.

아홉째, 신채호 선생은 한국사상 위대한 영웅을 찾았다. 신채호 선생은 1908년 『을지문덕』을 발간하였고, 『대한매일신보』에 『성웅 이

순신』을 연재했다. 1909년에는 『동국거걸 최도통』을 『대한매일신보』에 게재했다. 이는 위기에 처한 나라를 구한 인간상을 그려내 문약을 배격하고 무풍(武風)을 떨치도록 하기 위한 것이었다.[223]

끝으로 신채호 선생은 민족 · 민족역사 · 민족주의 · 국가정신 등의 용어를 사용했다. 이러한 용어는 현재 우리들이 사용하는 용어들의 출발점이 된 것을 알 수 있다.

신채호 선생이 만든 역사의 유산이 많다. 그중 몇 가지만 보았다. 물론 현재 한국사학이 받아들이지 않는 내용들이 있다. 한국사를 단군을 시조로 한다는 부여족의 역사로 본 것, 부여족이 명성을 드날릴 때 동부여 · 북부여 · 고구려 · 백제 · 신라 · 가락이 있었다고 하는 주장 등은 받아들일 수 없는 주장들이다.

그러나 몇 가지는 버전을 달리 하여 지금도 이어지고 있는 것을 볼 수 있다. 부여족을 빼면 그저 단군을 한국인의 시조로 본 주장은 한국인의 역사의식 속에 들어가 있는 것이 사실이다. 그리고 단군과 기자를 구별하고, 기자를 한국사에서 제외한 주장은 지금 한국사 연구자들이 받아들이고 있는 것이 사실이다. 고구려 · 백제 · 신라를 단군의 자손이라 한 것을 제외하면 삼국을 · 동족의 나라, 형제의 나라로 본 것은 현재 한국인의 역사의식의 출발점이 되기도 했다.

신라의 삼한통합을 비판하고 김춘추를 당나라 군대를 끌어들였다고 비판한 것은 현재 한국사학계가 갖고 있는 역사인식과도 같은 것이다. 그리고 신채호 선생이 발해를 한국사에 포함시켜야 한다는 것도

223 임중빈, 「단재 신채호 연보」, 안병직 편, 『신채호』, 1979, p. 231.

현재 한국사학이 받아들이는 주장이다. 거기에 더하여 민족과 역사 그리고 국가, 민족 · 민족역사 · 민족주의 · 국가정신 등의 용어도 신채호 선생이 이미 사용한 것이다.

이렇게 보면 현대 한국사학이 만들어낸 한국고대사의 적지 않은 부분을 신채호 선생에게 빚지고 있는 것을 알 수 있다. 사실 필자는 신채호 선생에 대한 평을 하고 싶지 않다. 그 스스로 그의 역사를 순정사학이 아니라고 했기 때문이다. 다만 단군을 시조로 한다는 민족을 만들어 한국인의 역사의식으로 주입한 것은 한국인 정체성의 원점을 왜곡한 것이고 신라 오리진의 한국인 정체성에 상처를 준 것은 사실이라는 생각이다.

2장

해방(광복) 후 서울대학파의 망상사학에게 상처받은 신라와 한국인 정체성의 원점

2장

해방(광복) 후 서울대학파의 망상사학에게 상처받은 신라와 한국인 정체성의 원점

망상(妄想)은 "이치에 어그러진 생각", 또는 "근거 없는 일을 굳게 믿음"을 뜻한다. 1945년 8월 15일 해방(광복)과 동시에 전개된 한국망상사학의 정체를 보기로 한다. 한국은 해방되었는데, 한국 역사학계가 해방되지 않았기 때문이다. 제국 일본이 한국을 폐멸시켰던 시기에 만들어진 한국사가 객관적인 역사로 만들어졌는지 따져 보았어야 했다. 그러나 한국사학계는 필연적으로 거쳤어야 할 이 같은 작업을 스스로 포기했다. 바로 이 때문에 한국인 스스로 신라의 역사에 커다란 상처를 안겨준 것이 사실이다.

누가 무어라 해도 지금까지 한국고대사의 기준을 만들어온 세력은 서울대학파들이라 할 수 있다. 그중 1세대 연구자들이 민족과 실증을 내세우며 만들어낸 한국고대사는 내물왕 이전 역사를 말살하며, 한국인 정체성의 원점을 왜곡 · 은폐하고 있는 중이다. 해방 후 한국사학을 장악한 1세대 연구자의 대표적인 예로 이병도와 손진태 선생을 들 수 있다. 그들은 쓰다 소키치의 주장을 따라 신라 내물왕 이전 역사를 침묵시켰다. 이것이 필자가 서울대학파가 학문적 고립을 자초한 그러한 역사 날조와 전쟁을 벌이지 않을 수 없는 이유라 하겠다.

주목할 사실이 있다. 현대 한국사학을 만든 주역인 이병도 선생은 20살에, 손진태 선생은 24살에 일본 와세다대학에서 역사를 공부하기 시작했다. 그때 와세다대학에는 한국사과목이 개설되지 않았다고 한다. 따라서 이들은 일본사과목을 통해 한국사에 대해 알게 되었고, 역사 연구방법을 배우게 되었다. 당시 쓰다 소키치 같은 역사가에게 한국사는 존재하지 않았다. 일본황국사관과 한국폐멸사학을 동전의 양면처럼 갖고 있던 쓰다 소키치에게 한국사는 일본사를 날조하기 위한 제물이었을 뿐이다. 그런 쓰다 소키치의 날조사학을 "오리의 각인"으로 받아들인 역사가들이 바로 와세다대학 유학생들이었다.

실제로 한국인 정체성의 원점과 관련하여 보면, 그들이 말하는 실증사학이라는 용어는 제국 일본의 한국폐멸사학을 이어받은 그들의 문제를 은폐하는 수단이 된 것이다. 그들은 객관적 역사연구와는 무관하게 실증사학이라는 용어를 이용하여 그들의 연구에 대해 누구도 이의를 제기할 수 없도록 만든 것이다. 제국 일본의 역사가는 한국인 폐멸을 위해 한국인 정체성의 원점을 말살하는 역사 날조를 했는데, 서울대학파는 그것을 진리라고 받아들인 것이다.

2세대 연구자는 식민사학의 청산을 외쳤으나 민족 · 민족사와 내물왕 이전 역사 말살을 통해 한국인 정체성의 원점을 은폐 · 왜곡하기는 마찬가지다. 그들 중에는 민족 · 역사 · 진리를 삼위일체로 만들어, 누구도 그들이 만든 역사에 대해 이의를 제기하지 못하게 만들기도 했다.

3~5세대 연구자들의 중심에는 서울대의 석사 · 박사학위논문을 시작으로 그들의 이론을 펼쳐온 예들을 주목할 수 있다. 그 결과 이들 3~5세대 연구자들은 쓰다 소키치가 『삼국사기』「신라본기」 내물왕까지의 기록이 조작된 것이라는 주장의 틀을 깨지 않고 화사첨족(畵蛇添足)의 역사를 만들고 있는 중이다.

해방 후 전개 된 한국고대사 연구 그중에서도 한국인 정체성의 원점이 있는 내물왕 이전 역사에 대해 서울대학파는 그 누구도 쓰다 소키치가 만든 함정을 벗어나지 못한 것이 사실이다. 이렇게 보면 신라의 역사 나아가 한국고대사는 서울대학파가 만들어낸 것과 달리 전면적으로 새롭게 보아야 한다. 이를 위해 이 책의 1부 2장을 설정하여 1945년 해방 이후 만들어진 한국고대사의 문제를 밝히고 나아가 새로운 패러다임의 한국고대사를 재구성할 필요성을 밝히고자 한다.

필자는 쓰다 소키치의 kids들인 1세대 연구자들 그리고 1세대 연구자들의 kids들인 2~5세대 역사가들을 인간적으로 비난하자는 것이 아니다. 그들의 한국사연구에 대한 열정을 높이 평가한다. 그러나 한국인 정체성의 원점과 관련하여 그들의 학문적인 주장 중 쓰다 소키치의 날조사학 · 한국폐멸사학에서 출발한 1~2세대 연구자들의 역사만들기를 망상사학이라 부를 수 있다고 보며, 그러한 망상사학에서 출발한 3세대 이후 연구자들의 역사만들기를 화사첨족(畵蛇添足)의 사학 줄여서 사족사학(蛇足史學)이라고 불러 좋은 면이 있다고 본다. 현재 한국고대사 연구는 그런 사족사학이 지배하는 현실을 보게 된다. 2장에서는 해방 후 한국사학을 장악해온 서울대학파가 만든 역사 중 한국인 정체성의 원점에 대한 연구와 거기서 출발한 여러 문제들을 비판적으로 보기로 한다.

한국인 정체성의 원점과 관련하여 보면, 쓰다 소키치는 한국사 날조자라 할 수 있고, 해방 후 한국인 역사가들은 그 추종자들이라 할 수 있다.

1절

이병도 선생의 실증사학에게 상처받은 신라와 한국인 정체성의 원점

1절

이병도 선생의 실증사학에게 상처받은 신라와 한국인 정체성의 원점

해방 후 현대 한국사학을 독립된 학문으로 만든 연구자 한 사람을 들라면 누구를 들어야 할까? 필자는 이병도(1896~1989) 선생을 들 수밖에 없다고 본다. 그의 공적은 대한민국이 인정하는 사실이다. 서울대학교 교수, 학술원 회장, 문교부장관을 지낸 것만으로도 그는 대한민국을 위한 역사가였던 것을 알 수 있다. 필자도 누구보다 이병도 선생의 공적을 인정한다.

그러면서도 필자는 한 가지는 문제 삼지 않을 수 없다. 바로 『삼국사기』「신라본기」의 내물왕 이전 기록을 진위반잡의 기록이라고 한 것이다. 이는 이병도 선생이 『삼국사기』「신라본기」의 내물왕 이전 기록을 믿을 수 없다고 한 것인데, 이 같은 주장은 지금까지 한국고대사 연구의 기준이 된 것이 사실이기 때문이다. 이것이 한국망상사학의 출발이었다.

이병도 선생의 주장 중 한국인 정체성의 원점과 관련된 문제를 지적하지 않을 수 없다. 이병도 선생은 쓰다 소키치의 한국폐멸사학을 비판 없이 이어 받았다는 것이다. 더 문제가 되는 것은 서울대의 제자들이 몇 세대에 걸쳐 하나의 길드(guild)를 만들어 쓰다 소키치, 이병도 선생으로 이어지는 『삼국사기』「신라본기」 초기기록에 대한 사료비판을 이어받아 지금까지 한국고대사를 만들고 있고, 한국인 정체성의 원점을 왜곡 · 은폐하고 있다는 사실이다.

한국인 정체성의 원점과 관련하여 이병도 선생이 이끌어온 한국사학은 "망상하는 역사"를 만들어온 것이다. 더욱이 그들 서울대학파들이 만든 한국인 정체성 원점 왜곡에 대한 역사가 교과서 한국사에 들어 있으며 한국인의 역사지식과 역사의식을 만들고 있다는 것을 생각하지 않을 수 없다. 신라의 역사 나아가 그 안에 있는 한국인 정체성의 원점에 대한 역사는 한국망상사학에 의하여 치유될 수 없는 상처를 입고 있는 중이기 때문이다.

물론 1945년 해방 후 한국인 정체성의 원점을 찾는 일은 현대 한국사학을 이끌어온 한국인 역사가들에게 중요한 문제가 되지 않았다. 제국 일본은 한국인을 일본 천황을 종가로 하는 일본민족으로 만드는 데 천황만큼이나 오랜 역사적 전통을 가진 종성과 육부성으로 이루어진 씨족이 걸림돌이 되었던 것과는 다른 상황이 된 것이다. 해방된 한국에서 한국인 정체성의 원점이 있는 내물왕 이전 역사를 은폐 · 말살 · 왜곡해도 한국인의 존재가 없어지는 일은 더 이상 벌어지지 않게 되었기 때문이다. 이에 신라 내물왕 이전 역사를 은폐 · 말살해도 아무런 문제가 생기지 않았다. 오히려 그것을 존경하는 쓰다 소키치의 주장을 이어받은 것으로 생각하게 되었다.

필자는 이병도 선생과 아주 조그만 인연이 있다. 필자는 1987년에 「신라 골품신분의 편성」이라는 논문을 『이병도박사구순기념한국사학논총』에 게재한 바 있다. 이기백 선생이 갑자기 논문을 게재하라는 말씀을 하셔서, 마침 준비된 논문이 있어 제출했던 것이다. 다행스러운 일은 필자가 이병도 선생의 제자가 아니었다는 것이다. 그렇기에 쓰다 소키치에서부터 시작된 "그들이 만든 역사"의 한국고대사 패러다임과 무관하게 "우리를 만든 역사"를 탐구할 수 있었던 사실을 생각해 본다.

1. 이병도 선생은 한국 실증사학의 대명사인가?

필자가 아니라도, 이병도 선생을 존경하는 역사가들은 얼마든지 있다. 다시 말하자면 이병도 선생은 한국 역사학계의 태두라고 한다.[224] 이 말은 사실이다. 그러나 한국인 정체성의 원점과 관련된 문제에서도 과연 그럴까 질문을 하게 된다. 이병도 선생의 실증사학과 관련하여 주목하기로 한다. 이와 관련하여 이기백 선생의 말을 들어보자.[225]

> 두계 이병도 선생은 일생을 오로지 학문 연구에만 전념한 학자였다. 선생은 한국사를 전공한 사학자로서, 실학의 전통을 계승하여 한

224 민현구, 「이병도」, 『한국사 시민강좌』 24, 1999, p. 126.

225 이기백, 「이병도 선생 추념사」, 『한국사산고』, 2005, pp. 361.~362.

국사의 진실을 객관적으로 그리고 합리적으로 구명하는 데 전력을 기울였다. 단순히 정확한 문헌고증에만 힘을 기울이는 것이 아니라, 세계사와의 비교를 통해서 보편타당한 결론에 도달하도록 노력하였다. 선생은 학문적 업적을 평가하는 기준을, 주의 · 주장을 넘어서, 오로지 그 연구가 객관적인 합리성을 지니고 있는가에 두고 있었다.

이러하였으므로 선생은 우리의 근대사학에서 실증사학을 대표하는 학자로 지칭되었고, 두계사학이라면 곧 실증사학을 말하는 대명사같이 되었다. 해방 이후 선생께서 대학의 강단을 지키며 많은 제자를 길러냄으로 해서 한국사학의 기반이 든든해졌다고 할 수가 있다. 선생이 한국사학을 객관적이고 합리적인 실증의 터전 위에 세우려고 한 기본정신이 계승되어 왔기 때문이다.

이미 이야기한 바와 같이 실증사학이란 객관적이고 합리적인 방법으로 역사를 연구해야 한다는 방법론을 강조하는 것이다. 그러므로 그것만으로는 역사학이 학문으로서 완성되는 것이 아니다. 그러나 객관적이고 합리적인 고증을 거치지 않으면 그것은 이미 학문일 수가 없다. 오늘날과 같이 신화를 역사적 사실로 받아들여야 한다는 것을 민족의 이름을 빌어 정신적 협박을 가한다든가, 혹은 또 일정한 목적을 위하여 역사적 사실을 왜곡하는 경향이 확대되어 가는 현실 속에서, 객관적이고 합리적인 사실고증은 역사학을 학문으로서 지켜 가는 마지막 보루와 같이 되었다. 이 보루가 무너지는 날은 곧 한국사학 자체가 무너지는 날이다. 그러므로 선생이 남긴 근본정신이 오늘의 한국사학에 확고하게 살려져야 한다고 생각하는 것이다.

그러면 과연 이병도 선생은 한국고대사를 객관적이고 합리적인 방법으로 다루었을까? 그는 제국 일본의 황국사관과 한국폐멸사학의 관점을 가지고 한국고대사를 다루었던 쓰다 소키치와 무관한 주장을 폈을까? 그렇지 않다. 이병도 선생은 쓰다 소키치의 주장을 거의 그대로 받아들여 신라 내물왕 이전 역사를 만들어냈고, 그런 주장을 지금까지도 서울대학의 많은 제자들 또 그 제자들의 제자들이 대를 이어 추종해 왔다는 데 문제가 있다.

1945년 해방공간에서 제대로 된 한국사 개설서의 출간은 쉬운 일이 아니었을 것이다. 그러나 『국사개설』(1954)에서는 신라 내물왕 이전 역사에 대하여 이병도 선생의 「삼한문제의 신고찰」(『진단학보』 6~9, 1936)의 내용을 추종하고 있는 것을 볼 수 있다.[226] 삼한에 대해 다룬 이 논문은 쓰다 소키치의 주장을 이어받아 만들어진 것이 분명하다.

쓰다 소키치의 주장을 따랐던 이병도 선생에 대한 비판: 1945년 해방공간에서 이병도 선생의 주장은 한국고대사 연구의 패러다임으로 받아들여졌다. 일찍이 이병도 선생에게 붙은 한국 실증사학의 대명사라는 평가는 오히려 이병도 선생이 신라에게 상처를 입힌 역사를 만든 것까지 문제 삼지 말라는 것을 의미하는 것이라 생각된다. 특히 이 책에서 다루는 신라 내물왕 이전의 역사에 대해서는 해방 당시부터 지금까지 달라진 것이 없는 실정이다. 그런데 이병도 선생의 주장은 원래 쓰다 소키치의 주장과 다를 것이 없다. 그 예로 17대 내물왕을 신라의 국가(고대국가)적 건설의 태조(太祖)라고 보고 싶다고 한 것을 들 수 있다.[227] 이는 쓰다 소키치가 1919년에 주장한 『삼국사기』 「신라본기」 내물왕까지 기록을 가공(架空)의 산물로 본 데서 출발한 것이다. 왕의 세

---

226 서울대학국사연구회, 『국사개설』, 1954(5판), pp. 81~89.

227 이병도, 『한국사 고대편』, 『두계이병도전집』 2012, pp. 351~352.

차(世次) 즉 왕위계승 자료조차 믿지 않는 것이다. 이는 신라 내물왕까지(이병도 선생은 내물왕 이전) 역사에 대한 쓰다 소키치가 주장한 것과 다를 것이 없다.

비록 한국사의 작은 한 부분이라 하겠지만, 이 같은 문제를 인정하면 이병도 선생은 역사학을 학문으로서 지켜가는 마지막 보루라고 하는 객관적이고 합리적인 사실고증을 원천적으로 포기했던 것을 의미한다. 물론 해방공간에서 제국 일본의 한국 폐멸정책에 의하여 무너져버린 한국사를 되살리는 수많은 작업 중 이 책에서 다루는 한국인 정체성의 원점에 대한 역사 하나를 바로 세우지 않았다고 이병도 선생의 공적이 모두 소멸되는 것은 아니다.

다만 필자는 이병도 선생의 『삼국사기』「신라본기」 내물왕 이전 기록에 대한 관점을 누군가는 비판하지 않을 수 없다고 본다. 신라의 역사 앞부분 수백 년의 역사, 상처받은 역사를 살려내고 한국인 정체성의 원점을 살려내기 위해서다.

2. 이병도 선생의 학문적 배경, 쓰다 소키치와의 관계는?

이병도 선생은 쓰다 소키치의 주장에서 출발하여 신라의 역사를 만들어냈다. 첫째, 『삼국사기』「신라본기」 내물왕 이전 기록에 대한 쓰다 소키치의 사료 비판과 틀이 같다. 둘째, 『삼국지』「동이전」 '한조'를 근거로 하여 "삼한론(三韓論)"을 폈다.

그는 내물왕 이전 신라는 부족연맹국가,[228] 부족연맹사회,[229] 원시국가시대,[230] 부족정치시대,[231] 백제의 경우는 부락국가,[232]라는 표현을 쓰기도 했다. 부락국가의 부락이라는 용어는 쓰다 소키치가 3세기의 신라는 진한 12국 중 1국에 지나지 않는 소부락(小部落)이라 한데서 나온 것일 수 있다.[233] 이병도 선생 또한 삼한론을 펴며 3세기에는 변진 20여 국 중 한 소국으로 있었다고 했다. 쓰다 소키치가 말한 소부락의 부락(部落)은 이병도 선생이 말한 부락국가와 통하는 용어라 하겠다.

그런가 하면 삼한 70여 국(國)의 정치형태는 아직 부락공동체의 원시상(原始相)을 벗어나지 못하였으나, 제(祭) · 정(政)만은 확실히 분리된 감이 있다고 했다.[234] 여기서 말하는 부족국가는 신라가 이웃한 소국을 정복하기 이전 정치형태를 말하는 것이라 하겠다. 부족국가라는 용어는 1945년 8월 이후 한국 역사학계가 일정 기간 동안 사용한 용어가 되기도 했다.[235]

셋째, 신라가 진한의 소국들을 정복한 시기에 대한 견해들을 비교할 수 있다. 쓰다 소키치는 『삼국사기』 「신라본기」 파사왕대에 음즙벌국을 토벌하고 실직과 압독의 항복을 받고 비지와 초팔국을 병합하고

228 이병도, 『한국사 고대편』, 『두계이병도전집』 2, 2012, p. 319.

229 이병도, 『한국사 고대편』, 『두계이병도전집』 2, 2012, p. 324.

230 이병도, 『한국사 고대편』, 『두계이병도전집』 2, 2012, p. 325.

231 이병도, 『한국사 고대편』, 『두계이병도전집』 2, 2012, p. 326.

232 이병도, 『한국사 고대편』, 『두계이병도전집』 2, 2012, p. 305.

233 津田左右吉, 이부오 · 장익수 역, 「『삼국사기』 「신라본기」에 대하여」, 『신라사학보』 15, 2009, p. 259.

234 이병도, 『한국사대관』, 『두계이병도전집』 1, 2012, p. 83.

235 이기백, 『한국사신론』, 1967, pp. 21~22.

벌휴왕 때 조문국을 정벌하고 조분왕 때 감문국을 평정했다는 기록은 『삼국지』「동이전」 '한조'의 기록과 위배된다고 하여 신라의 그러한 소국 정복 사실을 인정하지 않았다.[236] 쓰다 소키치는 신라가 실제로 진한 지방을 통일했던 시기를 4세기 전반의 흘해왕 대(310~356)로 보았다.[237] 이병도 선생은 내물왕 대에 이르기까지 신라는 이웃한 소국들을 병합하지 않았던 것으로 보았다.[238] 어찌 보면 이병도 선생이 쓰다 소키치보다 신라의 진한소국 정복 시기를 늦추어 보는 것이기도 하다.

3. 신라에게 상처를 입힌 이병도 선생의 실증사학

한국인 정체성의 원점을 은폐한 이병도 선생: 이병도 선생은 쓰다 소키치가 발명한 신라 내물왕까지의 역사 은폐·말살을 이어받았다. 다만 내물왕까지가 아니라 내물왕 이전까지로 그 말살 시기를 올렸고,[239] 필요에 따라 그 이전 자료들을 이용하였던 것도 사실이다. 그러나 기본적으로 내물왕 이전 역사를 왜곡한 것은 사실이다. 이병도 선생은 1934년 진단학회를 창립했을 때부터 시작하여 1945년 해방 이후에도

236 津田左右吉, 이부오·장익수 역, 「『삼국사기』「신라본기」에 대하여」, 『신라사학보』 15, 2009, p. 262.

237 津田左右吉, 이부오·장익수 역, 「『삼국사기』「신라본기」에 대하여」, 『신라사학보』 15, 2009, p. 264.

238 이병도, 『한국사 고대편』, 『두계이병도전집』 2, 2012, pp. 353~354.

239 이병도, 『한국사 고대편』, 『두계이병도전집』 2, 2012, pp. 326~327.

이 같은 역사를 만들었다. 그러나 해방 후 이병도 선생이 한국 역사학계를 장악하게 되며, 신라 내물왕 이전 역사를 은폐 · 말살하는 것은 당연한 일로 여겨지게 된 것이다.

한국사학에서는 그 빈 자리에 단군을 시조로 한다는 민족이 자리잡기도 했다. 그러나 민족은 20세기 초 제국 일본이 한국을 강점 · 폐멸해 들어오는 상황에서 한국인에게 독립심을 길러주기 위한 정치적 목적에서 만들어진 역사이며, 역사적 사실 자체를 밝히자는 것은 아니었다. 내물왕 이전 역사를 은폐한 이병도 선생으로서는 한국인 정체성의 원점에 대해 주목할 수 없었다. 그런 면에서 이병도 선생의 실증사학은 신라에게 상처를 입힌 것이고, 한국인 정체성의 원점을 은폐한 것이 아닐 수 없다.

해방 후 이병도 선생의 한국사학에 대한 학문권력 장악: 이병도 선생은 1945년 8월 15일 한국의 해방과 동시에 한국사 연구의 중심에 서 있었던 것이 사실이다. 누가 무어라 해도 그는 해방 후 일정 기간 동안 한국사의 학문권력을 장악했던 역사가였다. 1945년 해방은 이병도 선생에게 새로운 삶을 열어 주었다고 한다. 일제의 민족 압살정책으로 금압(禁壓)의 대상이었던 국어와 국사가 되살아남에 따라 49세의 이병도 선생은 물고기가 물을 만난 듯 활기차게 움직이기 시작했다고 한다.[240]

첫째, 이병도 선생은 해방과 동시에 한국사를 가르칠 중등교원을

240 민현구, 『「두계이병도전집」 해제』, 『두계이병도전집』 1, 2012, p. VIII. 그때 이병도 선생의 나이를 50세라고도 했다.

양성하는 중심에 서 있었던 것을 볼 수 있다.[241] 1945년 8월 해방을 맞아 송석하 선생과 이병도 선생 등은 진단학회(1934년 5월 창립, 1943년 9월 일제의 탄압으로 진단학회 해산)를 재발족하고 『진단학보』를 속간하기로 결정했다. 그런데 『진단학보』의 속간보다 제일 시급했던 것은 국어(國語)와 국사(國史)의 교원양성 문제였으므로, 1946년 봄에 진단학회는 임시중등교원양성소를 설치키로 하고 휘문고보의 강당을 빌려 국어 · 국사를 집중 강의해 6개월로 수료케 하고, 미군정청 문교부에 신청하여 수료생들에게 교원부격증(教員符格證)을 부여했다. 당시 이병도 선생은 집중강의를 담당했다. 그때 자격증을 받은 사람들이 지방과 중앙의 중등학교로 나가 국어와 국사를 담당하는 교원이 되었다. 이병도 선생은 김상기 선생과 함께 중등용 『국사교본』(진단학회, 1946, 군정청 문교부)을 편찬하는 한편, 스스로는 『조선사대관』(1948)을 집필했다.

이로써 이병도 선생이 만들어온 한국사(한국고대사)를 해방 당시 전국의 중등학교에서 가르칠 기회를 갖게 된 것을 알 수 있다. 이는 단순한 교육이 아니라, 한국사에 대해 백지상태에 있던 한국인들에게 이병도 선생 자신이 만들어낸 학설을 주입시킬 절호의 기회를 가졌던 것을 뜻한다. 그때 이병도 선생은 의도한 것은 아니지만, 시대적 한계로 인하여 쓰다 소키치가 만든 한국폐멸사학의 한 자락을 한국사 교육에 도입했고 그 결과 한국인 정체성의 원점을 은폐 · 왜곡하게 되었다. 이에 해방 후 국민에 대한 한국사 교육에서 신라의 역사는 한국인 교사들에 의하여 계속적으로 상처를 받게 되었다.

241 이병도, 「나의 회고록」, 『두계이병도전집』 14, 2012, p. 476.

둘째, 이병도 선생은 서울대 교수로 활동한 것을 주목할 수 있다. 그는 1945년 12월 경성대학교 법문학부 교수로 임명되었고, 백낙준 선생 등과 교수 인선에 간여했다고 한다. 1946년 9월 서울대학교 문리과대학 사학과 교수로 임명되어 1961년 8월까지 재직했다. 그리고 서울대학교 사학과가 개설되자 그중심에 서서 사학과를 키우고 많은 제자를 양성하는 데 힘을 쏟았고, 이로써 한국사학의 정착에 크게 공헌을 했다고 한다.[242]

사실 이병도 선생이 중심에 서 있던 서울대학교 사학과는 한국사 연구와 다음 세대 역사학자를 양성하는 중심에 위치했던 것을 부인할 길이 없다. 그 결과 이병도사학은 그 후학들에 의해 현재까지 한국사학의 기준 · 표준이자 패러다임으로 되어 있는 것도 부인할 수 없다.

셋째, 이병도 선생은 한국사의 학문권력을 장악하는 결정적 위치에 늘 있었다. 해방 당시 한국사를 연구한 역사가도 많지 않았지만 이병도 선생은 주요한 직책을 차지함으로써, 항시 학문권력을 장악할 수 있었던 것이다. 6 · 25전쟁 중 전사편찬위원장 직을 맡았고, 전쟁 후인 1953년 9월에는 진단학회 이사장, 1954년 5월에는 서울대학교 대학원장에 취임해 흐트러진 학술활동과 대학의 연구 활동의 주역이 되었다고 한다. 1954년 학술원이 설립되자 3월에 학술원 회원이 되었고, 4월에 학술원 부회장이 되었고 1960년 7월에 학술원 회장에 올라 오랜 기간 학술원을 이끌었다. 이병도 선생은 한국사학계를 이끄는 태두(泰斗)로 부상되었고, 나아가 한국문화를 창도하는 위치에 서게 되었다고

242 민현구, 「두계이병도전집 해제」, 『두계이병도전집』 1, 2012, p. VIII.

한다.[243] 1960년 4월에는 문교부 장관이 되어 그해 8월까지 재임했다. 1961년에 서울대학교 교수직에서 정년퇴임했다.

1945년 8월 해방 이후 1961년 서울대학교를 정년퇴임할 때까지 한국사학(특히 이 책에서 다루는 한국고대사)의 학문권력은 이병도 선생이 장악했고 한국고대사연구의 기준을 마련했다고 하겠다.

서울대학교 교수였던 이병도 선생과 손진태 선생은 실증사학을 내세우며, 최남선과 정인보 선생 등의 역사가를 제압하고 학문권력을 장악한 것도 생각할 수 있다. 물론 최남선 선생과 정인보 선생이 만든 역사를 따라야 한다는 것이 아니다. 그렇더라고 그들이 밀려난 한국사의 무대에서 쓰다 소키치가 한국폐멸사학으로 날조한 한국고대사가 지금까지 이어질 수 있게 된 것도 사실이다. 이로써 신라사의 상처는 치유되지 않았던 것이다.

4. 쓰다 소키치를 추종한 이병도 선생의 실증사학

이병도 선생의 실증사학은 어디서 왔는가?: 이병도 선생은 보성전문학교 법률학과에 1912년 3월 입학했고 1915년 3월에 졸업을 했으며, 일본 와세다대학 고등예과(문과)에 1915년 4월에 입학했고 1916년 7월에 수료했다. 1916년 9월 와세다대학 문학부 사학 및 사회학과

243 민현구, 「두계이병도전집 해제」, 『두계이병도전집』 1, 2012, p. IX.

에 입학하였고, 1919년 7월 졸업했다.[244] 이병도 선생이 와세다대학에 재학하고 있던 시절 선배로 장덕수, 신익희, 최두선, 현상윤 선생 등이 있었고, 동급생으로는 이광수 선생이 있었다. 1919년 10월 중앙고보에 역사·지리 교사로 취직했는데, 당시 중학교 과목 중 한국사는 금지가 되어 일본사 시간을 쪼개어 1시간은 한국사를 가르쳤다고 한다.[245]

이병도 선생은 와세다대학 재학 중 일본사의 권위였던 요시다 도고(吉田東伍, 1864. 5~1918. 1) 선생의 『일한고사단(日韓古史斷)』을 읽고 그의 강의를 듣는 중 한국 역사를 연구해야겠다는 생각을 품게 되었다고 하며 그를 통해 한국사에 대한 지식을 얻어갔다고 한다. 그런데 학과 교수 중 일본의 국보로 치던 요시다 도고는 오래지 않아 죽고 그의 강의는 1년 동안밖에 듣지 못했다고 한다.[246] 요시다 도고는 한국사에도 정통하여 한국학생들을 사랑해 이광수·이병도 선생 등 5인을 자택으로 초청해 저녁 성찬을 베풀었다고 한다. 그때 누군가 "일본이 우리 조선인을 동화시키려고 하는데, 과연 그렇게 될까요!" 하였다고 한다. 이에 대해 요시다 도고는 "앞으로 반세기만 지나면 동화될 것이라"고 했다고 한다.[247] 그때 왜 이런 질문이 나오고, 왜 그런 답이 나왔는지 궁금하다. 그런 질문이 나온 시기는 이병도 선생이 와세다대학에 입학했던 1916년 9월부터 요시다 도고가 죽은 1918년 1월 사이였다. 그때

244 민현구, 「두계이병도전집 해제」, 『두계이병도전집』 1, 2012, p. XXVII.

245 이병도, 「나는 왜 사학자가 되었나」, 『두계이병도전집』 14, 2012, p. 430.

246 이병도, 「나의 연구생활의 회고」, 『두계이병도전집』 14, 2012, p. 435.

247 이병도, 「나의 회고록」, 『두계이병도전집』 14, 2012, p. 465.

부터 반세기는 1966년에서 1968년 1월까지가 된다. 만일 일본이 한국을 50년 더 폐멸시켰다면 한국인은 어찌 되었을까?

요시다 도고가 1918년 1월 죽은 후 쓰다 소키치가 강사로 취임하게 되자 이병도 선생은 쓰다 소키치 밑에서 한국사 연구의 뜻을 굳히게 되었다고 한다.[248] 이병도 선생이 3학년이 되던 1918년에 또 한 명의 석학인 쓰다 소키치가 강사로 초빙되어 일본사 연습을 맡았는데, 『고사기』와 『일본서기』에 대한 비판을 시도했다고 한다. 일본의 국수주의학자와는 판이하게 달리 신랄한 비판을 했다고 한다. 이것이 쓰다 소키치를 일본 최고의 실증사학자로 생각하게 만든 이유라고 본다.[249]

한국사 강의 과목조차 없는 상황에서 한국사를 선택한 이병도 선생을 보게 된다. 와세다대학 3학년 때인 만22살 나이의 이병도 선생에게는 1918년 또는 1919년에 쓰다 소키치의 『고사기 및 일본서기 연구』라는 특강을 수강한 것은 한국인 역사가가 중심이 되어 한국사에게, 신라에게 상처를 입히게 되는 출발이었다고 본다.

그리고 이병도 선생과 쓰다 소키치의 스승과 제자로서의 공식적인 관계가 시작된 순간이 아닌가 한다. 그런데 『고사기 및 일본서기 연구』라는 특강은 1919년에 『고사기 및 일본서기 신연구』라는 책으로 출간되었다. 『고사기 및 일본서기 신연구』의 부록에 이 책에서 필자가 문제삼아온 「삼국사기 신라본기에 대하여」라는 논문이 들어 있는 것이다. 이병도 선생은 쓰다 소키치를 만나 처음 배운 것이 『삼국사기』 「신라본기」에 대한 사료비판이었던 것이다. 이병도 선생이 쓰다 소키치의 『삼

248 이병도, 「나의 연구생활의 회고」, 『두계이병도전집』 14, 2012, p. 435.

249 이병도, 「나의 회고록」, 『두계이병도전집』 14, 2012, p. 465.

국사기』「신라본기」에 대한 사료비판을 "오리의 각인"으로 받아들인 것은 당연한 일이 아닐 수 없다. 그러한 이병도 선생과 쓰다 소키치의 학문적인 인연이 지금까지 이어지고 있다는 사실을 주목할 수 있다. 이는 한국사를 위한 불행의 시작이었고 신라에게 또 다른 상처를 주도록 만드는 시작이 아닐 수 없다.

이병도 선생은 동경제대의 이케우치 히로시(池內宏) 교수를 만났다. 와세다대학에서 동양사를 가르치던 강사 시미즈 다이지(淸水泰次)의 소개로 만나, 그의 지도를 청했다고 한다. 그때 이케우치 히로시는 조선사 강좌를 담당했고, 조선 초기의 동북면 여진과의 관계를 연구하는 중으로 왕조실록을 그의 집에서 처음으로 보았다고 한다. 이 실록은 오대산 사고본으로 그보다 앞서 일본인들이 동경대로 옮긴 까닭에 이케우치 히로시가 전적으로 이용하다가 1923년 동경대지진에 소실되었다고 한다. 이케우치 히로시의 집과 쓰다 소키치의 집은 서로 마주 향해 있고 우의도 좋았기에 이병도 선생은 이 두 사람의 사랑과 지도를 받았고 졸업하여 귀국한 후에도 관계가 그치지 않았다고 한다.[250]

이병도 선생이 귀국하여 중앙학교 지리 · 역사 및 영어 교사로 재직할 때에도 와세다대학의 쓰다 소키치와 동경대의 이케우치 히로시가 계속 보내주는 논문과 저서를 읽고 많은 자극과 계몽을 받아 전공인 국사에 대한 염원이 더욱 간절해졌다고 한다.[251] 이병도 선생의 실증사학 또는 실증주의사학은 쓰다 소키치에서부터 비롯된 것을 알 수

250 이병도, 「나의 회고록」, 『두계이병도전집』 14, 2012, p. 466.

251 이병도, 「나의 회고록」, 『두계이병도전집』 14, 2012, p. 469.

있다.

당시 경성제국대학이 설립되고, 조선사편수회가 생겼는데 이 두 기관을 중심으로 일본 학자들이 활개를 치고 한국학에 대한 자료와 연구를 일본인들이 독점했다고 한다. 이병도 선생이 한국사 연구에 몰두하기 시작한 것은 이 무렵이었다고 한다. 한국인은 사료를 취급하는 데 행정력을 발휘할 수 없어 불리한 입장이었는데 동경대 이케우치 히로시의 추천으로 이병도 선생은 1925년 8월부터 1927년 5월까지 조선사편수회에서 일을 했다. 이 무렵 이병도 선생은 일본 학자들의 연구에 왜곡된 학설이 많고, 또 한국 선유들의 학설에도 많은 모순이 있어 나름대로 독자적인 연구를 했다고 한다. 당시만 해도 한글로 된 학술잡지가 전혀 없어 연구 논문을 일본 학술지에 발표해야만 했다고 한다. 이병도 선생이 새로운 학설을 연달아 발표했기 때문에 일본 학자 중에는 이병도 선생을 시기하고 심지어는 "선배에 대한 반역아"라고 힐난까지 했다고 한다.[252]

이병도 선생은 1934년 5월 진단학회를 창립했다. 발기인으로 고유섭 · 김상기 · 이병도 · 이상백 · 이선근 · 이희승 · 문일평 · 백낙준 · 손진태 · 최현배 등 24인과 편집위원으로 이병도 · 손진태 선생 등이 선임되었다.[253] 그중 이병도와 손진태 선생은 모두 와세다대학 출신으로 한국 실증사학을 이끈 장본인 들이었다. 실제로 진단학회 자체가 와세다대학 동창생들을 중심으로 결성되었다고 한다.[254] 한국사강의가

---

252 이병도, 「나는 왜사학자가 되었나」, 『두계이병도전집』 14, 2012, pp. 431~432.

253 이병도, 「나와 진단학회」, 『두계이병도전집』 14, 2012, p. 442.

254 주강현, 「역사민속학의 단절과 복원」, 『남창 손진태의 역사민속학연구』, 2003, p. 71.

개설되지 않았던 와세다대학 출신들이 진단학회를 만들어 한국사를 연구했다는 사실은 중요한 의미가 있다. 그들 스스로 한국사를 만들었다는 의미와 와세다대학에서 배운 한국사관련 지식이 오리의 각인이 된 사실을 생각할 수 있기 때문이다.

이병도 선생이 보는 『삼국사기』「신라본기」 내물왕 이전 기록: 사실 이병도 선생은 『삼국사기』「신라본기」 내물왕 이전 기록에 대한 사료비판을 본격적으로 한 것이 없다. 다만 이병도 선생은 쓰다 소키치의 『삼국사기』「신라본기」에 대한 사료비판을 충실히 따랐을 뿐이었다. 『한국사』 고대편(1959) 중에 그러한 사정을 볼 수 있다.

> … 소위 박씨니 석씨니 김씨니 하는 씨성은 시초부터 있었던 것이 아니라, 후일 중국문화의 영향으로 계통을 소급한 것에 불과한 것이며, 또 제17대 내물 이전의 제왕(諸王)은 후에 말할 바와 같이 다 부족정치시대의 거수로, 그 세계(世系)가 과연 얼마만큼의 확실성을 가지고 있는지 자못 의문 중에 있는 것이다.[255]

이병도 선생은 신라 내물왕 이전 왕을 배출하던 박씨 · 석씨 · 김씨라는 성은 후일 중국문화의 영향으로 소급한 것에 불과하다고 보았다. 이 주장은 분명 문제가 있다. 신라의 왕을 배출했던 종성을 가진 씨족은 처음부터 한자식 성을 가졌던 것이 아니다. 신라 중고시대 무렵 한자식 성을 갖기 전에는 그 후손들이 각기 해당 씨족의 시조인 혁거세 · 탈해 · 알지를 기억하여 그 후손들이 각기 다른 씨족을 형성했

255 이병도, 『한국사』 고대편, 『두계이병도전집』 2, 2012, pp. 326~327.

던 것이다. 후일 한자식 성을 사용하게 되며 각 시조들의 후손들이 하나씩의 성을 갖게 된 것이다. 혹 한자식 성을 갖기 전에 씨족이 존재하지 않았다고 한다면 신라의 역사 연구를 포기한 주징일 뿐이다.

그러면서 17대 내물왕 이전 여러 왕의 세계가 확실한 것이 아니라 주장하고 있다. 이는 실성이사금(402~417) 무렵에도 명백하게 허구로 볼 만한 기사가 있으므로 그 이전인 내물이사금(356~402) 무렵의 기사도 다른 확실한 사료의 기록과 비교할 대상이 없는 한 일단 신용할 수 없다고 한 쓰다 소키치의 주장[256]을 그대로 받아들인 것이 아닐 수 없다. 이병도 선생의 주장을 보자.

> 그러면 마립간이란 칭호는 어느 왕 때에 비로소 쓰기 시작하였던가. 나는 후절(後節)에 말할 바와 같이, 제17대 내물시대에 시작되었다고 믿거니와, 이때는 신라가 이미 안으로 중앙집권적인 정치형태를 갖추고 또 밖으로 국제무대에 두각을 나타낼 때였다. 그러므로 내물 이전의 세차(世次)가 얼마만큼의 확실성을 가진 것인가 하는 의문은 역시 백제의 고이왕 이전의 그것에 대한 의문과 마찬가지여서 담보하기 어려운 문제이다. 더욱이 그들 제왕(諸王)에 관한 연대기란 것은 대개 허구적이 아니면 후일 발전시대의 사실과 사상으로써 부회추기(附會追記)한 것이 많아, 그대로 신용하기는 어렵다.[257]

이 같은 주장은 쓰다 소키치의 주장을 그대로 따른 것이다. 그 결과 쓰다 소키치의 주장을 추종한 이병도 선생은 내물왕 이전 신라의

---

256 津田左右吉, 이부오 · 장익수 역, 「『삼국사기』「신라본기」에 대하여」, 『신라사학보』 15, 2009, p. 269.

257 이병도, 『한국사』 고대편, 『두계이병도전집』 2, 2012, pp. 328~329.

역사에 대한 근본적인 사료로 『삼국사기』 「신라본기」를 배제했던 것이다. 그러나 신라인들은 그들의 역사를 구전(口傳)했다는 사실을 인정할 필요가 있다. 신라 건국신화를 비롯한 내물왕 이전 기록들이 모두 구전을 통해 전해진 것이다. 따라서 이병도 선생의 주장을 따라 내물왕 이전 기록을 진위반잡의 기록으로 볼 수는 없는 일이다.

이병도 선생의 『삼국사기』 초기기록에 대한 사료비판 자체는 「백제본기」의 경우에도 마찬가지다. 『삼국사기』 「백제본기」에 대한 사료비판을 볼 수 있다.

> 『삼국사기』의 「백제본기」(더욱이 초기에 관한 기사)란 것은 소략하기 짝이 없고, 게다가 부회조작(附會造作)한 것도 많이 있어, 매양 이 방면 연구가로 하여금 큰 곤란을 느끼게 하는 바이나, 이 고이왕 27 · 28년조의 기사는 대체로 신용하여도 큰 상치가 없을 듯하다. 그리하여 나는 백제의 엄밀한 의미의 건국연대를 이 『삼국사기』의 고이왕 27 · 28년경(서기 260 · 261)으로 보거니와, …[258]

이병도 선생은 별다른 사료비판 없이 『삼국사기』 「백제본기」의 기록 중 고이왕 27 · 28년조 기사는 대체로 믿을 수 있다고 했다. 그러한 주장과 함께 백제의 엄밀한 건국연대를 고이왕 27 · 28년(260 · 261)이라 한 것을 주목할 수 있다.

『삼국사기』 「백제본기」에 대한 이 같은 이병도 선생의 주장도 쓰다 소키치의 주장을 근본적으로 추종한 것이다. 다만 쓰다 소키치는 『삼국사기』 「백제본기」의 기록 중 근초고왕대(346~375)의 기록부터 신용

258 이병도, 『한국사』 고대편, 『두계이병도전집』 2, 2012, pp. 303~304.

할 수 있다고 한 것과 차이가 있다.[259] 『삼국사기』「백제본기」에 나오는 계왕(344~346)까지의 기록은 조작된 것이라는 주장이다.

이병도 선생의 주장은 근본적으로 쓰다 소키치의 주장을 약간 수정하여 따른 것이 아닐 수 없다. 쓰다 소키치가 『삼국사기』「백제본기」의 기록 중 계왕(344~346)까지의 기록을 조작된 것으로 본 것과 달리 이병도 선생은 고이왕 27 · 28년(260 · 261) 이전의 기록을 신용할 수 없다고 했다. 여하튼 쓰다 소키치나 이병도 선생은 그들이 주장하는 『삼국사기』「백제본기」의 신용할 수 있다는 기록 이전의 백제역사를 침묵시킨 것이다.

여기서 다음과 같은 이병도 선생의 주장도 볼 필요가 있다.

> … 고이와 구대가 전혀 동일인으로 백제 건국의 대업을 이룬 태조라고 하면, 「백제본기」에 열재된 고이 이전 제왕(諸王) 기사는 이를 어떻게 볼 것이냐 하는 것이다. 나로써 보면 그들은 대개 부락국가 시대의 세습적 거수로, 개국 후에 추존(追尊)된 왕들이거나 혹은 진위반잡(眞僞半雜)의 세계(世系)를 후세의 사가가 개국 이래의 왕통과 같이 윤색한 바일 것이다. 따라서 그들에 관한 『삼국사기』의 기재는 신용을 둘 수 없는 것이 많다. 그 기재(記載)라야(간략하기 짝이 없지만) 대개 천변지이(天變地異) 등의 기사와 후일 (백제)발전시대에 관한 사실로써 부회(附會) · 충만(充滿)되어 고이 이전의 역사로 보기 어려운 것이 많기 때문이다. … 마한 멸망의 기사(동상 27 · 28년조)와 같은 것은, 후일 백제흥기 발전시대에 관한 중요한 사실을 온조시대에 소급

259 津田左右吉, 「百濟關係日本書紀記載」, 『滿鮮地理歷史研究報告』 8, 1921, pp. 105~138.

하여 부회한 것으로 보지 않으면 아니 된다.[260]

이병도 선생은 『삼국사기』 「백제본기」 고이왕 26 · 27년 이전 기록들을 보는 관점을 밝혔다. 고이왕 이전 역대의 왕들에 대한 기록은 개국 후 추존된 왕들이거나 진위반잡의 세계를 후세 사가들이 개국이래의 왕통과 같이 윤색한 것이라는 주장이다.

고이왕 26 · 27년 이전 백제의 역사는 『삼국사기』 「백제본기」에 나오는 기록으로는 재구성할 수 없다는 이병도 선생의 주장은 『삼국사기』 「신라본기」에 대한 사료비판으로 대입할 수 있다. 신라의 경우는 『삼국사기』 「신라본기」 내물왕 이전 "역대의 왕들에 대한 기록은 개국 후 추존된 왕들이거나 진위반잡(眞僞半雜)의 세계(世系)를 후세 사가들이 개국이래의 왕통과 같이 윤색한 것"이라는 주장으로도 된다. 이 같은 기록으로는 내물왕 이전 신라역사를 재구성할 자료가 될 수 없다는 주장이 된다.

이는 『삼국사기』 「신라본기」의 사료적 가치를 부정한 것이다. 그러나 『삼국사기』 「신라본기」에 나오는 신라 건국신화부터 역사를 이야기하는 자료가 분명하다. 다만 건국신화는 역사가 구전되는 과정에 후대 신라인들의 필요에서 신화화된 것으로 그 안에서 역사를 찾는 것이 현대 역사가의 할 일이다. 이 같은 주장을 통해 이병도 선생이 신라에게 상처를 입힌 것을 확인하게 된다.

이병도 선생이 발명한 대안, 소위 삼한론의 문제: 이병도 선생은 『삼국

260 이병도, 『한국사』 고대편, 『두계이병도전집』 2, 2012, pp. 305~306.

사기』「신라본기」 17대 내물왕 이전 "제왕(諸王)에 관한 연대기란 것은 대개 허구적이 아니면 후일 발전시대의 사실과 사상으로써 부회추기(附會追記)한 것이 많아, 그대로 신용하기는 어렵다"[261]고 했다. 이렇게 『삼국사기』「백제본기」 고이왕 26 · 27년(260·261) 이전 기록과 『삼국사기』「신라본기」 내물왕 이전 기록을 신용할 수 없는 것으로 본 이병도 선생은 그 이전 시기에 대한 역사를 다루는 중심 자료로 『삼국지』「동이전」 '한조'를 이용했다. 그렇게 만들어진 것이 "삼한(三韓)· 삼한론"이다. 이병도 선생이 폈던 삼한론은 『삼국사기』「백제본기」와 『삼국사기』「신라본기」의 앞부분 수백 년의 역사를 침묵시키고 나온 것이다.

이병도 선생이 『삼국사기』「백제본기」와 「신라본기」의 앞부분 수백 년 역사 기록을 진위반잡의 것으로 몰아간 것은 분명 쓰다 소키치의 주장을 추종한 것이다.

그런 이병도 선생이 『한국고대사연구』에서 신라의 기원 문제를 다룬 것을 볼 수 있다. 그는 『삼국유사』에 나오는 건국신화(이병도 선생은 이를 전설적 기재라고 함)에 나오는 6촌과 6촌장에 대한 언급을 했다.

> 『삼국유사』의 전설적 기재에 의하면 6촌에는 알평(급량의 조, 祖) · 소벌도리(사량의 조) · 구례마(모량의 조) · 지백호(본피의 조) · 지타(祇沱) 또는 지타(只他, 한기(韓岐)의 조) · 호진(습비의 조)의 6인이 천강(天降)하여 6촌의 장이 되고, 동시에 6부의 시조가 되었다고 한다. 이들 6조(祖)의 이름과 천강설은 후세에 꾸민 설화지만, 6촌은 사로(斯盧) 사회를 구성한 6개의 족단(族團)이므로 각 촌에는 각기의 수장이 있어 족원들을 통솔하였던 것과, 또 그 족원의 유대가 혈연적으로 혹은

261 이병도, 『한국사』 고대편, 『두계이병도전집』 2, 2012, pp. 328~329.

전설상 선조를 동일(同一)히 한다는 신념하에 맺어진 씨족들임은 의심 없는 사실이다.[262]

이병도 선생은 서라벌소국(사로국) 형성 이전 사로지역에 6촌이 있었고 6촌장이 있었다는 사실을 이야기한 것이다. 문제는 6촌을 하나의 정치발전 단계로 보지 않았기에 촌락사회단계는 그 존재를 상상조차 할 수 없었다는 것이다.

그는『삼국유사』에 나오는 신라 건국신화의 사건들의 순서에 의심을 제기했다. 기원전 69년 6부의 조(祖)들이 알천 언덕 위에 모여 덕이 있는 사람을 모셔 군주로 삼고, 입방설도(立邦設都)할 것을 회의한 후 혁거세와 알영을 얻어 그들이 13살이 된 기원전 57년에 왕과 왕비로 삼았다는 것은 전후가 바뀐 것이라는 주장이다. 즉 덕이 있는 자를 먼저 구해 군장으로 삼아야할 것인데 아이들을 데려다 길러 왕과 왕비로 삼은 것은 선후가 바뀐 것이라는 주장이다.

이에 이병도 선생은 알천에서 회의를 열었을 때 모든 씨족을 통솔할 군장을 선출하여 처음으로 부족국가인 사로국(서라벌)으로서 출발하던 때의 사실을 말하는 것이고, 그때 군장으로 선출·추대된 사람이 박씨 계통의 혁거세라고 보았다. 그 연대를 전한 선제(宣帝) 연간(기원전 73~49)이라고 하나 도리어 그 보다 앞섰던 것으로 보며, 북에서 위만조선이 성립하던 전후로 보는 것이 아닐까 주장했다.[263] 서라벌소국이 위만조선 성립 전후에 세워졌을 가능성이 있다. 그러나 그 이후 소

262 이병도『한국고대사연구』,『두계이병도전집』3, 2012, pp. 660~661.

263 이병도,『한국고대사연구』,『두계이병도전집』3, 2012, pp. 660~661.

국정복에 대한 이야기는 『삼국사기』「신라본기」 내물왕 이전 기록을 은폐하고 나온 주장이다.

이 같은 이병도 선생의 주장은 문제가 있는 것이다. 그가 신라 건국신화에 나오는 사건의 순서를 바꾸었으나, 이는 그의 주장처럼 마음대로 바꿀 것이 아니다. 건국신화에 나오는 순서대로 사건을 보아야 한다. 그렇기에 건국신화는 무시할 수 없는 자료다.

실제로 한국사를 옳게 재구성하기 위해 삼한론의 근본적인 문제를 볼 필요가 있다. 신라의 소국 정복과 관련된 문제이다. 『삼국사기』「신라본기」의 기록을 따르면 서라벌소국(사로국)은 기원후 1세기 중 · 후반 경부터 현재 경상남도와 경상북도에 위치한 우시산국 · 거칠산국을 비롯하여 이웃 소국들을 정복하기 시작하여 3세기 중반 경에는 진한의 모든 소국들을 정복한 것을 알 수 있다.[264]

쓰다 소키치나 이병도 선생은 이 같은 신라의 소국정복 사실을 은폐했다. 『삼국사기』「신라본기」 내물왕 이전 기록을 신용할 수 없는 것으로 몰아갔기 때문이다.

> 3세기 말경에도 신라와 가까운 주위에 약간의 소국들이 엄존하였던 것과, 신라의 국력이 아직도 부근의 제소국을 모두 병합하지 못한 것을 짐작할 수 있다.[265]

이 주장을 보면 이병도 선생은 3세기 말경까지 서라벌소국(사로국)의 주변에 소국들이 존재하였다고 한 것을 알 수 있다. 이는 3세기 신

264 이종욱, 『신라국가형서아연구』, 1982, pp. 83~90.

265 이병도, 『한국사』 고대편, 『두계이병도전집』 2, 2012, p. 329.

라가 진한 12국 중의 하나였다는 쓰다 소키치의 주장[266]과 다를 것이 없는 주장이다.

> 『위지』에 이른바 변진(弁辰) 20여개 국(國) 중의 1인 사로(斯盧)가 중국의 삼국시대 및 그 이전에는 주위의 다른 소국들(11국)과 한 가지 마한의 주(主)인 '진왕(辰王)'을 맹주로 삼아 (형식상) 거기에 소속하였다는 것이라든지, … 마한의 지(地)를 완전통일한 근초고왕의 치세는 정(正)히 신라의 내물대에 해당한다. … 백제의 마한통일은 전에 말한 바와 같이 근초고왕 24년(369), 즉 신라의 내물마립간 14년경에 당(當)하니, 신라의 집권정치의 시초를 줄잡아 이 내물시대에 구하는 나의 견해에는 더욱 이의가 없는 것이다.[267]

이병도 선생은 신라가 낙동강 동쪽의 여러 소국을 정복한 시기에 대한 언급을 했다. 다음 기록을 보겠다.

> 『삼국사기』「신라본기」 실성왕 원년 조에 "여왜국통호 이내물왕자 미사흔위질(與倭國通好 以奈勿王子未斯欣爲質, 왜국과 통해 우의를 맺고, 내물왕의 아들 미사흔을 질로 보냈다—필자 해석)"이라 하고 동서(同書) 박제상전에도 이와 같은 기재와 그들에 관한 유명한 사화(史話)가 실리어 있으나, 이것은 일본의 진전좌우길(津田左右吉) 박사의 설과[268] 같이 왜인의 신라에 대한 압력이 강하던 때의 일일 것인즉, 실상은 실성왕 원년부터 얼마쯤 이전에 속한 사실이라고 보지 않으면 아니 된

266 津田左右吉, 이부오 · 장익수 역, 『『삼국사기』「신라본기」에 대하여』, 『신라사학보』 15, 2009, p. 262.

267 이병도, 『한국사』 고대편, 『두계이병도전집』 2, 2012, pp. 353~354.

268 津田左右吉, 『古事記及び日本書紀の新研究』, 『津田左右吉全集』 別巻 1, 1989, p. 138.

다. 그리하여 실성(402~417) · 눌지(417~458) 양왕대에는 낙동강 동안의 제소국(諸小國)이 대부분 신라의 소속에 귀속하였던 모양이나, 그중 삽량(歃良, 양산)과 같은 곳은 여전히 왜인 침탈의 입문(入門)이 되다시피 하고, 또 훼국(喙國, 대구) 등지는 다음 자비마립간 8년(465)에 임나를 후원하는 왜군에게 일시 침탈되어 조실모득(朝失暮得)의 상태였고, 비자벌(창령)은 의연히 서안(西岸) 제국과의 연맹으로 유지하고 있었던 것 같다. 그러므로 신라의 낙동강 서안(西岸)에의 진출은 그다지 용이한 일이 아니었다.[269]

위의 주장을 통해 이병도 선생이 쓰다 소키치의 주장을 추종한 것을 볼 수 있다. 이병도 선생은 실성왕과 눌지왕 대에는 낙동강 동쪽의 여러 소국의 대부분은 신라에 속했으나, 그중 양산과 대구의 소국은 왜인 · 왜군에 침탈되기도 했다고 보고 있는 것을 주목할 수 있다. 이는 이병도 선생 스스로 말한 것과 같이 쓰다 소키치의 주장을 따르는 것을 의미한다.

이병도 선생이 임나일본부라는 표현은 쓰지 않았지만, "진전좌우길(津田左右吉) 박사의 설"을 인정하는 것으로 보아 일본인들이 소위 임나일본부설에서 이야기하는 내용을 인정하고 있는 것도 확인하게 된다. 신라가 낙동강 동쪽의 소국들을 대체로 정복한 것은 실성왕 이전 즉 내물왕 때였던 것으로 보고 있는 것도 알 수 있다.

이병도 선생은 내물왕을 신라의 국가(고대국가)적 건설의 태조라고 보고 싶다고 했다.[270] 이 주장은 기본적으로 내물왕 이전의 역사를 침

269 이병도, 『한국사』 고대편, 『두계이병도전집』 2, 2012, pp. 357~358.

270 이병도, 『한국사』 고대편, 『두계이병도전집』 2, 2012, pp. 351~352.

묵시킨 쓰다 소키치가 발명한 한국사에서 출발한 것이라 하지 않을 수 없다.

5. 부체제설의 출발점을 마련해준 이병도 선생

이병도 선생은 쓰다 소키치와 다른 면이 있었다. 다름 아니라 『삼국사기』 「신라본기」 초기기록을 가지고 신라의 발흥에 대해 이야기 한 것이 그것이다.[271]

> 신라의 발흥을 말하자면 그 전신인 사로국(斯盧國) 즉 서라벌시대의 상태를 살피지 않으면 안 되거니와, 이에 관하여는 『위지(魏志)』·『후한서(後漢書)』 등 중국 측 사서에는 하등의 자세한 기사가 보이지 아니하고, 오직 우리의 고사서(古史書)인 『삼국사기』 및 『삼국유사』에 다소의 전설적인 기사가 실려 있으므로, 이를 통하여 그것을 고찰할 수밖에 없다(단 이들 전설적 기사에는 후세의 부회(附會)와 윤색이 많이 가해졌으므로 그대로 신용하기 어려움은 물론이다).[272]

이병도 선생은 쓰다 소키치와 달리 『삼국사기』와 『삼국유사』에 나오는 신라 건국신화를 역사 재구성에 끌어들인 것을 볼 수 있다.

---

271 이병도, 『한국사』 고대편, 『두계이병도전집』 2, 2012, p. 317.

272 이병도, 『한국사』 고대편, 『두계이병도전집』 2, 2012, pp. 317~318.

(1) 시조의 성은 박씨이고 이름은 혁거세다. 전한 효선제 오봉 원년 갑자 4월 병진에 왕위에 오르니 왕호는 거서간이다. 그때 나이는 열세 살이었다. 나라 이름을 서나벌(徐那伐)이라 하였다. 이보다 앞서 조선유민들이 산곡 사이에 나누어 살면서 6촌을 이루었는데 1은 알천 양산촌, 2는 돌산고허촌, 3은 자산진지촌, 4는 무산대수촌, 5는 금산 가리촌, 6은 명활산고야촌이라 하였으니 이들이 진한(서라벌 또는 신라) 6부로 되었다. (『삼국사기』 1, 「신라본기」 1, 시조 혁거세거서간)

(2) 옛날에 진한의 땅에 6촌이 있었다. 첫째는 알천양산촌이니 남쪽은 지금 담엄사다. 촌장은 알평이다. 처음에 하늘에서 표암봉에 내려오니 이가 급량부 이씨의 조상이 되었다(노례왕 9년에 부(部)를 두어 급량부라 했는데 고려 태조 천복 5년 경자(940)에 이름을 중흥부라고 고쳤다. 파잠 · 동산 · 피상 · 동촌이 이에 속한다) (『삼국유사』 1, 「기이」 2, '신라시조 혁거세왕').

"이들이 진한 6부가 되었다"는 『삼국사기』의 기록과 "진한(辰韓)의 땅에 옛날에 6촌이 있었다"는 『삼국유사』의 기록 중 진한(辰韓)은 진한이 아니라 사로 6촌이라 하면 가하다는 이병도 선생의 주장[273]은 옳은 것이다.

이병도 선생은 『삼국사기』나 『삼국유사』에 나오는 위의 기록 중 6촌과 6부는 그 성질이 다른 것이었다고 하였다. 그리고 이 사로(또는 서라벌) 6촌은 일종의 씨족적 취락으로서, 각촌은 각자의 족장 하에 혈연적 또는 지연적으로 결합된 사회조직이고, 6부는 일종의 행정구획으로서, 씨족사회가 붕괴되어 정치조직이 발달하던 때의 산물이라 했다.[274]

273 이병도, 『한국사』 고대편, 『두계이병도전집』 2, 2012, p. 318.

274 이병도, 『한국사』 고대편, 『두계이병도전집』 2, 2012, p. 320.

이병도 선생은 신라 6부제의 실현은 3대 유리왕 9년이 아니라 같은 이름인 14대 유리왕 9년일 수 있으나 좀 이르다고 하며, 자비왕 12년(469)년 서울의 방리명을 정하였을 때였다고 한다. 6촌과 6부는 비록 성질은 다르지만 전후신의 관계로 보아 그 명칭과 위치는 실상 큰 변화가 없다고 했다.[275]

박씨 · 석씨 · 김씨가 6부의 세력이라는 부체제설의 출발점을 마련해준 이병도 선생: 『삼국사기』를 보면 신라왕경6부에 대한 기록이 나온다.[276] 그에 따르면 양산부는 양부로 고치고 그 성을 이(李)라 했으며, 고허부는 사량부라 하고 그 성을 최(崔)라 했으며, 간진부는 본피부라 하고 그 성을 정(鄭)이라 한 것으로 나온다.

그런데 이병도 선생의 주장 중 결정적인 문제를 지적할 필요가 있다. 이병도 선생은 6부에 박씨 · 석씨 · 김씨 부락을 비정했다. 그는 박씨 출신 부락은 급량(及梁) 또는 양(梁) 부락이라 했다. 그 위치는 혁거세의 전설적 탄생지가 그 안에 있고, 오릉이 있고, 혁거세의 궁전지가 있다고 하는 창림사지가 남산서록에 있기에 급량부락이 박씨촌이라 했다.

석씨출신의 부락은 탈해가 빼앗은 반월성의 호공의 집과 그 부근 일대를 포함한 본피부락이 석씨촌이 틀림없다고 했다. 김씨 출신 부락은 김알지의 탄생설화가 얽힌 계림이 월성 서편인 사량에 있고 김씨 시조왕의 능인 미추왕릉 그리고 숭혜전이 있는 사량부가 김씨촌이었다고 했다.[277]

---

275 이병도, 『한국사』 고대편, 『두계이병도전집』 2, 2012, p. 320.

276 『삼국사기』 1, 「신라본기」 1, 유리이사금 9년.

277 이병도, 『한국고대사연구』, 『두계이병도전집』 3, 2012, pp. 668~669.

그런데 양부락이 박씨촌, 본피부가 석씨촌, 사량부가 김씨촌이라는 이 주장은 소위 부체제설의 문을 열어준 것이다.

6촌을 통합해 형성된 서라벌소국의 존재를 무시한 잘못: 이병도 선생은 신라 건국신화를 옳게 이해하지 않았다. 아니 신화를 역사 연구의 자료로 본다는 생각 자체를 하지 않았던 연구자였다.

위에 제시한 신라 건국신화들을 보면 혁거세가 등장하여 서라벌소국(사로국)의 군주가 되기 전, 서라벌(사로) 지역에는 6촌이 있었던 것을 알 수 있다. 이 같은 6촌은 소국 형성 이전 촌장사회(또는 촌락사회)에 해당하는 정치발전단계에 해당한다. 그런데 한국 역사학계는 지금까지 이같은 정치발전단계를 생각하지 못한 것이다. 필자는 서라벌소국 형성 이전 현재의 경주지역인 서라벌 지역에 있던 6촌은 국가(state) 단계 이전의 추장사회(chiefdom) 단계의 정치발전 단계에 있던 정치체였다고 보아왔다.[278]

혁거세가 등장하여 입방설도(立邦設都)하고 군주(君主)가 된 것은 추장사회 단계의 6촌을 통합하여 서라벌소국을 형성한 것이다. 서라벌소국이 형성된 후 종래 추장사회 단계의 6촌은 서라벌소국의 지방행정구역으로 편제되었다.

이때 서라벌소국의 지방행정구역으로 된 6촌에는 종래 추장사회 단계의 촌장들을 중심으로 한 씨족들이 지배세력으로서의 지위를 유지했다고 본다. 물론 서라벌소국을 형성한 후에도 각 촌의 씨족들은 새로운 세력들을 받아들이지 않을 수 없었을 것이다.

---

278 이종욱, 『신라국가형성사연구』, 1982, pp. 17~18.

혁거세 세력이 등장하여 6촌을 통합하여 서라벌소국이라는 나라를 세운 것이 입방(立邦)이고, 서라벌6촌의 중심(실제는 나정 근처의 금성)에 도읍을 세운 것이 설도(設都)였다. 혁거세가 입방설도하고 머문 곳은 금성(金城)이었다. 이 금성은 서라벌6촌 · 6부 중 돌산고허촌인 사량부에 위치하였던 것이다. 그렇다고 혁거세를 시조로 하는 씨족(후일 박씨 성을 갖게 됨)이 돌산고허촌인 사량부의 지배세력이 된 것은 아니다.

혁거세를 시조로 하는 씨족은 왕을 배출한 씨족이었으며, 혁거세를 시조로 하는 씨족은 기본적으로 소국 전체의 지배세력이 된 것이다. 후에 등장하는 탈해를 시조로 하는 씨족(후에 석씨 성을 사용), 알지를 시조로 하는 씨족(후에 김씨 성을 사용)들 또한 6부의 세력이 아니라 서라벌소국 전체, 나아가 신라 왕국 전체의 지배세력이었다.

이 같은 사실은 신라 건국신화를 보면 곧 알 수 있다. 혁거세가 입방설도(立邦設都)할 때 설도는 소국 전체의 도읍을 정한 것이지, 6부 중 한 부의 세력으로 자리 잡은 것이 아니기 때문이다.

6부의 세력은 양부의 이씨, 사량부의 최씨, 모량부의 손씨, 본피부의 정씨, 한기부의 배씨, 습비부의 설씨들이다. 왕을 배출했던 박씨 · 석씨 · 김씨는 6부의 세력이라는 증거가 없다. 후일 『영일 냉수리비』와 『울진 봉평비』에 나오는 인명에 부명을 밝힌 것은 그들이 부의 세력이 아니라 해당 부에 거주하고 있는 것을 밝힌 것뿐이다.

서라벌소국은 6촌을 통합해 형성된 소국이다. 서라벌소국의 군주들은 6촌장 위에 군림하는 세력이 된 것이다. 이 사실을 무시하고 보니 소위 부체제설 같은 신라의 역사 왜곡이 전개될 수밖에 없다. 부체제설은 신라에 상처를 주고, 한국인 정체성의 원점을 말살하는 역사를 의미한다.

이병도 선생이 보는 단군: 이병도 선생은 「개천절의 역사적 의의」(『지방행정』 1952. 두계이병도전집 14, 116~118)라는 글에서 개천절이라는 말은 역사고전에는 없는 것이라 하며, 대종교경전에서 시작된 말이라 했다. 원래 개천절은 음력 10월 3일로 했는데 정부수립 후 국경일로 정할 때 양력 10월 3일로 정했다고 했다. 그는 우리의 개국시조요 민족의 시조인 단군의 이야기가 신화로서 분식(粉飾)되어 오는 것은 도리어 자연스러운 것이라고 말했다.

이것이 단군을 보는 이병도 선생의 관점이다. 단군을 보는 관점이 단군을 한민족의 시조로 본 신채호 선생이나 대종교의 경전에 나온다는 내용과 다른 것을 알 수 있다. 그러면서 이병도 선생은 단군을 한국인 정체성의 원점으로 생각하지 않았다.

6. 이병도 선생이 보는 삼한통합

신라의 삼한통합은 현재 신라 오리진의 한국인을 만드는 중요한 역사적 사건이었다. 삼한통합에 대한 이병도 선생의 이야기가 있다.

> 통일신라의 의의(意義): 어시호 신라는 반도의 주인공이 되고 반도의 인민은 한 정부, 한 법령, 한 조직 하에 놓여지게 되었다. 그러나 이때 신라의 판도가 오늘날 소위 반도의 극북부에까지는 미치지 못

하고 오직 반도의 세요부(細腰部)인 진남포–원산만 사이를 한계로 하여 그 이남을 통일한 것은 대단 유감이라 아니할 수 없다. 즉 신라의 통일 사업이 완전한 의미의 삼국통일이 되지 못하고, 오직 백제의 전토와 인민을 합한 외에 고구려의 남계와 그 유민의 일부를 소유한 데 불과하였으니, 오늘날 우리의 감각과 의식으로는 불만하기 짝이 없는 것이다. 그러나 삼국중 제일 후진이요 또 동남 일우에 편재하였던 묘소(渺少)한 신라가 차차로 성장하여 이만한 통일의 패업이라도 달성하였다는 것은 도리어 기적적이라고도 할 수 있지만, 또한 그 굳센 단결력과 발발(勃勃)한 발전의욕에서 결과된 것임을 잊어서는 아니 되겠다. 여하튼 신라의 반도통일은 국사 상 획기적인 중대사실로 큰 의의를 가진 것이라고 하지 아니하면 아니 되겠다.[279]

신라의 삼한통합에 대하여 한국사상 획기적인 중대 사실이라고 하면서도, 이병도 선생은 유감을 표하고 있다. 신라가 장악한 토지와 인민에 대해 불만을 토로하고 있는 것이다. 이 같은 생각은 신채호 선생 이래 현재 한국인들이 갖고 있는 신라의 삼한통합에 대한 기본적인 역사의식과 같은 것을 알 수 있다. 이 같은 삼한통합에 대한 이병도 선생의 주장은 삼한통합으로 한국인 정체성의 원점이 신라로 되었다는 사실을 은폐하는 것이다.

279 이병도, 「신라의 반도통일」, 『두계이병도전집』 14, 2012, pp. 28~29.

7. 『삼국사기』 초기 기록의 사실성을 밝혀주는 고고학적 조사 결과

『삼국사기』「백제본기」와 「신라본기」의 초기 수백 년 기록이 허구라고 한 것은 일본인 역사가였던 쓰다 소키치가 처음이고, 한국인 역사가로는 이병도 선생이 처음이라 하겠다. 이쯤에서 『삼국사기』「백제본기」와 「신라본기」의 초기 수백 년 기록이 허구가 아니라는 증거를 제시해야할 때가 되었다고 본다.

지금까지 필자는 역사발전의 대세를 가지고 신라의 초기국가 형성·발전에 대한 역사 등을 재구성해왔다. 그럴 때 도움이 되었거나 아쉬운 것은 절대편년이었다. 사료에 나오는 연대가 있지만 그 사료의 연대는 신라의 역사를 구전 등의 방법으로 전하는 과정에 조정된 것일 수 있기 때문이다. 고고학적 발굴결과 얻어진 절대편년은 큰 도움이 되는 것이 사실이다. 실제로 백제의 왕성이었던 풍납토성(하남위례성)에서 나온 절대연대 측정치는 『삼국사기』「백제본기」에 나오는 백제의 건국연대를 1세기 이상 2세기 가까이 올려보도록 만들고 있다.[280]

신라의 경우 나정유적이 발굴·조사 되었고, 그 안에서 출토된 청동기시대 유물 등은 신라 추장사회와 서라벌소국의 형성에 중요한 단서를 제공하는 것이었다. 2015년부터는 월성에 대한 발굴이 진행되고 있다. 분명 월성 발굴 자료를 통해 얻은 절대편년은 20세기 한국사학

280 윤근일, 「풍납토성의 발굴과 그 의의」, 『풍납토성(백제왕성) 연구논문집』, 2000, p. 51 참조.

이 만든 신라의 역사가 허구라는 사실을 밝혀줄 것으로 본다. 다만 아직 그러한 자료를 확보하지 않았기에 백제 풍납토성을 통해 그러한 사정을 생각해 볼 수밖에 없다.

한가지, 『삼국사기』「신라본기」 내물왕 이전 기록들의 신빙성을 말해주는 자료로 현재 다수 한국인이 갖고 있는 종성과 육부성의 존재를 주목할 수 있다. 종성과 육부성의 시조들은 신라 건국신화를 비롯해 제2대 남해왕대 또는 제4대 탈해왕 대에 등장하고 있다. 이것이『삼국사기』「신라본기」 내물왕 이전 기록들이 신빙할 수 있는 자료라는 증거가 된다고 본다. 다만 건국신화부터 일정 시기까지 기록들의 연대는 역사적 연대로 전환하는 작업이 필요하다. 지금 월성 발굴 등 고고학적 조사를 기다릴 수밖에 없는 실정이다. 언제인가 그러한 연대를 찾게 될 것으로 기대한다.

2절

손진태 선생의 신민족주의사학에게
상처받은 신라와 한국인 정체성의 원점

2절

손진태 선생의 신민족주의사학에게 상처받은 신라와 한국인 정체성의 원점

손진태 선생은 1945년 해방 후 서울대 교수로 있으며 이병도 선생과 함께 한국사학을 장악한 역사가라고 해서 틀린 말은 아닐 것이다. 그는 신민족주의를 주창했다. 여기서 그가 말한 민족 · 민족사가 어떤 것인가 먼저 보기로 한다. 특히 손진태 선생에 의하여 상처받은 신라와 한국인 정체성의 원점에 대한 문제를 중심으로 보기로 한다.

> 조선사는 곧 조선민족사이니 우리는 유사 이래로 동일한 혈족이 동일한 지역에서(비록 삼국시대 말년에 영토의 북반과 그 주민을 이실(離失)하기는 하였지만) 동일한 문화를 가지고 공동한 운명 하에서 공동한 민족투쟁을 무수히 감행하면서 공동한 역사생활을 하여왔고 이민족의 혼혈은 극소수인 까닭이다. 그러므로 조선에 있어서 국민은 곧 민족이요, 민족사는 곧 국사가 되는 것이다(『조선민족사개론』, 1948; 『한국민족사개론』, 1979, p. 3).

위의 주장은 해방 이후 남북이 분단된 상황에서 남북으로 나뉜 한국인을 하나로 묶는 데에는 의미가 있을지 모르나, 역사 그 자체를 생각하면 받아들이기 어려운 면이 있다. 실제로 고구려 · 백제 · 신라를 보면 삼국의 사람들은 서로 다른 영토에서 서로 다른 문화를 가지고 서로 다른 운명을 가졌고 서로 다른 민족투쟁을 했으며 서로 다른 역사를 만들었던 것이 사실이다. 삼국의 사람들은 서로 다른 국가의 국민이었다. 따라서 조선에 있어서 국민은 곧 민족이라는 말 자체가 성립할 수 없는 것이다.

그런가 하면 삼국 사람들을 하나의 민족으로 묶기에도 문제가 있다. 당시 삼국 사람들은 민족이라는 존재 자체를 생각한 적이 없기 때문이다. 오히려 국가가 결정적으로 중요했기 때문이다. 고구려와 백제는 신라에 멸망당했지만, 바로 그런 이유로 고구려와 백제는 한국사에 포함되지 않을 수 없는 것이다.

여기서 한 가지 더 분명히 해둘 사실이 있다. 민족사가 곧 국사가 된다는 주장이다. 물론 신채호 선생도 국사를 민족역사라고 했으나, 삼국 사람들을 공동운명체로 보아 그가 말하는 민족사를 재구성하는 데에는 생각할 문제들이 있다. 이와 관련된 문제는 뒤에 '손진태 선생과 민족 · 민족사'에 대한 문제를 다룰 때 자세히 보기로 한다.

이병도 선생과 마찬가지로 손진태 선생 또한 와세다대학에 입학하기 전까지는 한국사를 제대로 배울 수 없었다. 제국 일본의 교과목에 한국사가 없었기 때문이다. 그런데 손진태 선생 또한 실증사학자로 알려져 있다. 손진태 선생도 이병도 선생과 마찬가지로 그를 역사학자로 탄생시킨 제국 일본의 와세다대학 교수였던 쓰다 소키치 등의 영향을 벗어날 수 없었다. 그 결과 손진태 선생이 만들었던 한국고대사에서도 쓰다 소키치가 날조했던 한국고대사의 패러다임을 벗어날 수 없었던 것이다. 손진태 선생 역시 쓰다 소키치가 만든 한국폐멸사학의 주장을 "오리의 각인"으로 받아들여 한국인 정체성의 원점을 은폐하였다. 그 결과 손진태 선생은 한국인 정체성의 원점과 관련하여 "망상하는 역사"를 만든 장본인의 한 사람이 된 것이다. 손진태 선생의 실증사학도 쓰다 소키치의 한국폐멸사학으로부터 벗어난 것이 아니라는 사실을 분명히 할 필요가 있다.

1. 손진태(1900~1950. 9. 29 납북) 선생의 생애

우선 손진태 선생의 약력을 보기로 한다.[281] 손진태 선생은 성장한 뒤 일본으로 가서 1924년 3월 와세다 제1고등학원을 졸업하고, 그해 4월에 와세다대학 사학과에 입학하여 1927년 3월 졸업했다. 그때 지도교수는 니시무라 신지(西村眞次)로 일본사와 인류학이 전공이었다. 그의 영향을 받아 손진태 선생은 민속학에 관심을 갖게 되었다.

1930년부터 1934년까지 일본 동양문고의 사서로 근무했다. 1934년 귀국한 후 1학기에는 연희전문학교 강사로 동양문화사를 강의했다. 그해 2학기에는 보성전문학교 강사로 문명사를 강의했다. 동시에 도서관 사서를 겸했다. 1937년에 보성전문학교 전임강사와 도서관장

281 한국 역사민속학회, 『남창 손진태의 역사민속학연구』, 2003, p. 332.

이 되었다. 1939년에는 보성전문학교 교수로서 도서관장 직을 겸했다. 손진태 선생은 조선사편수회에 참여하지 않았고, 곤혹을 치르면서도 창씨개명도 하지 않았고, 신사참배도 하지 않았다고 한다.[282] 손진태 선생은 1934년 와세다대학 동창생을 중심으로 결성된 진단학회[283]에서 이병도 선생과 함께 편집위원으로 활동했다. 그런데 손진태 선생은 1945년 해방 전까지는 한국사에 대한 연구 업적이 거의 없다고 할 수 있다.

그는 1946년 10월부터 1948년 9월 경성대학교 사학과 교수, 서울대학교 문리과대학 사학과 교수로 재직했다. 1948년 11월부터 1949년 4월까지 문교부 차관 겸 편수국장을 지냈고, 1949년 2월부터 9월까지 서울대학교 사범대학장, 1950년 5월부터 9월 납북될 때까지 서울대학교 문리대학장을 지냈다.

손진태 선생은 비록 짧은 기간이지만 해방 후 한국고대사 연구의 기준을 정하는 역할을 한 것을 생각할 수 있다. 그 과정에 손진태 선생은 일본 와세다대학 유학 때 "오리의 각인"으로 받아들인 역사 연구의 기본 틀을 그대로 유지한 것을 볼 수 있다. 이것이 한국인 정체성의 원점, 신라의 역사, 나아가 이 한국고대사에 상처를 입히게 되었다.

282 최광식, 「손진태의 생애와 학문활동」, 『남창 손진태의 역사민속학연구』, 2003, p. 41.

283 주강현, 「역사민속학의 단절과 복원」, 『남창 손진태의 역사민속학연구』, 2003, p. 71.

2. 손진태 선생에게 식민주의사관은 개입할 여지가 없는가?

이기백 선생은 당신의 은사인 손진태 선생에 대해 다음과 같은 주장을 했다.

> 이 글 속에는 이인영의 학자로서의 고민이 역력히 드러나 있다. 일제의 식민주의사관이라도 객관적인 견해는 받아들여야 한다는 것은 학자적인 양심에서 우러나온 말이다. 그러나 가령 손진태의 경우에 식민주의사관은 전혀 개입할 여지가 없었다. 그러면서도, 아니 그렇기 때문에, 훌륭히 자기대로의 독창적인 한국사관을 수립할 수가 있었던 것이다. … 그(이인영)가 한국 근대사학의 전통을 모두 비판하고 대신 일제의 식민주의사관을 받아들인 것은 비극이라고 할 수밖에 없다.[284]

이기백 선생은 서울대의 교수였던 이인영 선생이 한국 근대사학의 전통을 모두 비판하고, 대신 일제의 식민주의사관을 받아들인 것을 비극이라 했다. 그와 달리 손진태 선생에 대해서는 다른 평을 하고 있는 것이다. 손진태 선생의 경우에는 식민주의사관이 전혀 개입할 여지가 없었다는 것이다. 그렇기에 자기대로의 독창적인 한국사관을 수립할 수 있었다는 것이다.[285]

과연 그럴까? 손진태 선생에게는 제국 일본의 소위 식민주의사관

284 이기백, 『한국사학의 방향』, 1995, pp. 117~118.

285 이기백, 「신민족주의사관과 식민주의사관」, 『한국사학의 방향』, 1995, pp. 117~118.

또는 식민사학(한국폐멸사학)이 끼어들 틈이 없었을까? 손진태 선생은 쓰다 소키치와 무관했을까? 필자는 2005년에 손진태 선생에 대한 논문 한 편을 발표했다. 필자는 「손진태의 신민족주의와 역사만들기의 정체」(『한국사학사학보』 11, 2005)에서 신민족주의사관(신민족주의사학)과 식민주의사관(식민사학)은 같은 점과 다른 점이 있음을 밝혔다. 먼저, 차이점을 들었다. 신민족주의사관은 한국의 민족국가를 만들기 위한 것이고, 식민사학은 일본의 국민국가를 만들기 위한 것이라 했다. 또 다른 차이점은 식민사학은 소위 임나일본부설을 인정했고, 신민족주의사학은 임나일본부설을 인정하지 않았다는 것이다.

그런데 손진태 선생은 신라 초기 역사를 말살한 쓰다 소키치가 만든 패러다임을 추종하고 있다는 사실을 주목할 필요가 있다. 그 결과 손진태 선생은 한국 · 한국인의 오리진이 신라 · 신라인이라는 사실을 상상조차 하지 않았던 것이다. 손진태 선생의 한국고대사 연구의 출발점이 바로 제국 일본의 한국폐멸사학자들이 만든 신라사 은폐 · 말살에 있었던 사실을 부정할 수는 없다. 그 것은 손진태 선생이 시라토리 구라키치나 쓰다 소키치와 무관하지 않았기 때문이다. 이 점을 밝혀야 할 필요가 있다.

3. 손진태 선생의 학문적 배경: 시라토리 구라키치(白鳥庫吉)와 쓰다 소키치와의 관계

손진태 선생에 대해 보는 데 있어 먼저 시라토리 구라키치와 쓰다 소키치와의 관계를 밝히는 일은 의미가 있다.

시라토리 구라키치와의 관계: 손진태 선생은 시라토리 구라키치와도 관계가 있었다. 1925년부터 동양문고에 드나들던 손진태 선생은 1929년에 와세다대학을 졸업하고 1930년부터 1934년까지 동양문고에 근무했다고 한다. 그때 시라토리 구라키치 같은 역사가들을 만났다고 한다.[286]

주강현 선생의 논문을 볼 수 있다. 그에 따르면 손진태 선생은 동양문고 사서로 있으며 식민주의자 시라토리 구라키치의 영향권에 있었다고 한다.[287] 주강현 선생은 손진태 선생이 당시 단군(檀君)이냐 단군(壇君)이냐 하는 문제에 대해 고민하던 중 시라토리 구라키치를 찾아간 대목을 밝히고 있다.[288]

> 최(남선)설을 읽은 나는 용약(勇躍)하여 백조(고길) 씨를 찾아갔다. 이씨(二氏)는 당시 단군연구로 양권위(兩權威)이며 동시에 일(一)은 부정론자로 동경사학계의 대권위, 일(一)은 긍정론자로 경성사학계의 대권위, 나는 신화로서의 긍정론자이었으므로 백조 씨의 문을 두드린 것이었다. 당시 나는 동경동양문고에 있어 나는 2층에 있었고, 씨는 3층 연구부장실에 있었으므로 이렇게 손쉽게 찾은 것이다(손진태, 「단군(檀君) 단군(壇君)」, 『문장』 3집, 1939).

주강현 선생은 손진태 선생이 일본학사원의 학술연구 지원비로 한

286 한국 역사민속학회, 『남창 손진태의 역사민속학연구』, 2003, p. 27.

287 주강현, 「역사민속의 단절과 복원」, 『남창 손진태의 역사민속학연구』, 2003, p. 70.

288 주강현, 「역사민속의 단절과 복원」, 『남창 손진태의 역사민속학연구』, 2003, p. 70.

국무속에 관한 현지조사를 수행하여 논문을 발표한 것도 시라토리 구라키치의 후원에 의한 것으로 추측된다고 했다.[289]

손진태 선생은 시라토리 구라키치의 영향을 받은 것을 생각할 수 있다. 그는 1939년 시라토리 구라키치를 만날 때까지 그가 단군신화에 대해 긍정론자였던 것을 그의 말을 통해 알 수 있다. 그런데 그가 말한 긍정론자라는 말의 의미를 분명히 밝히기는 어렵다.

뒤에 보려는 것과 같이 손진태 선생은 단군신화를 사실(史實)로서가 아니라 사상(思想)을 밝히는 자료로 보았다. 이 같은 손진태 선생의 단군신화를 보는 눈은 제국 일본의 역사가들이 가졌던 생각을 그대로 따른 것이다.

쓰다 소키치와의 관계: 손진태 선생의 첫 번째 저서인 『조선고가요집』(1929)의 서문을 쓰다 소키치가 써준 것이나, 1924년 와세다대학 사학과 교과과정에 니시무라 신지(西村眞次)와 쓰다 소키치의 강의가 있었던 것을 보아 손진태 선생은 쓰다 소키치의 강의를 듣고 지도도 받은 것으로 보인다고 한다.[290] 손진태 선생은 쓰다 소키치와 무관하지 않았던 것을 확인하게 된다.

손진태 선생 또한 이병도 선생과 마찬가지로 한국인 정체성의 원점을 은폐 · 말살하였다. 그런데 한 가지 더 있다. 그는 신민족주의사학을 주장하며 민족 · 민족사를 만들었다. 그 결과 만들어진 민족 · 민족사는 한국인 정체성의 원점을 은폐한 것이었다. 이병도 선생과 마찬

289 주강현, 「역사민속의 단절과 복원」, 『남창 손진태의 역사민속학연구』, 2003, p. 70.

290 최광식, 「손진태의 생애와 학문 활동」, ·『남창 손진태의 역사민속학 연구』, 2003, p. 27.

가지로 손진태 선생도 신라 내물왕(손진태 선생은 신라의 국가적 흥기는 미추왕대(261~284)라 했다) 이전 역사의 무대에서 활동하던 종성과 육부성의 시조들에 대한 관심은 조금도 없었다. 손진태 선생은 한국인이 신라 오리진이라는 사실에는 관심이 없었던 것이다. 이병도 선생과 마찬가지로 손진태 선생도 신라 역사에 깊은 상처를 입힌 역사가라고 하지 않을 수 없다.

4. 쓰다 소키치의 그늘에서 손진태 선생이 만든 신라 역사

손진태 선생의 신민족주의사학과 제국 일본의 역사가 중 한국폐멸사학자(소위 식민주의사학자)로 쓰다 소키치를 들어 같은 점 두 가지를 찾아보았다.

하나, 신화(神話)를 보는 눈, 쓰다 소키치를 추종한 손진태 선생: 두 역사가의 신화를 보는 눈이 같다. 손진태 선생은 쓰다 소키치가 주장한 신화에 대한 생각을 그대로 따르는 것을 볼 수 있다. 손진태 선생은 『국사대요』에서 단군신화에 대해 다루며 다음과 같은 말을 했다.

> 우리는 이 (단군)전설을 원시시대 사람들의 설화로 그대로 사실(事實)이라고 믿을 것은 아니요, 사상적인 전통으로서 과학적으로 이해하여야 할 것이니 … 고대 여러 민족이 각자로 전승하던 그들의 건국시조에 관한 전설은 대개 가견적(可見的) 사회적 사실(事實)이었기보

다는 사상적인 소산이요 사상 상의 전통이었던 것이다.[291]

여기서 쓰다 소키치가 보는 신화나 설화에 대한 생각을 볼 수 있다.

> 신화나 민간설화 … 가 조직적으로 크게 짜여져 있는 경우는 거기에 무엇인가의 의도가 작용하고 있음을 간과해서는 아니 된다. … 이러한 성질의 이야기는 그 자체가 사실을 기술하고 있는 것이 아니라 거기에 나타난 정신이나 사상은 엄연한 역사상의 사실이며 국민의 역사에 있어서는 중대한 의미를 지니고 있다.[292]

쓰다 소키치의 일련의 연구는 일관되게 『일본서기』나 『고사기』에 나오는 "신화가 황실의 기원 신화이지 민족의 기원을 말하는 것은 아니며, 황실의 기원 신화라 해도 사실(史實)이 아니라 어디까지나 관념상의 존재이며, 그런 관념이 형성된 시대 사람들의 사상이라는 것 등을 주장했다"고 한다.[293] 쓰다 소키치는 스스로의 사고에서 『일본서기』나 『고사기』를 낳은 고대사회와 고대국가, 그 이후 각 시기의 사회와 국가를 구조적으로 파악하는 길을 막았다고도 한다. 이는 쓰다 소키치가 "일본은 중국에서 율령을 비롯하여 발달된 문화를 수용했지만, 그것은 극히 표면적이거나 상층 계급만의 일이지 민중의 생활문화에서는 중국과 거의 섞이지 않아 별개라고 말한 바 있는데 이 주장이 잘못이라는 것이다. 실제로 일본이 중국 문명으로부터 받은 영향은 훨씬

291 손진태, 『국사대요』, 1948, p. 4.

292 津田左右吉, 『津田左右吉全集』 別卷 1, 1989, p. 199.

293 나가하라 게이지(하종문 옮김), 『20세기 일본의 역사학』, 2011, p. 144.

뿌리가 깊다는 것이다.[294] 쓰다 소키치가 일본이 중국 문명의 영향을 받은 것을 과소평가한 것과 같이 신화를 역사적 사실이 아니라 사상적 사실로 보는 것은 문제라고 하겠다.

손진태 선생은 바로 이 같은 쓰다 소키치의 신화를 보는 잘못된 관점을 이어받은 것을 알 수 있다. 쓰다 소키치는『일본서기』나『고사기』의 신화를 부정함으로써 천황제의 과학화를 꾀한 것이다. 그러나 그러한 역사 연구 방법은 분명 문제가 있다. 따라서 해방과 동시에 한국의 건국신화를 비롯해『삼국사기』「신라본기」내물왕 이전 기록을 바라보는 관점도 청산했어야 한다. 쓰다 소키치의 그 것과는 달라졌어야 했다.

손진태 선생은 스스로 (단군) 신화에 대한 긍정론자라고 했지만, 실제는 쓰다 소키치의 영향을 받은 것을 확인하게 된다. 그가 말한 신화에 대한 긍정론은 그 자체를 역사적 사실로 보자는 것이 아닌 것이 분명하다.

둘, 신라의 국가 형성 · 발전에 대한 주장의 문제: 손진태 선생 또한 쓰다 소키치가 제창한 신라 내물왕까지 역사 말살론으로부터 자유롭지 못했던 것을 확인할 수 있어 문제를 제기하지 않을 수 없다. 그의 견해를 보겠다.

> (1) 신라의 소위 6족(六族)이라는 것도 경주 평야를 중심으로 하여 그 부근에 생활하던 6부족의 연맹으로 사로국이 형성되고, 그 소부족국가가 중심이 되어 다른 부족과의 연맹 또는 정복에 의하여 신라왕국이 형성된 듯하며, … 백제와 신라의 국가적 흥기를 추측하면,

294 나가하라 게이지(하종문 옮김),『20세기 일본의 역사학』, 2011, p. 146.

백제는 2세기 후반 초고왕대부터 신라는 이보다 약 반세기 내지 1세기 뒤져 3세기 중엽 미추왕대(261~284년 재위)로부터가 아니었을까 한다.[295]

(2) 신라 왕실은 그 시조를 혁거세왕이라 하였으나, 그것은 어떻든, 처음에는 경주평야를 중심으로 하는 6부족연맹왕국으로 일어났고, 귀족국가의 기초가 확립된 것은 3세기 중엽 미추왕대로부터인 듯하며, 강대하게 된 것은 4세기 중엽 내물왕대로부터이었다. 그리고 그 전성은 6세기 중엽의 진흥왕대로부터이었다.[296]

이 같은 손진태 선생의 주장에는 문제가 있다. 첫째, 신라의 초기 국가 형성 · 발전 단계에 대한 주장의 문제를 지적할 수 있다. 위에 제시한 손진태 선생의 주장을 통해 신라 국가 형성 · 발전의 단계를 볼 수 있다. 1단계는 6부족 연맹으로 형성된 사로국이라는 소부족국가단계, 2단계는 소부족국가가 다른 부족과 연맹 또는 정복을 통하여 형성된 신라왕국단계(귀족국가단계, 미추왕대에 형성), 3단계는 강대하게 된 신라왕국단계(내물왕대), 4단계는 신라왕국의 전성단계(진흥왕대)의 네 단계를 구분하게 된다.

이 같은 신라의 국가형성 · 발전 단계 구분에는 문제가 있다. 첫째, 손진태 선생은 『삼국사기』나 『삼국유사』에 나오는 신라 건국신화를 제대로 주목하지 않았다는 것을 지적할 수 있다. 신라 건국신화를 보면 6촌을 통합하여 서라벌소국(사로국)이라는 소국이 형성된 것을 알 수 있다. 그 과정에 6촌장이 다스리던 촌락사회(추장사회)가 통합되어 서라벌

295 손진태, 『조선민족사개론』, 1948; 『한국민족사개론』, 1979, pp.119~120.

296 손진태, 『국사대요』, 1949, p. 59.

소국이 된 것이다. 6촌에는 정치지배자였던 촌장들이 있었다. 서라벌소국을 형성하며 혁거세가 6촌을 통합한 서라벌소국의 지배자가 되었고, 6촌장들은 그들이 다스리던 촌의 지배세력으로 그 지위를 유지했다. 그러나 6촌장들은 그들의 위에 6촌을 통합해 지배하는 혁거세라는 군주(君主)를 모시게 되었다.[297] 이 같은 역사적 사실을 은폐하고 만들어진 손진태 선생의 주장은 문제가 있는 것이다. 결국 6부족의 연맹으로 사로국이 형성되었다는 손진태 선생의 주장은 잘못된 것이다.

둘째, 신라의 국가적 흥기가 미추왕대에 이루어졌다는 주장의 문제를 지적할 수 있다. 손진태 선생이 말하는 국가적 흥기가 과연 무엇을 의미하는지 잘 알 수 없다. 다만 그의 주장대로 다른 부족과 연맹 또는 정복에 의하여 신라왕국이 형성된 듯하다고 한 말을 주목할 수 있다. 이 또한 손진태 선생이 『삼국사기』에 나오는 서라벌소국의 진한 소국 정복에 대한 기록을 무시한 것을 뜻한다. 『삼국사기』의 기록에 따르면 서라벌소국은 1세기 중 · 후반에서 3세기중반 경까지 진한의 모든 소국을 정복한 것으로 나온다. 이 같은 사실을 인정하면 신라의 국가형성 · 발전단계에 대한 이해가 전혀 다른 것이 된다. 『삼국사기』를 통해 새로운 시대구분을 할 수 있게 되는 것이다.[298]

이렇게 보면 손진태 선생은 쓰다 소키치가 시작한 『삼국사기』 「신라본기」 내물왕까지의 기록을 불신한 틀 속에서 신라의 국가 형성 · 발전 단계를 이야기한 것을 알 수 있다.

셋째, 건국신화를 역사연구에 끌어들이는 것을 역사에 대한 무지로

297 이종욱, 『신라국가형성사연구』, 1982, p. 49; 『신라의 역사 1』, 2002, pp. 90~94.

298 이종욱, 『신라국가형성사연구』, 1982, pp. 11~90 참조.

보았던 손진태 선생은 신라 건국신화에 나오는 서라벌6촌이 독립된 정치 발전 단계로 볼 수 없었다. 손진태 선생뿐 아니라 현재 한국의 한국고대사 연구자들 모두가 이와 같은 연구방법을 갖고 있는 것이 사실이다.

그와 달리 필자는 6촌을 통합하여 서라벌소국을 형성하기 이전 서라벌6촌이 독립된 정치발전단계로 있었다는 사실을 주장해왔다.[299]

이러한 예를 보면 손진태 선생은 쓰다 소키치의 kids로 보아 잘못이 없다는 사실을 확인하게 된다. 바로 쓰다 소키치가 일본황국사관을 바탕으로 한국폐멸사학(소위 식민사학)을 폈고, 쓰다 소키치의 kids 중 한 사람인 손진태 선생이 쓰다 소키치의 주장을 충실히 추종한 것을 확인하게 된다.

손진태 선생의 내물왕 이전 역사를 보는 눈: 손진태 선생은 내물왕까지의 역사를 보는 관점에서 쓰다 소키치의 견해를 추종하고 있는 것을 확인할 수 있다.

> 우리의 역사적 지식에 의하면 백제와 신라가 종래의 78개 군소부족국가로부터 고구려와 같은 강력국가에의 기초를 세우게 된 것은 3세기 중엽 이후의 일로 추측되어, 신라로 말하면 미추왕대, 백제는 고이왕대로부터일 것 같으니, 그때는 고구려의 강대한 세력이 요동·요서와 낙랑에서 위(魏)의 세력과 격렬한 충돌을 일으켰던 시대이었다. 이 국제적 압력에 의하여 남방의 삼한 제소부족에게 강력한 연맹세력이 요청되었던 것이다. 그러다가 313년의 고구려의 낙랑군 정복, 익년의 대방군 정복, 343년의 평양 황성 이도(移都) 등에 수반

299 이종욱, 『신라국가형성사연구』, 1982, pp. 12~48; 『신라의 역사 1』, 2002, pp. 67~86.

> 하는 고구려 세력의 맹렬한 남하 운동에 대항하여 비로소 백제 · 신라 2국은 급속적으로 강력 국가화한 것이니, 백제는 근초고왕대, 신라는 내물왕 대의 사상(事象)일 것이다. 그러므로 4세기 중엽 이전의 반도 남방은 소위 삼한 78개 소부족국가(小部族國家) 시대에 속하였으니, 삼한이란 것은 서쪽의 마한, 동쪽의 진한, 그중간의 변한이었다.[300]

위에 제시한 손진태 선생의 주장을 보면 4세기 중엽 이전 한반도의 남방에는 78개의 소부족국가들이 있었고, 그들이 나뉘어 마한 · 진한 · 변한의 삼한을 이루고 있었다는 것이다. 여기서 말하는 4세기 중엽 이전은 내물왕 이전을 의미한다. 이러한 주장은 이병도 선생의 삼한론과 대체로 같은 것이다.

그리고 이러한 삼한론은 쓰다 소키치가 말한 대로『삼국사기』「신라본기」 내물왕까지 또는 내물왕 이전 기록을 불신하고『삼국지』「동이전」'한조'를 신빙했기에 나온 것이다. 결국 손진태 선생 또한 쓰다 소키치의『삼국사기』「신라본기」 내물왕 이전 기록 불신론을 그대로 따른 것이 확인되며 신라사에 상처를 준 것이 분명하다.

5. 손진태 선생과 민족 · 민족사

손진태 선생이 보는 단군신화: 손진태 선생은 단군신화를 어떻게 보았을까? 이와 관련하여 아래와 같은 손진태 선생의 주장을 볼 수 있다.

300 손진태,『조선민족사개론』, 1948;『한국민족사개론』, 1979, p. 73.

그러므로 신화학을 아는 사람이면 누구나 이 신화의 유구성을 부인할 수 없을 것이며 따라서 이것이 중세인의 창작이 아닐 것을 인정하지 아니할 수 없을 것이다. 단군전설의 골자는 실로 조선족이 소유하였던 유구한 전통을 가진 시조전설이었다. 그러나 좀 더 전색(銓索)하여 보면 고려 이전에 있어서는 이것이 평안 · 황해 등 고조선의 주민군(住民群)이 전승하여 오던 설화일 것이요, 만주와 반도 전체를 통하여 전승된 것은 아니었을 터이니, 그것은 만주지역에 동명 혹은 주몽전설이 엄연히 존재하고 신라에 혁거세 · 알영전설, 가라에 수로전설이 각자로 전한 것으로 보아 거의 명백하다. 이 전설이 우리 영역이었던 만주와 반도를 통하여 거주하던 전 우리 종족의 시조전설이 된 것은 아마도 신라말 후삼국의 정립시대나 고려 통일 이후 소위 『고기』의 편성시대로부터이었을 것이니, 『고기』에는 명백하게 부여 · 고구려 · 옥저 · 예맥 · 신라 등이 모두 단군의 지배하에 속하였다 하고 또 당시 정치의 중심지는 평양이라 하여 일대 통일국가가 형성되었던 것처럼 말하였다. 그러나 이것이 사실(史實)일 수는 없는 것은 단군이 현실적 인물이 아닐 것과 동양(同様)으로 너무나 명확하다. 『고기』 작가의 의도는 이것을 통하여 국제적으로는 요(遼, 걸안)에 대하여 은연히 이미 잃은 고구려 · 부여의 구강(舊疆)을 주장하고 국내적으로는 고토 회복과 민족사상의 통일 진작을 꾀하고자 함에 있었던 것 같다. 이러한 대민족 통일사상은 하필 『고기』 작가나 일부 학자 사이의 사상 상에만 존재하였던 것이 아니라, 현실 정치 상에도 구체적으로 그 운동이 전개되었으니 궁예가 그러하였고 왕건이 그러하였고, 또 그 사상과 운동이 고려 종말까지 계속된 것은 고려사 초두에서 상론하려 한다. 그런데 사대주의자요 합리주의자인 김부식 등은 이것을 정사(正史)에서 취급하지 않았다. 그러나 이렇게 민족의식 상에 대두된 시조전설은 이래 거의 천 년 간 부단히 전승되었고 외민족과의 국제문제가 복잡할 때에는 특히 선전(宣傳)되었을 것이니, 고려와 이조 초기의 (대 거란 · 여진 · 원 · 명) 사상(事象)이 그러하고 이조 말년에는 독립사상과 아울러 맹렬한 기세로 행하여졌고 2차 세계대전을 통하여 민족사상의 세계적 팽창과 함께 단군시조사상도 전성을 극하게 된 것이다.[301]

위의 인용문을 통해 손진태 선생이 단군신화를 보는 몇 가지 관점을 찾을 수 있다. 첫째, 중세인의 창작이 아니라는 것이다. 단군신화는 조선족(朝鮮族)이 갖고 있던 유구한 정통을 가진 시조전설로 고려 이전에는 평안도 · 황해도 등 고조선의 주민군이 전승하던 설화로 만주와 한반도 전체에 전승된 것이 아니라는 것을 볼 수 있다. 필자도 이 같은 손진태 선생의 주장에 동의한다.

둘째, 단군신화가 한국사의 영역이었던 만주와 한반도에 거주하던 · 우리 종족(種族)의 시조전설로 된 것은 신라말 후삼국의 정립기나 고려 통일 이후 『고기』 편찬시기였을 것이라 했다. 그 이유로 『고기』에는 부여 · 고구려 · 옥저 · 예맥 · 신라 등이 모두 단군의 지배하에 속했다는 것을 들고 있다. 필자는 이 같은 손진태선생의 주장에는 선뜻 동의하기 어렵다고 본다. 단군이 부여 · 고구려 · 옥저 · 예맥 · 신라를 다스렸다는 기록은 단군신화가 한국 초기국가 형성신화 중 특별하게 취급된 것을 뜻하는 것은 사실이다. 그런데 단군이 다스렸다는 나라들에 대한 기록이 『제왕운기』와 『세종실록』에는 나오고, 『삼국유사』나 『응제시주』에는 안 나온다.[302] 이는 단군이 부여 · 고구려 · 옥저 · 예맥 · 신

301 손진태, 『조선민족사개론』, 1948; 『한국민족사개론』, 1979, pp. 26~27.

302 이종욱, 「고조선의 단군신화」, 『한국사의 1막1장 단군신화』, 2004, p. 93 표 참조.

라를 다스렸다는 내용이 단군신화에 실린 시기가 1280년대 『삼국유사』가 편찬된 이후일 수도 있다는 생각을 하게 만든다. 오히려 단군신화를 역사가들이 주목한 시기는 『삼국유사』 편찬 이후가 아닌가 생각할 수도 있다고 보여진다.

셋째, 민족의식과 관련하여 대두한 단군신화는 천년간 부단히 전승되어 외민족과 국제문제가 복잡할 때 대두되었으니 고려와 조선 초는 물론이고 조선말에는 독립사상과 함께 맹렬한 기세로 일어났고, 2차 세계대전을 통해 민족사상의 팽창과 더불어 단군시조사상도 전성을 맞았다고 했다. 특히 제국 일본의 한국 강점 · 폐멸 시기에 신채호 선생 같이 한국독립사학을 펼치며 단군을 시조로 하는 민족의 역사로 국사를 만들어낸 것을 그 예로 들 수 있다.

넷째, 단군이 평양을 중심지로 하여 부여 · 고구려 · 옥저 · 예맥 · 신라를 지배하는 하나의 대통일국가를 형성했다고 한 것은 사실이 아니라고 한 것도 타당한 주장이라고 본다.

다섯째, 단군이 현실적 인물이 아니라 한 것을 볼 수 있다. 손진태 선생은 단군신화를 사실(史實)로 보지 않고 사상적인 것으로 보았다. 이는 쓰다 소키치가 신화를 보는 관점을 손진태 선생이 추종한 것이다.[303] 필자는 이 점에서 손진태 선생과 생각을 달리 한다. 단군은 고조

303 세키네 히데유키, 「'쓰다 사학(津田史學)'의 신대사(神代史) 해석과 한 · 일 민족의 계통관계」, 『일본사상』 12, 2007, p. 79.(이 논문 주 3에 津田左右吉이 보는 신화에 대한 내용이 있다. "신화나 민간설화 … 그 자체가 사실을 기술하고 있는 것이 아니라 거기에 나타난 정신이나 사상은 엄연한 역사상의 사실이며 국민의 역사에 있어서는 중대한 의미를 지니고 있다."라는 기록을 제시했다. 津田左右吉, 『津田左右吉全集』 別卷 1, 1966, p. 199.)

선 건국의 역사가 신화화된 것을 보여준다. 따라서 고조선 건국세력인 단군에 대한 역사도 신화화된 것이다. 필자는 신화를 역사로 보아 왔다. 이 경우 단군신화를 역사로 만들기 위해서는 그 안에 나오는 신화화된 사실 · 사건 · 시간을 역사적인 사실 · 사건 · 시간으로 전환하는 작업이 필요하다.[304]

손진태 선생은 단군은 다만 민족의 시조일 뿐, 고조선을 건국한 인물로 인정하지 않는 것을 알 수 있다.

조선민족의 혈액적 단일성을 주장한 손진태 선생: 손진태 선생은 남북 9족의 혈액적 단일성을 주장했다.[305] 그는 기원전 5 · 6세기부터 기원 후 3세기경에 이르는 동안 우리 영역내 종족 상태를 보면 부여족, 예맥족, 숙신족(읍루족), 조선족, 옥저족, 예족, 마한 · 진한 · 변한의 삼한족이 있었는데 기원 전후한 때부터 고구려족이 흥기하여 예맥족을 대신하게 되었다고 하였다.

손진태 선생은 지금부터 5천 년 전 원시(原始) 조선족(祖先族)의 한 갈래는 중국 동부지방으로 남하하고, 한 갈래가 서방으로부터 중국 북방을 통하여 동진하여 만주에 이르고 일부는 다시 남진하여 한반도 남단에 도달했던 것 같다고 했다. 이들을 중국에서는 동이(東夷)라고 불렀다고 한다. 동이 중 중국 영역에 머문 이족(夷族)은 은말로부터 주초에 이르는 6 · 7세기 사이에 한민족(漢民族)에게 완전히 흡수 동화되었고, 만주와 한반도로 이주해온 세력만이 주위의 외민족과 투쟁을 통해

304 이종욱, 『고조선사연구』, 1993, pp. 83~93.

305 손진태, 『조선민족사개론』, 1948; 『한국민족사개론』, 1979, p. 46.

처음에는 부여 · 고구려 · 낙랑(고조선의 후신) · 백제 · 신라 · 가락(駕洛, 금관 혹 가야) 등 6개 왕국을 이루었다고 한다. 313년에 낙랑은 고구려에 흡수되고, 부여는 494년에 고구려에 흡수되고, 가락은 562년(혹은 532) 신라에 병합되어 그때부터 삼국이 쟁패하다가 668년 신라의 삼국통일로부터 현 조선민족의 모체가 결정적으로 되어 지금에 이르기까지 1천 3백년 간 단일민족의 단일국가로 전승되었다고 했다.[306]

손진태 선생은 삼국통일로부터 조선민족의 모체가 결정되어, 지금에 이르기까지 단일민족의 단일국가로 전승되었다고 했다. 그러나 손진태 선생은 한국인이 신라 오리진이라는 사실은 상상도 하지 않았다. 그 역시 신라 미추왕 또는 내물왕 이전 역사를 쓰다 소키치-이병도 선생의 주장과 같이 은폐 · 말살한 것이다.

부여 · 예맥 · 고구려 · 옥저 · 예 등과 삼한의 8족은 동일문화를 가진 동일혈족이었던 것은 고인돌과 백의(白衣), 상투의 풍속언어 등을 통해 알 수 있다고 했다. 그는 조선민족의 혈액적 단일성을 말하고 있는 것이다. 그는 민족 혈액의 순수 단일은 민족적 친화와 단체에 있어 자주독립의식에 있어 이와 반대의 경우보다 훨씬 강력할 것만은 스스로 명백한 일이며 또 이러한 단일민족의 분열을 원하지 않고 통일을 원하는 것도 특장(特長)의 하나라고 했다. 그뿐 아니라 우리가 유사 이래로 동일문화를 가진 단일민족이란 것을 명백하게 하는 것은 민족사학의 당연한 의무의 하나이기도 하다고 했다.[307]

손진태 선생은 종래 우리 역사는 온전히 왕실중심의 역사였다고

306 손진태, 『조선민족사개론』, 1948; 『한국민족사개론』, 1979, p .51.

307 손진태, 『조선민족사개론』, 1948; 『한국민족사개론』, 1979, pp. 52~53.

하며, 백남운이 그러한 구각(舊殼)을 깨뜨린 용감한 선구자였으나 피지배계급을 발견하기에 너무 열중한 나머지 우리 자신의 일부분만 발견하고 나머지 민족의 발견에는 극히 소홀했다고 하였다. 그는『조선민족사개론』(1948)에서「민족의 발견」에 노력하였으며 또 민족의 입지에서 우리 역사를 개론해 보았다고 했다. 그는 새로운 견지의 민족사(民族史)를 개척했다고 했다.[308]

그런데 손진태 선생이 말한 조선민족의 혈액적 단일성에 대한 주장은 문제가 있다. 신라의 예만 보더라도 원래 지석묘를 축조하던 촌락사회단계의 6촌과 그 주민이 있었다. 그런데 혁거세라는 이주민이 등장하여 6촌을 통합하여 서라벌소국을 형성하고 군주가 되었다. 또한 탈해를 시조로 하는 석씨족, 알지를 시조로 하는 김씨족이 어디선가 이주해와 신라의 왕을 배출하는 세력이 되었다. 그리고 중국의 정치적 변동이 있을 때 중국계 이주민들이 서라벌지역으로 이주하기도 했다. 그런가 하면 왜에서 호공(瓠公) 같은 세력이 이주해 오기도 했다. 이러한 사실들을 인정하면, 조선민족의 혈액적 단일성을 주장하는 일은 불가능해진다. 이 혈액적 단일성에 대한 주장은 쓰다 소키치의 단일민족론에서 출발한 것으로 보여진다.

손진태 선생의 신민족주의: 『조선민족사개론』(1948)의 자서(自序), 1948년;『한국민족사개설』 자서, 1979)에서 아래의 이야기들을 하고 있다.

308 손진태,『조선민족사개론』, 1948;『한국민족사개론』, 1979, p. 2.

(1) 나는 신민족주의 입지에서 이 민족사를 썼다. 왕자(王者) 일인만이 국가의 주권을 전유하였던 귀족정치기에 있어서도 민족사상이 없었던 것은 아니요, 자본주의 사회에도 또한 민족주의란 것이 있다. 그러나 그러한 민족사상은 모두 진정한 의의의 민족주의는 아니었다. 그것은 민족의 미명(美名)하에 그들 지배계급만의 권력과 부력(富力)을 획득 유지하려는 극히 불순한 가면적이요 무마적(撫摩的)인 것이었다. 진정한 민족주의는 민족 전체의 균등한 행복을 위하는 것이 아니면 안 될 것이다. 민족 전체가 정치적으로 경제적으로 사회적으로 문화적으로 균등한 의무와 권리와 지위와 생활의 행복을 가질 수 있을 때에 비로소 완전한 민족국가의 이상이 실현될 것이요, 민족의 친화와 단결이 비로소 완성될 것이다. 가장적(假裝的)인 민족주의 하에서 민족의 친화 단결이 불가능한 것은 과거의 역사 및 금일의 현실이 명백하게 이것을 증명하고 있다. 민족의 단합이 없이 민족의 완전한 자주독립은 있을 수 없고, 따라서 민족문화의 세계적 발전 기여도 있을 수 없는 일이다. 그리고 민족의 단합은 오직 진정한 신민족주의에서만 얻을 수 있을 것이다.

조선민족사는 결국 우리 민족이 과거에 민족으로서 어떻게 생활하였느냐 하는 사실(史實)을 민족적 입지(立地)에서 엄정하게 비판하여 앞으로 우리 민족의 나아갈 진정한 노선을 발견하는 데에 그 연구가치와 의의가 있는 것이다. … 계급의 생명은 짧고 민족의 생명은 긴 것을 인식할 때 우리는 우리 민족사의 나아갈 길이 오직 신민족주의에 있을 것을 스스로 알게 될 것이다. …

내가 신민족주의 조선사의 저술을 기도한 것은 소위 태평양전쟁이 발발하던 때부터이었다. 동학 수우(數友)로 더불어 때때로 밀회하여 이에 대한 이론을 토의하고 체계를 구상하였다.[309]

309 손진태, 『조선민족사개론』, 1948; 『한국민족사개론』 자서(自序), 1979, pp. 1~2.

> (2)나는 이 소저(小著)에서 이 「민족의 발견」에 노력하였으며, 또 이 「민족」의 입지에서 우리 역사를 개론하여 본 것이다. … (3) 다음으로 수언(數言)할 것은 민족사의 방법론이다. … 모든 사실(史實)을 사실(史實) 그대로 공정하게 파악하여, 또 그 복잡한 사실(史實)을 종합 비판하여, 거기서 민족의 참된 행복의 길을 발견하고, 겸하여 인류사회의 발전 향상과 평화를 재래(在來)할 수 있는 이론과 방법을 터득하는 것이 사학(史學)의 지고(至高) 목적일 것이다.[310]

손진태 선생은 『조선민족사개론』(1948)의 서설(緖說)에서 "나는 이 소저(小著)에서 이 「민족의 발견」에 노력하였으며, 또 이 민족의 입지에서 우리 역사를 개론하여 본 것이다."라 했다. 손진태 선생이 민족을 발견했다는 것이다. 사실 민족, 민족역사를 먼저 이야기 한 연구자는 신채호 선생이다. 그러면 손진태 선생은 어떤 이유로 「민족의 발견」에 노력했다는 것일까? 손진태 선생은 민족주의가 민족 전체의 균등한 행복을 위한 것이어야 한다며 그러한 민족주의를 신민족주의라 한 것을 주목할 수 있다.

그런데 손진태 선생의 신민족주의에 대한 논의가 이루어진 것을 볼 수 있다. 이기백 선생의 「신민족주의사관론」이 그 것이다. 이기백 선생은 손진태 선생의 신민족주의사관의 역사적 배경의 하나로 일본 국국주의의 단말마적 강압 속에서 받은 민족의 시련을 정신적으로 극복해 보고자 하는 노력의 소산이라고 말하고 있다.[311] 이 같은 신민족

310 손진태, 『조선민족사개론』, 1948; 『한국민족사개론』 서설(緖說), 1979, pp. 1~2.

311 이기백, 『한국사학의 방향』, 1978, p. 93.

주의사관은 독창적 이론이라고도 했다.[312] 손진태 선생의 역사학은 기본적으로 실증사학의 토대 위에 서 있다고도 했다.[313]

남근우 선생이 일제 노예학자 중에는 이른바 '대동아공영권'의 지도 원리로 '신민족주의'를 부르짖은 이가 있었기에 신민족주의사관의 역사의식에 대한 평가 역시 손진태 선생의 학문과 사상에 대한 실증적 연구의 기초 위에서 신중히 다루어져야 할 과제라고 한 것을 볼 수 있다.[314]

한편 남근우 선생은 손진태 선생이 '식민주의사관', 그중에서도 특히 만선사학자들의 단군 부정론과 타율적 조선사관에 대해 격정어린 비판을 퍼붓고 있는 게 사실이지만, 그 비판은 한결같이 해방 후 발표된 글에서 이루어지고 있음을 지적하기도 했다.[315]

남근우 선생은 손진태 선생이 태평양전쟁이 발발하기 직전 '총후 조선'의 증산활동을 부추기기 위한 일제의 후생운동에 영합하는 주장을 펼치고 있었다고 하며, 향토오락론을 비롯한 일제 강점기의 조선민속학 연구 과정에서, 손진태 선생은 식민주의사학에 정면에서 맞서 싸우면서 그 허위성 · 허구성을 폭로한 적이 없었다고 했다. 오히려 시라토리 구라키치(白鳥庫吉)를 비롯한 만선사학자들과 인맥 상으로 가깝고 학문적으로도 크고 작은 영향을 받은 이가 손진태 선생이라고도 했

312 이기백, 『한국사학의 방향』, 1978, pp. 95~97.

313 이기백, 『한국사학의 방향』, 1978, pp. 102~103.

314 남근우, 「'토민'의 '토속' 발견과 '신민족주의'」, 『남창 손진태의 역사민속학연구』, 2003, p. 134.

315 남근우, 「'토민'의 '토속' 발견과 '신민족주의'」, 『남창 손진태의 역사민속학연구』, 2003, p. 163.

다.[316]

어떤 면에서 손진태 선생은 신민족주의사관을 내세우며 그 자신 해방 후 한국사를 새롭게 보는 출발점을 삼았던 것이 아닌가 한다. 필자는 그의 해방 이전 궤적을 추적할 생각이 없다.[317] 그에 대한 관심이 없는 것은 아니지만, 이 책은 그런 문제가 아니라 한국인 정체성의 원점과 관련하여 해방 후 한국사학의 기준을 만든 손진태 선생의 역사만들기에 주목하고 있기 때문이다. 해방 후 신민족주의를 주장하며 만들어낸 손진태 선생의 한국고대사가 현재까지 이어지는 면을 주목하자는 것이다.

분명한 사실은 손진태 선생은 현재 다수 한국인 정체성의 원점이 신라이고, 그 결과 한국인은 신라 오리진이라는 사실을 생각조차 못했다. 이것이 서울대학파가 신라 오리진의 한국인의 존재를 인정할 수 없는 또 하나의 출발점이기도 하다.

역사적 사실(史實)이 아니라며 단군설화를 민족 시조설화로 본 손진태 선생: 단군이 한민족의 시조로 대한민국 국민 모두의 머릿속에 자리한 것은 1945년 해방 이후 한국인에 의하여 한국사가 만들어진 후였다.

---

316 남근우, 「'토민'의 '토속' 발견과 '신민족주의'」, 『남창 손진태의 역사민속학연구』, 2003, p. 164.

317 남근우 선생의 언급을 볼 수 있다. "그 '부자연스런' '식민주의사관 비판'이 만선사학의 지근거리에 있었던 자신의 현장부재증명을 위한 것인지, 아니면 타율사관에 결과적으로 동조했던 자신의 '부끄러운' 과거를 씻어내기 위한 자성의 결과인지, 혹은 또 다른 어떤 정치적인 배경과 사상적 곡절에서 연유하는 것인지, 이 점에 대해서는 현 단계에서 명확한 결론을 내릴 수 없다. 하지만 지금까지 살펴본 일제 말기의 글들을 통해 종래의 예정조화적인 '신민족주의'사관론이 성립될 수 없다는 점만은 분명히 지적할 수 있을 것이다."(남근우, 「'토민'의 '토속' 발견과 '신민족주의'」, 『남창 손진태의 역사민속학연구』, 2003, p. 164.)

그중심에 서울대학교 사범대학 학장을 지냈고 문교부 차관을 지냈던 손진태 선생이 있었다고 짐작이 간다. 단군·단군신화에 대한 손진태 선생의 주장이 있다. 그가 저술한 『한국민족사개론』(1979; 『조선민족사개론』, 1948)에서 이야기한 내용을 볼 수 있다.

우리가 조선민족사를 편술함에 당하여 시조 단군설을 빼어 버리지 못할 가장 중대한 이유만을 여기에 들고자 한다. 그것은 단적으로 말하면 이 단군신화(檀君神話)가 우리 전 민족의 시조 전설로서 적어도 7백년 이상 혹은 천년의 전통을 가졌으며, 현재에 있어서는 민족의식의 비약적 앙양에 따라 민족사상 속에 불가발(不可拔)의 근저를 깊이 박고 있는 까닭이다. 다시 말하면 이것은 우리들이 영위하는 민족생활에 있어 중대한 역사적·사상적 사실의 하나이므로 써이다. 이 엄연한 사실을 역사학도가 고의로 말삭(抹削)할 수는 없다. 그러므로 사실을 취사선택하는 것은 역사학자의 주관에 의한 것이다. 만일 불행이 조선의 민족을 부인하는 학도가 있으면 그 사람은 민족시조의 전설을 그의 역사서에서 뺄 수도 있을 것이다. 그러나 나는 나의 이해하는 과학적 견지로서는 엄연히 존재하는 조선의 민족이란 것을 부인할 도리가 없고 따라서 단군전설을 간과할 도리가 없다. 이 양자는 다 객관적 중대 사실이므로 써이다. 그러나 전언(前言)한 바와 같이 나는 이 단군전설을 가견적(可見的) 사실(史實)로서 취급하는 자가 아니요 사상적(思想的) 사실(史實)로서 취급하는 자임을 거듭 명언하여 두는 것이다.[318] 또 혹자(或者) 만일 내게 묻기를 '군(君)은 단군전설에 대해서는 허다한 지면을 쓰면서 마찬가지 시조전설인 동명왕이나

318 "신화나 민간설화 … 그 자체가 사실을 기술하고 있는 것이 아니라 거기에 나타난 정신이나 사상은 엄연한 역사상의 사실이며 국민의 역사에 있어서는 중대한 의미를 지니고 있다."(津田左右吉, 『津田左右吉全集』 別卷 1, 1966, p. 199)

혁거세와 기타에 관해서는 왜 지면을 아끼느냐' 한다면 그 답은 간단하다. 그것은 고구려사나 신라사에 있어서는 주요하게 취급할 가치가 있을지 모르되 조선민족사에 있어서는 가치가 극히 작은 까닭이다.[319]

손진태 선생의 이 말을 따를 수 없다고 본다. 필자는 단군신화는 기본적으로 고조선소국의 건국신화이며 고조선시대에 전해지던 고조선 건국에 대한 이야기가 구전과정에 신화로 만들어진 것으로 보아왔다.[320] 그리고 주몽신화나 혁거세신화는 각기 고구려와 신라의 건국신화라는 사실은 손진태 선생도 인정하고 있다. 그런데 유독 단군신화가 조선민족사에서 중요하다고 보는 것은 따를 수 없다. 단군신화도 고조선의 국가형성신화일 뿐이다. 그것이 민족의 시조신화일 수는 없는 것이다. 단군을 민족의 시조로 보는 관점을 손진태 선생이 보여주고 있으나 단군은 그저 고조선소국을 세운 군주였을 뿐이다. 다만 고조선이 한국사 최초의 국가였다는 의미는 인정할 필요가 있다. 또한 근대 역사학자 중 단군신화를 중시한 것은 신채호 선생이었다는 사실을 분명히 할 필요가 있다.

문제는 손진태 선생이 단군신화를 역사적 사실로 취급하는 것이 아니라 사상적 사실(史實)로 취급한다는 것이다. 이 같은 손진태 선생의 주장은 단군신화를 통해 고조선의 국가형성에 대한 역사적 이해를 할 길을 막는 것이 아닐 수 없다.

---

319 손진태, 『조선민족사개론』, 1948; 『한국민족사개론』, 1979, p. 21.

320 이종욱, 『한국사의 1막1장 건국신화』, 2004, pp. 95~96.

민족의 우월성 등을 강조한 손진태 선생: 손진태 선생은 이 같은 신성 시조전설의 어떤 부분은 원시시대부터 또 어떤 부분은 천 년 이전으로부터 민족적으로 전승되어 오는 과정에 민족사상을 짜 넣은 것이라 하며 그 특성을 몇 가지 들고 있다.

> 1은 우리가 가장 우월한 민족이란 것으로 성조(聖祖) 단군은 천손이시매 우리는 천손민족이란 것이요, 2는 시조의 위대함이니, 단군은 탄생과 어국(御國)과 향수(享壽)가 모두 신성하였다. 3은 역사의 유구함이니, 단군의 건국이 중국의 요와 동시인 것은 고려 말에 만주에 사는 여진 민족을 초무(招撫)할 때의 방문(榜文)에도 과시하였다. 4는 건국 성모로서 웅(熊) · 호(虎) 중에 특히 웅을 택한 의의이니 이것은 맹수 중에서도 지혜 있는 동물이며 용심(沈勇)한 동물이며 인자한 동물인 까닭이다. 5는 산악숭배사상이니, 산악은 그들의 식량채취 · 수렵 · 원시농경 · 주거 등 원시생활의 본거이었던 까닭이다. 써 우리의 선조들이 민족적 자존 · 자부심과 지(智)와 인(仁)과 용(勇)을 사랑하였다는 것을 알 수 있다. 6은 평화를 애호한 것이니 타민족의 건국설화에서 허다히 볼 수 있는 정복과 투쟁의 술작(述作)을 전혀 찾아 볼 수 없는 것이 그 증좌이다. 일본의 제국주의 노예학자들이 조선 민족의 민족적 자존심을 말살하고자 하는 의도에서 의식적으로 단군신화의 역사성 · 사상성(민족적)까지를 부인한 것은 일고의 가치조차 없는 것이다.[321]

손진태 선생은 단군신화를 나름대로 해석하여 조선민족의 우월성을 말했다. 그는 단군신화를 통해 가장 우월한 민족, 시조의 위대함,

---

321 손진태, 『조선민족사개론』, 1948; 『한국민족사개론』, 1979, p. 27.

역사의 유구함, 곰과 호랑이에 대한 의미부여, 산악숭배, 평화애호 등의 특성을 이야기했다. 필자는 이 같은 특성을 찾아낸 것은 사후해석일 뿐, 단군신화를 통해 역사적 사실을 찾는 노력과는 거리가 먼 것이라고 본다. 이 같은 손진태 선생의 역사가로서의 한계는 시대적 한계라고 할 수 있다.

손진태 선생은 단군신화를 조선민족의 시조전설로 못 박고 있다. 그와 달리 고구려의 동명왕이나 신라의 혁거세전설(신화)은 고구려나 신라에서는 주요하게 취급할 가치가 있을지 모르나 조선민족사에 있어서는 가치가 극히 작다고 했다. 이 같은 손진태 선생의 생각은 신라 내물왕 이전 기록에 대한 가공의 산물이라는 쓰다 소키치의 주장과 함께 신라 건국신화부터 일정 기간의 역사를 가공의 산물로 보는 것을 말해준다.

특히 신라 건국신화가 한국 민족사에서 차지하는 가치가 극히 작다고 한 것은 그 안에 나오는 육부성을 시조로 하는 성들, 각 성으로 이루어진 씨족들의 존재 그리고 종성 중 혁거세를 시조로 하는 박씨성과 박씨 성을 가진 박씨족의 존재를 처음부터 무시하고 들어가는 것이 아닐 수 없다. 한국인이 신라 오리진이라고 생각하면 한국인 정체성의 원점은 신라 건국신화에서 찾아볼 수 있게 된다. 신라 건국신화는 한국인 정체성의 원점을 밝혀주는 것이기에 그중요성을 무시할 수 없다. 그러나 손진태 선생은 이 같은 역사를 처음부터 무시하고 들어간 것이다. 이는 손진태 선생이 쓰다 소키치와 같이 신라 건국신화를 역사로 보지 않는 잘못을 저지른 것을 뜻하며 신라 역사에 치명적인 중상을 입힌 것을 보여준다.

손진태 선생은 현재 한국인을 만든 역사 즉 “우리를 만든 역사”를 찾는 데에는 아무런 관심도 없었던 것을 알 수 있다.

손진태 선생의 조선 민족사: 손진태 선생은 『조선민족사개론』(1948, pp. 3~4)에서 민족사에 대하여 이야기했다.

> 그래서 다음과 같은 견지에서 나는 우리 민족사를 짜아 보려고 한다.
>
> (1) 조선사는 곧 조선민족사이니 우리는 유사 이래로 동일한 혈족이 동일한 지역에서(비록 삼국시대 말년에 영토의 북반(北半)과 그 주민을 이실(離失)하기는 하였지만) 동일한 문화를 가지고 동일한 운명 하에서 공동한 민족투쟁을 무수히 감행하면서 공동한 역사생활을 하여 왔고 이민족의 혼혈은 극소수인 까닭이다. 그러므로 조선에 있어서는 국민은 곧 민족이요 민족사가 곧 국사가 되는 것이다. 이 엄연한 역사적 사실을 무시하고는 조선 역사를 과학적으로 이해할 수는 없다. 비록 민족이란 말이 과거에는 사용되지 아니하였을지라도 … 민족 자체는 말의 유무와 불관(不關)하고 엄연히 존재했던 것이다. … 역사학도는 역사적 사실을 비판할 수는 있지마는 사실(史實)을 거부할 수는 없다.

손진태 선생은 조선에 있어서는 국민이 곧 민족이고 국사가 곧 민족사가 된다고 했다. 그 이유는 위의 인용문에 나오는 것과 같이 한국인은 이민족의 혼혈이 극소수였기 때문이라고 했다. 그는 민족이라는 용어가 과거에 사용되지 않았을지라도 민족 자체는 엄연히 존재했다고도 주장한다.

그런데 이 같은 손진태 선생의 주장에는 중요한 문제가 있다. 예를 들어 보면, 고구려 · 백제 · 신라가 하나의 민족이라 할 때 그들이 동일한 지역에 살았던 것도 아니고, 동일한 문화를 가졌던 것도 아니고, 동일한 운명을 가졌던 것도 아니고, 공동한 민족투쟁을 한 것도 아니었고, 공동한 역사를 가졌던 것도 아니었다. 그런데 그는 이런 삼국을 하나의 공동운명체로서의 민족으로 만들어내고 있는 것이다. 실제로 고구려 · 백제 · 신라사람들은 국가의 운명을 걸고 서로 전쟁을 벌인 것이 사실이다. 그 결과 신라가 백제와 고구려를 멸망시킨 것은 엄연한 역사다. 이러한 역사를 무시하고 삼국을 하나의 민족으로 발명한 손진태 선생의 역사는 근본적인 문제가 있는 것이 분명하다.

고구려 · 백제 · 신라사람들을 중국인이나 일본인과 다른 한국인이라는 하나의 종족(種族)으로 볼 수는 있다. 삼국 사람들을 하나의 민족이라 하기 위해서는 그 민족이 단순히 중국인이나 일본인과 다른 한국인이라는 의미 정도를 근거로 삼을 수는 없는 일이다.

6. 손진태 선생이 삼국통일을 보는 관점

손진태 선생이 가진 신라의 삼한통합(삼국통일)에 대한 주장은 그 이후 지금까지 한국사를 만드는 데 중요한 기준을 제공했다. 신라의 삼국통일을 반민족적 행위로 본 것이 그것이다. 손진태 선생은 신라가 삼국통일을 한 것을 못마땅하게 여겼다. 신라를 푸대접한 것이다.

고구려의 패망은 조선민족사상 누천년의 통한사를 남겼으니, 그

> 결과로서 우리는 광대한 영토 만주와 거기에 거주하던 3백여 만의 동족을 상실하였다. 정치의 선악과 정치가의 행동이 이대도록 큰 영향을 민족사상에 남기는 것을 우리는 깊이 명심하여야 될 것이다. 더욱이 지금 북위 38도로써 남북이 분할되어 있는 우리는 이에 심각한 각성을 가져야 할 것이다. 38도선으로써의 남북 분열은 고려 때에도 한 번 경험한 일이니 1270년 민족반역자 최탄의 부원행동에 인하여 몽고에 점령되었다가 20년 만에 겨우 회복하였다. 그때는 38도 5분 자비령이 경계였다.[322]

손진태 선생은 고구려의 패망으로 인하여 민족의 영토 만주와 3백만 동족을 상실한 것으로 말하였다. 그러나 고구려가 백제와 신라를 정복했다면 신라인을 시조로 하는 현재 한국인은 존재할 수 없었을 것이다. 고구려인을 시조로 하는 성을 가진 국민이 다수일 것이다. 그러나 역사의 실제는 신라가 고구려와 백제를 정복하였고, 신라인들은 정복자의 권리를 행사하여 옛 고구려와 백제인들은 사회적 · 정치적으로 도태되어 버렸거나 신라인으로 되었다. 그 결과 현재 한국인은 신라인을 시조로 하는 한국인이 다수의 인구를 차지하게 된 것이다. 이것이 역사적 사실이다. 고구려가 삼국통일을 했다면 하는 바람은 처음부터 망상일 뿐이다. 손진태 선생의 역사적 망상은 현재 한국인의 역사의식 중의 한 부분이 되어 있지만, 이는 문제가 아닐 수 없다. 손진태 선생은 현재 한국인이 갖고 있는 망상하는 한국사의 한 부분을 만들어낸 역사가라 할 수 있다.

한편 손진태는 1945년 8월 해방 이후 남북이 분단된 상황을 염두

322 손진태, 『조선민족사개론』, 1948; 『한국민족사개론』, 1979, p. 176.

에 두고 정치의 선악과 정치가의 행동이 민족사에 큰 영향을 남긴다는 말을 했다. 이는 해방 이후 분단 상황에서 정치가들의 행동에 경고를 하는 것일 수 있다. 그러나 그보다는 신라인들을 비판한 것일 수 있다. 다음과 같은 손진태의 주장을 볼 수 있다.

> 신라로 하여금 외민족의 병력을 빌려서 동족의 국가를 망하게 한 반족적 행위를 하게 한 것은 귀족국가가 가지는 본질적 죄악이요, 그로 말미암아 민족의 무대는 쪼부라졌다.[323]

신라에서 외민족(당나라)의 군대를 빌린 장본인은 김춘추였다. 김춘추는 648년 입당하여 당태종을 만나 당나라 군대의 파병을 약속받고, 고구려와 백제를 정복한 후에는 평양 이남의 땅과 백성을 신라에 주어 길이 평안하게 살게 하겠다는 밀약(密約)을 맺은 신라인이다. 이러한 밀약을 한 신라의 행위를 반민족적 행위라고 본 것이 손진태 선생이다. 손진태 선생의 말대로 고구려 · 백제 · 신라가 순수혈통의 단일민족으로서 공동운명체였다면 서로 다른 나라를 만들어 서로 정복하느냐 정복당하느냐 하는 전쟁을 벌일 까닭이 없었다. 삼국은 서로 다른 국가로 서로 간에 존망을 건 전쟁을 벌이는 관계였다. 그때 신라의 김춘추가 당나라와의 외교적 교섭에 성공하였고 밀약을 맺을 수 있었고, 뒤에 그 밀약을 실행으로 옮겨 결국 신라가 삼한통합을 하게 된 것이다.

손진태 선생의 삼국통일에 대한 주장은 『한국사신론』을 거쳐 교과

---

323 손진태, 『국사대요』, 1949, p. 77.

서『국사』또는『한국사』에 이어지고 있어 문제가 된다. 사실 손진태 선생이 신라의 삼한통합을 바라보는 시각과 김춘추를 바라보는 시각은 신채호 선생이 이미 그의 저술『독사신론』에서 밝혔던 것들이다. 손진태 선생은 그러한 사실을 은폐했다. 단정하기는 어려우나 손진태 선생은 신채호 선생이 실증사학자가 아니라 생각했기 때문일 것으로 본다. 다만 손진태 선생은 1945년 해방 후 한국사학을 정복한 서울대학파의 중심 역사가였기에 지금까지 한국 역사학계가 그의 주장을 따르고 있는 것이다.

여하튼 손진태 선생의 삼국통일을 보는 관점은 신라 오리진의 한국인을 상상도 못한 것이다. 이에 신라 역사는 치명적인 중상을 입었다. 그 결과 한국인 정체성의 원점은 은폐되었다.

3절

이기백 선생의 『한국사신론』에게 상처받은 신라와 한국인 정체성의 원점

3절

이기백 선생의 『한국사신론』에게 상처받은 신라와 한국인 정체성의 원점[324]

2014년 12월 한국사학사학회 주최로 서강대학교에서 "이기백 한국사학의 영향"이라는 국제학술회의가 있었다. 그때 김한규 선생의 발표 중에 이기백 선생이 『한국사신론』(신수판, 1990)을 주셨는데 깜짝 놀랐다고 했다. 신수판의 위만 조선 관계 서술이 구판 『한국사신론』의 그것과 많이 달라져 있었기 때문이라고 한다. 그러한 쇼크는 고려 무인 정권의 중심 기구에 대한 내용에서도 이어졌다고 한다.[325] 이기백 선생은 학문적으로 항상 열린 마음으로 새로운 견해를 받아들인 것을 알 수 있다. 그런데 필자의 주장 중 『한국사신론』의 내용을 바꾼 것이 없

324 필자에게 은사이신 이기백 선생을 비판적으로 본다는 것은 쉬운 일이 아니었다. 이미 학위논문들을 통해 이기백 선생과 다른 주장을 펼친 것은 사실이다. 그렇더라도 글을 통해 문제를 제기하는 것은 용기가 필요한 일이었다. 그런데 제자로서 스승의 문제를 지적하지 않고 그대로 추종하는 일은 스승을 욕되게 하는 일이라는 것도 생각해 본다. 이 글에서 필자는 시대의 산물로서 이기백 선생을 바라보기로 했다.

325 김영한 등, 『이기백 한국사학의 영향』, 2016, p. 37.

다. 지도교수인 이기백 선생의 견해와 다른 주장을 한 석사 · 박사 학위논문을 통과시켜 주면서도 『한국사신론』에는 받아들이지 않았던 것이다.

여기서 분명히 할 사실이 있다. 이 책에서 필자는 이기백사학 전체가 가지는 학문적인 업적을 다루지 않는다. 그리고 『한국사신론』이 가지는 커다란 학문적인 업적을 깎아 내릴 생각은 추호도 없다. 다만 『한국사신론』 안에 들어 있는 한국인 정체성의 원점과 관련된 역사를 주목해 보자는 것이다.

앞의 프롤로그에서 제시한 두 가지 에피소드 중 하나가 이기백 선생이 쓰다 소키치를 바라보는 관점에 대한 것이다. 필자가 『삼국사기』 「신라본기」에 대한 쓰다 소키치의 사료비판을 보고 황국사관과 식민사학을 가진 역사가였다고 한 것과 달리, 이기백 선생은 쓰다 소키치가 황국사관을 가졌던 역사가라는 생각을 하지 않았다. 이기백 선생은 쓰다 소키치가 실증사학자라고 생각했던 것이다. 이 같은 생각은 한국의 역사가 대부분이 갖고 있는 생각이 아닌가 한다. 그런데 앞에서 소개한 세키네 히데유키(關根英行) 선생의 논문을 통해[326] 필자의 생각이 틀린 것이 아니라는 사실을 확인하게 되었다.

문제는 『한국사신론』을 저술한 이기백 선생님은 쓰다 소키치가 황국사관과 무관하다는 생각을 가졌다는 생각으로 저술되었다는 것이다. 특히 1974년 인문계 고등학교 『국사』를 편찬할 때 그 교과서의 대

---

326 필자는 앞에서 본 세키네 히데유키의 논문에 힘입어 「신라 오리진의 한국 · 한국인을 만든 역사를 찾아서-제국 일본의 "한국폐멸사학" 청산을 중심으로-」(『신라사학보』 31, 2014)를 발표할 수 있었다.

본이 될 정도의 역할을 한 『한국사신론』(1967)을 저술한 이기백 선생이 그런 생각을 가졌다는 것을 주목할 필요가 있다. 실제로 『한국사신론』에는 이병도 선생이 펼쳤던 삼한론이 들어 있다. 이 삼한론은 쓰다 소키치의 한국폐멸사학 때문에 나온 것이 분명하다. 따라서 『한국사신론』도 쓰다 소키치의 주장과 무관한 것이 아니라는 사실을 알 수 있다.

발견자로서 필자는 이기백 선생과 패러다임을 달리하는 역사의 무대에 선 것을 확인하게 된다.

1. 이기백 선생에게 영향을 준 역사가들

이와 관련하여 세 사람의 역사가를 들 수 있다. 1945년 8월 이전 이기백 선생이 일본 유학 시절 만났던 쓰다 소키치가 있다. 그리고 1945년 8월 이후 이기백 선생이 서울대학교 사학과에 재학하던 시절 만났던 은사인 이병도 선생과 손진태 선생을 들 수 있다.

쓰다 소키치와 이기백 선생: 먼저 이기백 선생과 와세다대학과의 관계를 볼 수 있다. 여기서 2001년 3월 25일 일본 와세다대학 명예박사 학위 수여식에서 한 이기백 선생의 인사말을 주목하기로 한다.

> 제가 와세다대학에 입학한 것은 1941년 봄이었습니다. … 제가 와세다를 사랑하는 이유는 여러 가지가 있습니다. 우선 제 은사를 포함한 한국의 대표적 역사학자 중에는 이병도 · 손진태 · 김상기 · 이상백 등 와세다 출신이 많다는 것이 그 하나입니다. 또 감수성이 많

은 청년 시절을 이곳에서 보냈다는 것도 그 하나입니다. 그러나 와세다가 학문의 독립을 존중하는 오랜 전통을 가지고 있다는 사실이 저로 하여금 국경을 넘어서 와세다를 사랑할 수 있게 하는 가장 큰 이유입니다.[327]

이기백 선생의 말을 통해 해방 당시 서울대 교수에 와세다대학 출신들이 여러 명 있었던 것을 확인하게 된다. 서울대 교수를 지낸 이병도 · 손진태 · 김상기 · 이상백 선생 등이 모두 와세다대학 출신이었다. 여기서 이들 서울대 교수들과 쓰다 소키치의 직접적인 관계를 알 수는 없다.

이기백 선생과 와세다대학 사학과와의 관계를 볼 수 있다. 이기백 선생은 1941년 봄 오산중학을 졸업하고, 동경의 제2 와세다 고등학원 입학, 1942년 가을 만 18살 나이 와세다대학 문학부 사학과에 진학하였다.

나는 일본에 유학을 가면 으레 와세다(早稻田)에 가야 한다고 생각하고 있었다. 그것은 아마 우리 역사를 연구하는 많은 선배가 거기를 거쳤다는 사실에서 말미암은 관심이 강하게 작용하였던 때문인 것 같다.[328]

일본의 한국 폐멸시기 일본으로 유학을 가는 학생들은 와세다대학을 선호한 것을 볼 수 있다. 그중에 이기백 선생도 있었다.

이기백 선생과 쓰다 소키치의 관계는 어떤 것이었을까? 이기백 선생의 말을 통해 그 사정을 보자.

---

327 이기백, 「와세다대학 명예박사학위 수여식에서의 인사말」, 『한국사산고』, 2005, pp. 88~90.

328 이기백, 『연사수록』, 1994, p. 231.

"쓰다 소키치선생은 당시 대학으로부터 추방되어 있었으므로 교실에서 강의를 듣지 못했다. 그러나 그가 이끄는 동양사상연구회에서 정기적으로 발표회가 있었으므로, 늘 참석하여 공석상에서 얼굴을 대할 수가 있었다. 그의 저서는 많이 판매 금지가 되어 있었으나, 『지나사상과 일본』이나 『도가사상과 그 전개』는 무척 열심히 읽었고, 여백에 가득히 무언가 적어 넣기도 했었다. 한번은 위의 연구회에서 진전(津田) 선생 자신이 중국 사회의 전반적인 성격에 대한 발표를 한 일이 있는데, 대단히 부정적인 것이었다. 그 발표 뒤에 대학에서 인류사상사를 담당하고 있던 관여삼랑(關與三郎) 교수로부터 그러한 성격이란 실은 인류 공통의 것이요 하필 중국에만 국한된 것이 아니라는 상당히 호된 비판을 받기도 하였다. 그래서인지 그 발표는 결국 문자화되지 못하고 만 것으로 안다. 대학에서 축출되었기 때문에 존경하는 생각만을 가졌던 터였는데, 그에게 또 다른 일면이 있다는 것을 어렴풋이 알게 된 셈이 되었다."[329]

이기백 선생은 와세다대학에서 직접 쓰다 소키치의 강의를 들을 기회가 없었다. 그러나 동양사상연구회 발표장에서 정기적으로 만난 것을 알 수 있다. 이기백 선생은 쓰다 소키치에 대한 존경심을 말하고 있다. 이런 사실만으로 이기백 선생을 쓰다 소키치의 kids라 할 수는 없다. 그 보다 이기백 선생의 한국고대사연구 결과에 나타난 쓰다 소키치의 영향을 주목할 필요가 있다.

다시 「이기백 선생의 와세다대학 명예박사학위 수여식에서의 인사말」을 보기로 한다.

329 이기백, 『연사수록』, 1994, p. 232.

> 역사학을 포함한 모든 학문은 진리를 탐구하는 것을 목적으로 하는 것인데, 진리를 탐구하는 데는 학문의 독립이 필수적인 조건이라는 것은 주지의 사실입니다. … 와세다가 학문의 독립을 존중하는 오랜 전통을 가지고 있다는 사실이 저로 하여금 국경을 넘어서 와세다를 사랑할 수 있게 하는 가장 큰 이유입니다.[330]

이기백 선생의 말에 따르면 와세다대학은 진리를 탐구하는 데 필수적인 조건인 학문의 독립을 존중하는 오랜 전통을 갖고 있기에 국경을 넘어 와세다를 사랑한다는 것을 볼 수 있다.

그보다는 이기백 선생이 쓰다 소키치의 책들을 읽고 동양사상연구회에서 쓰다 소키치의 발표를 들은 시기는 만 20살이 되기 전이었다는 사실을 주목할 수 있다. 이 시기에 만났던 쓰다 소키치는 이기백 선생에게는 극복할 대상으로 생각할 수 없었던 것이 아니었나 생각해 본다.

이병도 선생과 이기백 선생: 이기백 선생은 1944년 동경에서 한국으로 귀국했다. 제2차 세계대전 막바지에 일본은 한국학생들에게도 군입대를 강요하여, 이기백 선생은 징병 1기가 되었다고 한다. 그때 서울 부근 고적을 답사했다고 한다. 비봉 · 북한산성 · 아차산성 · 풍납리토성 · 이성산성 · 남한산성 등을 답사했는데, 그때 『진단학보』에 실린 이병도 선생의 논문이 길잡이가 되었다고 한다. 그리고 그때 이병도 선생을 댁으로 몇 차례 찾아뵈었다고 한다.[331]

이기백 선생은 1945년 6월 일본군에 징집되었는데 1945년 8월 15

330 이기백, 「와세다대학 명예박사학위 수여식에서의 인사말」, 『한국사산고』, 2005, pp. 89~90.

331 이기백, 『연사수록』, 1994, p. 235.

일 해방이 되며 소련군의 포로가 되었다가 1946년 1월 20일 압록강을 건너 집으로 돌아왔다고 한다. 그 두 달 후 학업을 계속하기 위해 38선을 넘어 서울로 왔다고 한다. 서울로 오자마자 이병도 선생을 찾아 상의하니 가을학기 시험을 치도록 하되 연구실에 들러 공부를 하도록 소개를 해 주었다고 한다. 1946년 가을에 입대할 당시 학년을 수료한 것으로 해 주었기에 3학년에 입학했다고 한다. 첫 학기 강의는 이병도 선생의 한국사상사와 『송사』「고려전」 강독과 손진태 선생의 『삼국지』「동이전」을 중심으로 한 고대사연습이었다고 한다. 뒤에 이병도 선생은 강의 노트를 상실했다며 이기백 선생의 노트를 얻어다 활자화 했다고 한다. 대학 다닐 때 이기백 선생은 이병도 선생을 자주 찾아뵙고 지도를 받곤 했으나, 손진태 선생은 개인적으로 한 번도 찾아뵌 적이 없다고 한다.[332]

앞에 제시한 것과 같이 이기백 선생의 「이병도 선생 추념사」에서 이병도 선생은 한국 근대사학에서 실증사학을 대표하는 학자로 지칭되고 있으며 두계사학은 곧 실증사학을 말하는 대명사가 되었다고 했다. 실증사학은 객관적이고 합리적인 방법으로 역사를 연구해야 하는 방법론을 강조하는 것이라 했다. 그런데 신화를 역사적 사실로 받아들여야 한다는 것을 민족의 이름을 빌어 정신적 협박을 가한다든가, 일정한 목적을 위하여 역사적 사실을 왜곡하는 경향이 확대되는 현실 속에서 객관적이고 합리적인 사실고증은 역사학을 학문으로 지켜 가는 마지막 보루와 같이 되었다고 했다.[333]

332 이기백, 『연사수록』, 1994, pp. 236~239.

333 이기백, 『한국사산고』, 2005, p. 361.

이 같은 추념사에서 한 이기백 선생의 이야기는 이병도 선생에 대한 것이기도 하지만 이기백 선생 자신의 이야기를 한 것이기도 하다고 생각된다. 이병도 선생이나 이기백 선생은 모두 실증사학 즉 객관적이고 합리적인 역사연구법을 취한 것으로 자처한 것을 볼 수 있다. 그러한 실증사학은 신화를 역사적 사실로 받아들이지 않는 것이라는 점도 확인할 수 있다. 바로 이와 같은 소위 실증사학은 쓰다 소키치가 만든 역사연구의 방법과 다를 것이 없다.

문제는 이병도 선생과 이기백 선생이 『삼국사기』 「신라본기」 내물왕 이전 기록에 나오는 신라의 건국신화를 비롯하여 그 모든 기록을 역사적인 기록으로 옳게 인정하지 않았던 것이다. 그 결과 한국인 정체성의 원점에 대한 논의는 침묵 당하게 되었다. 현재 다수의 한국인들이 신라 건국신화와 남해 차차웅과 탈해 이사금 대에 활동한 인물을 시조로 하는 성을 가진 씨족에 속한다. 이것 자체가 『삼국사기』 「신라본기」의 건국신화는 물론이고 이후의 기록들이 가지는 사료로서의 신빙성을 증명해주는 증거가 아닐 수 없다. 다만 신라 건국신화의 이야기는 신라의 국가형성과 성장이라는 역사적 사실이 신라인들의 직관과 상상력이 작동하여 신화화된 것이다. 그러한 신라 건국신화에 나오는 사실 · 사건 · 시간을 역사적인 사실 · 사건 · 시간으로 전환하는 작업을 해야만 신라의 역사를 제대로 재구성할 수 있는 것이다.

필자는 『신라국사형성사연구』(1982) 등을 통해 그러한 작업을 해왔다. 이병도 선생과 이기백 선생 등 실증사학을 표방한 역사가들이 신화를 역사로 전환하는 일조차 거부하여 신라의 역사 나아가 한국고대사 자체의 해명을 포기해온 것이다. 나아가 그것은 한국인의 오리진에 대한 해명을 포기한 것이다. 이분들이 신라역사에 상처를 입힌 것이다.

손진태 선생과 이기백 선생: 앞에서 본 것과 같이 손진태 선생의 신민족주의사관에 대해 매우 긍정적인 평을 한 것은 이기백 선생이다. 손진태 선생과 이기백 선생의 관계를 볼 수 있다.

> 해방 뒤에 필자는 서울대학교에서 선생의 강의를 들을 수 있는 기회가 허락되었다. 선생의 강의 제목이 무엇이었는지는 기억이 없으나, 『삼국지』「동이전」을 중심으로 한 연습 형식의 것이었다. 선생은 맨 첫 시간에 아마 읍루에 대한 부분을 강의하였고, 그러한 방법으로 학생들이 부여 · 고구려 · 옥저 · 동예 · 삼한 등을 차례로 준비하여 발표하고 토론하도록 하였다. 그러므로 대부분의 시간이 학생들의 발표와 토론에 소비되었고, 선생은 적절한 방향 제시를 해 줄 뿐이었다. 이 성과 많은 수업시간의 인상은 35년이 지난 오늘날까지도 생생하게 필자에게 남아 있다. 그리고 지금은 그 동일한 방법을 필자 자신이 대학원 수업에서 적용하고 있다.[334]

이기백 선생은 서울대에서 손진태 선생에게 들은 강의에 대해 이야기하고 있다. 필자도 학부 강독시간과 대학원 강의 시간에 『삼국지』「동이전」을 포함한 중국 정사 중 「동이전」에 대한 같은 유형의 강의를 이기백 선생에게 들었다. 손진태 선생은 『삼국지』「동이전」에 대한 그와 같은 강의 방식을 쓰다 소키치에게서 배웠던 것으로 여겨진다. 여기서 쓰다 소키치–손진태–이기백으로 이어지는 강의 방식이 존재한

---

334 이기백, 『손진태선생전집』 1, 해제, 1981; 「손진태의 학문과 업적」, 『한국사상의 재구성』, 1991, p. 173.

것을 생각하게 된다. 그것을 필자도 이어받은 것이다.

필자 또한 지금까지도 이기백 선생의 『삼국지』「동이전」에 대한 강의는 잊을 수 없다. 필자에게 역사적 상상의 날개를 펴게 만든 그 강의를 들으며 행복했다. 어쩌면 그때의 감동 때문에 필자가 한국고대사를 평생의 업으로 연구하게 된 것일 수 있다. 그러나 필자는 신라 내물왕 이전 역사를 재구성하는 데 『삼국사기』「신라본기」를 버리고 『삼국지』「동이전」을 기본적인 자료로 삼는 일은 처음부터 하지 않았다.

그런데 『삼국사기』「신라본기」 신라 내물왕 이전 역사를 은폐 · 침묵시킨 쓰다 소키치와 이병도 선생이 그러했듯, 손진태 선생 또한 『삼국사기』「신라본기」 신라 미추왕 이전 또는 내물왕 이전 역사를 기본적으로 은폐 · 침묵시키기는 마찬가지였다.

세대로 따지면 필자는 해방 후 한국고대사 연구의 3세대 정도에 해당할 수 있다. 그러나 필자의 연구는 처음부터 쓰다 소키치의 kids나 그 아류의 연구와는 다른 것이었다. "우리를 만든 역사"를 탐구해온 필자는 쓰다 소키치에서부터 시작된 길드의 계보에서 빠진 것이다. 그것이 바로 이 책을 쓸 수 있게 하는 힘이 된 것이다. 현재 한국고대사 연구자들 중 학계를 주도하는 연구자를 보면 대체로 필자와 필자의 강의를 들은 연구자들까지만 쓰다 소키치가 발명해낸 무대를 떠나 있는 것을 말할 수 있다.

2. 한국고대의 신화를 보는 이기백 선생의 관점

이기백 선생은 신화, 신라 건국신화를 어떻게 보았을까? 한국의 고대신화의 대표적인 예는 건국신화다. 이 건국신화를 역사의 해명 자료로 사용하느냐 아니냐는 한국사의 첫 출발을 어떻게 보는가 하는 것과 관련된 문제다. 나아가 한국인 정체성의 원점을 찾는 문제와 직결된 것이기도 하기 때문에 주목해 볼 필요가 있는 문제다.

> 한국의 고대사는 뜻밖에 많은 사람들의 큰 관심의 대상이 되고 있다. 그것은 아마 우리나라 역사의 첫 출발이고, 따라서 독자적인 신선함을 지니고 있다고 느낀 때문이 아닌가 한다. 그런데 그러한 분들은 대체적으로 우리 역사의 기원이 오래고 또 찬란하다고 보는 경향이 있다. 심지어는 신화를 그대로 사실로 믿기를 원하는 사람들의 목소리도 상상 밖으로 강하다. 그 결과 우리의 고대사는 역사적 진실이 안개 속에 가리워져 버리는 경우가 많았던 것이다.
>
> 그러나 우리는 이미 신화시대에 살고 있지를 않다. 진실을 진실대로 밝혀서 우리 고대사를 정당히 이해해야 할 시기에 다다르고 있다. 그래야만 우리는 야만시대의 몽매에서 벗어날 수가 있는 것이다. 또 고대사의 연구로부터 오늘의 현실을 위해서 도움을 받을 수도 있는 것이다.[335]

위의 글을 통해 이기백 선생은 신화를 역사적 사실이 아닌 것으로 본다는 사실을 알게 된다. 그것도 매우 강하게. 신화로는 역사적 진실

---

335 이기백, 『한국고대사론』, 1995, 머리말 p. iii.

을 밝혀낼 수 없다는 것이다. 이것으로 이기백 선생이 쓰다 소키치나 손진태 선생과 마찬가지로 신화를 역사적 사실로 보지 않는다는 것을 알 수 있다.

여기서 이기백 선생의 연구 중 이 책에서 다루는 주제에 대한 것을 보기로 한다. 첫째, 단군신화를 어떻게 보았는가 하는 문제다. 이기백 선생은 중국 산동반도에 있는 무씨사당 화상석에 단군신화와 그 내용이 대체로 일치하는 그림이 있다는 사실을 근거로, 단군신화는 『삼국유사』가 저술된 13세기경에 조작된 것이라 할 수 없다고 했다. 동 화상석은 기원후 2세기에 세워진 것이지만 그 원본은 기원전 2세기에 세워진 영광전에 있었다고 한다. 그러면서도 단군신화를 바라보는 실질적인 주장을 찾을 수 있다.

> 그런데 우리가 비록 단군신화의 원초적인 모습을 밝히는 데 성공하였다 하더라도, 그 신화의 세계를 곧 역사의 세계로 착각해서는 안 된다. 이 지극히 당연한 사실을 망각하므로 해서 일어나는 혼란은 결코 작은 것이 아니다. … 그것이 그대로 역사일 수는 없다.
>
> 예컨대 단군을 역사적 인물로 생각해서 그를 건국의 시조로 받들고 그가 건국한 연대를 B.C. 2333년으로 생각하는 것은 결코 역사적 사실과 부합할 수는 없다. 오늘날 우리가 가지고 있는 고고학적 지식에 의하면, 한국에서 금속문명이 시작된 것은 B.C. 10세기경이거나 혹은 몇 세기 가량 조금 더 올라갈 수 있을 것으로 생각되고 있다. 한국에 있어서의 국가의 발생도 이즈음이었을 것이다. 그리고 단군이라는 말은 고유명사이기보다는 무당을 가리키는 보통명사로 생각되고 있으므로 결코 역사적 인물로 다루기는 어렵다. 그러므로 우리가 단군신화에서 찾아야 할 것은 구체적인 역사적 사실이 아니라 그러

한 신화를 지니고 있던 사람들의 사상이요 또 그들의 사회적 양상인 것이다. 이 점이야말로 단군신화의 본질에 속하는 문제가 되리라고 생각된다.[336]

"단군신화에서 찾아야 할 것은 구체적인 역사적 사실이 아니라 그러한 신화를 지니고 있던 사람들의 사상이요 또 그들의 사회적 양상인 것이다"라는 이기백 선생의 주장은 쓰다 소키치에서 시작되었고, 손진태 선생이 이어받은 신화를 보는 눈과 다른 것이 아니라는 사실을 알 수 있다.

이기백 선생의 또 다른 주장을 보기로 한다.

그러면 후대적인 윤색을 빼버린 단군신화의 원초적인 모습은 어떤 것일까. 우리는 무엇보다도 거기서 샤머니즘의 세계를 찾아볼 수 있을 것으로 믿는다. 즉 단군은 몽고어에서 '무당'을 뜻하는 '텡걸'이라는 말과 그 어원을 같이 하는 것으로 보인다(최남선, 「壇君 及 其硏究」, 『別乾坤』, 1928). 단군은 하느님으로부터 물려받았다고 믿는 천부인(天符印) 세 개를 종교적 및 사회적 권위의 상징으로 삼고 있었을 것이다. 그는 종교적 제사뿐이 아니라 왕검(王儉)으로서의 정치적인 통치자의 구실도 맡았으므로 제정일치의 상태를 연상할 수 있게 된다(최남선, 『兒時朝鮮』, 1927). 이것이 한국 최초의 문명사회인 고조선 초기의 모습을 전해 주는 것으로 보아서 좋을 것이다.

… 단군신화의 세상은 역시 샤머니즘으로 설명될 수밖에 없을 것이다"[337]

336 이기백, 『한국고대사론』 (증보판), 1995, pp. 16~17.

337 이기백, 『한국고대사론』 (증보판), 1995, p. 18.

이기백 선생은 단군신화에 나오는 단군을 무당과 연결시키는 주장을 따르고 있다. 이렇게 보아 단군왕검은 제정일치상태의 통치자라 하였다.

그런가 하면 "곰 숭배 씨족이 고조선 사회의 지도적인 세력이 됨으로써 그들의 단군신화는 결국 고조선의 건국신화, 시조신화로 발전한 것으로 보인다. 이것은 닭 토템씨족인 김씨족의 알지전설 내지는 계림전설이 김씨족이 신라의 왕족이 됨으로 해서 그 전설도 신라의 시조전설의 하나가 되고, 국명도 계림으로 불리어지게 된 예와 같다고 할 수 있다."고 했다. 이러한 단군신화는 위만조선이 한(漢)에게 망함으로 해서 기자전설과 뒤섞이게 되었다고 했다. 그런 단군신화는 후일 고구려의 후신을 자처한 고려 시대에 편찬된 『삼국유사』 첫머리에 실림으로써 민족 전체의 신화로까지 발전 했다고 주장했다. 그러므로 단군은 국조로서 민족의 상징적 존재가 되기까지 했다고 보았다.[338]

필자는 이 같은 이기백 선생의 단군신화에 대한 주장과 다른 생각을 한다. 하나, 한국의 다른 건국신화와 마찬가지로 단군신화도 역사가 아니라고 보지 않는다. 신화의 속성을 전제로 한 상황에서 단군신화는 역사가 아닐 수 없다는 것이다. 즉 후대인들이 고조선 건국의 역사를 구전하는 과정에 후대인의 필요에 의해 내용과 양식이 조정되었고, 그 안에 나오는 인물들을 신과 인간을 구분하지 않게 되었고, 시간적인 변화도 인정하지 않게 된 것이라 하겠다. 고조선 건국이라는 역사적 사실이 신화화된 것이 단군신화다. 우리가 할 일은 신화화된 고

338 이기백, 『한국고대사론』(증보판), 1995, pp. 18~19.

조선의 건국 이야기를 역사적 이야기로 전환하는 작업이다. 그러한 전환 작업을 제대로 한다면 단군신화는 고조선의 건국을 이야기하는 가장 중요한 단서를 제공하는 역사 자료가 된다.

둘, 단군신화가 고려시대에 민족 전체의 신화로 발전했고, 단군은 국조(國祖)로서 민족의 상징적 존재가 되었다고 볼 수 있을까 의심이 든다. 단군을 민족의 시조이자 국조로 만든 것은 신채호 선생을 비롯한 근현대 한국사학의 연구자들이라고 볼 수도 있다. 거기에 더하여 1949년 이래 매년 개천절 행사를 주최해 온 정부도 단군의 존재를 민족의 시조로 만드는 데 한몫해 온 것을 생각할 수 있다. 그러나 『삼국유사』의 찬자는 민족의 시조로서 또는 국조로서 단군을 다루었을까 생각해 본다. 그저 한국 역사상 최초의 국가였던 고조선의 건국신화를 그 책의 앞부분에 놓았던 것으로 생각되기 때문이다.

셋, 단군은 단순히 언어학적 해석에 따라 샤머니즘과 연관된 것으로 볼 수는 없다는 것이다. 단군은 샤먼 즉 무당이기보다, 비록 소국이지만 국가(state)를 건국한 정치적 지배자의 이름이었던 것이다. 제정일치 시대는 국가 형성 이전 추장사회(chiefdom) 단계였기 때문이다. 단군이 고조선소국을 세웠을 때는 추장사회를 넘어선 때로 단군은 정치적 지배자로서 제사장들을 거느렸을 것이다.

넷, 단군신화에 나오는 세 개의 천부인은 단군이 가진 것이 아니라, 환인이 환웅에게 주어 세상으로 내려가게 했던 것이다. 이 천부인은 거울 · 칼 · 방울을 의미하는 것으로 보기도 한다. 필자는 이 천부인을 중국 은나라가 망하고 주나라가 들어서는 순간 요하 서쪽으로 이주

한 은족들이 가지고 왔던 선진문물을 상징하는 것 정도로 보았다.[339]

단군신화가 주목받게 된 것은 제국 일본이 한국을 강점 · 폐멸시켜 들어오던 과정이었다고 본다. 20세기 초 제국 일본의 한국폐멸에 맞서 국사를 만들어야 했고 그 과정에 한국사상 최초의 국가였던 고조선을 주목하게 되었고, 그 건국시조인 단군을 크게 등장시켜 한민족의 시조로 발명해냈던 것이라고 생각해 본다. 특히 민족이라는 개념과 단군이 연결된 것은 이때였다.

여하튼 이기백 선생도 실증사학자들이라 할 쓰다 소키치나 손진태 선생과 마찬가지로 단군신화를 역사적 사실로 보지 않는 것은 마찬가지다. 그 결과 이기백 선생은 『한국사신론』에도 단군신화를 본격적으로 끌어들이지 않고 있는 것이 사실이다.

3. 『한국사신론』에서 보는 신라 내물왕 이전 역사

이기백 선생의 『한국사신론』에서는 한국인의 정체성의 원점에 대해 어떻게 말하고 있을까? 이와 관련하여 두 가지 문제를 주목하기로 한다. 하나는 신라의 국가형성에 대한 것이고, 다른 하나는 서라벌소국의 진한소국정복에 대한 것이다.

사로국(斯盧國, 서라벌소국)의 형성과 발전을 보는 관점: 『한국사신론』

339 이종욱, 『고조선사연구』, 1993, pp. 78~81 참조.

에 나오는 김씨 · 박씨 세력이 6부 중 한 부의 세력이었다는 주장은 이병도 선생의 주장과 맥을 같이 하는 것이다. 그리고 3세대 연구자들의 부체제설과 직접적으로 연결되는 주장이다. 결국 『한국사신론』은 이병도 선생의 주장을 3세대 연구자들에게 연계해주는 역할을 한 것을 알 수 있다. 이 주장은 서울대학파를 포함해 한국의 3~5세대 연구자들에게 부체제설을 열어주는 역할을 한 것도 사실이다.

(1) 78개에 달했다는 삼한의 여러 소국들은 과거의 부족사회의 전통을 이어받은 것이었다. … 이러한 여러 소국 중에는 백제(伯濟)와 사로(斯盧)가 있었다. 이들은 후일 백제(百濟)와 신라(新羅)로 발전하는 존재들이지만, 특히 사로에 관하여는 그 내부의 사회 상태를 알 수 있게 하는 약간의 기록이 전해지고 있다. 경주평야에 자리 잡은 사로(斯盧) 부족(部族)은 급량 · 사량 · 본피 · 모량 · 한지 · 습비 등 6개 씨족(氏族)으로 구성되어 있었던 것 같다. 이 부족의 최초의 장으로 추대된 것이 박혁거세였다고 전설적으로 전해지고 있다. 박혁거세는 급량부 출신이었으므로 처음은 급량씨족에서 부족장이 선출된 셈이다. 박혁거세의 비(妃)였다는 알영은 사량부 김씨였으므로 사량씨족은 급량씨족 다음가는 유력한 씨족이었을 것이다. 그 후 동해안 지대로부터 진출한 석씨부족이 주도권을 잡은 일이 있었는데, 이때에는 이미 경주의 테두리를 벗어나서 주위의 여러 부족과의 연맹관계가 이루어져가고 있었던 것 같다. 이 시대에는 부족장의 칭호도 거서간 · 차차웅 등을 거쳐 이사금으로 통용되었다. 이러한 칭호는 존장자(尊長者) · 무(巫) · 계군(繼君) 등의 뜻을 가지는 것으로 해석되며, 후대와 같은 왕자(王者)의 뜻으로는 취할 수가 없다.[340]

340 이기백, 『한국사신론』, 1967, pp. 50~51.

(2) 78개에 달했다고 중국측 기록에 전해지는 삼한의 여러 국가들도 성읍국가였을 것이다. … 이러한 성읍국가 중에는 백제국(伯濟國, 廣州)과 사로국(斯盧國, 慶州)이 있었다. … 경주평야에 자리 잡은 사로국은 급량(及梁)·사량(沙梁)·본피(本彼)·모량(牟梁)·한지(漢祇)·습비(習比) 등 6개 씨족의 후예들로 구성되어 있었던 것 같다. 이 사로국의 최초의 지배자로 추대된 것이 혁거세였다고 전설적으로 전해지고 있다. 혁거세는 급량 출신이었으므로 처음으로 급량에서 사로국의 지배자가 선출된 셈이다. 혁거세의 (왕)비였다는 알영(閼英)은 사량 출신이었으므로 사량은 급량 다음가는 유력한 존재였을 것이다. 그 후 동해안 지대로부터 진출한 야무적(冶巫的) 성격을 지닌 탈해가 주도권을 잡게 되었다. 이때에는 이미 경주평야의 테두리를 벗어나서 주위의 여러 성읍국가와 연맹 관계를 맺고 있었던 것 같다. 이 시대에 지배자의 칭호도 거서간(居西干)·차차웅(次次雄) 등을 거쳐 이사금(尼師今)으로 통용되었다. 이러한 칭호들은 각기 존장자(尊長者)·무(巫)·계군(繼君) 등의 뜻을 가지는 것으로 해석되며, 후대와 같은 중앙집권적인 귀족국가의 왕자(王者)와 같은 뜻으로는 취할 수가 없다.[341]

위의 인용문 중 (1)은 『한국사신론』(1967)에서 삼한의 정치와 사회를 다루며 나온 주장이고, 아래 인용문 중 (2)는 『한국사신론』(개정판, 1976)에 성읍국가의 구조를 밝히며 나온 주장이다. 두 인용문을 보면 크게 달라진 것이 없다고 볼지 모르겠다. 그러나 (1)에는 삼한 78 소국 중 사로부족은 6개 씨족으로 구성되어 있었던 것 같다고 했다. (2)에는 사로국은 6개 씨족으로 구성되어 있었던 것 같다고 했다. (1)의 사로부

341 이기백, 『한국사신론』(개정판), 1976, pp. 42~43.

족을 (2)의 사로국으로 바꾼 것이다. (1)에서는 삼한 사회를 부족국가 단계로 보고 있고, (2)에서는 삼한 사회를 성읍국가 단계로 보고 있다. 1967년까지 부족사회 · 부족국가라고 보던 단계를 1976년에는 성읍국가 단계로 수정한 때문이다.

위의 두 인용문을 통해 『한국사신론』이 말하는 사로국(서라벌소국)의 형성과 발전에 대한 주장을 볼 수 있다. 첫째, 삼한 78소국 중의 한 소국인 사로국은 6개 씨족의 후예들로 구성되어 있었다는 것이다. 신라 건국신화를 보면 사로국이 형성되기 이전에는 후일 사로국(서라벌소국)이 형성된 지역에 6촌이 있었고, 각 촌에는 촌장을 중심으로 한 정치체가 형성되어 있었던 것을 볼 수 있다.

그런데 소국을 형성한 후의 사로국(서라벌소국)은 6개 씨족으로 구성된 것은 아니었다. 어디선가 이주해온 혁거세를 시조로 하는 씨족, 탈해를 시조로 하는 씨족, 알지를 시조로 하는 씨족들이 등장해 6개 씨족 위의 세력으로 군림했기 때문이다. 신라 초기에 군주(왕)를 배출했던 이들 세 씨족은 6촌 · 6촌장과는 무관한 혈족집단이었다. 따라서 사로국(서라벌소국)이 6개 씨족의 후예들로 구성되었다고 본 것은 역사적 사실과 거리가 먼 주장이다.

사로국이 건국된 후에는 종래 사로국 형성 이전 6촌에 살던 씨족들과, 신라의 군주를 배출하던 세 씨족 등이 존재했던 것을 인정할 필요가 있다. 그들이 바로 후일 신라의 육부성(六部姓)과 종성(宗姓)을 이룬 씨족들이다. 그리고 이들 육부성과 종성을 이룬 씨족들의 후예들이 삼한통합 이후 현재까지 한국인의 다수를 차지하는 씨족이 된 것이다.

사로국(서라벌소국)이 6개 씨족의 후예들로 구성되었다는 주장은 현재 한국인의 오리진을 은폐하는 주장이다. 그리고 그러한 주장의 뿌리는 쓰다 소키치의 『삼국사기』「신라본기」에 대한 견강부회의 사료비판이라는 본질적 오류에 있는 것도 사실이다.

둘째, 사로국 최초의 지배자는 급량에서 선출되었다고 한 것을 볼 수 있다. 혁거세가 급량 출신이기 때문이라고 한다. 혁거세의 왕비가 된 세력은 사량이므로 사량이 그 다음 가는 세력이었다는 것이다. 이 같은 주장은 이병도 선생이 급량부락을 박씨촌, 본피부락을 석씨촌, 사량부가 김씨촌이라고 한 것[342]과 일맥상통하는 주장이다. 실제로 급량부의 세력은 이씨이고, 본피부의 세력은 최씨(『삼국사기』에는 정씨), 사량부의 새력은 정씨(『삼국사기』에는 최씨)였다. 박씨 · 석씨 · 김씨는 6촌 · 6부의 세력이 된 적이 없었다. 그들 종성 세력은 신라 왕국 전체의 지배세력이었다.

신라의 건국신화를 보면 어디에도 혁거세가 급량 같은 6촌(6부)의 세력이라는 내용이 없다. 혁거세는 어디선가 온 이주민 세력이라는 짐작을 할 수 있다. 혁거세만이 아니라 탈해나 알지도 서라벌6촌의 토착세력이 아니라 이주민이라고 보아야 한다. 따라서 건국신화에 나오는 것과 같이 6촌장의 추대를 받아 사로국(서라벌소국)의 군주가 되었던 혁거세는 6촌 중 한 촌의 세력이 아니라, 이주민으로서 6촌 전체를 정복한 정복세력이라는 생각을 할 수 있다. 다만 혁거세가 6촌장들을 정복한 것을 6촌장들이 추대한 것으로 바꾸었을 가능성은 짐작할 수 있다.

---

342 이병도, 『한국고대사연구』, 『두계 이병도 전집』 3, 2012, pp. 668~669.

이병도 선생에 이어 『한국사신론』에서 혁거세를 6촌·6부의 세력으로 본 것은 3~5세대 연구자들이 신라의 부체제설을 주장하는 근거를 만들어 준 것이라 하겠다. 혁거세가 급량 세력이라는 주장은 출발부터 잘못된 것이다.

셋째, 탈해가 사로국의 주도권을 잡게 되며 경주평야의 테두리를 벗어나 주위의 여러 성읍국가와 연맹관계를 맺었던 것 같다고 한 주장도 문제가 있다. 이 시기 지배자들은 거서간·차차웅·이사금의 칭호를 사용했는데, 이는 중앙집권적인 귀족국가의 왕자(王者)와 같은 의미를 가진 것은 아니라고 했다. 『한국사신론』의 이 대목은 혁거세가 군주가 된 후 탈해왕 때쯤부터 신라가 이웃한 진한의 성읍국가(소국)들과 연맹관계를 맺었다는 것으로, 성읍국가(소국) 단계에 이어 새로운 정치발전 단계로 연맹왕국(聯盟王國) 단계에 이르렀다는 주장을 한 것이다.

『삼국사기』의 기록을 보면 신라는 탈해왕 대(57~80)인 1세기 중·후반 경 이미 이웃한 소국들을 정복하기 시작한 것을 알 수 있다. 그리고 첨해왕 대(247~261)에 사벌국을 정복하며 진한소국들에 대한 정복사업을 마무리한 것을 볼 수 있다. 이기백 선생은 이 점을 간과한 것이다.

서라벌소국의 진한소국 정복을 보는 관점: 이기백 선생이 구체적으로 내물왕 이전 역사를 다룬 내용을 찾기는 어렵다. 다만 「신라시대의 갈문왕」이란 논문에서 『삼국사기』와 『삼국유사』에 나오는 내물왕 이전 역사 속에 나오는 9명의 갈문왕(葛文王)에 대한 자료를 뽑아 논문을 작성한 일은 있다.[343] 그러나 신라 내물왕 이전 역사를 보는 이기백 선생

343 이기백, 『신라정치사회사연구』, 1974, p. 9의 표.

의 관점은 기본적으로 쓰다 소키치가나 이병도 선생, 손진태 선생과 차이가 없다. 이기백 선생의『한국사신론』을 통해 그러한 사실을 확인할 수 있다. 먼저 1967년 판『한국사신론』을 보겠다.

> (1) 신라의 모체는 이미 이야기한 바와 같이 삼한 78개 소국(부족국가) 중의 하나인 사로(斯盧)였다. A.D. 3세기 중엽만 하더라도 사로는 경주라는 좁은 지역을 차지하고 있는 하나의 부족국가(部族國家)에 지나지 않았다. 그 사로는 주위 여러 부족과의 연맹체 형성을 위한 움직임을 나타내게 되었는데, 석씨의 출현은 그러한 움직임의 표현으로 생각된다. 그러다가 나물마립간(356~402) 때에 이르러 낙동강 동쪽의 경북 일대를 지배하는 대부족연맹체를 형성하기에 성공한 것 같다. 사로는 정복과 동맹의 과정을 통해서 신라에로 비약하는 제일보를 내디딘 것이다. … 신라는 이미 옛 사로가 아니었다.
>
> 이러한 변혁 과정에서 각광을 받으며 등장한 사로부족의 족장은, 그의 연맹장으로서의 지위에 어울리는 칭호를 가지게 되었다. 즉 지금까지의 이사금 대신에 마립간이라는 칭호를 사용하게 되었다. … 이 나물마립간 이후 삼성 교립의 현상은 없어지고 김씨가 왕위를 독점하여 세습하게 되었다.[344]

『한국사신론』(1967)에 나오는 위의 인용문을 보면 신라는 3세기 중엽까지도 삼한 소국(부족국가)의 하나라는 주장을 볼 수 있다. 그러한 사로가 4세기 후반 내물(나물)마립간 때(356~402)에 이르러 낙동강 동쪽을 지배하는 대부족연맹체로 되었다는 것이다.

다음은『한국사신론』(한글판, 1999)의 또 다른 내용을 보겠다.

---

344 이기백,『한국사신론』, 1967, pp. 59~60.

신라의 모체는 이미 이야기한 바와 같이 진한(辰韓) 12개 성읍국가 중의 하나인 사로(斯盧)였다. 이 사로는 주위 여러 성읍국가와의 연맹체 형성을 위한 움직임을 나타내게 되었는데, 석씨의 출현은 그러한 움직임의 표현으로 생각된다. 그러다가 나물마립간(356~402) 때에 이르면 이미 낙동강 동쪽의 오늘날 경북 일대를 지배하는 상당히 큰 연맹왕국을 형성하고 있었다. 사로는 동맹과 정복의 과정을 통해서 신라로 비약하는 단계에 이르렀던 것이다. 이러한 발전 과정에서 각광을 받으며 등장한 나물은 그의 새로운 지위에 어울리는 칭호를 가지게 되었다. 즉, 지금까지의 계군(繼君)이라는 의미의 이사금 대신에 마루 즉 높은 곳에 있는 우두머리를 의미하는 마립간이라는 왕호를 사용하게 되었다. 이 나물마립간 이후 3성이 교대해서 왕위에 오르는 현상은 없어지고 김씨가 왕위를 독점하고 세습하였던 것이다. 이러한 성장 과정에서 나물마립간은, 가야(加耶)와 왜를 동원해서 신라를 괴롭히는 백제의 세력을 물리치기 위하여 고구려의 후원을 받게 되었는데, 이것은 동시에 신라의 발전에 제약이 되기도 하였다.[345]

위의 인용문을 통해 이병도 선생이 시작한 삼한론을 『한국사신론』이 그대로 추종하고 있는 것을 알 수 있다. 이기백 선생은 1967년에 신라의 모체인 사로(斯盧)를 부족국가라고 하다가 1999년(실제는 1976년부터)에는 성읍국가라 했다. 내물(나물)마립간 때 낙동강 동쪽을 지배하는 신라를 1967년에는 대부족연맹체라 하다가 1999년(실제는 1976년부터)는 연맹왕국이라 불렀다. 이는 『한국사신론』에서 원래 부족국가-대부족연맹체라 하던 것을 1976년부터 성읍국가-연맹왕국으로 고쳐 부른 때문이다. 어찌되었든 삼한의 한 소국이었던 사로(斯盧)는 내물

345 이기백, 『한국사신론』, 1999, p. 58.

마립간 때에 이르러 낙동강 동쪽의 여러 소국(성읍국가)들을 지배하는 왕국이 되었다는 것이다.

이 같은 사로(斯盧)의 진한소국 정복에 대한 주장은 쓰다 소키치의 주장에서 시작된 것으로, 이병도 선생과 손진태 선생을 거쳐 『한국사신론』에 이어지는 것을 알 수 있다. 그중 쓰다 소키치는 신라가 진한 지방을 통일한 시대는 4세기 전반 흘해이사금대(310~356)였다고 주장하며 이 문제를 다룬 바 있다. 오히려 이병도 선생과 『한국사신론』이 신라의 진한소국 정복이 내물왕대(356~402)로 보아, 쓰다 소키치보다 늦게 이루어진 것으로 잡은 것을 알 수 있다.

무엇이 문제인가? 쓰다 소키치가 한국 · 한국인을 폐멸하기 위한 숨은 목적을 갖고 『삼국사기』「신라본기」 내물왕까지의 기록을 후대에 조작된 것이라고 한 주장을 『한국사신론』에서 비판 없이 그대로 추종한 것을 확인하게 된다. 그것은 이병도 선생과 손진태 선생이 쓰다 소키치를 비판하지 않았기 때문일 수 있다. 그렇더라도 역사학자로서 이기백 선생도 한국사를 재구성하는 과정에 쓰다 소키치를 비판했어야 한다고 본다.

쓰다 소키치가 세상에 처음으로 날조한 『삼국사기』「신라본기」 신라 내물왕까지의 기록 조작설을 버리면 신라의 역사는 전혀 다른 것이 된다. 실제로 『삼국사기』(44, 「열전」 4, '거도' 전)를 보면 탈해이사금 때(57~80) 언제인가 거도가 신라와 경계를 맞대고 있는 우시산국과 거칠산국을 정복한 것을 볼 수 있다. 신라의 모체가 된 사로의 진한소국 정복사업이 탈해왕대에 시작된 것이다. 신라의 진한소국 정복사업은 그 후 계속되어 제12대 첨해왕 때(247~261)에 사벌국(沙伐國, 상주지역에

위치)을 정복함으로써 대체로 일단락 된 것을 알 수 있다.[346]

다시 정리하면, 쓰다 소키치와 그의 kids들이 조작된 기록으로 보았던『삼국사기』「신라본기」내물왕 이전 기록을 신라사 연구의 사료로 인정하면 신라의 역사는 전혀 달랐던 것을 확인할 수 있다. 그러한 사료에는 신라가 4세기 후반 내물왕 대에 낙동강 동쪽 진한소국들을 정복했다는 기록이 없다. 그와 달리 1세기 중 · 후반에서 3세기 중엽까지 신라의 진한소국 정복활동에 대한 역사를 재구성할 수 있게 된다. 이렇게『삼국사기』「신라본기」내물왕 이전 기록으로 새로이 재구성한 역사[347]는 이병도 선생의『한국사』고대편(1959)이나『한국사신론』과 다른 역사가 될 수밖에 없다.

그리고『한국사신론』을 대본으로 삼아 편찬된 현행 교과서『한국사』의 내용들도 모두 잘못된 것이라는 사실을 알 수 있게 된다. 앞으로 출간될 중고등학교 교과서『한국사』에서는 이 같은 잘못을 바로 잡아야할 것이다. 분명한 사실은 내물왕 대에 신라가 낙동강 동쪽의 진한소국을 정복했다는 주장은 제국 일본의 한국폐멸사학의 산물이라는 것이다. 이를 청산하지 않고 교과서『한국사』에 아직도 그대로 수록하고 있다는 것은 문제가 아닐 수 없다. ·

앞에서『삼국사기』「신라본기」내물왕 이전 기록을 조작된 것으로 보며 날조한 신라 역사의 문제를 보았다. 이 문제를 다룬 데에는 중요한 이유가 있다. 쓰다 소키치와 그의 kids들이『삼국사기』「신라본기」내물왕 이전 기록을 조작된 것으로 보아 신라 내물왕 이전 역사를 은

346 이종욱,『신라국가형성사연구』, 1982, pp. 83~90.

347 이종욱,『신라국가형성사연구』, 1982.

폐 · 말살하여 신라사 나아가 한국사를 왜곡시켜온 문제를 밝히기 위한 것이다. 그중 내물왕 이전 역사 속에 현재 한국인의 다수가 갖고 있는 성(姓)의 시조들이 있다는 사실이다. 신라의 왕을 배출했던 성인 박씨 · 석씨 · 김씨의 종성(宗姓)이 있다. 그리고 혁거세를 군주로 추대했다는 6촌장을 시조로 하는 이씨 · 최씨 · 손씨 · 정씨 · 배씨 · 설씨의 육부성(六部姓)이 있다. 이들 성을 가진 사람이 한국인들 중 많이 있다. 거기에 더하여 김유신을 중시조로 하는 김씨를 더하면 한국인의 반이 넘는 사람들이 신라인을 시조로 하고 있는 것을 알 수 있다. 물론 그러한 통계수치를 그대로 믿자는 것이 아니다. 그렇더라도 그 자료를 가지고 한국인이 신라 오리진이라는 사실을 생각하기 어렵지는 않다.

현재 한국인 중 고조선인이나 고구려인을 시조로 하는 성을 가진 사람은 찾기 어렵다. 이는 결국 한국인이 신라 오리진임을 뜻한다. 이 같은 한국인의 신라오리진을 인정하면 한국사를 보는 관점이 달라지게 된다. 단군을 시조로 하는 민족이 아니라, 신라 오리진의 한국인을 생각할 수 있게 된다. 고조선은 한국사상 최초로 국가를 형성했던 왕국이며, 고조선은 그 후 부여 · 고구려 · 백제 · 신라 등의 국가형성의 방아쇠를 당겨준 것도 알 수 있다.[348]

사실 필자의 박사학위 논문인 『신라국가형성사연구』(1982)는 신라 촌락사회부터 시작하여 내물왕대까지의 신라 국가형성 · 발전에 대한 역사를 다룬 것이다. 이는 쓰다 소키치의 『삼국사기』「신라본기」 내물왕까지 기록을 조작된 것으로 보는 주장을 처음부터 받아들이지 않았

348 이종욱 『고조선사연구』, 1993, p. 303.

기에 가능했던 것이다.

그런 면에서 필자는 이병도 선생, 손진태 선생, 이기백 선생의 견해의 굴레를 벗어난 것을 뜻한다. 그런데 필자의 지도교수 이기백 선생은 자신의 주장 나아가 자신의 스승들의 주장과도 다른 필자의 주장을 박사학위 논문으로 인정해 주었다. 이는 다른 역사가라면 상상하기 어려운 결단이었다고 본다. 감사드리고 또 감사드리는 바이다. 현재 필자의 주장은 고고학적인 자료 등을 통해 입증되어 가고 있는 상황이다. 반대로 쓰다 소키치의 한국사 날조에서 출발한 삼한론 등은 성립 근거가 잘못되었다는 사실이 증명되고 있다.

4. 한국민족 형성을 보는 『한국사신론』의 관점

『한국사신론』(신수판, 1990)에 한국인의 형성에 대한 견해가 나온다.

> (1) 이들 구석기인의 혈통이 오늘의 한국인에 계승되어 내려온 것인지 어떤지는 분명하지가 않으며, 오히려 부정적인 견해가 지배적이다(p. 13).
>
> (2) 이들 신석기인의 혈통은, 구석기인과는 달리 끊기지 않고 계승되어 한국민족의 형성에 참여한 것으로 보인다. 이들은 오랜 역사적 과정을 거치는 동안에 서로 융합되고 또 청동기시대의 새 요소들과 결합되어서 한국민족을 형성하기에 이르렀을 것이다(p. 18).
>
> (3) 이들 청동기인과 신석기인과의 관계는 분명하지가 않다. 다만 빗살무늬토기 유적과 민무늬토기 유적은 아무리 거리가 근접해 있는

> 경우라도 서로 뚜렷이 구별되고 있다. 이 사실은 양자가 다른 생활 조건 밑에서 살았으며, 종족상으로도 차이가 있었을 것이라는 추정을 내리게 한다. 한편 이 두 토기가 섞여서 나오는 경우가 있는 것은 교체기의 접촉현상을 나타내 준다. … 그러나 본격적인 청동기시대에 들어서면 빗살무늬토기 유적이 자취를 감추고 만다. 이것은 결국 청동기인이 새로운 사회의 주인공이 되었음을 의미하는 것으로 해석된다(pp. 25~26).

『한국사신론』(1990)에 따르면 한국사의 무대에 살던 구석기인들은 현재 한국인과 연결된다는 데 부정적인 견해가 지배적이라고 한다. 그와 달리 신석기인의 혈통은 끊기지 않고 계승되어 한민족 형성에 참여한 것으로 보고 있다. 신석기인과 청동기인은 종족 상으로 차이가 있었고, 신석기인과 청동기인이 접촉을 한 것은 사실이지만 청동기시대에 들어선 후 청동기인들이 새로운 사회의 주인공으로 되었다고 했다. 이것이 이기백 선생이 보는 한민족 형성에 대한 견해다.

필자도 이 견해가 역사의 대세를 말하는 것으로 본다. 구석기인의 수는 정말 극히 적었다. 그리고 신석기인들의 수는 늘어나기는 했지만 그 수도 많았던 것은 아니다. 청동기인의 수는 보다 늘어난 것이 틀림없다. 그리고 이들 청동기인들은 추장사회(chiefdom, 촌락사회, 촌장사회)를 형성하고 있었다고 본다. 현재 한국인에게 피를 전해준 비중은 각기 차이가 날 수밖에 없다. 그리고 청동기인들의 뒤를 이어 등장하는 한국사회에는 어디에선가 이주한 세력들이 정치적 지배세력으로 등장하여 소국들을 세우고, 소국연맹, 소국정복단계를 거치며 정치체의 규모를 크게 늘리고 정치체의 수를 줄여나가는 역사적 과정을 거쳤다.[349] 그 과정에 기록에 남은 정치체로는 고조선, 부여, 고구려, 백제 가야, 신라 등을 들 수 있다.

고구려, 백제, 신라 삼국이 서로 존망을 건 전쟁을 벌이다가 신라가 삼한통합을 하였다. 『한국사신론』(1999)에는 신라의 삼한통합에 대하여 다음과 같은 견해를 말하고 있다.

> 물론 신라의 통일은 불완전한 것이었다. … 그러함에도 불구하고 이 신라의 반도 통일은 중대한 역사적 의의를 가지고 있다. 그것은 무엇보다도 독립된 기반 위에서 한국민족의 형성을 위한 토대를 마련하였기 때문이다.[350]

『한국사신론』에는 신라의 삼한통합이 한국민족의 형성을 위한 토대를 마련했다고 한다. 그런데 『한국사신론』에서 빠진 것이 있다. 다름 아니라 신라의 삼한통합으로 한국인의 구성 비율이 변한 것에 대한 언급이다. 삼한통합 전 고구려, 백제, 신라를 각기 하나씩의 비중을 두고 볼 수 있다면, 신라의 삼한통합 후 고구려와 백제가 멸망하여 사라진 상황에서 옛 고구려인과 백제인들은 사회적 · 정치적으로 도태되어간 사실을 생각할 필요가 있다는 것이다. 『한국사신론』에서는 이 같은 변화를 주목하지 않았던 것이 사실이다. 이와 관련된 문제는 뒤에 "신라의 삼한통합을 보는 관점"에서 다루기로 한다.

그렇더라도 한국사를 거슬러 올라가면 한국인 정체성의 원점을 찾을 수 있다. 그때 주목할 사실은 신라가 삼한통합을 했기에 한국인 정

349 이종욱, 『신라의 역사 1』, 2002, p. 357.

350 이기백, 『한국사신론』, 1999, p. 87.

체성의 원점은 백제나 고구려가 아니라 신라 그중에서도 신라 초기국가 형성기로 올라간다는 것이다.

5. 신라의 삼한통합을 보는 『한국사신론』의 관점

한국인 정체성의 원점을 이해하는 데 또 한 가지 중요한 사실은 신라의 삼한통합에 대한 것이다. 신라의 삼한통합을 통해 신라 오리진의 한국인이 만들어졌기 때문이다.

그런데 신라의 삼한통합을 부정적으로 보아온 역사가들은 주로 민족 · 민족사를 주장하는 연구자들이었다. 신라의 삼한통합을 비판적으로 바라본 역사가로 우선 신채호 선생을 들 수 있다. 신채호 선생의 주장 중 두 가지를 주목하게 된다. 하나, 그는 이종(異種, 당나라)을 불러들여 동종(同種, 고구려·백제)을 멸망시킨 것은 구적(寇賊)을 끌어들여 형제를 죽인 것과 다름이 없는 것이라 했다.[351] 둘, 고구려가 멸망하여 발해가 되고, 백제가 멸망하여 신라에 병합되었으니 이것은 세 나라가 합하여 두 나라가 된 시대이다. 그 다음에 발해가 이미 망하매 압록강 서쪽의 토지는 마침내 거란 · 몽고 등의 다른 종족에게 넘겨주어, 우리 단군이 세운 옛 영토의 반은 지금까지 구백여 년 동안 잃어버렸으니 아, 고려 태조가 우리나라를 통일하였다 하며 조선의 개국도 또한 우

351 신채호, 「김춘추의 공죄」, 『독사신론』, 『대한매일신보』, 1908. 12. 3.

리동방을 통일하였다고 하나 이것은 반쪽짜리 통일이요 전체적 통일이 아니다. …만일 전체적 통일을 찾는다면 단군 이후에 다시 보이지 아니한 것이니, 어찌 김춘추를 통일한 자라 하겠는가?[352]라고 했다. 신채호 선생은 신라의 삼한통합을 무섭게 비판했다. 그것은 제국 일본의 한국 강점 · 폐멸을 비난하기 위한 역사만들기였다.

『한국사신론』은 어떨까 보기로 한다.

> (1) 신라의 삼국 통일은 불완전한 것이었다. 과거 삼국의 활동 무대에 속하던 만주의 넓은 지역이 그 영역에서 벗어났기 때문이다. 비록 고구려의 유민들이 만주에 발해를 건국하였다 하더라도 그 민족 구성은 말갈족이 대부분이었고, 그 발해조차 망한 뒤에는 만주는 한국사와 상관이 없는 이민족의 무대가 되어버리고 말았다.
>
> 이같이 불완전한 것이었음에도 불구하고 신라의 삼국 통일은 중대한 역사적 의의를 가지고 있다. 그것은 무엇보다도 한국민족의 형성을 위한 토대가 된 것이기 때문이다. 만일, 삼국이 각기 독립된 상태로 내려왔더라면 그것은 각기 특이한 문화를 가진 독립된 민족이 되었을 것이다. 그러나, 신라의 통일은 그와는 달리 오늘날의 한국민족을 이룩하게끔 만들었다. 그러므로, 신라의 삼국 통일은 커다란 민족사적 의의를 지닌다고 해야 할 것이다.
>
> 한편, 신라가 당의 세력을 무력으로 몰아내고 독립을 쟁취하였다는 사실을 잊을 수가 없다. 당이 백제와 고구려를 멸망시키고 신라까지를 정복하여 만주와 반도의 전부를 그들의 직속 영토로 편입시키려는 야심은 한4군의 설치 못지 않는 민족적 위기였다. 당의 정치적 지배 밑에서 사회나 문화의 정상적인 발전이 이루어질 수 없을 것임

352 신채호, 「김춘추의 공죄」, 『독사신론』, 『대한매일신보』, 1908. 12. 5.

은 명백한 일이다. 그러나, 신라는 당의 침략적 의도를 거부하고 정치적인 독립을 지키는 데 성공하였다. 이것이 곧 통일신라의 사회와 문화가 발전하는 기초가 된 것이다. 여기서, 신라의 통일이 가지는 또 하나의 중대한 면을 찾아 볼 수가 있다.[353]

(2) 물론 신라의 통일은 불완전한 것이었다. 과거 3국의 활동 무대에 속하던 만주의 넓은 지역이 그 영역에서 벗어났고, 거기에는 고구려의 유민들이 발해를 건국하였기 때문이다. 그러므로 신라는 실제로는 한반도를 통일하는 데 그치고 말았다. 그러함에도 불구하고 이 신라의 반도 통일은 중대한 역사적 의의를 지니고 있다. 그것은 무엇보다도 독립된 기반 위에서 한국민족의 형성을 위한 토대를 마련하였기 때문이다. 비록 신라가 발해와 함께 남북국의 형세를 이루며 대립하고 있었다 하더라도, 결국 신라의 영토와 주민 및 그들이 이루어 놓은 사회와 문화가 한국사의 주류를 형성하기에 이르렀다. 이런 의미에서 신라의 반도 통일은 커다란 민족사적 의의를 지닌다고 해야 하겠다.[354]

위의 주장 중, 신라의 통일을 오늘날의 한국민족을 이루게끔 만들었다는 것(1)과 신라의 반도 통일의 역사적 의의로 한국민족의 형성을 위한 토대를 만들었다는 것(2)을 볼 수 있다. 그런데 이는 손진태 선생이 668년 신라의 삼국통일로부터 현 조선민족의 모체가 결정적으로 되어 지금에 이르기까지 1천 3백년간 단일국가, 단일민족국가로 전승되었다는 주장[355]을 추종한 것이다. 그러나 손진태 선생이나 이기백 선

353 이기백, 『한국사신론』, 1967, p. 90.

354 이기백, 『한국사신론』, 1999, p. 87.

355 손진태, 『조선민족사개론』, 1948; 『한국민족사개론』, 1979, p. 51.

생의 이 같은 주장은 현재 한국인이 신라 오리진이라는 사실을 은폐하고 있는 것이어서 문제가 된다.

『한국사신론』(1967, 1999)에서는 신라의 삼국 통일을 불완전한 것으로 보았다. 그것은 고구려가 지배하던 만주 땅을 한국사의 무대에서 상실했다고 생각했기 때문이다. 『한국사신론』은 당나라 군대를 끌어들인 장본인인 김춘추를 비난하지는 않았지만 신라의 통일을 불완전한 것으로 본 것이다. 삼국 통일을 보는 이 같은 이기백 선생의 주장은 그동안 한국사 교과서의 내용이 되기도 했다. 이와 관련된 문제는 뒤에 보기로 한다.

사실 『한국사신론』을 저술한 이기백 선생은 1970년대부터 1990년대까지 한국사학을 이끈 중심에 있었다고 해도 과언이 아닐 것이다. 선생은 20세기에 만들어진 한국사의 패러다임을 윗세대 역사가들로부터 이어받아 그것을 종합 · 정리해 『한국사신론』을 저술해 한국인 전체의 역사지식으로 공급했고, 1974년부터 사용된 국정교과서 고등학교 『국사』의 대본을 마련해 준 것도 사실이다.

위로는 서울대 교수였던 이병도 선생과 손진태 선생의 학설을 이어받아 이기백사학으로 만들어낸 것이다. 그런데 이병도 선생과 손진태 선생은 일본 와세다대학의 쓰다 소키치의 주장을 이어받아 한국 실증사학의 틀을 만들었고, 손진태 선생은 밝히지는 않았지만, 신채호 선생이 펼쳤던 민족사 · 민족주의를 새로운 버전으로 만들어 신민족주의를 주장했다. 필자는 이기백 선생이 민족과 진리를 주장하며 당신의 스승인 이병도 선생의 실증사학과 손진태 선생의 신민족주의사학을 하나로 만든 민족사를 『한국사신론』을 통해 펼쳤던 것이라고 본다. 그리고 다음 세대의 역사가들에게 20세기 역사학을 이어주는 역할을 했다.

그런데 필자는『한국사신론』에 나오는 신라 삼한통합에 대한 견해와 다른 관점이 필요하다고 본다. 특히 한국인의 정체성(正體性)을 찾는 과정에서는 삼한통합을 보는 근현대 한국사학의 관점을 넘어서야 한다고 본다. 지금까지 한국사학은 신라의 삼한통합이 불완전한 것이라고 하거나 한계가 있는 통일이라고 해 왔다. 그러나 이는 한국사상의 왕국들을 모두 역사가의 책상 위에 올려 놓고 동등한 비중을 두고 생각해낸 것일 뿐이다. 고구려가 삼국통일을 했다면 현재 한국은 고구려의 옛 영토까지 지배하는 강대한 국가가 되었을 것이라는 생각이 도사리고 있는 것이다. 그러나 그랬을 경우 현재 한국인은 존재할 수 없게 되었을 것이다.

역사의 실제는 신라가 삼한통합을 했다. 한국사의 무대에서 고구려의 옛 영토의 많은 부분과 그 안에 살던 사람들을 잃게 된 것도 사실이다. 그러나 신라는 나라를 지켰고, 그러한 신라인의 후손들이 현재 한국인의 다수를 이룬 것도 사실이다. 한국인이 역사적 산물이라는 사실을 인정하면 신라의 삼한통합을 불완전한 것이라거나 한계가 있다고 할 수는 없는 일이다. 실제로 신라의 삼한통합 때문에 한국인 정체성의 원점이 신라 그중에도 내물왕 이전 초기국가 형성 과정에 있게 된 것을 확인하게 된다.

6. 한국인 정체성(正體性)의 원점과 관련하여 『한국사신론』은 식민사학을 청산했나?

이기백 선생은 식민주의사관 청산을 주장한 대표적인 역사가 중 한 분이다. 이기백 선생은 한국사의 올바른 이해를 위한 우선적 과업은 식민주의사관 청산이라고 했다. 식민주의사관은 제국 일본의 한국에 대한 식민정책을 정당화하기 위한 왜곡된 한국사관이기 때문이라는 것이다.

『한국사신론』(한글판, 1999)의 견해를 보겠다.[356] 식민주의사관은 한국이 작은 반도였다는 지리적 조건 때문에 한국의 역사는 타율적으로 움직여 왔다는 것이다. 그러나 지리적 결정론에서 나온 이 같은 주장은 받아들일 수 없다는 것이다. 그런가 하면 한국은 스스로의 힘으로 사회발전을 이룰 수 없는 정체성(停滯性)의 사회였다는 주장을 했다는 것이다. 그러나 정체성 이론의 근거는 없으며 식민지 지배를 정당화하기 위한 억지 주장이라는 것이다. 또 한국민족의 숙명적 당파적 민족성을 들고 있으나, 붕당의 발생은 역사적 산물이며, 붕당은 한국사 발전에 긍정적 측면도 있었다고 한다. 식민주의사관은 한국의 문화는 독창성이 없는 모방적인 것이었다는 주장을 했으나. 창조적 노력의 성과를 한국사에서 많이 찾을 수 있다고 했다.

> 요컨대 일제 어용학자들의 식민주의적 한국사관은 한마디로 현실적인 정치적 목적을 위하여 객관적 진리를 압살한 것이었다. 그러므

356 이기백, 『한국사신론』, 1999, pp. 3~4.

로 그것을 진리의 추구를 그 생명으로 삼는 학문이라고 할 수가 없는 것이다. 이 왜곡된 한국사관을 타파하지 않고서는 새로운 한국사학이 올바로 발전할 수 없으리라는 것은 명백한 일이다. 그리고 나아가서, 객관적 진리를 두려워할 줄 모르고 정치적 목적을 위해 봉사하는 또 다른 유형의 왜곡된 한국사관은, 식민주의사관의 사생아와 같은 것으로서, 한국사학의 정상적인 발전을 위하여 이를 경계해야 마땅한 일이다.[357]

그런데 주목할 사실은 『한국사신론』에 나오는 식민주의사관 청산론은, 쓰다 소키치가 창작해낸 신라 내물왕까지 역사 말살론을 인정하면서 나온 견해다. 따라서 그와 같은 식민주의사관 청산론은 반쯤의 청산론이자 한국사학을 불구로 만들고 있는 것이라는 생각을 하게 된다.

이기백 선생은 민족과 역사, 민족과 진리를 말했다. 이는 그가 만든 역사를 진실 된 것이고 진리라고 인정한다는 것이다. 그러나 신라 내물왕 이전 역사를 은폐하고, 신라의 삼한통합을 불완전한 것으로 만들어낸 『한국사신론』의 견해는 현재 한국인 정체성의 원점, 신라 오리진의 한국인의 존재를 이해하기를 처음부터 포기한 것이다.

한국의 과거와 현재는 직결되어 있다. 역사를 거슬러 올라가면 그러한 사실을 확인할 수 있다. 현재 한국인 중 신라인을 시조로 하는 사람이 많다는 것이 그 증거다. 신라 시대에는 골품제를 유지하는 과정에 신라인들이 그가 속한 씨족을 기억했다. 그것이 성(姓)이다. 고려나 조선 시대에도 지배세력들은 그들이 속한 씨족을 이해하는 일은 필수적인 과업이었다. 그것이 그들의 생존방식이었던 것이다. 그런데 20

357 이기백, 『한국사신론』, 1999, pp. 4~5.

세기 초 제국 일본의 쓰다 소키치가 느닷없이 내물왕까지의 역사를 은폐 · 말살한 결과 많은 한국인은 자신들의 오리진을 인식할 수 없게 된 것이다.

이기백 선생도 20세기 근현대 한국사학이 만든 패러다임을 벗어나지 못한 것이다. 신채호 선생이나, 이기백 선생의 은사이기도 한 손진태 선생이 만든 민족의 틀을 벗어나지 못한 것이다. 이기백 선생은 신채호 선생 같이 독립을 위해 민족을 만들었고, 해방 후 남북분단 상황을 극복하는 수단으로 민족을 만들어낸 손진태 선생과 달리 별다른 생각이 없이 민족을 이야기 한 것일 수 있다. 신석기 시대 나아가 청동기 시대에 한국사의 무대에 살던 사람들이 한국민족을 만든 출발점으로 본 것이 그것이다. 한국사의 무대에 살던 사람들이 현재 한국인에게 피를 전해준 것은 사실일 것이다. 그러나 현재 한국인에게 그들이 모두 동등한 비중을 갖고 피를 전해준 것은 아니다. 바로 이 점을 간과한 것이다. 현재 한국인은 고조선도 고구려도 백제도 아닌 바로 신라인을 시조로 하는 씨족들이 다수라는 사실을 주목하지 못한 것이다. 그 결과 필자가 생각하는 한국인의 오리진, 한국인 정체성의 원점은 이기백 선생에게는 관심의 대상이 될 수 없었던 것이다.

한국고대사 연구자들인 이병도 선생과 손진태 선생은 물론이고 이기백 선생 등은 쓰다 소키치의『삼국사기』「신라본기」내물왕까지 기록에 대한 견강부회의 사료비판 결과를 진리로 인정하며 한국고대사를 연구해 왔다. 그러한 한국인 역사가들은 제국 일본의 역사가였던 쓰다 소키치와는 신라 내물왕 이전 역사를 왜곡 · 은폐했다는 면에서 추종자이고, 친밀한 공범이라고도 할 수 있다는 생각마저 든다.

7. 이기백 선생이 말하는 민족 · 진리 · 역사

이기백 선생은 한 평생 민족과 역사, 민족과 진리를 탐구한 학자였다.[358]

실제로 학계의 후배들에게 당부하고 싶은 말씀이 있는가 하는 질문에 대한 답으로 이기백 선생은 후학들에게 "오로지 진리만을 위해 정진하십시오. 진리는 변하는 것이 아닙니다. 사실과 사실을 꿰뚫는 불변의 법칙이 진리입니다. 우리 민족과 역사를 버텨온 기둥이라는 점을 명심했으면 합니다."라 했다.[359] 이기백 선생은 항상 민족과 역사, 민족과 진리를 생각한 학자였다.

그런데 이기백 선생은 위에서 본 것과 같이 쓰다 소키치의 그늘을 못 벗어난 것도 사실이다. 이기백 선생의 박씨와 김씨가 탁부와 사탁부의 세력이었다는 생각은 이병도 선생의 생각을 비판없이 추종하여 후세에 전한 것이다. 이기백 선생이 말하는 역사와 진리에는 문제가 있는 것이다. 쓰다 소키치가 창작해낸 한국폐멸사학의 한 자락을 추종하고 있는 것이다. 그것을 아무리 민족사라고 이야기해도, 잘못 만들어진 역사인 것이 분명하다.

분명히 말하지만, 필자가 존경하는 이기백 선생의 사학 전체가 쓰다 소키치의 그늘에 있다는 것이 아니다. 그러나 이기백 선생은 쓰다 소키치가 잘못 만든 역사의 틀을 후세에 전달하는 일도 한 것이 사실

358 이기백, 『한국사산고』, 2005, p. 93 참조.

359 김태욱 외 엮음, 「경향신문 이상문 문화1부장과의 대담」『민족과 진리를 찾아서-10주기 추모 이기백사학 자료선집-』, 2014, p. 333.

이다. 다름 아니라 쓰다 소키치가 『삼국사기』「신라본기」 내물왕까지의 기록을 조작된 것으로 본 것 하나만을 추종한 것으로도 한국인의 정체성의 원점을 말살하는 수레에 동승한 것이라 할 수 있다. 일본인 쓰다 소키치가 중상을 입힌 한국사를 치유하지 못한 것이다. 그런 역사를, 그렇게 만들어낸 민족을 진리라고 하는 것은 문제가 아닐 수 없다. 이기백 선생은 민족과 진리를 하나로 만들어 그 자신 한국 역사를 지키는 파수꾼이 되려한 것이다. 그런데 쓰다 소키치의 주장을 이어받은 이런 일이 벌어진 것은 시대의 한계 때문이지 개인의 문제는 아니라고 생각되기도 한다.

이기백 선생이 말해온 민족과 역사, 민족과 진리는 그가 만들어온 민족에 대한 역사가 진리라는 것이다. 그가 말한 민족 · 역사 · 진리는 삼위일체가 된 것이다. 이 민족 · 역사 · 진리라는 삼위일체는 그가 만들어온 역사에 대한 정당성을 주장하는 방패가 된 것이라 생각해 본다. 『한국사신론』(1999, pp. iii)에 나오는 글을 보겠다.

> 학문의 이상은 진리를 찾아서 이를 세상에 밝히 드러내는 데 있다. 학문의 세계에서 진리는 다른 어떤 것과도 바꿀 수 없는 절대적인 값어치를 지닌다. 진리를 저버리면 학문은 곧 죽는 것이며, 죽은 학문은 민족을 위하여 아무런 쓸모도 없는 헛것에 지나지 않는다. 이를 다른 말로 바꾸어 말하면, 민족에 대한 사랑과 진리에 대한 믿음은 둘이 아닌 하나인 것이다. 이러한 신념에서 한국사의 올바른 인식을 방해하는 낡은 틀을 과감히 깨버릴 필요가 있다고 생각해 왔고, 이러한 신념이 『한국사신론』에서 구체화되었다고 할 수가 있다. 물론 여전히 옛 틀에 기준을 두고 비판하는 주장이 있다는 것을 저자도 잘

알고 있다. 그러나 구구한 이야기를 늘어놓으려 하지 않는다. 미켈란젤로가 그러했듯이, 저자도 "10세기 뒤에 보라"고 할 수밖에 없을 듯하다.

『한국사신론』 한글판 머리말에 나오는 위의 이야기는 이기백 선생이 역사 · 민족 · 진리를 삼위일체로 보는 것을 뜻한다. 필자도 어느 누구 못지않게 이기백 선생의 『한국사신론』이 이 시대를 대표하는 저서라고 보아왔다. 그러면서도 『한국사신론』에 한국인 정체성 원점에 대한 역사는 쓰다 소키치가 시작한 한국폐멸사학 나아가 날조사학의 주장을 기본적으로 추종한 것을 부정할 수 없다고 본다. 이는 한국인 정체성의 원점을 은폐 · 왜곡한 20세기 초 이래 한국사에 대한 날조사학의 무대를 떠나지 못한 것을 보여주는 장면이라 하겠다.

그렇기에 필자는 한국인 정체성의 원점을 찾고, 한국사의 첫 단추를 제대로 채우기 위해 이 책을 쓰는 것이다. 이 책은 『한국사신론』 자체를 비판하는 데 목적이 있지 않다. 어차피 『한국사신론』은 기본적으로 제로베이스에서 한국사를 발견한 책이 아니라, 기존의 연구 결과를 성실하게 종합한 책이기 때문이다.

필자는 지난 20세기 초 이래 근현대 한국사학이 날조한 한국인 정체성의 원점을 찾아야 한다는 사명감에서 이 책을 쓴다. 그렇게 해야 한국사는 정상적인 역사가 될 수 있다고 보는 것이다.

4절
서울대학파의 사족사학(蛇足史學)에게
상처받은 신라와 한국인 정체성의 원점

4절

서울대학파의 사족사학(蛇足史學)에게 상처받은 신라와 한국인 정체성의 원점

사족(蛇足)은 "뱀을 그리는데 실지로는 없는 발을 붙인 일로 인하여 원 모양과 다르게 되는 일"을 뜻한다. 화사첨족(畵蛇添足)은 "쓸데없는 짓을 덧붙여 하다가 도리어 실패한 일을 가리켜 하는 말"을 뜻한다. 1970년대 이후 활동을 시작한 3세대 이후 역사가들이 화사첨족의 역사를 만들어내는 일들을 벌이고 있는 중이다.

1974년 두 편의 석사학위 논문이 제출되었다. 하나는 서울대학교에 석사학위 논문으로 제출된 노태돈 선생의 「삼국시대의 '부'에 관한 연구 — 성립과 구조를 중심으로」(『한국사론 2』, 서울대학교 한국사학회, 1975)이다. 다른 하나는 서강대학교에 석사학위 논문으로 제출된 필자의 「남산신성비를 통하여 본 신라의 지방통치체제」(『역사학보』 64, 1974)가 있다. 필자의 석사학위 논문은 1981학년도에 제출된 필자의 박사학위 논문인 『신라국가형성사연구』(1982, 일조각)로 이어졌다. 노태돈 선생과 필자가 쓴 이 두 편의 논문은 그 이후 한국고대사학계를 서로 다른, 평행선을 달리는 두 길로 이끄는 출발점이 되었다고 생각된다.

그중 소위 부체제설을 주장한 노태돈 선생의 석사학위 논문은 1980년대 후반 이후 한국고대사를 연구하는 거의 대부분의 연구자들이 따르는 학설이 되었다. 3~5세대 연구자들에 의하여 이어지고 있는 소위 부체제설은 쓰다 소키치-이병도 선생으로 이어지는 한국폐멸사학과 한국망상사학의 틀을 이어받아 만들어진 "그들이 만든 역사"의 대표적인 예가 되었다. 부체제설은 신라에 상처를 입혔고 한국인 정체성의 원점을 말살한 사족사학(蛇足史學)의 한 예라 하겠다.

그와 달리 필자의 석사 · 박사학위 논문은 또 다른 하나의 패러다임으로 작성된 것으로 볼 필요가 있다. 필자의 석사 · 박사학위 논문은 신라의 역사를 살려내고 한국인 정체성의 원점을 찾게 하는 "우리를 만든 역사"의 출발점이자 이 책을 쓰는 토대가 된 것이다.

필자는 선학들의 주장을 추종하는 것이 아니라, 『삼국사기』「신라본기」 등 원 사료로 돌아가 한국고대사를 탐구해 왔다. 필자는 지난 1974년 석사학위 논문을 발표할 때부터 근현대 한국사학이 만든 한국고대사의 무대를 떠나 새로운 마당에서 한국고대사를 새롭게 발견해 온 것이다. 이에 3세대 이후 연구자들이 부둥켜안고 있는 문제를 비판할 수 있는 것이다. 한국 역사학계의 대다수 연구자들이 추종하고 있는 연구방법을 버리고 새로운 연구방법을 택한 필자로서는 논문게재 거부를 당하는 등 현실적인 벽에 부딪쳐온 것이 사실이다. 그러나 필자의 연구방법이 잘못된 것이 아니라는 확신을 갖고 있기에 꿋꿋이 버텨온 것도 사실이다. 여기서 질문 한 가지를 하겠다.

1. 서울대학파가 만든 길드(guild)의 주장이면 옳은 것인가?

학문적 타당성은 무엇으로 결정되는가? 다수결로 결정할 수 있을까? 물론 그렇지 않다는 것이 정답이라는 사실을 모르는 연구자는 없을 것이다. 노태돈 선생이 석사학위 논문에서 주장한 부체제설은 1988년 『울진 봉평비』, 1989년 『영일 냉수리비』가 발견되며 한국고대사학계의 거의 모든 연구자들이 따르는 이론이 되었다. 부체제설이 아니고는 한국고대사를 연구할 수 없는 분위기가 되었다. 그러면 다수결로 노태돈 선생의 부체제설을 옳은 주장이라고 할 수 있을까? 그렇지 않다. 학문적 타당성은 다수결로 결정할 문제가 아니다. 또는 서울대학파의 주장이라고 옳기만 한 것일까?

한국인 정체성의 원점과 관련하여 보면 서울대학파의 1~5세대 연구자들은 한국인 정체성의 원점을 찾거나 내물왕 이전 역사를 살려내는 데에는 관심이 없었다. 이들은 쓰다 소키치가 날조해낸 한국고대사 연구의 패러다임을 추종하고 있기 때문이다. 이들은 『삼국사기』「신라본기」 내물왕 이전 기록이 아니라 『삼국지』「동이전」 '한조'를 중심자료로 보았기에 문제가 있는 것이다.

여기서 서울대학파의 1~2세대 연구자가 만든 망상사학(妄想史學)이 3~5세대에 이르러 사족사학(蛇足史學)으로 진화하며 잘못 만들어온 역사에 대한 비판을 하고, 불공정한 한국사학의 문제를 지적하겠다. 이로써 "그들이 만든 역사"가 아니라, "우리를 만든 역사"를 위한 학문적 공간을 마련할 수 있게 되기를 바란다. 그렇게 하여 대한민국 국민에게 제대로 된 역사를 제공하고 올바른 역사지식과 역사의식을 갖도록 힘을 다해야 하겠다는 생각이다.

2. 『삼국지』「동이전」'한조'를 중시하는 3~5세대 연구자들

1970년대부터 학술적인 활동을 시작한 한국사 연구의 3세대 연구자들은 한마디로 쓰다 소키치가 처음으로 주장한 것과 같이 『삼국사기』「신라본기」 내물왕까지 또는 그 이전 기록을 조작된 것으로 보는 데서 출발한 연구자들이다. 이들은 『삼국지』「동이전」'한조'의 기록을 신빙할 수 있는 자료로 여기고 있는 것을 확인할 수 있다. 또한 이들은 1~2세대 연구자들이 신라 내물왕 이전 시기의 역사를 연구한 패러다임을 그대로 추종한 것이다. 다른 것이 있다면 이들 3세대 이후 연구자들은 화사첨족의 연구를 한다는 것이다. 구체적으로 소위 부체제설 같은 주장과 『삼국사기』 초기 기록에 대한 수정론 등을 들 수 있다. 이 모두 사족사학의 산물이다.

한국사학의 3세대 이후의 연구자들은 사실 쓰다 소키치를 잘 알지 못하는 연구자들이다. 이들은 쓰다 소키치에게 배운 적도 없고 만난 일도 없는 역사가들이다. 이들을 쓰다 소키치의 kids라 할 수는 없는 일이다. 그렇기에 쓰다 소키치와 무관하다고 생각할지 모르겠다. 그러나 이들은 분명 쓰다 소키치가 발명한 『삼국사기』「신라본기」 초기기록에 대한 날조된 역사를 당연한 것으로 받아들이고 있는 것이 사실이다. 『삼국사기』「신라본기」 내물왕 이전기록을 불신하는 근본적인 이유는 쓰다 소키치가 말한 것과 같이 3세기 후반에 편찬된 『삼국지』「동이전」 '한조'를 이 시기를 연구할 근본적인 자료로 중시하기 때문이다. 그런데 이들 3세대 이후 연구자들은 스스로 사료비판을 하여 『삼국사기』 내물왕 이전 기록을 불신하고, 『삼국지』「동이전」 '한조'를 중심으로 한 연구를 한 것이 아니다. 그저 1~2세대 연구자들의 가르침을 이어받아 쓰다 소키치가 날조한 역사를 따르는 추종자가 된 것일 뿐이다. 사실 필자도 마찬가지지만, 이들 3세대 이후 연구자들도 쓰다 소키치의 논문조차 제대로 읽지 않은 것으로 본다.

분명히 말하지만 『삼국사기』「신라본기」 내물왕까지 기록과 『삼국지』「동이전」 '한조'의 기록은 둘 중 하나를 선택할 자료들이 아니다. 같은 시대를 다루더라도 두 사료는 저술 목적이 다르고 다루는 대상 분야가 다른 것들이다. 따라서 두 자료를 동시에 사료로 인정해야 하며, 그렇게 두 자료를 통해 서로 다른 분야를 재구성해내야 하는 것이다.[360]

그런데 이들 3~5세대 연구자들의 『삼국사기』「신라본기」 초기기록에 대한 주장이 일치하는 것은 아니다. 그중 쓰다 소키치의 주장을 무조건 따르는 견해도 있다. 『삼국지』「동이전」 '한조'는 3세기 후반에 편찬되었기에 그 내용이 3세기 전반의 사정을 전한다고 보는 견해가 있다. 그런가 하면 『삼국지』「동이전」 '한조' 안에는 사로국이 하나의 소국일 뿐 소국 병합은 물론이고 연맹체의 맹주였다는 편린조차 없어 『삼

360 이종욱, 「『삼국지』 '한전' 정치 관계 기록의 사료적 가치와 그 한계」, 『길현익교수 정년 기념 사학논총』, 1996; 『한국고대사의 새로운 체계』, 1999, pp. 59~86.

국사기』의 내용과 다르다는 주장도 있다. 1990년에는 이렇게 『삼국지』 「동이전」 '한조'를 무조건 신빙하는 주장을 하던 3세대 연구자 중에는 2002년에는 아무런 언급도 없이 그의 주장을 슬그머니 바꾸는 것도 볼 수 있다. 『삼국사기』「신라본기」 "초기 기사의 내용이나 기년을 그대로 받아들이지 않으며 후대의 사실이 소급 · 부회된 것이 대부분이라 보지만 적어도 혁거세부터 흘해 이사금까지 이어지는 일원적인 왕계는 물론 왕명 자체도 거의 믿는 입장"이라고 그의 주장을 바꾼 것을 볼 수 있다. 이 같은 주장과 관련하여 필자의 『신라상대왕위계승연구』를 볼 필요가 있다. 그런가 하면 최근에는 필자의 『신라국가형성사연구』의 이야기라는 사실을 숨기고 부분부분 자기의 주장으로 이야기하는 짝퉁(?) 연구를 보며 필자의 주장이 옳은 길을 걸어왔다는 생각을 하게 된다.

『삼국사기』「신라본기」와 『삼국지』「동이전」 '한조'에 대해 1990년에 가졌던 생각을 2002년에 바꾼 이유를 밝히지 않고 있다. 구렁이 담넘듯 슬그머니 바꾼 것이다. 이로써 보면 3세대 이후 연구자들의 『삼국사기』「신라본기」 초기기록을 보는 관점이 변하는 것을 알 수 있다. 이들은 쓰다 소키치의 1~2세대 kids들과는 다소 달라진 것도 사실이다. 그렇다고 그들이 쓰다 소키치의 한국폐멸사학이 쳐놓은 덫을 벗어났다는 것은 아니다. 그들은 쓰다 소키치의 kids가 된 줄도 모르고 있으며, 쓰다 소키치의 kids가 되어 그의 주장을 추종하는 연구자들일 뿐이다.

이들 3~5세대 연구자들은 『삼국사기』「신라본기」 초기기록에 대해 스스로 수정론 또는 분해론을 들고 나왔다. 이러한 수정론 · 분해론에 대해 보기로 한다.

3. 서울대학파 중심의 3세대 이후 연구자들의 사족사학(蛇足史學)

1970년대부터 활동을 시작한 3세대 연구자들은 지금 대학을 떠나고 있는 중이다. 이들의 뒤를 이어 한국고대사학계를 이어가는 있는 다음 세대 연구자들은 쓰다 소키치의 한국폐멸사학의 주장을 바탕으로 1~2세대 연구자들이 만든 망상사학(妄想史學)을 비판하지 않고, 한국인 정체성의 원점을 은폐 · 말살한 역사의 틀을 이어받아 화사첨족의 역사를 만들고 있는 중이다. 그 문제들을 몇 가지 들어 보기로 한다.

1) 『삼국사기』「신라본기」가 아닌, 『삼국지』「동이전」을 중시하는 사족사학

『삼국사기』「신라본기」 내물왕 이전 기록을 어떻게 보는가 하는 문제가 있다. 1990년에 나온 『한국고대국가의 형성』(1990)에 이와 관련된 3세대 연구자들의 주장들이 나온다. 이 같은 주장에 따르면 『삼국사기』의 초기기록에 대한 신빙성에 의문을 갖고, 대신 『삼국지』「동이전」'한조'를 믿을 수 있다는 생각을 가진 것을 볼 수 있다.

먼저, 노중국 선생의 주장을 보기로 한다.

> 문헌사료 면에서 사료의 신빙성 문제가 현재 학계의 중요한 쟁점의 하나로 되어 있다. 이 신빙성 문제는 무엇보다도 『삼국사기』의 초기기록의 신빙성 여부가 핵심을 이루어 왔다. 주지하다시피 『삼국사

기』 초기기록은 일제시대 이래 그 신빙성에 대해서는 여러 가지로 비판을 받아왔고 상대적으로 『삼국지』「동이전」이 보다 믿을 수 있는 것으로 간주되어 왔다. 그러나 70년대에 들어와서 고고학적 발굴이 활발하게 진행되면서 『삼국사기』 초기기록에 대해 새로운 평가를 내리려는 시도가 행해지게 되면서 초기기록을 믿고서 삼국의 초기사를 정리해 보려는 견해들이 나오게 되었다.

이러한 논의는 김원용 씨가 고고학적 자료를 토대로 하여 삼국시대의 개시를 『삼국사기』가 보여주는 그대로 신빙할 수 있다고 주장한 것이 시발이 되었고, 천관우 씨가 그 토대 위에서 『삼국사기』를 신빙하는 입장에서 삼국의 국가형성 문제를 논하게 됨으로써 본격화되게 되었다. 이후 이종욱 씨가 천관우 씨의 견해를 바탕으로 신라와 백제의 국가 형성을 새로이 검토하면서 초기기록의 신빙성을 재강조하였고, 최재석은 『삼국사기』 초기기록 불신론을 조목조목 비판하여 『삼국사기』 기사의 신빙성을 강조하기도 하였다.[361]

노중국 선생은 김원룡 선생과 천관우 선생이 『삼국사기』를 신빙하는 입장이 되었고 천관우 선생을 따라 이종욱이 『삼국사기』 초기기록을 신빙하며 신라와 백제의 국가 형성에 대해 새로이 검토한다는 주장을 했다. 『삼국사기』 초기기록을 보는 관점이 바뀌는 사실을 이야기한 것이다.

그렇더라도 현대 한국사학은 쓰다 소키치의 주장을 기본적으로 그대로 따르는 것이 사실이다. 단순히 쓰다 소키치의 한국폐멸사학을 따른다기보다, 그것을 추종하는 줄도 모르며 추종하는 수준이라 할 수

361 노중국, 「총론 한국 고대의 국가형성의 제문제와 관련하여」, 『한국고대국가의 형성』, 1990, pp. 15~16.

있다. 그렇게 그들은 『삼국사기』「신라본기」 내물왕 이전 기록을 버리고, 『삼국지』「동이전」을 선택한 것이다. 그 결과 한국고대사 연구의 3세대 이후 연구자들은 스스로 『삼국사기』「신라본기」 내물왕 이전 기록에 대한 사료비판 없이 쓰다 소키치가 파놓은 함정에 빠진 것이다.

『삼국사기』「신라본기」 내물왕 이전 기록에 대한 수정론 · 분해론의 오류: 2000년대에 들어서며 한국사 연구의 3세대 연구자들에게 1990년대와는 다른 변화가 일어났다. 특히 『삼국사기』「신라본기」에 대한 수정론(분해론) 등이 등장한 것이 그것이다. 이 같은 수정론은 쓰다 소키치의 한국폐멸사학에서 출발한 것으로 문제가 아닐 수 없다. 그 변화에 대해 『민족인가, 국가인가?』(소나무, 2006)에서 필자가 언급한 내용을 인용하겠다.[362]

> 그들은 노태돈의 『고구려사연구』에 나오는 수정론[363]이나 노중국의 서울대학교 박사학위 논문에 있는 분해론[364]을 가지고 식민사학(한국폐멸사학)을 극복했다고 생각할지도 모른다. 실제로 노중국은 『삼국사기』 초기 기록을 수정하거나 분해하는 입장은 결코 일본 학계의 영향 아래 이루어진 것이 아니라는 점을 강조한다.[365] 그는 수정론이나 분

362 이종욱, 『민족인가, 국가인가』, 2006, pp. 162~165. 필자가 새로이 추기한 것은 ( ) 안에 넣었다.

363 노태돈, 『고구려사 연구』, 1999, p. 11~15.

364 노중국, 『백제정치사연구』, 1988, 23~30쪽. 그밖에 절충론이라는 용어를 사용하는 경우도 있다(주보돈, "사로국을 둘러 싼 몇 가지 문제," 『신라문화 21』, 2003, pp. 18~19).

365 노중국, "서평 : 『한국 고대사의 새로운 체계 - 100년 통설에 빼앗긴 역사를 찾아서』," 2000, p. 321.

해론이 초기 기록을 그대로 믿을 수 있으면 좋겠지만 그대로 믿기 어려운 부분이 있어, 제도 정비나 영역 확장 같은 대세는 초기 기록을 통해 파악하고, 실질적인 연대는 수정하거나 분해해야 타당한 설명을 얻을 수 있다는 입장에서 나왔다고 한다.[366] 노태돈은 『삼국사기』에 대한 긍정론도 모든 기사를 다 신빙하자는 것은 아니므로 수정론과 긍정론 사이의 입론 차이는 분명하지 않다고 한다.[367] 이는 수정론이 안고 있는 본질적 오류라는 태생의 문제를 은폐하려는 주장이다.

… 수정론의 논리가 갖는 문제의 구체적인 예를 보자. 수정론자들은 신라 건국신화에 나오는 내용 가운데 6촌장 회의에 주목해 그것을 부대표자 회의라 하고, 나아가 부체제설을 주장한다. 그러나 건국신화의 중심 이야기는 6촌장 회의에 있는 것이 아니라 6촌장들이 군주(君主)를 모시고 6촌을 통합해 사로국을 세웠다는 데 있다. 수정론자들은 그들이 만든 부체제설을 증명하기 위해 건국신화의 한 부분인 6촌장 회의만 사료로 인정한 것이다. 그들은 사로국 형성에 대한 본질적인 내용은 은폐했다. 이것은 학문을 포기한 역사하기다.

한국고대사를 연구하는 3세대 또는 그 이후 연구자들 중 어느 누구도 『삼국사기』「신라본기」 내물왕 이전 기록을 사료비판한 적이 없다. 또한 그들 3세대 이후 연구자들 중 어느 누구도 『삼국지』「동이전」 '한조'에 대한 사료비판을 한 일이 없다. 이 두 사료에 대한 사료비판을 하지 않고 단지 쓰다 소키치가 1919년에 발표한 조그만 논문, 한국폐멸이라는 정치적 욕망을 이루기 위한 역사발명의 산물을 금과옥조로

366 노중국, "서평 : 『한국 고대사의 새로운 체계 — 100년 통설에 빼앗긴 역사를 찾아서』," 2000, p. 321.

367 노태돈, 『고구려사 연구』, 1999, p. 14.

추종하고 있는 것이다. 한국인 역사가 중 1~2세대 연구자들과는 달리 3세대 이후 연구자들은 쓰다 소키치를 제대로 알지도 못하며 스스로 쓰다 소키치의 kids가 된 셈이다. 지난 세기 한국고대사를 연구해온 한국의 역사가들은 여러 세대에 걸쳐 쓰다 소키치의 한국폐멸사학(소위 그들이 말하는 식민사학)을 한 번도 비판한 적이 없다는 것이다.

문제는 두 사서에 대한 사료비판을 하지 않은 결과 『삼국사기』「신라본기」 내물왕 이전 기록을 필요한대로 마음대로 해석하여 신라의 역사를 재구성한다는 데 있다. 다만 고고학적인 자료들이 축적되며 『삼국사기』「신라본기」 내물왕 이전 기록 등을 불신하고는 한국고대사를 재구성할 수 없게 되면서 어쩔 수 없이 수정론 · 분해론 등을 주장한 것이다. 그러나 이 같은 수정론 · 분해론은 『삼국사기』「신라본기」 등 초기기록들을 발견자의 관점에서 본 것들이 아니다. 이것이 한국고대사 연구를 왜곡시키는 문제를 불러왔다.

현재 한국사족사학자들은 『삼국사기』「신라본기」 내물왕 이전 기록을 보는 관점을 다소 바꿨다. 그것이 수정론이라 하겠다. 그런데 이 수정론의 등장은 필자가 쓴 『신라국가형성사연구』(1982) 등 때문이라는 생각을 해본다. 1990년대에 『신라국가형성사연구』를 맹렬하게 비판했던 연구자 자신이 그 비판 내용 세 가지를 자신의 이야기로 둔갑시킨 것이 그 증거라 하겠다. 1990년대에 이종욱에 대한 비판내용을 자신이 생각해낸 것으로 착각한 것이라 하겠다. 이 같은 변화는 『신라국가형성사연구』가 잘못이 아니라는 사실을 증명해주는 것이기도 하다.

한편, 『삼국사기』「신라본기」 내물왕 이전 기록의 신빙성을 증명해주는 자료는 무엇일까를 생각해 본다. 백제 왕성 풍납토성에 대한 발굴결과와 같이, 앞으로 전개될 월성 등에 대한 고고학적 발굴 · 조사 결과를 통해 『삼국사기』「신라본기」 내물왕 이전 기록에 대한 신빙성을 말해주는 증거를 확보하게 될 수 있을 것으로 본다.

그런가 하면 현재 다수의 한국인이 갖고 있는 신라인을 시조로 하는 종성(宗姓)과 육부성(六部姓) 자체가 『삼국사기』「신라본기」 내물왕 이전 기록의 신빙성을 말해주는 증거로 삼을 수 있다고 본다.

2) 서울대학파 사족사학(蛇足史學)의 대표적인 예, 소위 부체제설의 문제

『삼국사기』나 『삼국유사』를 보면, 신라 왕경6부의 세력을 기록한 내용이 있다. 『삼국유사』에 따르면 혁거세를 추대했던 6촌장을 시조로 하는 씨족들이 만들어져 각기 성을 가졌는데 양부는 이씨, 사량부는 최씨(『삼국유사』에는 정씨), 모량부는 손씨, 본피부는 정씨(『삼국유사』에는 최씨), 한기부는 배씨, 습비부는 설씨의 성을 가졌던 것으로 나온다. 신라 초기 왕을 배출했던 세력들은 또 다른 성을 가졌다. 혁거세를 시조로 하는 씨족은 박씨, 탈해를 시조로 하는 씨족은 석씨, 알지를 시조로 하는 씨족은 김씨 성을 가졌다. 신라의 경우 부의 세력은 육부성을 가진 씨족이고, 왕을 배출했던 세력은 종성을 가진 세력들이다. 그런데 이 같은 『삼국사기』와 『삼국유사』의 기록을 무시하고 나온 주장이 바로 부체제설이다.

소위 부체제설은 노태돈 선생이 1974학년도에 서울대 석사학위 논문[368]으로 쓴 「삼국시대의 '부'에 관한 연구 — 성립과 구조를 중심으로」(『한국사론 2』, 1975)에서 출발했다고 보아도 좋다. 부체제설은 서울대학파의 사족사학의 대표적인 예가 된다.

한국사에서 소위 부체제설만큼 한국사를 왜곡하는 주장도 없을 것이다. 부체제설이라는 용어는 김철준 선생이 주장했던 2부체제(dual organization)[369]에서 출발한 것일 수 있다. 현재 2부체제에 대한 주장을 인정하는 연구자는 없다. 다만 김철준 선생을 지도교수로 작성한 노태돈 선생의 석사학위 논문에서 2부체제설은 따르지 않지만 부체제(部體制)라는 용어를 사용한 것은 사실이다.

1974년 3세대 연구자인 노태돈 선생의 부체제에 대한 서울대의 석사학위 논문은 별다른 주목을 받지 않았다. 그러던 것이 1980년대 후반 발견된 두 개의 금석문 즉 『울진 봉평비』(1988)와 『영일 냉수리비』(1989)에 대한 잘못된 해석을 근거로 삼아, 지금은 거의 모든 연구자들이 따르는 주장으로 되었다. 1996년 4세대 연구자인 전덕재 선생은 그의 박사학위 논문에서 노태돈 선생의 부체제에 대한 논문에서 출발해 부체제설을 확대 · 발전시켰다. 이 같이 전개된 부체제설은 1980년대 말 1990년대에 유행하기 시작하여 2002년에는 국정교과서 고등학교 『국사』(교사용 지도서)에까지 들어갔다.[370] 이는 고등학교에서 『국사』를 가르치는 교사들에게 부체제설을 가르치라고 요구한 것이다. 그런

368 노태돈, 「삼국시대의 '부'에 관한 연구 – 성립과 구조를 중심으로」, 『한국사론』 2, 서울대학교 한국사학회, 1975.

369 김철준, 「신라 상대사회의 Dual Organization」 상 · 하, 『역사학보』 1 · 2, 1952.

370 국사편찬위원회 · 국정도서편찬위원회, 『국사』(교사용 지도서), 2002, p. 85, p. 237.

가 하면 2014년도부터 사용된 검인정교과서 고등학교『한국사』중 금성출판사의『한국사』에 나오는 대목이 주목된다.

> 6세기 초에 세워진 포항 냉수리 신라비나 울진 봉평리 신라비에는 왕이 다른 귀족들처럼 6부 가운데 특정한 부에 소속되어 있을 뿐만 아니라, 6부의 대표자나 귀족들과 함께 국가 중대사를 논의하고 의결 사항도 공동으로 선포하였다고 전한다. 이 가운데 울진 봉평비 신라비에는 법흥왕을 '마립간'을 뜻하는 '매금왕(寐錦王)'으로 부르고 있어 아직 초월적인 왕권의 위상을 완전히 확립하지 못하였음을 보여 준다.
>
> 이에 비해 불교 공인 이후에 새긴 울산 천전리 서석에서는 '성법흥태왕(聖法興太王)'이라 불러 왕이 '태왕'으로 격상되었음을 알 수 있다. 550년경에 세워진『단양 신라 적성비』에서는 진흥왕이 단독으로 귀족들에게 왕명을 내리고 있다. 이처럼 신라의 왕권은 6세기 전반을 지나면서 귀족 세력 위에 군림하는 초월적인 태왕으로 변화하였다.[371]

위에 인용한『한국사』의 주장은 부체제설을 잘 보여주는 것이다. 쓰다 소키치에서부터 시작된 본질적 오류에 기초해 잘못 만들어진 화사첨족의 역사가 한국사 교과서에까지 수록되는 일이 벌어진 것이다.[372]

한국고대사 연구에서 노태돈 선생의 석사학위 논문만큼 영향을 미

371 김종수 · 정승교 · 여호규 등, 고등학교『한국사』, 2015, p. 45.

372 이종욱,「손진태의 신민족주의와 역사만들기의 정체」,『한국사학사학보』11, 2005, p. 73.

친 논문을 찾아보기 어렵다는 생각이 든다. 그동안 현대 한국사학에는 부체제설을 적용해 한국 고대사 논문을 쓰지 않으면 안 될 것 같은 분위기가 있어 왔다. 그것은 노태돈 선생이 그의 서울대학교 석사학위 논문을 통해 주장한 것을 많은 연구자들이 따랐기 때문이다.[373] 노태돈 선생에서부터 시작된 부체제설은 필자가 만들어온 신라사체계 나아가 한국고대사체계와 대화를 나눌 수 없이 다른 길을 가는 것이 사실이다. 필자는 부체제설에 대한 반론을 편 바 있다.[374]

부체제설은 한국고대사 속에 존재했던 모든 국가에 적용하는 현상이 벌어지고 있다. 이 책에서는 그중 신라의 부체제설만 보기로 한다. 연구자에 따라 부체제설의 구체적인 내용들이 일치하는 것도 아니다. 신라 부체제 성립시기에 대해서 서로 다른 견해가 나왔다. 노태돈 선생은 눌지왕(417~458) 늦어도 소지왕대(479~500)에 성립되었다고 보았으며,[375] 전덕재 선생은 그의 서울대 박사학위 논문에서 3세기 후반 이전에 성립한 것으로 보고 있다.[376] 신라 6부의 부체제 해체시기에 대해서 노태돈 선생은 정복국가로 팽창하여 감에 따라 그 성격이 변하여

373 노태돈, 「삼국시대의 '부'에 관한 연구 —성립과 구조를 중심으로」, 『한국사론』 2, 1975.
강봉룡, "신라 상고기 중앙정치체제의 기본원리와 '부'," 『이원순교수정년기념 역사학논총』, 1991.
전덕재, 『신라육부체제연구』, 1996.

374 이종욱, 「신라 '부체제설'에 대한 비판—하나의 새로운 신라사체계를 위하여—」, 『한국사연구』 101, 1998.
이종욱, 「한국고대의 부와 그 성격—소위 부체제설 비판을 중심으로—」, 『한국고대사연구』 17, 2000.

375 노태돈, 「삼국시대의 '부'에 관한 연구 —성립과 구조를 중심으로」, 『한국사론』 2, 1975, p. 19.

376 전덕재, 『신라6부체제연구』, 1996, p.184.

수도의 행정구역이 되었다고 했고,[377] 전덕재 선생은 530년대에 6부체제가 해체된 것으로 보고 있다.[378]

노태돈 선생이 주장하는 부체제의 내용을 보면,[379] 부체제하에서는 국가 전체를 다스리는 국왕도 6부 중 한 부의 장이며, 왕도 부의 굴레를 벗어나지 못한다는 것이다. 그리고 왕과 갈문왕도 소속 부(部)의 부인(部人)으로 다른 부의 부인(部人)들과 합의에 의하여 국정을 수행한다고 보고 있다. 한편 노태돈 선생은 김씨족이 양부와 사량부에서만 귀족이었고 다른 씨족이 지배씨족으로 있는 부에서는 일반부원으로 부역에 동원되는 하호(下戶)였다고 하며 박씨족은 모량부에서만 귀족이었다고 하였다.[380] 전덕재 선생은 524년까지 부세력들이 자치적인 기반을 유지하고 있었는데 6부가 행정구역으로 된 것은 그 후였다고 하며 왕의 소속부를 양부라고 하였다.[381]

이 같은 주장을 보면 첫째, 6부에 부장이 있었고 왕도 그중 한 부의 부장이라는 것이고, 둘째, 신라 초기 왕을 배출했던 박 · 석 · 김 세력을 6부중 한 부의 세력으로 보는 것이 특징이다.

이렇게 주장해온 부체제설은 1990년대에 이르러 신라의 국가발전과정이나 신라상대의 정치 · 사회구조를 해명하는 열쇠로 받아들여

377 노태돈, 「삼국시대의 '부'에 관한 연구 — 성립과 구조를 중심으로」, 『한국사론』 2, 1975, pp. 78~79.

378 전덕재, 『신라육부체제연구』, 1996, p. 187.

379 이종욱, 「신라 '부체제설'에 대한 비판」, 『한국사연구』 101, 1998, p. 3.

380 노태돈, 「삼국시대의 '부'에 관한 연구 — 성립과 구조를 중심으로」, 『한국사론』 2, 1975, p. 66.

381 전덕재, 『신라육부체제연구』, 1996, p. 134.

지게 되었으며 신라사 이해의 중요한 체계로 받아들여지는 것을 볼 수 있다.[382] 이는 문제가 아닐 수 없다. 부체제설에 대한 이 모든 주장은 쓰다 소키치가 『삼국사기』 「신라본기」 내물왕까지의 기록을 가공의 산물로 본 데서 출발한 것이기 때문이다.

신라 부체제설이 화사첨족의 역사인 까닭: "그들이 만든 역사"의 대표적인 예 중의 하나인 부체제설의 문제를 보기로 한다. 쓰다 소키치가 만든 한국폐멸사학과 서울대학파가 만든 망상사학을 떠나면, 소위 부체제설이 허구라는 사실은 쉽게 알 수 있다. 『삼국사기』 「신라본기」 내물왕 이전의 기록을 신라사 연구의 자료로 인정하는 순간 부체제설은 허구의 산물, 가공(架空)의 주장, 화사첨족(畵蛇添足)의 주장임을 알 수 있다. 신라 건국신화에 나오는 것과 같이 신라의 건국세력인 혁거세는 6부 중 한 부의 부장이 아니라 처음부터 6촌을 통합한 서라벌소국의 군주가 되었기 때문이다. 혁거세는 6촌(6부) 어느 한 곳에서 군주(君主)가 된 것이 아니다. 부체제설에서 이야기하는 것처럼 혁거세나 그 이후의 신라왕들이 어느 한 부의 세력이 아니라 6촌을 통합한 서라벌소국(사로국) 전체의 군주가 되었던 것이다. 그것이 역사적 사실이다.

다만 부체제설을 신봉하는 연구자들에게는 이 같은 필자의 주장이 이상할 줄 안다. 이병도 선생이 급량부락을 박씨촌, 본피부락을 석씨촌, 사량부가 김씨촌이라고 한 것[383]을 보면, 이종욱이 잘못 생각한다고 볼 줄 안다. 더욱이 이기백 선생이 혁거세와 혁거세를 시조로 하는

382 이종욱, 「신라 '부체제설'에 대한 비판-하나의 새로운 신라사체계를 위하여-」, 『한국사연구』 101, 1998, p. 2.

383 이병도, 『한국고대사연구』, 『두계이병도전집』 3, 2012, pp. 668~669.

박씨족이 급량부 출신이라 했고 알영계 씨족은 사량부 출신으로 보았던 것을 생각하면, 이종욱이 무엇인가 잘못 생각한다고 할 줄 안다. 그러나 이병도 선생과 이기백 선생이 잘못 본 것이다. 양부에는 이씨 세력이 사량부에는 최씨 세력이 지배세력이었기 때문이다.

박씨족 · 석씨족 · 김씨족은 부의 세력이 아니라 왕을 배출한 세력으로 왕국 전체를 다스리던 세력이었다. 다만 그들이 머물던 왕궁의 위치가 6부에 있어 거처를 표기하는 정책에 의하여 6부로 기록한 것일 뿐이다. 『울진 봉평비』와 『영일 냉수리비』에 왕과 갈문왕에 대한 기록을 하며 부를 표기한 것은 그들이 살던 왕궁의 위치 즉 소재지를 표기한 것일 뿐이다. 그것은 거주지 표기에 불과한 것이다. 그런데 동시에 그것은 당시 신라에서 그만큼 국민에 대한 통제를 한 것을 뜻하다.

노태돈 선생의 서울대학교 석사학위 논문과 전덕재 선생의 서울대학교 박사학위 논문에서 주장해온 부체제설을 많은 연구자들이 따른다고 그것이 타당하다는 증거가 될 수는 없다. 천동설을 당연한 것으로 받아들이던 시기에 지동설은 박해를 받았다. 그렇다고 지동설이 잘못된 것은 아니었던 것과 마찬가지다.

부체제설에는 천동설 같이 치명적인 문제가 있다. 6부마다 부장이 따로 있고 왕도 6부 중 한 부의 부장이라는 주장이 성립하기 위해서는 각 부마다 부장세력들이 남긴 고고학적인 증거가 있어야 한다. 예컨대, 6부마다 부장들이 살던 주거지와 부장 일족을 매장한 무덤 등이 있어야 한다. 전덕재 선생에 따르면 신라의 6부체제는 3세기 후반 이전에 성립하여 530년대에 해체된 것으로 된다. 그렇다면 부체제가 존재했다는 이 시기 신라의 왕경 6부에는 6개의 중심이 나타나야 한다.

그런데 이 같은 6부체제를 증명할 고고학적인 자료는 없다. 모든 고고학적인 자료들이 6부에 분산된 것이 아니라, 신라 왕도(王都)에 집중적으로 위치하고 있는 것이 사실이다.

신라 왕도(王都)는 혁거세가 6촌을 통합하여 입방설도(立邦設都)할 때 설도(設都) 즉 도읍을 정한 구역이다. 이 도읍은 신라 왕국의 성장과 더불어 확장되었고, 후일 장(長)과 광(廣)이 각기 5.5㎞ 정도 되는 공간, 면적으로는 30㎢ 정도 되는 영역으로까지 확대 되었다.[384]

신라의 왕성과 왕궁을 포함한 지역인 왕도(王都)는 사량부 · 양부 · 본피부의 일부 지역에 걸쳐 만들어졌다. 왕도에는 종성세력들이 최고 세력으로 자리 잡고 있었다. 육부성을 가진 세력들은 왕도의 지배세력이 될 수 없었다.

혁거세 이후 신라왕들의 거처인 왕성 그 안의 왕궁에 대한 이해가 필요하다. 혁거세가 처음 궁실을 세웠던 곳은 현재 나정 근처이며 창림사 지역에 있었던 금성이었다. 금성이 위치했던 나정 지역은 신라왕경 6부 중 사량부(沙梁部)에 속한 곳이었다. 그러던 것이 파사왕 22년(101)에 월성을 축조하고 그해 7월에 왕이 거처를 월성으로 옮겼다. 월성은 왕경 6부 중 양부(梁部)에 위치했다.

여기서도 부체제설이 존재할 수 없는 증거를 찾을 수 있다. 혁거세는 사량부에 있던 금성에 궁실을 세우고 살았으나 그 후손인 파사왕은 사량부에 위치했던 금성 안의 왕궁에 살다가 양부에 위친한 월성에 왕궁을 축조하고 옮겨 살았다. 이후 신라 왕실세력은 금성과 월성의

384 이종욱, 「신라 상대의 왕경6부」, 『역사학보』 161, 1999, p. 17.

왕궁을 모두 왕궁으로 삼았다. 이 같은 사실은 박씨족이 어느 한 부의 세력이 아니라는 것을 뜻한다. 거듭 말하지만 신라 초기 왕을 배출했던 박씨족 · 석씨족 · 김씨족은 부의 세력이 아니라 왕국 전체의 지배세력으로 그들의 거주지는 대체로 왕궁과 왕궁을 둘러싸고 확대된 왕도에 위치하였다.[385]

다음은 6촌 · 6부의 역사적 전개에 대해 보기로 한다. 신라 건국신화를 보면 2단계의 정치발전단계가 나온다. 그 첫 단계는 6촌장들이 각기 하나씩의 촌을 다스리던 촌락사회단계다.[386] 촌락사회단계에서 촌장들이 모여 그들의 위에 군주를 모시고 입방설도(立邦設都)하는 회의 장면이 나온다. 그런 회의를 글자 그대로 믿을 수는 없다. 그러나 이 회의는 촌락사회(추장사회, chiefdom) 단계를 한 단계 넘어서는 정치발전 단계로 발전하는 장면이라는 것은 분명히 알 수 있다.

이렇게 탄생한 것이 두 번째 정치발전 단계로, 6촌을 통합하여 서라벌소국(사로국)을 세운 단계다.[387] 두 번째 단계는 입방(立邦) 즉 국가(state) 단계에 이르렀던 서라벌소국 단계다. 서라벌소국의 군주로 등장한 혁거세는 처음부터 6촌을 통합한 소국의 군주가 되었다. 혁거세는 6촌 중 어느 한 촌의 지배세력이 아니라 6촌을 통합한 서라벌소국의 지배자가 된 것이다. 그의 거처는 입방(立邦)하고 설도(設都)했다는 기록의 도(都, 도읍)였다. 처음 혁거세가 살았던 도읍은 6촌 중 금성(현

385 이종욱, 「신라 상대의 왕경6부」, 『역사학보』 161, 1999, pp. 19~28.

386 이종욱, 『신라국가형성사연구』, 1982, pp. 12~48; 이종욱, 『신라의 역사 1』, 2002, pp. 77~79 참조.

387 이종욱, 『신라국가형성사연구』, 1982, pp. 48~73; 이종욱, 『신라의 역사 1』, 2002, pp. 101~103 참조.

재 남아있는 창림사터 근처) 안의 궁실이었다. 왕의 궁실이 있던 금성과 그 주변이 서라벌소국의 도읍이 되었다. 금성은 사량부(沙梁部)에 위치했다. 사량부에 위치했던 왕성안의 궁실은 후일 사량궁이라 불린 것은 그 위치가 사량부에 있었기 때문이다.

그런데 파사왕 22년(101) 월성을 축조하고 왕이 그곳 월성으로 옮겨가 살았다. 새로운 왕성인 월성(현재의 반월성)에는 왕이 거주하던 왕궁이 축조되었다. 후일 월성 안의 왕궁은 대궁(大宮)으로 불리게 되었다. 대궁(大宮)이 있던 월성은 양부(梁部)에 위치했다. 그 후 언제인지는 알 수 없으나 양부(梁部)에는 또 하나의 왕성인 만월성이 축조되었다. 만월성 안에는 왕궁인 양궁(梁宮)이 축조되었다. 양궁이란 이름은 만월성이 양부에 위치했기 때문이다.[388]

신라 진평왕 44년(622) 김춘추의 아버지 용수(龍樹)를 내성 사신(私臣)으로 임명하여 대궁 · 양궁 · 사량궁을 겸해 맡도록 했다. 원래 삼궁에는 각기 사신을 두었는데 이때 용수에게 겸해 맡도록 한 것이다.[389]

한편 서라벌소국 형성 이후 촌장들이 다스리던 6촌은 어떻게 되었을까?[390] 일단 신라가 진한의 소국을 정복하기 전까지 과거 촌락사회 단계의 독립된 정치체였던 6개의 촌락들은 서라벌소국의 지방행정구역으로 되었다. 진한 12국 중 1소국이었던 서라벌소국이 진한의 소국들을 정복하며 신라로 성장해가는 과정에 서라벌소국 자체는 신라의

388 이종욱, 『신라골품제연구』, 1999, pp. 87~88; 이종욱, 「신라왕경 왕경인 그리고 골품」, 『역사학보』 196, pp. 253~280.

389 『삼국사기』 4, 「신라본기」 4, 진평왕 44년.

390 이종욱, 『신라국가형성사연구』, 1982, pp. 222~243; 이종욱, 「신라상대의 왕경6부」, 『역사학보』 161, pp. 1~37.

왕경이 되기에 이르렀다.

이렇게 되며 종래 6촌은 왕경의 지방행정구역으로 되었다. 그 결과 왕경의 지방행정구역이 된 6촌은 왕경의 6부로 되기에 이르렀다. 6촌에서 6부로 명칭이 변경된 것은 사실이지만 6촌장의 후손들은 각기 6촌 · 6부의 지배세력으로 그 세력을 유지하며 남아 있었다.[391] 왕경6부의 지배세력들은 왕을 배출하던 종성(宗姓) 세력이 아닌, 육부성(六部姓)을 가진 세력들이었다. 양부에는 이씨, 사량부에는 정씨(또는 최씨), 모량부에는 손씨, 본피부에는 최씨(또는 정씨), 한기부에는 배씨, 습비부에는 설씨 세력이 자리 잡고 있었다. 1530년에 편찬된 『신증동국여지승람』 21, '경주부' 조에도 육부성이 6부의 성으로 나온다. 조선시대 사람들도 6부의 세력은 육부성을 가진 사람들이고 종성을 가진 사람이 아니라는 사실을 밝히고 있는 것을 볼 수 있다.

6촌에서 6부로 개편된 후 신라의 왕을 배출하던 혁거세를 시조로 하는 박씨족, 탈해를 시조로 하는 석씨족, 알지를 시조로 하는 김씨족들이 6부의 세력이 된 것이 아니었다. 그들 세 씨족은 왕국 전체의 지배세력이었고, 왕경 6부의 지배세력은 혁거세를 추대했다는 6촌장들의 후손들이 지배세력으로서의 지위를 이어나갔다.

이 같은 사실을 생각하면, 신라의 왕이 6부 중 한 부의 세력이었다는 부체제설은 성립할 수 없는 주장이 분명해진다. 이른바 부체제설을 주장하는 연구자들은 법흥왕 때인 530년대까지를 부체제 사회로 본다. 이는 부체제설이 신라 건국 시기부터 530년대까지의 600년 또는

391 이종욱, 『신라골품제연구』, 1999, pp. 86~87.

그보다 더 오랜 기간의 역사를 왜곡하고 날조한 것을 뜻한다. 이렇게 신라 천 년 역사의 3/5을 왜곡하고서 그 이후의 역사를 제대로 밝히기는 어려운 일이다.

그런데 이 같은 부체제설은 쓰다 소키치의 kids들이나 주장할 수 있는 내용이다. 쓰다 소키치나 이병도 선생이 보는『삼국사기』「신라본기」내물왕까지 또는 이전까지 기록을 불신하는 사료비판을 추종하면 신라의 건국신화는 역사연구의 자료가 될 수 없다. 그러나 쓰다 소키치가 행했던 견강부회의 사료비판을 청산하면 신라 건국신화는 신라인들이 그들 왕국의 건국에 대한 역사를 신화화한 것이라는 사실을 인정할 수 있게 된다. 이렇게 되면 신라 건국신화에 나오는 이야기만으로도 부체제설은 존재할 수 없는 주장이 된다.

실제로 박씨족의 시조인 혁거세나 석씨족의 시조인 탈해 그리고 김씨족의 시조인 알지는 6부 중 한 부의 세력일 수 없게 된다. 그들 신라의 왕을 배출했던 세력들은 서라벌6촌을 통합한 왕국의 중심에 설치된 왕도의 거주세력이었을 뿐이다. 다만 신라의 왕도가 과거 6촌지역을 변경한 6부에 위치하고 있었기에 신라 중고시대 금석문에 나오는 인물들의 거주지를 밝히며 6부명을 표기했을 뿐이다.

신라 중고시대의 통치방식은 신라인 모든 사람의 거주지를 밝히는 방식으로 발전했던 것이다. 그 만큼 신라인들 모두를 왕이 통제하는 시스템이 잘 만들어진 것을 알 수 있다. 중고시대『울진 봉평비』나『영일 냉수리비』등에 나오는 인명의 부표기는 부체제를 밝히는 자료가 아니라 신라의 지방통치체제, 신라의 인민에 대한 지배체제가 강화된 것을 의미할 뿐이다.

노태돈 선생의 석사학위 논문에서 시작한 소위 부체제설은 사족 사학의 산물로 한 시대의 역사연구를 엉뚱한 방향, 화사첨족 같은 역사의 길로 이끌었다는 사실을 생각해 본다. 그러한 부체제설을 따르는 연구자들은 생각을 잠시 바꾸어 신라 건국신화의 의미를 생각해 보기 바랄 뿐이다.[392]

3) 내물왕의 후손이 박씨와 김씨로 나뉘었다는 주장의 문제

내물왕의 후손 중에 김씨와 박씨가 있다는 서울대의 석사학위논문: 『삼국사기』나 『삼국유사』를 보면 혁거세를 시조로 하는 씨족은 박씨, 탈해를 시조로 하는 씨족은 석씨, 알지를 시조로 하는 씨족은 김씨 성을 가진 것으로 나온다. 이들 신라 초기에 왕을 배출했던 씨족들의 성인 박씨 · 석씨 · 김씨를 후세에 종성(宗姓)이라고 불렀다. 그런데 서울대 석사학위 논문 중에 내물왕의 후손 중 김씨와 박씨가 나뉘었다는 주장이 나왔다. 필자의 『민족인가, 국가인가?』(2006)에 언급한 이야기를 옮겨 본다.

> 현대 한국사학이 고수하는 후식민사학을 따르는 연구자 가운데 한국인이 사용하는 성씨의 시조까지 바꾸는 주장을 한 사람도 있다.

392 이와 관련하여 『한국고대사연구』 17(2000. 3.)을 참조할 수 있다. 그 안에 노태돈 선생의 「초기 고대국가의 국가구조와 정치운영–부체제론을 중심으로–」와 필자의 「한국 고대의 부와 그 성격–소위 부체제설 비판을 중심으로–」를 비롯한 한국 고대의 부와 부체제설에 대한 논문 그리고 토론문들이 들어 있다. 필자의 논문은 1999년 열렸던 한국고대사학회 하계세미나에 노태돈 선생의 발표에 대한 토론자로 참석해 반론을 제기한 것을 논문으로 만들어 게재한 것이다. 어떤 면에서 이 세미나 이후 한국고대사학계는 부체제설로 빠져든 것을 생각할 수 있다.

이기동은 그의 서울대학교 석사학위 논문에서 신라 중고 시대에 내물왕을 창시자로 하는 최대 리니지 집단으로서 씨족 집단을 상정한다.[393] 그는 신라 중고 시대에 지증왕계 리니지 집단은 왕위 계승권을 가진 조가(朝家)로 김씨 성을 썼고, 나머지 내물왕계 씨족 집단은 왕실 밖에 있어 김씨 성 대신 박씨 성을 썼을 것이라고 한다.[394]

이러한 이기동의 주장은 내물왕 이전의 역사를 날조한 식민사학의 역사하기 또는 그것을 이어받은 현대 한국사학의 왜곡된 역사하기를 따랐기에 나온 것이다. 『삼국사기』나 『삼국유사』에 따르면 혁거세의 후손들이 박씨, 알지의 후손들이 김씨 성을 사용했다고 나온다. 실제로 현재 한국인 가운데 박 씨는 혁거세를, 김씨는 알지를 시조로 하는 사람들이 있다.

이 같은 이기동 선생의 주장에는 문제가 있다고 본다. 내물왕을 시조로 하는 종족(宗族)이 김씨와 박씨로 나뉠 수는 없는 일이었기 때문이다. 더하여 『삼국유사』에 나오는 성골왕의 시대에 대한 기록도 마음대로 무시할 수는 없는 일이다. 이 같은 이기동 선생의 주장은 또 하나의 "그들이 만든 역사"의 예가 되며 사족사학의 예가 되기도 한다.

내물왕의 후손이 김씨 · 박씨로 나뉘었다는 주장의 근본적 오류: 인류학에서 말하는 씨족(氏族, clan)이나 종족(宗族, lineage)에 대한 이해가 있다면 이기동 선생과 같은 주장은 할 수 없다. 내물왕의 후손들은 모두 같은 종족으로 같은 성을 가져야 했던 것이다. 그리고 박씨 성은 혁

393 이기동, 「신라 내물왕계의 혈연의식」, 『신라 골품제 사회와 화랑도』, 1980, p. 89.

394 이기동, 「신라 중고시대 혈족집단의 특질에 관한 제문제」, 『신라 골품제 사회와 화랑도』, 1980, pp. 100~101.

거세의 후손들이 가졌던 성이기에 김씨들이 박씨 성을 가졌다는 발상 자체가 신라 사회체제를 이해하지 못한 데서 나온 주장일 뿐이다.

신라의 경우 하나의 씨족(氏族, clan)은 하나의 성(姓)을 가진 것이 사실이다. 그리고 씨족이 나뉜 종족(宗族, lineage)들도 모두 같은 성을 썼다. 내물왕이나 지증왕을 시조로 하는 종족들 모두 김씨 성을 가졌다. 물론 처음부터 한자식 성을 사용하지 않았지만, 그들 모두 알지의 후손이라는 시조에 대한 인식을 갖고 있었고 하나의 씨족이라는 생각을 한 것이 분명하다. 후일 그들 씨족에게 성이 주어졌다. 알지를 시조로 하는 씨족은 김씨 성을 갖게 되었다.

물론 후일 고려 초에 알지를 시조로 하던 김씨 중 김행(金幸)을 시조로 하는 후손들은 안동 권씨라는 성을 갖게 된 일도 있었다. 안동지역에 이주해 살던 김행이 왕건을 도와 견훤과의 전투에서 공을 세웠기에 왕건이 권씨 성을 사성(賜姓)한 것이다. 그 외에도 강릉의 대군웅 세력인 김순식에게 왕씨 성을 사성하여 왕순식으로 삼은 예가 있다. 그렇더라도 신라시대에 하나의 씨족이 나뉜 종족(宗族)들이 서로 다른 성을 가진 예를 찾기는 어렵다.

4) 신라 내물왕 이전 왕의 기년을 주관적으로 조정하는 문제

혁거세가 3세기 초의 인물이라는 기년조정을 통한 역사 왜곡: 쓰다 소키치가 『삼국사기』「신라본기」 내물왕까지의 기록이 가공의 산물이라고 한 것을 이어받은 결과 잘못 만들어진 역사는 도처에 있다. 그중 하나가 신라 초기 왕의 재위 년대를 조정하는 주장들이다. 이에 대해서도 『민족인가, 국가인가?』(2006)의 이야기를 옮겨 본다.

> 지나가며 한 가지 정리하고 넘어갈 문제가 있다. 2000년에 나온 어떤 서울대 박사학위 논문 가운데 엄밀한 사료비판을 바탕으로 과거 일본 실증사학이 만든 『삼국사기』 초기 기록에 대한 극단적인 불신론을 극복했다면서, 신라왕의 재위 연대를 마음대로 조정해 혁거세가 3세기 초의 인물이라고 한 논문이 있다.[395]
>
> 내물왕 이전 왕들의 존재를 인정한다는 이러한 주장을 보면 마치 식민사학을 청산한 것처럼 보이기도 한다. 그러나 혁거세를 3세기 초의 인물로 보는 이러한 주장은 내물왕 이전의 역사를 왜곡한 쓰다 소키치 이래 일본 식민사학 전통의 틀 속에서 나온 것이다. 왕의 재위 기간에 대한 연대 조정 자체가 식민사학의 연구 체계를 따른 것이다.
>
> 그렇지만 현대 한국사학의 4세대 연구자에 이르러 혁거세부터 이어지는 신라왕들의 존재를 인정한 것은 작지만 발전이라고 할 수 있다. 또한 이것은 현대 한국사학이 만든 역사체계에 문제가 있음을 자인하는 것이기도 하다. 이제 손진태나 이병도 식의 역사체계로는 내물왕 이전의 역사를 해명할 수 없어서 한국 후식민사학에 변용이 생기기 시작한 것이다.

2015년부터 진행되고 있는 월성 발굴을 통해 파사왕 22년(101)부터 왕들이 살기 시작한 월성에 대한 제대로 된 편년이 나올 것으로 본다. 필자는 그러한 고고학적 조사결과 쓰다 소키치가 발명한 『삼국사기』「신라본기」 상대 기록 가공설(架空說)은 무너질 것으로 본다.

기년조정의 문제: 위에 소개한 혁거세에 대한 기년조정은 한 가지

395 강종훈, 『신라상고사연구』, 2000, p. 46.

의미가 없는 것은 아니다. 다름 아니라 쓰다 소키치는 신라 내물왕 이전 왕들의 계보나 연대 등이 모두 조작되었다는 것이다. 그와 달리 기년조정을 한다는 것은『삼국사기』「신라본기」에 나오는 신라 건국 시조인 혁거세를 비롯한 왕들의 계보는 인정한다는 것이다. 다만 그 연대를 조작하는 것이다. 혁거세를 비롯한 여러 왕들의 존재를 인정한다는 것은 의미가 있다.

쓰다 소키치는『삼국사기』「신라본기」에 나오는 전체의 기년(紀年)과 역대 왕의 세계(世系)도 허구(虛構)인 것을 추측할 수 있다고 했다. 혁거세가 3세기 초 인물이라는 기년 조정은 쓰다 소키치의 주장이 없었다면 나올 수 없는 이야기다.

신라의 서라벌소국 형성이 언제 되었는지를 밝히는 작업을 하면 혁거세가 군주가 된 시기를 알 수 있다. 필자는 혁거세의 서라벌소국 형성시기를 기원전 2세기경으로 올려보아야 한다고 생각한다.[396] 백제 왕성이었던 풍납토성(하남 위례성)의 고고학적 발굴결과 기원전 195±50년, 184±50년 등의 방사성동위원소 연대측정치를 찾은 결과 백제의 건국 연대가『삼국사기』「백제본기」에 나오는 기원전 38년 보다 훨씬 올라갈 수 있다는 사실을 알게 되었기 때문이다. 백제 시조 온조왕이 등장한 시기를 기원전 2세기로 올려볼 수 있게 된 것이다.

신라의 경우 아직 풍납토성유적과 같은 고고학적인 발굴이 진행되지 않았다. 그렇더라도 백제의 경우와 비교하면 신라의 혁거세가 서라벌6촌을 통합하여 군주(君主)가 되고 서라벌소국(사로국)을 세운 시기도

396 이종욱,『신라의 역사 1』, 2002, p. 94.

기원전 2세기로 올라갈 수 있는 것이다.

이 같이 생각하고 보면 4세대 서울대학파가 만든 역사와 필자가 생각하는 신라의 혁거세가 군주가 된 시기는 3~4세기 정도 차이가 난다. 서울대학파들은 쓰다 소키치가 발명한 한국고대사의 틀을 벗어나지 못하고 있는 것이다. 신라의 경우도 풍납토성과 같은 고고학적인 발굴결과가 언제인가 나올 것이라고 본다.

한국고대사 연구의 1세대 역사가들은 제국 일본의 한국 폐멸 시기에 역사를 연구하기 시작했다. 한국사도 제대로 배울 기회조차 없었다. 2세대 연구자들은 해방 후 그런대로 1세대 연구자들로부터 한국사를 배울 수 있었다. 그런데 한국인 정체정의 원점에 대한 역사를 중심으로 보면 이들 1~2세대 연구자들은 쓰다 소키치가 일본사에 대한 황국사관과 한국사에 대한 폐멸사학을 동전의 양면처럼 하나로 만든 역사연구의 무대에서 한 발짝도 벗어날 수 없었던 것이 사실이다.

3세대 이후 연구자들은 정말 자유로운 환경에서 역사를 연구하고 있는 것이 사실이다. 그러나 이들 3세대 이후 연구자들은 1~2세대 역사가들이 만들어낸 한국고대사의 틀을 그대로 추종하며 한국인 정체성의 원점을 은폐 · 침묵시키는 정도가 아니라, 새롭게 사족(蛇足) 같은 역사를 만들어내 온 것이다. 이 같은 "그들이 만든 역사"의 예를 앞에서 들어 보았다. 『삼국사기』「신라본기」 내물왕 이전 기록에 대한 수정론 · 분해론이나 부체제설, 신라 내물왕의 후손 중 지증왕계는 김씨이고, 나머지는 박씨라는 주장, 신라 초기 왕들의 기년조정에 대한 주장 등은 한국인 정체성의 원점을 철저하게 은폐 · 침묵시키는 주장들이다. 이 같은 화사첨족의 주장은 신라의 역사 나아가 한국인 정체성의 원점에 대한 논의 자체를 잘못 이끄는 것으로 실재했던 역사가 아닌 하나의 상상의 역사를 만들어 내고 있으며, 그러한 역사를 한국사 교과서의 내용으로 만들기까지 하고 있는 중이다.

5절

“그들이 만든 역사”의 잔치를 끝내야 한다

5절
"그들이 만든 역사"의 잔치를 끝내야 한다

1. "그들이 만든 역사", 교과서 『한국사』 장악의 문제

이 책에서 한국인 정체성의 원점과 관련된 문제와 삼한통합에 대해 다룬 것으로 1945년 광복 이후 지금까지 이어지고 있는 한국사 개설서 또는 한국사 교과서를 보기로 한다. 첫째, 해방공간에서 활동하였던 이병도 선생과 손진태 선생을 주목하고 당시 편찬되었던 『국사개설』에 대해 볼 것이다. 둘째, 『한국사신론』이 교과서에 미친 영향을 보기로 한다. 한국인 정체성의 원점과 관련된 문제와 삼한통합에 대한 문제를 보기로 한다. 셋째, 한국사 교과서를 바꿔야 하는 이유를 밝히기로 한다.

1) 『국사개설』(1954)이 말하는 한국인 정체성의 원점과 삼한 통합의 문제

서울대 학생들의 『국사개설』 편찬: 1945년 8월 해방 이후 신라 내물왕 이전 역사를 어떻게 다루었나 구체적인 문제를 보겠다. 먼저 한국사개설 편찬을 주목할 수 있다. 서울대학교 교수였던 이병도 선생의 『국사대관』(1948), 손진태 선생의 『국사대요』(1949), 이인영 선생의 『국사요론』(1950) 등이 출간 된 것은 해방 몇 년 후였다.

그런데 눈에 띄는 책이 한권 있다. 이 책은 해방 후 편찬된 최초의 개설서라 하겠다. 서울대학교국사연구회 편찬으로 되어 있는 『국사개설』(1954)이다. 필자가 가진 책은 1954년 5판으로 발행된 책이다. 이 책에는 1946년 8월 15일자로 "서울대학국사연구실에서 손진태 식(識)"이라 나온 서문과 1946년 8월 15일 "경성대학국사연구실에서 이인영 식(識)"이라 나온 발문이 들어 있다. 이 책이 처음 사용된 시기는 1946년 8월 15일경이라 여겨지는 것이다. 이인영 교수 지도하에 중학정도 이상의 대중계몽을 목표로 특히 중등학교 역사교원용으로 편찬되었다는 이 책의 필자들인 이순복, 임건상, ○○○, 손보기, 한우근, 이명구 등은 당시 서울대학내에 있던 국사연구회 회원들로 학생이었다는 것이다.[397]

이인영 선생은 이 책의 발문에서 우리 역사를 찾아보겠다는 열망은 1945년 8월 15일 제국주의 일본의 무조건 항복을 계기로 높아진 것

397 원래 경성대학 조선사연구회 편, 『조선사개설』이었던 것을 알 수 있다. 그리고 이인영 선생의 지도 아래 이순복 · 임건상 · 김사억 · 손보기 · 한우근 · 이명구가 원고를 나누어 집필했고 1946년 8월 15일 이전에 탈고한 것을 김영하 선생이 밝혔다(김영하, 『한국고대사의 인식과 논리』, 2012, p. 229).

은 사실이나 이러한 욕망을 만족시킬 한 권의 우리 역사가 아직 세상에 나타나 있지 않음은 통탄할 일이라 하였다. 1946년 여름에 국사연구실의 젊은 학도들이 이 책을 편찬했다고 밝히고 있다.[398] 한편 손진태 선생은 이 책의 서문에서 서울대학내 국사연구회 회원 제군(諸君)의 노력으로 『국사개설』이 세상에 나오게 되었다고 한다. 손진태 선생은 "국사연구회 회원은 그들이 부담한 민족사업(民族史業)의 일부를 정리하여 그 성과를 지금 3천만 겨레의 앞에-아니 전 세계에 향하여 능히 전시하였다."라 했다. 만일 이 저서의 내용이 완전무결한 것이냐 묻는 이가 있다면, 이 책을 세상에 추천함에 당하여 장담할 말은 "지금까지 세상에 나온 역사서 중에서는 확실히 일보 전진하였고 또 특색이 있는 것이라"고 한 것을 볼 수 있다.[399]

서울대학교 학생들이 집필한 『국사개설』이 출간된 지 2~4년 후에야 서울대학 교수인 이병도, 손진태, 이인영 선생 등이 개설서를 출간한 것이다. 여기서 1946년 8월 15일자 서문과 발문이 있는 서울대학(경성대학) 국사연구실의 학생들이 편찬한 『국사개설』을 주목하는 것은 의미가 있다고 본다. 한국인의 정체성의 원점과 삼한통합에 대한 내용을 보기로 한다.

『국사개설』의 한국인 정체정의 원점에 대한 주장: 『국사개설』에 나오는 한국인 정체성의 원점에 대한 이야기를 볼 수 있다. 6촌의 명칭에 대해서도 이병도 선생의 고증을 따라 원시적인 것이 아니라 훨씬 후세

398 서울대학교 국사연구실, 『국사개설』(5판), 1954, pp. 749~750.

399 서울대학교 국사연구실, 『국사개설』(5판), 1954, pp. 1~2.

에 6부의 이름으로 부회한 것으로 6촌의 이름은 6부 시대에 걸쳐 아무런 변화가 없었다고 한다.[400] 신라 건국신화에 나오는 6촌장들이 혁거세를 군주로 추대하는 장면을 "사로6촌의 씨족단이 회합하여 비로서 씨족을 부족으로 결속하는 동시에 부족을 통솔할 거수의 선거를 꾀하던 사실의 전설로 해석할 것"[401]이라 했다. 또한 혁거세와 알영에 대한 설화적 이야기를 가지고 사로(斯盧)란 원시국가의 거수가 처음 급량부락의 출신으로써 선출되었던 것과 급량부락과 사량부락 사이에 혼인이 행하여졌던 사실을 인정하지 않을 수 없다고 했다. 혁거세는 원시국가의 시조로 받들어진 거수일지언정 정식국가가 설 때의 태조라고 할 수는 없다고 했다.[402]

한편 『국사개설』에서는 이병도 선생의 주장이라 하며, 소위 박씨, 석씨, 김씨라 하는 씨성은 시초부터 있었던 것이 아니라 후일 중국문화의 영향으로 계통을 소급한 것에 불과하며, 17대 내물 이전의 왕들은 모두 부락정치시대의 거수로 그 세계(世系)가 얼마나 확실성을 가진 것인지 의문이라 하며, 거수의 지위는 사로부족을 구성한 중요한 6개 씨족 중 우세한 3개촌의 씨족에 의하여 세습되었다는 이야기를 하였다. 급량의 씨족은 박씨고, 신라의 시조이자 박씨의 시조라고 하는 혁거세의 탄생지가 급량부락이기에 박씨 계통의 거수들은 급량부락 출신인 듯하다고 했다. 본피의 씨족들은 석씨고, 사량의 씨족들은 김씨

400 서울대학교 국사연구실, 『국사개설』(5판), 1954, pp. 83~84.

401 서울대학교 국사연구실, 『국사개설』(5판), 1954, p. 85.

402 서울대학교 국사연구실, 『국사개설』(5판), 1954, p. 85.

라고 했다.[403] 결국 이 같은 『국사개설』의 주장은 이병도 선생의 주장을 따른 것이다.

이 주장은 신라의 왕을 배출했던 종성(宗姓) 세력을 각기 6부 중 한 부의 세력으로 본 것이다. 이는 신라 건국신화 자체를 허구의 산물로 본 쓰다 소키치가 만든 틀을 추종한 것이며, 이병도 선생으로 이어지는 주장이다.

이 같은 주장은 3세대 이후 연구자들이 부체제설을 주장하는 바탕이 된 것이 사실이다.

『국사개설』의 삼국통일(삼한통합)에 대한 주장: 『국사개설』에는 신라의 삼국통일에 대한 주장이 있다.

> 그 후 60년을 경과한 신라 성덕왕 34년(735) 비로서 당현종은 패강 즉 대동강 이남의 땅을 신라에 사여한다는 조칙을 내렸었으니 이는 당시 발해국이 북방에서 흥기하여 당은 능히 이를 제어할 수 없었으므로 신라에게 반도 영유를 확인하여줌으로써 발해에 대치시킨 것이 아니었던가 생각한다. 그리하여 삼국의 하나로 반도의 동남우에서 일어난 후진국 신라는 내외의 정세를 교묘히 이용하여 마침내 선진 2국을 멸하고 반도 최초의 통일국가를 형성하는 데 성공하였던 것이다. 신라는 그 강역이 대동강 이남에 한정은 되었기는 하나 그 후 조선역사를 진전시킨 조선민족의 지역적 결합은 이때에 비로서 이루어졌다고 말할 수 있는 것이다.[404]

403 서울대학교 국사연구실, 『국사개설』(5판), 1954, pp. 86~87.

404 서울대학교 국사연구실, 『국사개설』(5판), 1954, p. 132

『국사개설』의 삼한통합에 대한 이야기를 주목할 수 있다. 신라의 삼한통합으로 조선민족의 지역적 결합이 이루어졌다고 했다. 그런데 삼한통합에 대한 이 같은 주장은 신라가 한국인의 오리진이라는 사실은 상상조차 못한 것이다.

2) 『한국사신론』을 이어받은 교과서 『한국사』들

여기서 고등학교 한국사 교과서 집필기준의 근거가 되었다고 생각하는 『한국사신론』을 주목하기로 한다. 『한국사신론』에 나오는 두 가지 사실을 고등학교 『한국사』의 내용과 비교하겠다. 한국인 정체성의 원점과 신라 오리진의 한국인이 만들어진 데 대한 역사를 보자는 것이다. 하나는 한국인 정체성의 원점에 대한 교과서의 내용이 가지는 문제를 밝히기 위해 서라벌소국(사로국)의 진한소국 정복에 대한 것을 보기로 한다. 다른 하나는 신라의 삼한통합에 대한 것이다.

한국인 정체성의 원점과 관련하여 『한국사신론』의 주장을 이어받은 한국사 교과서들: 먼저 서라벌소국의 진한소국 정복에 대한 것을 비교하겠다. 이번에는 『한국사신론』(개정판, 1976)을 보겠다.

> (1) 신라의 모체는 이미 이야기한 바와 같이 진한(辰韓) 12개 성읍국가 중의 하나인 사로(斯盧)였다. 이 사로는 주위 여러 성읍국가와의 연맹체 형성을 위한 움직임을 나타내게 되었는데, 석씨의 출현은 그러한 움직임의 표현으로 생각된다. 그러다가 나물마립간(356~402) 때에 이르러 낙동강 동쪽의 경북 일대를 지배하는 상당히 큰 연맹왕국을 형성하고 있었다. 사로는 정복과 동맹의 과정을 통해서 신라에

로 비약하는 단계에 이르렀던 것이다. 이러한 발전 과정에서 각광을 받으며 등장한 나물(奈勿)은 그의 새로운 지위에 어울리는 칭호를 가지게 되었다. 즉 지금까지의 이사금 대신에 마루, 고처(高處)를 의미하는 마립간(麻立干)이라는 왕호를 사용하게 되었다. 이 나물마립간 이후 3성 교립의 현상은 없어지고 김씨가 왕위를 독점하여 세습하였던 것이다. 이러한 성장 과정에서 나물마립간은 가야와 왜를 동원해서 신라를 괴롭히는 백제의 세력을 물리치기 위하여 고구려의 후원을 받고 있었는데, 이것은 동시에 신라의 발전에 제약이 되기도 하였다.[405]

앞에서 인용한 『한국사신론』(1967)에서는 신라의 모체였던 사로(斯盧)는 3세기 중반까지 삼한의 한 소국이었다고 했다. 그런 사로는 내물마립간 때에 진한의 소국들을 정복하거나 동맹을 맺어 낙동강 동쪽 진한의 소국들을 모두 지배하게 되었다는 것이다. 또한 김씨 왕위의 세습, 마립간이란 왕호 사용 등을 이야기 했다. 거기에 더하여 내물마립간 때에 가야와 왜를 동원하여 신라를 괴롭히는 백제를 물리치기 위해 고구려의 도움을 받았는데 그것이 신라의 발전에 제약이 되었다는 것이다.[406]

이 같은 세 가지 주장은 현재 사용되고 있는 교과서 고등학교 『한국사』에 그대로 들어있어 문제가 아닐 수 없다. 첫째, 신라는 3세기 중반까지 삼한의 한 소국이라고 한 것은 쓰다 소키치가 『삼국사기』「신라본기」 기록을 조작된 것이라고 주장한 것을 따랐기에 나올 수 있었

405 이기백, 『한국사신론』, 1967, pp. 59~60.

406 이기백, 『한국사신론』, 1967, pp. 60~61.

던 주장이다. 둘째, 내물마립간 때 진한소국을 정복하여 낙동강 동쪽 지역을 지배하게 되었다는 것도 쓰다 소키치(津田左右吉)가 『삼국사기』 「신라본기」 기록을 조작된 것이라고 본 것을 따랐기에 나온 주장일 뿐이다. 셋째, 신라가 고구려의 도움을 받았다고 하는 주장에도 문제가 있다. 내물왕 이후 일정기간 동안 신라와 고구려의 관계가 진전된 것은 인정한다. 그러나 필자는 고구려가 수만의 군대를 동원해 신라를 지원한 것은 아니었다고 본다.[407]

현재 필자가 갖고 있는 고등학교 교과서 『한국사』(2015)는 『한국사 신론』의 주장을 따르는 것을 볼 수 있다. 해당 내용을 보겠다.

> (1) 신라는 4세기 후반 내물왕 때에 이르러서 고대 국가로 성장하였다. 내물왕은 활발한 정복 활동을 벌여 진한 지역을 정복하고, 낙동강 동쪽 유역까지 영토를 확장하였다. 또한, 김씨의 왕위계승권을 확립하였으며, 왕호도 대군장의 뜻을 가진 마립간으로 고쳤다. (고등학교 『한국사』 2쇄, 2015, 비상교육, p. 29.)
>
> (2) 4세기 후반 내물왕 때에는 낙동강 동쪽 진한 지역을 대부분 차지하고, 고대 국가의 기틀을 마련하였다. 또한 김씨가 왕위를 독점하기 시작하였고, 왕을 부르는 칭호도 대군장이라는 뜻의 마립간으로 바뀌었다(고등학교 『한국사』 2판, 2015, 천재교육, p. 26).
>
> (3) 4세기 내물왕은 김씨에 의한 왕위 세습을 이루고, 마립간이라는 왕의 칭호를 사용하였다. 또한 낙동강 동쪽 지역을 장악하고 고대 국가

407 이종욱, 「광개토왕릉비의 신묘년조에 대한 해석」, 『한국상고사학보』 10, 1992, pp. 187~197; 「광개토왕릉비의 '신묘년조'에 대한 새로운 해석」, 『한국고대사의 새로운 체계』, 1999, pp. 209~217 참조; 이종욱, 『고구려의 역사』, 2005, p. 321. 실제로 391년에는 백제 근초고왕이 평양까지 침공하여 광개토왕의 할아버지 고국원왕이 전사하기도 했던 것을 주목할 필요가 있다.

의 기틀을 마련하였다(고등학교 『한국사』 2쇄, 2015, (주)교학사, p. 26).

(4) 4세기 후반 신라의 내물왕은 김씨의 왕위 세습을 확립하고, 고구려를 통하여 선진 문물을 수용하였다. 또한 고구려의 군사적 지원을 받아 왜의 침입을 물리치고 낙동강 동쪽의 가야[408] 지역을 차지하였다. 그 대가로 신라는 한동안 고구려의 정치적 간섭을 받게 되었다(고등학교 『한국사』 2쇄, 2015, (주)지학사, p. 34).

(5) 내물왕은 김씨에 의한 왕이 세습권을 확립하였으며, 낙동강 동쪽의 진한 지역을 거의 장악하는 등 활발한 정복 활동을 펼쳤다. 왜가 침입하였을 때는 고구려 광개토 대왕의 도움을 받아 격퇴하였는데, 이를 계기로 고구려 군대가 신라 영토에 주둔하기도 하였다(고등학교 『한국사』 2판, 2015, (주)리베르, p. 31).

(6) 4세기 후반 내물왕은 밖으로 활발한 정복 활동을 벌여 낙동강 동쪽의 진한 지역을 장악하고, 안으로 왕권을 크게 강화하여 김씨의 왕위 세습권을 확립하였다. 나아가 왕의 칭호를 이사금에서 대수장을 뜻하는 마립간으로 바꾸었다. 이때 가야, 왜의 연합세력으로부터 공격을 받자, 고구려 광개토 대왕의 도움을 받아 이를 물리쳤다. 이로 인해 신라는 한동안 고구려의 간섭을 받았다(고등학교 『한국사』 2쇄, 2015, 미래앤, p. 24).

(7) 사로국에서 시작한 신라는 3세기 후반 중국 서진과 교류하며 진한의 맹주로 떠올랐다. 그 뒤 주변 소국을 병합하여 4세기 중반에는 진한 전역을 다스리는 영역국가로 발돋움하였다. 이 무렵 신라의 왕은 자치권을 지닌 6부와 함께 국가를 운영하였고, 복속 지역은 토착 세력을 통해 간접 지배했다. …신라는 5세기 전반에 낙동강 동쪽 지역으로 세력을 넓히고, 후반에는 소백산맥 일대에 방어 체계를 구

408 4세기에 낙동강 동쪽을 장악했다는 증거는 없다. 그리고 낙동강 동쪽이 가야라는 것도 문제다.

축하여 한강 유역으로 진출할 교두보를 마련하였다(고등학교 『한국사』 2판, 2015, (주)금성출판사, pp. 42~45).

위에 본 것과 같이 『한국사신론』(1976)에서 이야기한 내용들이 거의 그대로 현행 교과서 고등학교 『한국사』(2015)에 들어 있는 것을 확인하게 된다. 이것이 문제다. 『한국사신론』은 쓰다 소키치의 『삼국사기』 「신라본기」 내물왕 이전 기록 조작론을 추종하며 신라의 진한소국 정복에 대한 역사를 은폐한 것이다. 따라서 『한국사신론』은 그 이전 종성과 육부성의 후손으로 이루어진 신라 오리진의 한국인의 정체성 자체를 주목할 수 없었다.

사실 신라의 건국신화를 통해 진한소국 정복 이전 신라의 소국 형성과 발전에 대한 문제도 비교하여 다루어야 하지만, 『한국사신론』도 그렇고, 고등학교 교과서 『한국사』(2015)도 그렇고 그에 대한 역사는 언급하지 않고 있다. 그것은 『한국사신론』이나 고등학교 교과서 『한국사』가 한국인의 오리진에 전혀 관심이 없다는 사실을 반영한 것이 아닐 수 없다.

필자는 1981학년도에 제출했던 박사학위 논문 『신라국가형성사연구』(1982)에서 『삼국사기』 「신라본기」 기록을 따라 서라벌소국이 1세기 중·후반부터 3세기 중반까지 진한의 소국들을 모두 정복했다고 주장했다. 그런데 『한국사신론』(1990, 1999)에는 이 같은 필자의 주장과 다른 주장을 한 것이다. 이는 이기백 선생이 『삼국사기』 「신라본기」에 나오는 서라벌소국의 진한소국 정복에 대한 기록을 인정하지 않는 것을 의미한다. 결국 쓰다 소키치와 이병도 선생으로 이어지는 사료비판을 따라 『한국사신론』이 저술된 것을 알 수 있다.

삼한통합에 대해 『한국사 신론』의 내용을 이어 받은 『한국사』 교과서들: 다음은 『한국사신론』을 이어받은 교과서의 삼국통일에 대한 내용을 보기로 한다. 신라의 삼한통합 때문에 현재 한국인이 신라 오리진의 한국인으로 되었기 때문이다. 『한국사신론』(1967)의 해당 내용을 앞에서 제시했기에 1976년 판의 내용을 제시한다.

> 물론 신라의 삼국통일은 불완전한 것이었다. 과거 삼국의 활동 무대에 속하던 만주의 넓은 지역이 그 영역에서 벗어났고, 거기에는 고구려의 유민들이 발해(渤海)를 건국하였기 때문이다. 그러므로 신라는 실제로는 반도를 통일하는 데 그치고 말았다. 그러함에도 불구하고 이 신라의 반도통일은 중대한 역사적 의의를 지니고 있다. 그것은 무엇보다도 독립된 기반 위에서 한국민족의 형성을 위한 토대를 마련하였기 때문이다. 비록 통일신라가 발해와 함께 남북국의 형세를 이루고 있었고, 두 나라는 서로 날카로이 대립하고 있었다 하더라도, 결국 통일신라의 영토와 주민 및 그들이 이루어 놓은 사회와 문화가 한국사의 주류를 형성하기에 이르렀다. 이런 의미에서 신라의 반도통일은 커다란 민족사적 의의를 지닌다고 해야 하겠다.[409]

『한국사신론』의 삼한통합에 대한 주장 중 신라의 반도통일은 한국민족 형성을 위한 토대를 마련한 것이 중대한 역사적 의의를 지닌 것이라 했다. 그것이 전부다. 『한국사신론』에서는 신라의 삼한통합으로

409 이기백 선생의 『한국사신론』(1967 p. 90)에도 "신라의 삼국 통일은 불완전한 것이었다."라 나온다.

한국인의 오리진이 신라가 되었다는 생각은 찾아볼 수 없다. 한국인 정체성의 원점을 은폐 · 침묵시킨 것이다. 이러한 『한국사신론』의 주장은 고등학교 교과서 『한국사』의 내용이 된 것을 볼 수 있다. 먼저 1974년과 2002년에 편찬된 국정교과서 『국사』를 보기로 한다.

> (1) **삼국 통일의 성격** 신라는 나 · 당 전쟁을 통하여 당시 세력을 완전히 몰아 내고 삼국을 통일하였다. 그러나, 이때에 랴오허 강 지역과 장백 산맥 지대를 잃어버렸으므로, 그 뒤 우리 민족은 압록강 이남만을 차지하게 되었다.
>
> 삼국 통일은 이와 같이 불완전하게 되었다고 하더라도, 신라가 반도 안에서 통일 정부를 세워 하나의 정부와 제도 아래에서 민족이 뭉치고 새로운 출발을 하게 되었다는 것은 뜻 있는 일이 아닐 수 없다. 그리고, 여 · 제 양국의 지배 계급이 무너져서 지배 계급의 수가 적어지고, 재래의 신라의 영역보다 3배나 확장된 지역을 차지하여 국가 경제력이 그만큼 증강되었다. 이러한 토대 위에서 문화의 기반도 단일적인 것으로 정리되어 민족 문화의 기반이 확립되었다(인문계 고등학교 『국사』, 1974, p. 42.).
>
> (2) 신라의 삼국 통일은 외세의 이용과 대동강에서 원산만까지를 경계로 한 이남의 땅을 차지하는 데 그쳤다는 한계성을 가지고 있다. 그러나 당의 세력을 무력으로 몰아 낸 사실에서 자주적 성격을 인정할 수 있다. 또, 고구려·백제 문화의 정통을 수용하고 경제력을 확충함으로써 민족 문화 발전의 토대를 마련하였다(고등 학교 『국사』, 2002, p. 55.).

다음은 2014년부터 사용된 검인정 교과서 고등학교 『한국사』를 보겠다. 필자가 갖고 있는 2015년도 교과서를 이용하겠다.

⑶ 이로써 삼국은 한 나라로써 통일되고 사람들은 한 나라의 백성이 되었다. 각기 나뉘어졌던 삼국의 경제력이 통합되고 문화가 융합됨으로써 민족 문화 발전의 토대가 굳건하게 놓였다. 반면, 신라가 외세인 당과 연합하여 통일을 이루었고, 그 결과 고구려 영역의 일부만 차지하였다는 점은 큰 한계로 남았다(고등학교 『한국사』 2판, 2015, 금성출판사, p. 56.).

⑷ 신라의 삼국 통일은 대동강 이남 지역을 확보하는 데 그쳤고, 당 세력을 끌어들였다는 한계가 있다. 그러나 당을 무력으로 물리친 사실은 삼국 통일의 자주적인 성격을 보여 준다. 아울러 오랜 전쟁을 끝냄으로써 평화를 정착시키고, 삼국의 문화를 융합하여 민족 문화의 기틀을 마련했다는 점에서 의의가 있다(고등학교 『한국사』 2쇄, 2015, 미래앤, p. 31.).

⑸ 신라의 삼국 통일은 그 과정에서 당의 세력을 이용하였고, 우리 민족의 활동 반경을 대동강과 원산만 이남으로 크게 좁혀 놓았다는 한계가 있다. 그러나 나·당 전쟁을 통해 외세를 몰아냈다는 사실은 자주적인 성격을 보여준다. 또한, 고구려와 백제 문화의 전통을 수용하여 삼국 문화를 융합함으로써 민족 문화 발전의 토대를 마련하였다는 데 민족사적 의의가 있다(고등학교 『한국사』 2판, 2015, 리베르, p. 41.).

⑹ 삼국 통일은 불완전한 통일이라는 한계점도 지니고 있다. 신라는 생존을 위해 당과 손 잡고 통일 전쟁에 참여하였다. 비록 당의 야욕을 확인한 후에는 당을 한반도에서 몰아내는 자주성을 보였으나, 그 과정에서 고구려가 차지하고 있었던 요동 지역을 상실하였다(고등학교 『한국사』 2쇄, 2015, 지학사, p. 44.).

⑺ 신라의 삼국 통일은 영토적인 면에서 대동강 이남 지역의 통합에 그쳤다는 일정한 한계가 있었다. 그러나 신라가 고구려, 백제의

유민들과 함께 당에 무력으로 투쟁을 전개하여 이들을 물리쳤다는 사실을 주목하여야 하고, 이 점은 신라의 통일이 자주적 성격을 가지고 있었음을 말해 준다. 또한, 백제와 고구려의 일부를 통합하면서 통합된 민족 문화의 전통을 수립하였다는 점에서 그 의의는 과소평가될 수 없다.

결국, 신라는 삼국을 통일한 후 새로 확대된 사회 · 경제적 기반 위에서 고구려와 백제의 문화를 융합하여 문화의 폭을 넓힘으로써 민족 문화의 토대를 마련하였다(고등학교『한국사』2쇄, 2015, 교학사, p. 41.).

(8) 신라의 삼국 통일은 우리 민족의 문화가 단일한 기반 위에서 발전할 수 있는 기틀을 마련하였으며, 고구려와 백제의 유민들과 결합하여 당을 축출함으로써 자주적 통일을 이룩하였다는 데 의의가 있다. 하지만 대동강 이북의 고구려 땅을 상실하였으므로 불완전한 통일에 머물렀다는 한계를 안고 있다(고등학교 『한국사』 2판, 2015, 천재교육, p. 33.).

(9) 신라의 삼국 통일은 그 과정에서 외세인 당을 끌어들이고, 대동강 이북의 고구려 땅을 대부분 잃었다는 점에서 한계성을 띤다. 그러나 고구려·백제의 유민과 힘을 합쳐 당을 몰아내고 자주적인 통일을 달성하였을 뿐만 아니라 백제·고구려 문화의 전통을 수용하고 경제력을 통합하여 새로운 민족 문화 발전의 토대를 마련하였다는 점에서 의의를 가진다(고등학교『한국사』2쇄, 2015, 비상교육, p. 43.).

삼국 통일에 대한 2015년판 고등학교『한국사』를 보면 그 내용이 거의 비슷하다. 신라의 삼국 통일이 한계가 있었다는 것이다. 그런 데에는 이유가 있다.「고등학교 한국사 교과서 집필기준」(2011)에 "신라의 삼국통일이 갖는 민족사적 의의와 함께 한계도 설명한다."라고 나오기 때문이다. 그런데 지학사와 천재교육에서 나온 『한국사』에는 불완전한 통일이라는 말도 나온다. 이는 『한국사신론』에 나오는 것이다.

신라의 삼한통합의 중요성에 대해 『한국사신론』(1976)에 나오는 "통일신라의 영토와 주민 및 그들이 이루어 놓은 사회와 문화가 한국사의 주류를 형성하기에 이르렀다."는 말을 주목할 수 있다. 필자는 여기서 한 걸음 더 나아가 신라 · 신라인이 한국 · 한국인의 오리진이 되었다는 주장을 하는 것이다.

3) 한국사 교과서 내용들을 바꿔야 하는 이유

결국 위에서 본 것과 같이 고등학교 『한국사』 교과서와 그 대본이 되었던 『한국사신론』에는 신라 · 신라인이 현재 한국 · 한국인의 오리진이라는 내용이 없다. 그와 같은 사실은 상상도 할 수 없었던 것이라 하겠다. 그러나 그와 같은 사실을 생각할 수 없었던 본질적인 문제는 20세기 초부터 전개 되었던 제국 일본의 한국 강점 · 폐멸을 위한 한국폐멸사학과 그에 맞섰던 독립운동의 무기로서 민족을 만든 역사 때문이었다.

쓰다 소키치의 한국폐멸사학은 『삼국사기』「신라본기」 내물왕까지 또는 내물왕 이전까지 기록을 조작된 것으로 보는 것이다. 이 같은 한국폐멸사학을 실증사학으로 받아들인 것이 한국의 소위 실증사학자들이다. 그 결과 신라의 소국 형성과 발전, 서라벌소국의 진한소국 정복에 대한 역사가 은폐되었고, 내물왕 이전 역사가 삼한론이라는 주장으로 대체되었다. 신라의 삼한통합에 대한 역사도 은폐 · 왜곡되었다.

이로 인해 신라 건국신화에 나오는 종성과 육부성의 시조들에 대한 역사가 은폐되었다. 이것이 한국의 실증사학자들이 만든 망상하는 역사다. 그런가 하면 삼한통합에 대한 역사를 왜곡해온 것이 한국사 교과서들이다. 신라가 삼한통합을 한 후 고구려 · 백제 · 신라인들을 동등하게 대우한 것은 아니었다. 그 결과 신라의 삼한통합 때문에 그 이후 한국인들이 신라 오리진으로 된 사실을 은폐해 왔다. 이 또한 망상하는 역사다.

이 같은 이유들로 『한국사신론』 등의 한국사개설서와, 현재 국가가 주도해 만들고 있는 『한국사』 교과서에서는 한국인의 오리진에 대한 역사를 찾아볼 수 없는 것이다. 이제 『한국사』 교과서가 바뀌어야 한다. 다수 한국인 나아가 한국인 전체의 뿌리를 찾을 수 있는 역사를 편찬해야 한다. 그것이 첫 단추를 잘못 꿴 한국사를 바로 잡는 길이다.

이는 족보나 따지자는 것이 아니다. 한국인의 실제 조상을 찾자는 것이다. 고조선소국의 건국세력인 단군을 한민족의 시조로 만들 수는 없는 일이다. 오히려 다수 한국인이 시조로 삼고 있는 신라인 그들의 역사를 한국인의 오리진을 찾는 역사로 살려내야 한다.

4) 한국인 정체성의 원점을 은폐 · 왜곡한 연구자들에게 드리는 제안

과거에 실재했던 사실이나 사건을 허구로 만들어낼 수는 없는 일이다. 과거의 역사를 가능한 한 실재했던 대로 밝히는 것이 역사가의 임무다. 20세기에 탄생한 근현대 한국사학은 이 같은 역사 본연의 임무를 망각해온 것이 사실이다. 신채호 선생이 만든 민족이 그렇고, 쓰다 소키치가 만든 신라 내물왕까지 역사 은폐 · 말살이 그렇다. 이 둘 다 정치적 욕망을 갖고 역사를 만들었기 때문이다. 그것은 역사를 정치의 무기로 만든 것이다.

하나는 한국 독립에 대한 정치적 욕망을 갖고 만든 역사이고, 다른 하나는 한국 · 한국인을 폐멸하기 위한 정치적 욕망을 갖고 만들어낸 역사이기 때문이다. 우리는 이 두 가지 역사 연구의 틀을 버려야 한다.

그런데 불행하게도 지난 1945년 이후 한국사학을 이끌어온 서울대학파의 연구자들은 민족과 내물왕 이전 역사 폐멸이라는 두 가지 상충된 역사를 하나로 묶어 사족 같은 역사를 만들었다. 그러면서 과학적 · 객관적 역사연구 방법이라 하여 실증사학을 한다고 해왔다. 그들은 민족과 내물왕까지 역사 말살이라는 패러다임에 안주하고 그 노예가 된 것이다.

필자는 지도교수와 견해를 달리하면서까지 그런 연구를 처음부터 포기해 왔다. 여기서는 근현대 한국사학을 잘못된 길로 이끌어온 연구자들에게 몇 가지 제안을 하고자 한다.

첫째, 『삼국사기』「신라본기」 내물왕까지 또는 내물왕 이전 기록을 가공(架空)의 산물로 본 것은 제국 일본의 한국 폐멸 시기에 일본인인 쓰다 소키치가 처음 한 주장이었으며, 그 뒤를 이어 제국 일본의 한국 폐멸 시기에 한국인 연구자인 이병도 선생이 추종했던 주장이라는 사실을 인식해야 한다는 것이다. 쓰다 소키치가 어떤 목적을 갖고 『삼국사기』「신라본기」 내물왕까지의 기록을 조작된 것으로 보았는지 생각해 보아야 한다. 쓰다 소키치는 일본의 황국사관을 갖고 있던 한국폐멸사학자였다는 사실을 알 필요가 있다. 그런 그가 한국사를 객관적 · 과학적으로 재구성하기 위해 내물왕 이전 역사를 은폐 · 말살했는지 생각할 문제다. 그는 왜(倭)의 역사를 강한 것으로 창작하는데 걸림돌이 되는 신라 내물왕 이전 역사를 은폐 · 말살했던 것이다.

쓰다 소키치는 『고사기』와 『일본서기』의 기록 중 중애천황(仲哀天皇, 192~200) 이전 기록은 믿을 수 없다고 했다. 그런데 『삼국사기』 초기기록을 모두 사료로 인정하면 문제가 생긴다. 그의 사료비판에 따르면 일본 국민의 종가(宗家)인 천황가의 계보가 중애천황(仲哀天皇) 이전으로 올라갈 수 없게 된다. 이에 쓰다 소키치는 신라의 종성과 육부성의 시조들이 기원전 1세기까지 올라가는 것을 인정할 수 없었다고 여겨진다. 따라서 내물왕(356~402)까지의 기록이 조작된 것이라 하여 신라인의 시조들이 일본 천황의 계보보다 더 오래 되었다는 주장을 원천적으로 말살했던 것이 아닌가 생각해 본다.

한편 와세다대학 교수였던 쓰다 소키치의 제자였던 이병도 선생과 손진태 선생은 그들의 스승이 주장한 『삼국사기』 「신라본기」 내물왕까지 기록의 가공(架空)설을 "오리의 각인"으로 받아들여 삼한론을 폈다는 사실을 분명히 알아둘 필요가 있다. 이병도 선생이나 손진태 선생은 『삼국사기』 「신라본기」 내물왕 이전 기록을 조작된 것으로 보았는데 이는 그들이 『삼국사기』 「신라본기」 내물왕 이전 기록에 대한 사료비판을 포기한 것이다. 다만 쓰다 소키치의 주장을 금과옥조(金科玉條)로 추종하였을 뿐이다. 그렇게 한국폐멸사학의 그늘에서 탄생한 삼한론은 지금도 교과서 『한국사』에 그대로 들어 있는 것이다. 이는 문제가 아닐 수 없다.

이제 『삼국사기』 「신라본기」 내물왕까지 또는 내물왕 이전 기록에 대한 제대로 된 사료비판을 할 것을 제안한다. 그렇게 하면 신라의 역사는 전혀 다른 것으로 재구성할 수 있다. 필자는 이미 그런 작업을 해왔다. 이 경우 3세대 연구자들부터 내세운 『삼국사기』 「신라본기」 내물왕 이전 기록에 대한 수정론은 처음부터 잘못된 주장이라는 사실을 알 수 있게 될 것이다. 그리고 이 같은 수정론이 잘못된 것이라는 사실을 인정한 후에야 신라의 역사 나아가 한국사는 올바른 길로 갈 수 있게 된다는 사실을 알 필요가 있다.

둘째, 『삼국사기』 「신라본기」 내물왕까지 또는 내물왕 이전 기록을 조작된 것으로 보는 결정적인 근거로 생각해온 『삼국지』 「동이전」 '한조'의 기록이 가지는 사료적인 가치를 옳게 파악할 것을 제안한다. 『삼국지』 「동이전」 '한조'는 신라 내물왕 이전 역사를 재구성할 기본 자료가 될 수 없다. 그것은 당시 중국과 삼한지역의 관계를 중국측 관점에서 정리한 자료일 뿐이다. 따라서 이 자료를 가지고 신라의 건국, 정치적 성장, 왕위계승, 정치조직 등에 대한 역사는 재구성할 수 없다. 이 자료를 가지고 신라의 역사를 재구성하는 것은 신라의 역사 연구를 은폐하려는 목적을 실현하기 위한 목적 아니고서는 할 일이 아니다.

셋째, 『삼국사기』 「신라본기」 내물왕 이전 기록을 신라사 연구의 기본적인 자료로 인정하며 신라 건국신화를 다시 검토하라는 것을 제안한다. 신라 건국신화에는 6촌장이 혁거세를 추대하여 입방설도(立邦設都)한 내용이 나온다. 입방(立邦)은 6촌을 통합하여 서라벌소국(사로국)을 세운 것이다. 입방하는 순간 혁거세는 6촌의 한 촌의 지배세력이 아니라 6촌 전체를 지배하는 군주(君主)가 된 것이다. 그리고 6촌 전체의 군주가 된 혁거세가 거주한 것은 그때 설도(設都)했던 도읍(都邑) 안의 왕성 그리고 그 안의 왕궁이었다. 다만 이 서라벌소국의 지배자가 된 혁거세가 거처한 궁실을 포함한 도읍이 6촌(후에 6부로 된) 어디인가에 자리 잡을 수밖에 없었던 것이다. 그렇다고 그 도읍이 위치한 촌(부)이 혁거세의 세력 기반이 되고 혁거세의 출신지역이 된 것은 아니다. 다만 혁거세를 시조로 하는 세력들의 거주지가 되었던 것이다. 이병도 선생이나 이기백 선생이 주장한 그런 이야기는 신라 건국신화를 무시한 때문에 나온 이야기일 뿐이다. 그러한 이야기에 근거해 만들어진 소위 부체제설은 처음부터 잘못 만들어진 것이다.

넷째, 신라의 삼한통합에 대해 올바른 이해를 할 것을 제안한다. 한국인이 신라 오리진이 된 것은 신라가 삼한을 통합했기 때문이다. 20세기 초에 만들어진 한국독립사학은 신라의 삼한통합이 잘못된 것으로 만들어냈다. 신라가 외세인 당나라를 끌어들여 동족의 나라인 백제와 고구려를 멸망시킨 것이 잘못이라는 역사를 만들어 제국 일본이 한국을 강점 · 폐멸한 상황을 벗어나기 위한 역사적 교훈으로 삼기 위한 것이었다. 그 밑바탕에는 삼국이 동족이고 민족공조를 해야 한다는 전제가 깔려 있는 것이다. 그러나 당시 삼국은 동족이라는 의식이 없었다. 서로 정복하느냐, 정복당하느냐 하는 전쟁을 벌이던 나라들이었다.

여하튼 신라의 삼한통합은 현재 한국인 중 다수가 신라인을 시조로 하는 성을 가진 씨족의 성원이 되게 만든 역사적 사건이었다. 이 같은 삼한통합의 의미를 옳게 이야기하는 역사가 필요하다.

2. "그들이 만든 역사"만을 위한 파티는 끝나야 한다

1) "우리를 만든 역사", 연구비 지급 중단과 논문게재 거절을 당하다

1997년도 서강대학교 인문과학연구소는 모재단 대학부설연구소 과제 3개년도 연구비를 받기로 되었다. 5개 분야 중 역사도 한 분야로 연구에 참여했다. 1차년도는 한국사연구 100년: 과거－문제, 2차년도는 한국사연구 100년: 현재－쟁점, 3차년도는 한국사연구 100년: 미래－전망이라는 제목으로 연구를 시작했다. 그 1차년도 연구 결과를 논문으로 발표한 후 책으로 모아 재단에 결과보고를 했다. 그런데 2차년도 연구비 지급을 보류한다는 통보를 받았다. 당시 아무런 이유도 없이 지급보류를 당했던 것이다. 후일 전해들은 바에 따르면 역사분야 1차년도 연구에 대해 납득하기 어려운 이유를 들어 문제 삼았다고 한다. 그렇더라도 필자의 논문 「한국고대사연구 100년: 과거－문제－비극과 희극의 세기를 넘어서며－」(『한국사연구』 105, 1999. 3. pp. 3~39)를 발표하였다.

그렇게 1998년도 연구비 지급이 중단되어 1년을 지나 3차년도인 1999년도에 두 번째 연구비를 받아 「실증사학의 벽을 넘어 새로운 역사 읽기, 한국고대사연구 100년: 현재－쟁점」을 완성했고, 2000년도에 전처럼 논문을 한국사연구회에 제출하여 게재를 기다렸다. 그런데 여러 달 후 한국사연구회에서는 논문 심사도 않고 제출한 논문의 게재를 거절했다. 이에 이 논문을 역사학회에 다시 제출했고, 역사학회에서는 논문 게재를 결정해주었다. 그렇게 하여 이 논문이 『역사학보』(170, 2001. 6)에 게재되었다. 이것이 두 번째 당한 논문게재 거절이었다.

첫 번째는 역사학회에서 거절당하여 한국사연구회에서 게재를 해준 것이고, 두 번째는 한국사연구회에서 발표까지 한 논문을 게재 거절하여 역사학회에서 게재해준 것이다. 두 번 다 논문심사도 없이 게재를 거절당했다는 것이고, 두 번 다 서울대 출신이 회장으로 있을 때 거절을 당했다는 것이다. 그 과정에 논문을 게재해 주신 학회장들과 학회 임원 여러분께 지금까지 감사드리고 있다.

첫 번째 게재 거절당한 논문은 1996년 3월 29일 역사학회에 게재 요청을 한 것이다. 이 논문은 노태돈 선생의 「필사본 화랑세기의 사료적 가치」(『역사학보』 147, 1995. 6)에 대한 반론으로 쓴 것이다. 그런데 1997년 2월, 11개월 후 심사도 없이 역사학회에서 논문게재 거절 통보를 해왔다. 그때 김정배 교수가 회장으로 있던 한국사연구회에서 논문 게재를 결정해 주었다. 그렇게 하여 『한국사연구』(97, 1997)에 「『화랑세기』의 신빙성과 그 저술에 대한 고찰」을 수록했다.

논문게재 거절을 당하면서 필자는 이후에는 논문이 아니라 책을 써서 필자의 주장을 펴기로 했던 것이다. 1999년에는 5권의 책을 출간했던 것도 그 때문이었다. 필자는 용납할 수 없으면서 이해가 가는 것이 있다. 논문게재 거절을 정당한 절차를 통해서 한다면 누구도 문제 삼을 수 없을 것이다. 그러나 게재 요청을 한 논문을 아무런 심사도 없이 학회 회장이 오랫동안 움켜쥐고 있다가 게재 거절하는 것은 용납할 수 없는 일이다. 그런데 두 번째 게재거절 이유를 듣고 보니 왜 그런 일들을 해야 하는지는 알 수 있었다. 후일 두 번째 논문 게재 거절 이유를 당시 학회회장으로부터 들은 것을 전해 들었다. 그 이유는 이종욱이 자기의 스승은 비판하지 않았다는 것이었다.

사실 필자는 두 번째 거절당한 논문에서 이기백 선생을 비판하지는 않았다. 다만 쓰다 소키치에서 시작되어 이병도 · 손진태를 거쳐 서울대의 학위논문으로 한국사를 왜곡 · 말살한 연구자들의 논문들을 비판했다. 이기백 선생에 대한 문제 제기는 2003년에 이루어졌다. 제7차 교육과정에 의해 편찬된 국정교과서 고등학교 『국사』의 고대사 부분에 대한 비판을 한 『역사충돌』(2003, 2)이 그것이다. 『역사충돌』은 『국사』에 대한 비판이지만 그 편찬에 바탕이 된 『한국사신론』에 대한 비판이기도 했던 것이다.

연구비 지급을 중단한 이유와 논문게재 거절이유를 보면 현재 한국사학계가 어떤 길을 걷고 있는지 잘 알 수 있다. "그들이 만든 역사"를 따르고 그들이 만든 길드에 속해야 연구비도 받고 논문게재도 거절당하지 않는 것을 알 수 있다.

2) "우리를 만든 역사"로 집필한 책의 출간을 거절당하다

필자는 연구비 지급 중단과 논문 게재거절만 당한 것이 아니다. 책의 출간도 거절당했다. 모 출판사의 출판부장으로부터 온 출간거절 편지의 내용이다. 그 편지 자체를 소개할 생각은 없다. 다만 거절 이유를 소개할 필요는 있겠다는 생각이다.

모 출판사에서는 책의 출간 과정에 몇 단계 과정을 거친다고 하였다. 결국은 편집위원의 재검토를 거쳐 편집회의에서 출간 여부를 결정하는 데 필자의 책에 대한 결정을 말했다. 한국고대사학계에 대한 필자의 문제의식에 상당부분 공감하지만, 민중사학에 대해서도 비판적인 거리를 유지하면서 균형을 추구하고 있지만 필자의 책은 민중사학계에 대해 과도하게 부정적인 듯하다며, 동 출판사로서는 "한국고대사학계에 대한 비판만 해도 공감을 하면서도 고심을 거듭할 수밖에 없는 사안인데, 민중사학계에 대한 부분까지 감당하기는 상당히 어렵다는 점을 말씀" 드린다고 하며 필자의 책을 출간하기 힘들다는 결정을 했다는 것이다.

원래 출판사에 제출할 때는 『후식민사학의 청산』이라는 제목이었으나, 후에 소나무 출판사에서 출간할 때 『민족인가, 국가인가?』(2006. 12)로 바꾸었다. 편지에서 출간거절을 한 이유로 나오는 민중사학에 대한 내용은 민중사학 자체에 대한 것이 아니다. 『민족인가, 국가인가?』(2006, p. 183)에서 민중사학의 성격 자체에 대해 이야기할 생각이 없다고 했다. 다만 『한국민중사 I』(1986)에 나온 다음 내용을 문제 삼은 것이다.

> 신라가 정복 활동을 통하여 경주 분지를 벗어나 낙동강 동쪽의 경북 지역 일대를 지배하는 연맹왕국을 완성한 것은 내물 마립간 때였다(p. 96)

위의 내용과 관련하여 『한국사신론』(1976)에 나오는 주장과 비교해 볼 필요가 있다.

그러다가 나물마립간(奈勿麻立干, 356~402) 때에 이르면 이미 낙동강 동쪽의 경북(慶北) 일대를 지배하는 상당히 큰 연맹왕국을 형성하고 있었다(p. 56).

『한국민중사 I』(1986)과 이기백 선생의 『한국사신론』(1976)에 나오는 위의 두 기록은 그 내용이 같은 것이 사실이다. 필자는 민중사학에 대해 과도하게 부정적인 내용을 가진 것이 아니라 신라 내물왕 대에 신라가 낙동강 동쪽 경북 일대를 지배하는 연맹왕국을 형성했다는 두 사서의 내용이 같은 것을 주목한 것이다. 그런 데에는 이유가 있다. 다름 아니라 쓰다 소키치-이병도-이기백으로 이어지는 신라사의 주장과 『한국민중사 I』의 신라사에 대한 주장이 같은 것을 주목한 것이다.

쓰다 소키치가 1919년에 자행한 『삼국사기』 「신라본기」에 대한 사료비판의 결과가 지금까지 이어진다는 사실을 주목할 수 있다. 고등학교 『한국사』(금성출판사, 2015, p. 45)에서 "신라는 5세기 전반에 낙동강 동쪽 지역으로 세력을 넓히고…"라 하였다. 이 교과서에는 오히려 신라가 낙동강 동쪽 지역으로 영역을 넓힌 것을 내물왕 대가 아니라 5세기 전반이라고 하고 있다.

그런데 쓰다 소키치의 『삼국사기』 「신라본기」에 대한 사료비판의 무대를 떠나면 신라는 이미 1세기 중 · 후반부터 이웃한 진한소국들을 정복하기 시작했고 3세기 중반 경에는 진한소국들을 모두 정복한 역사를 찾을 수 있다.

필자가 과도하게 민중사학을 부정적으로 보았다는 오해를 하여 필자의 책 출간을 거절한 출판사 분에게 아무런 불만이 없다. 쓰다 소키치의 주장을 금과옥조로 받아들이고 있는 현재 한국사학을 그대로 둘 수 없을 뿐이다. 이는 한국폐멸사학(소위 식민사학)의 청산이 아니라, 민중사학까지 따르고 있는 "그들이 만든 역사"의 내용 청산이 시급한 것을 잘 보여주는 일이다.

3) 대표적인 사족사학(蛇足史學)에 국민의 세금을 지원해도 되는가?

모연구재단이 있다. 「2016년도 인문사회분야 학술지원사업 중견연구자지원사업(지정주제) 신청요강」(2016. 4.)을 보면, 지원분야 총 26개 주제 중 인문학 분야는 15개 주제이고 그중에 "(주제4) 고대 국가 형성론과 부체제론"이 들어 있다. 지원 유형과 지원 규모를 보면 일반 지원의 경우 연간 2천만 원이고 지원기간은 1~3년으로 되어 있다. 간접비는 별도로 지급한다.

이 적지 않은 연구비는 어디서 나올까? 국민의 세금이라고 알고 있다. 다양한 주제의 연구가 진행되어야 하고 당연히 국민의 세금이 투입되어야 한다. 더 많은 연구비로 국민의 세금이 투입될 수 없는 것이 안 되었을 뿐이다.

그런데 "(주제4) 고대 국가 형성론과 부체제론"의 부체제론은 사족사학의 대표적인 예로 든 부체제설 그 자체다. 부체제설(부체제론)을 반대하는 연구에 대해 연구비를 지급하기 위해 이 연구비를 지원한다고는 생각되지 않는다. 쓰다 소키치의 『삼국사기』에 대한 사료비판을 금과옥조(金科玉條)로 받아들이는 서울대학파의 길드들이 만들어낸 "그들이 만든 역사"인 사족사학의 대표적인 예인 부체제설(부체제론)에 국민의 세금이 투입하겠다는 것이라 본다. 이는 문제가 아닐 수 없다. 한국망상사학, 한국사족사학으로 이어지는 한국사 길드에 속한 사람들에게 날조된 역사 "그들이 만든 역사"를 더욱 번창하게 만들라고 국민의 세금을 연구비로 지급하는 것은 문제가 아닐 수 없는 일이다.

사족사학의 대표적인 예인 부체제설(부체제론)은 처음부터 탄생하면 안 되는 역사였다. 그런 화사첨족의 역사에 국민의 세금이 투입되는 것을 그대로 볼 수는 없는 일이다. 독자들은 자신이 낸 세금을 사족사학의 산물인 부체제설 연구에 사용하는 것을 어떻게 생각할까 궁금하다. 동시에 학문권력이 미치는 범위가 어디까지인가 하는 것을 생각해 본다.

4) 국정교과서의 본질적 문제는 "그들이 만든 역사"에 있다

한국인 정체성의 원점과 관련된 연구의 본질적 문제는 바로 "그들이 만든 역사"에 있다. 위에서 신라 내물왕 대에 낙동강 동쪽을 지배하는 커다란 연맹왕국을 형성했다는 『한국민중사 I』(1986)과 『한국사신론』(1976)의 이야기를 보았다. 아무래도 『한국사신론』(1976)의 이야기를 10년 후에 『한국민중사 I』(1986)에서 문장을 바꾸어 그 내용을 그대로 옮겼다는 사실을 부정하기 어려울 것이다. 이 같은 역사, 바로 내물왕대 신라의 정치적 성장에 대한 역사는 검인정교과서인 고등학교 『한국사』에도 그대로 이어지는 것이 사실이다.

2016년에 집필하여 2017년에 사용한다는 국정교과서 『한국사』는 어떨까? 쓰다 소키치–이병도 선생–이기백 선생으로 이어진 그런 역사를 청산하고, 『삼국사기』「신라본기」가 전하는 역사로 전환할 것인가? 그럴 가능성은 조금도 없다고 본다.

새로운 국정교과서 『한국사』에서도 한국인 정체성의 원점에 대한 역사는 전과 같이 은폐될 것으로 본다. 교과서 『한국사』의 원천적인 문제는 "그들이 만든 역사"에 있는 것이 사실이다.

5) "우리를 만든 역사"를 위해 한국고대사탐구학회를 만들다

앞에서 말한 것과 같이 필자는 서울대학파가 회장으로 있던 학회에서 논문게재 거절을 당했다. 정상적인 절차를 거치지 않고 학회회장연구실에 1년 가까이 머물다가 아무런 심사과정도 거치지 않고 게재거절을 해온 것이다. 1997년과 2001년에 당한 논문게재 거절은 분명 부당한 처사였다. 대신 필자는 책을 쓰기로 마음먹고 논문게재를 가능한 한 줄여왔다.

그런데 필자에게 학회를 만들 기회가 주어졌다. 2006년 12월 필자가 쓴 『민족인가, 국가인가?』에 대한 책이 출간되며 일간지에 서평이 실렸다. 그것을 본 서강대 손병두 총장이 필자를 불러 사학과를 재건해 달라는 주문을 했다. 그때 선경에서 기금을 받았는데 그것을 활용하라는 것이었다. 사학과 회의를 하였으나, 결국 한국고대사로 범위가 좁혀졌다. 그렇게 하여 2008년 11월 서강고유의 학문분야 학술지 발간 지원 신청을 하여 2009년 3월에 『한국고대사탐구』로 학술지 발간지원사업에 선정이 되었다. 그해 3월 28일 "한국고대사탐구학회"

를 결성하여 필자가 회장이 되고 연구발표회를 시작했다. 그해 4월 7일 『한국고대사탐구』 창간호를 발간했다. 필자는 「발간사」와 첫 번째 논문으로 「관학파가 만든 '민족사'에서 우리를 만든 '한국사'로」라는 논문을 게재했다. 필자는 「발간사」에서 "우리들이 한국고대사탐구학회를 창립하고 『한국고대사탐구』를 발간하는 데에는 이유가 있다. 비유하자면 천동설의 무대를 떠나 지동설의 무대에서 한국고대사를 보기위해서이다. 한마디로 새로운 모델을 발전시키려는 것이다."라 했다. 필자는 2013년 2월 퇴임을 하며 "한국고대사탐구학회" 회장직을 조범환 교수에게 넘겼다. 앞으로 한국고대사탐구학회 설립 정신에 맞는 연구 활동을 활발하게 전개할 것으로 기대해본다.

그렇더라도 이제 누구든 한국폐멸사학, 한국망상사학, 한국사족사학의 무대를 떠나고자 하는 연구자들은 "우리를 만든 역사"를 탐구하는 "한국고대사탐구학회"와 인연을 맺고, 새로운 모델의 역사를 마음껏 펼칠 수 있는 기회를 갖게 된 것이다. 2016년 8월에는 학진 등재지로 선정되었다는 통보를 받았다. "그들이 만든 역사"를 떠나고자 하는 연구자들을 환영한다.

6) 서울대학파, 스스로 자초한 학문적 고립을 벗어나야 한국날조사학을 탈피할 수 있다

한국인 정체성의 원점과 관련된 역사에서 서울대학파는 스스로 학문적 고립을 자초해 왔다. 쓰다 소키치의 『삼국사기』에 대한 사료비판을 서울대학파의 아무도 비판적으로 바라보지 않고 오히려 그가 만든 틀 속에 안주하여 몇 세대를 지나왔다. 그로 인해 학문적 고립 상태가 만들어진 것이다. 서울대학파가 중심이 된 길드가 만든 한국사학은 갈라파고스제도의 거북이 등껍질 같이 독자적인 진화를 해오고 있는 중이다. 그러한 거북이는 남들에게 아무런 문제를 일으키지 않는다. 그와 달리 한국사학이 고립된 환경에서 만들어낸 역사는 역사적 사실조차 은폐 · 왜곡하여 국민의 역사지식과 역사의식을 은폐 · 왜곡하는 것이 되어 문제가 아닐 수 없다.[410]

"그들이 만든 역사"는 신라 내물왕 이전 역사를 이병도 선생이 생각해낸 삼한론으로 처리해 버렸다. 그 결과 신라의 국가형성에서부터 내물왕 이전까지의 역사가 은폐 · 왜곡 · 말살되었다. 1970년대부터 활동을 시작한 3세대 이후의 서울대학파들은 부체제설 같은 화사첨족의 역사를 만들어내고 있는 중이다. 지금도 신라의 역사는 푸대접을 받고 상처받고 있는 중이다. 이것이 "그들이 만든 역사"다.

여기서 서울대학파에게 제안한다. 첫째, 스스로 자초한 학문적 고립을 벗어나라는 것이다. 일본의 역사가들이 날조한 무존재의 한국사가 말살 · 은폐 · 왜곡한 신라 내물왕(서울대학파는 내물왕 이전)까지 역사를 살려내면 한국사는 전혀 다른 것이 된다는 사실이다. 서울대학파는 제국 일본의 역사가들이 왜 신라 내물왕까지 역사를 말살했

410 필자는 서울대를 비판할 생각이 추호도 없다. 다만 국민의 세금이 투입되어 운용되는 서울대 한 구석에 제국 일본의 한국폐멸사학이 자리 잡고 있으며, 한국망상사학–한국사족사학으로 진화하는 것을 지적하지 않을 수 없어서 이 책을 쓰는 것이다. 이는 서울대의 자존심이 걸린 문제이고 나아가 서울대의 명성과도 관련된 문제다. 한국인 정체성의 원점과 관련하여 식민사학의 청산을 외칠 일이 아니라 실제 한국폐멸사학과의 연계를 단절하기를 바란다. 그럴 때 서울대학다운 대학이 될 것이라고 본다.

는지 생각해 본 적이 없다. 이제라도 서울대학파가 내물왕까지 역사를 은폐 · 왜곡하는 이유가 타당한 것인지 또는 제국일본의 역사가들이 날조한 역사가 타당한 것인지 비판해 보기를 제안한다. 쓰다 소키치의 사료비판을 기본적으로 추종하는 것은 서울대학파 스스로 학문적 고립을 자초한 일이다. 『삼국사기』 초기기록에 대한 수정론은 해결책이 아니다.

둘째, 누구에게나 주어진 사료를 늘 새롭게 바라보라는 것이다. 이는 기본에 충실한 역사로의 전환을 의미한다. 신라의 경우 내물왕 이전 역사 기록만이 아니라 금석문 자료, 고고학 자료 등 우리가 구할 수 있는 모든 자료를 한꺼번에 그리고 동시에 바라보며 신라 역사의 모든 면을 동시에 구조적으로 이해하는 자료로 삼으라는 것이다.

셋째, 인류학 · 고고학 · 사회학 · 정치학 · 경제학 등 인접과학의 이론이나 구체적 연구사례들을 이해하라는 제안을 한다. 인간 사회의 다양한 면을 나누어 다루는 인접과학의 연구 성과를 주목하면 한국사에 대한 해명에 도움을 받을 수 있게 된다.

넷째, 앞으로 한국사학을 연구하는 역사가들은 스승의 견해라고 하여 무조건 따를 일이 아니라는 사실을 제안하고 싶다. 스승이나 선학의 주장이라도 잘못된 것은 단호하게 버리고 제대로 된 역사를 탐구하기를 제안한다. 학문적 추종자의 길을 벗어나라는 것이다.

이렇게 하여 대한민국 국민에게 공급하는 역사지식과 역사의식을 바로 잡기를 바란다. 한국폐멸사학–한국망상사학–한국사족사학으로 이어지는 한국날조사학의 연결고리를 모두 무너뜨리고 정상적인 역사의 길로 나서길 제안한다.

서울대학파가 학문적 고립을 벗어나면 한국사학의 길은 훤하게 열릴 것이다.

7) 교육과학기술부 · 국사편찬위원 · 학술원과 한국사 교과서

필자는 한국인 정체성의 원점을 찾고, 한국인이 신라 오리진이라는 사실을 한국사 교과서에 수록해 달라고 간청하거나 구걸하는 것이 아니다. 당연히 들어가야 할 역사를 은폐해온 것에 대해 시정을 요구하는 것이다. 대한민국 학술원은 탄생했을 때부터 쓰다 소키치의 한국 폐멸사학을 추종하는 연구자들의 차지였다. 그러면 국정교과서건 검인정교과서건 한국사 교과서를 편찬하는 정부기구인 교육과학기술부와 국사편찬위원회는 어떤가? 쓰다 소키치가 날조한 신라 내물왕까지 역사 말살론과 그것을 추종한 서울대 학파의 망상사학과 사족사학이 만들어온 "그들이 만든 역사"가 타당한지 확인하기 바란다. "그들이 만든 역사"에 문제가 있다면, 그런 역사를 청산하고, "우리를 만든 역사"로의 전환을 해야 할지 말아야할지 판정해 주기를 바란다. "우리를 만든 역사"로의 전환이 타당하다면 지체하지 말고 한국사 교과서의 내용을 "그들이 만든 역사"가 아니라 "우리를 만든 역사"로 전환하기 바란다. 그렇게 하여 신라 오리진이라는 블랙홀로 빨려 들어간 사회적 · 역사적 현상으로서의 "한국인"의 존재를 밝히고, 한국사를 바라보는 출발점을 바꾸기를 바란다. 그렇게 하면 한국사는 새롭게 탄생할 수 있을 것이다.

3부

신라 오리진이라는 블랙홀로 빨려든 사회적 · 역사적 현상으로서의 "한국인"을 발견하다

3부

신라 오리진이라는 블랙홀로 빨려든 사회적 · 역사적 현상으로서의 "한국인"을 발견하다

현대 한국사학이 탐구해온 "그들이 만든 역사"는 『삼국사기』「신라본기」 내물왕 이전 기록을 조작된 것으로 보고, 『삼국지』「동이전」 '한조'를 중심으로 하는 데서 출발한 역사다. 그와 달리 필자가 탐구해온 "우리를 만든 역사"는 『삼국사기』「신라본기」 내물왕 이전 기록은 사료비판이 필요한 것은 사실이지만 그 안에 나오는 건국신화부터 역사해명의 소중한 자료로 보는 데서 출발한 역사다. 그 결과 "그들이 만든 역사"는 "추종자의 역사가" 되었고 "우리를 만든 역사"는 "발견자의 역사"가 되어 두 역사는 대화를 나눌 수 없이 서로 다른 길로 달려가게 되었다.

신라 내물왕 이전 역사에 대해 필자가 저술한 『신라국가형성사연구』(1982, 일조각)와 『신라의 역사 1』(2002, 김영사)을 비롯한 여러 책과 논문들은 현대 한국사학으로서는 받아들이거나 인정할 수 없는 역사가 되었다. 필자가 탐구해온 "발견자의 역사"를 인정하는 순간 지난 수십 년간 현대 한국사학이 만든 "추종자의 역사"는 존재하기 어려운 상황에 놓이게 되는 것이 사실이기 때문이다.

여기서 "우리를 만든 역사"에 의해 달라지는 세 가지를 정리하기로 한다. 첫째, 현대 한국사학이 만든 한국고대사의 무대를 떠나 제로베이스에서 내물왕 이전 역사를 발견한 결과를 간단히, 시대구분 정도만 제시하겠다. 둘째, 제국 일본의 역사가에 의하여 말살되었던 신라 역사에 한국인 정체성의 원점이 있다는 사실을 이야기 하겠다. 신라가 한국인의 오리진이라는 사실을 누구나 알거나 짐작은 해 온 일이라 생각된다. 2007년 2학기부터 1년간 경주에서 안식년을 보내며 신라가 한국인의 오리진이라는 사실을 찾을 수 있었던 것이다. 셋째, 현재 한국인들이 신라 오리진이라는 블랙홀에 빨려들어 만들어진 역사적 산물이라는 사실을 들기로 한다. 신라 오리진의 블랙홀은 역사적으로 한국인을 만들어온 하나의 거대한 용광로라는 생각을 해 보았다. 신라의 삼한통합으로 신라 오리진의 블랙홀이 만들어졌는데, 역사적으로 한국인들은 기본적으로 부계사회를 유지해 왔다. 따라서 삼한통합 후 고려 · 조선을 거치며 신라 오리진의 한국인이 이어져올 수 있었다. 그런데 조선시대 후기에 신분제에 변동이 생기기 시작했고, 오랜 역사를 가진 신분제가 무너지게 되었다. 신분제의 변동과 붕괴 과정에 신라 오리진의 한국인의 형성에도 새로운 일들이 벌어졌다. 이와 관련된 사실들을 주목해 보기로 한다.

1. 제로베이스에서 발견한 내물왕 이전 역사: "우리를 만든 역사"

필자는 박사학위 논문인 『신라국가형성사연구』(1982)에서 신라 국가형성 · 발전 단계를 설정했다. 촌락사회(촌장사회, 추장사회, chiefdom) 단계, 서라벌소국(사로국) 단계, 진한소국연맹 단계, 진한소국 정복단계를 나누었다. 이것이 "그들이 만든 역사"와 패러다임을 달리하는 역사로 필자가 제시하는 "우리를 만든 역사"다. "그들이 만든 역사"는 신라 건국신화를 역사연구의 자료로 받아들이지 않고 한국인 정체성의 원점을 말살한 것이고, 삼한론과 부체제설로 신라의 역사를 재구성한 것이다. 그와 달리 "우리를 만든 역사"는 신라 건국신화를 통해 한국인 정체성의 원점을 찾았고 그 이후 정치발전 단계를 발견한 것이다.

촌락사회단계[411]: 서라벌소국 형성 이전에 지석묘를 축조하던 사회를 촌락사회(촌장사회)로 보고 추장사회(chiefdom) 단계에 해당하는 정치발전 단계로 볼 수 있었다. 이는 "그들이 만든 역사"는 상상도 하지 못한 촌락사회(촌장사회, 추장사회)를 설정한 것을 의미한다. 촌락사회의 존속 시기는 지석묘의 축조시기와 대체로 일치하는 것으로 보았다. 그리고 촌락사회의 한 촌은 대체로 직경 10㎞ 정도 되는 공간을 가졌었다. 각 촌(후일 신라왕경의 부(部)로 됨)은 직경 3~4㎞ 정도의 영역을 가진 몇 개의 마을(후일 신라왕경 부 밑의 리(里)로 편제 됨)들로 나누어

411 이종욱, 『신라국가형성사연구』, 1982, pp. 12~48.
이종욱, 『신라의 역사 1』, 2002, pp. 67~86.

져 있었다. 촌락사회의 마지막에 존재했던 6촌장들이 육부성의 시조가 되었다고 신라 건국신화에 나온다.

소국단계[412]: 늦어도 기원전 2세기경에는 혁거세세력집단이 이주하여 6촌장 위에 군림하며, 혁거세가 군주(君主)가 되어 입방설도(立邦設都)를 하여 서라벌소국을 형성했다고 보았다. 서라벌소국은 추장사회(chiefdom)단계를 넘어선 국가(state)단계가 된 것이다. 따라서 서라벌소국의 영역은 6촌을 통합한 것으로 직경 30㎞ 정도 되는 공간으로 구성되었다.

입방(立邦)은 서라벌6촌 단계가 촌락사회에서 국가단계인 서라벌소국 단계로 한 단계 발전한 것을 말한다. 그리고 설도(設都)는 서라벌6촌의 어디인가에 왕이 거처하는 궁실과 정청을 세워 도읍을 정한 것을 의미한다. 혁거세가 왕성으로 정했던 금성이 위치한 지역은 나정근처(창림사) 지역으로 6촌 중에는 돌산고허촌이며 후일 사량부로 된 지역이다. 금성을 포함한 주변이 서라벌소국의 도읍이 되었던 것이다. 그런데 이 도읍은 점차 확장되었다. 파사왕 22년(101)이 되면 월성에 궁실을 축조하고 왕이 옮겨 살게 되었다. 이때 금성과 월성 그리고 그 주변지역이 도읍이 된 것이다. 도읍의 확대가 이루어진 것이다.

서라벌6촌이 촌락사회에서 서라벌소국이라는 국가 단계로 발전할 때 신라 사회에는 많은 변화가 일어났다. 우선 촌락사회의 최고 지배세력이었던 6촌의 촌장들은 서라벌소국이 형성된 후에는 왕을 배출

412 이종욱, 『신라국가형성사연구』, 1982, pp. 48~73.
이종욱, 『신라의 역사 1』, 2002, pp. 87~105.

하던 세력 아래의 2급 지배세력이 된 것이다. 이들 2급 세력이 된 과거 서라벌6촌의 촌장 세력들은 서라벌소국 형성 이후 소국의 지방행정구역으로 편제된 6촌(후일 왕경 6부로 개편됨)의 지배세력으로 남게 되었다. 이때 국왕은 직경 30㎞정도 공간의 지배자가 된 것이고, 과거 촌락사회 촌장들의 후손으로 이루어진 서라벌소국의 6촌의 장들은 직경 10㎞ 정도 촌의 세력이 된 것이다.

서라벌소국의 군주가 되었던 혁거세와 그 후손이나 그 이후 왕을 배출한 탈해와 그 후손 그리고 알지와 그 후손들은 촌락의 지배세력이 된 적이 없다. 그들 왕을 배출한 세력들은 처음부터 촌락세력이 아니라 소국 또는 후일 진한소국을 정복한 신라의 최고지배세력까지 되었던 것이다. 이 같은 역사를 인정하면 소위 부체제설 같은 화사첨족의 역사는 처음부터 존재하지 않았던 것을 알 수 있다. 소국단계의 혁거세 · 탈해 그리고 탈해왕대에 등장했던 알지를 시조로 하는 씨족이 종성을 가진 씨족이 된 것이다.

소국연맹단계[413]: 서라벌소국은 또 한 단계 정치적 발전을 하게 된다. 진한이라는 소국연맹을 형성한 것이 그것이다. 기원전 108년 중국 한(漢) 무제가 위만조선을 멸망시키고 한4군을 설치했다. 평양지역에 설치되었던 낙랑군에는 중국 본토로부터 상인들이 와서 한반도 남부의 여러 소국들과 원거리교역을 했다. 기원전 1세기경 처음에는 중국 상인들이 배를 타고 오갔는데, 서라벌소국 지역까지 진출했다. 중국상

413 이종욱, 『신라국가형성사연구』, 1982, pp. 74~83.
이종욱, 『신라의 역사 1』, 2002, pp. 106~125.

인들은 교역품으로 정치지배자의 권위를 나타내는 물건(prestige goods)을 공급했고, 한반도 남부지역에서는 원자재에 해당하는 물건을 수출하는 위세품교역체제가 만들어졌다. 이 같은 원거리 교역을 통해 한반도 남부의 소국들은 원거리교역망을 만들었다. 마한 · 진한 · 변한의 삼한이 그것이다. 서라벌소국은 경상북도 일대의 소국들로 구성된 진한의 원거리교역 창구가 되었다. 진한의 경우 북쪽의 소백산맥과 남쪽의 변한이 장벽이 되어 바다를 통한 원거리 교역을 할 수밖에 없었다. 그 과정에 서라벌소국이 진한소국의 교역창구가 된 것은 자연스러운 일이다. 서라벌소국은 중간무역의 이익을 차지하며 경제력 · 군사력을 키워 나갔다.

필자가 말하는 소국연맹단계를 "삼한론"과 비교할지 모른다. 그러나 이병도 선생이 만들었고, 『한국사신론』을 통해 교과서 『한국사』에 들어가 현재도 이어지고 있는 "삼한론"은 필자가 말하는 소국연맹단계와 그 시기, 그 정치적 성격 등 모든 면에서 다른 것이다. "삼한론"은 『삼국사기』 내물왕 이전 기록을 기본적으로 조작된 것으로 보고 『삼국지』를 기본으로 하여 만들어진 추종자들의 역사이기에 실제 신라의 역사와는 거리가 먼 이야기일 뿐이다.

소국정복단계[414]: 원거리교역의 창구가 되어 국력을 신장시킨 서라벌소국은 진한소국들을 정복하는 단계로 성장하게 되었다. 『삼국사기』에 따르면 기원 후 1세기 중 · 후반부터 시작된 서라벌소국의 진한소국

414 이종욱, 『신라국가형성사연구』, 1982, pp. 83~90.
이종욱, 『신라의 역사 1』, 2002, pp. 126~150.

정복은 3세기 중반에 일단락된 것을 알 수 있다.

이 무렵에 이르면 과거 서라벌6촌 지역은 신라왕경으로 되었다. 6촌은 왕경6부로 되는 과정에 있었다. 중국식 명칭인 부(部)를 사용한 시기는 알 수 없으나 분명 과거 촌락사회단계부터 존재했던 서라벌6촌은 신라왕경의 지방행정구역으로 편제되기에 이르렀다. 이때 6촌 · 6부의 세력은 과거 서라벌6촌 때 지배세력들이 계속해 이어졌다. 신라의 왕을 배출하던 혁거세 · 탈해 · 알지의 후손들은 6촌 · 6부의 세력이 아니라 왕국 전체의 지배세력이 되었던 것이다.

종성(宗姓)과 육부성(六部姓) 그리고 골품제: 촌락사회–소국–소국연맹–소국정복 단계로 이어지는 정치발전 과정을 거치며 신라인들의 신분제는 골품제로 발전했다. 왕을 배출하던 씨족들은 후일 골신분까지 가질 수 있었다. 중고시대(23대 법흥왕~28대 진덕여왕)에는 김씨 세력 중 왕을 배출한 세력, 특히 왕과 그 형제의 가족들이 성골신분을 가졌다. 그리고 성골의 범위를 벗어난 김씨와 박씨 세력의 일부가 진골이 되었다. 한편 서라벌6촌장을 시조로 하는 육부성(이씨 · 정씨 · 손씨 · 최씨 · 배씨 · 설씨)을 가진 세력들은 6두품까지의 두품신분을 가졌다. 부의 세력이라 할 부장(部長)은 육부성을 가진 세력들의 차지였다. 양부에는 이씨, 사량부에는 정씨(『삼국사기』에는 최씨), 모량부에는 손씨, 본피부에는 최씨(『삼국사기』에는 정씨), 한지부에는 배씨, 습비부에는 설씨가 지배세력이었다. 왕을 배출했던 종성(宗姓)과 6촌 · 6부의 세력들은 거리를 좁힐 수 없는 골품신분의 간격을 유지했던 것이다. 이러한 사정을 생각하면 6세기 초까지 신라의 왕이 부의 세력인 부장(部長)이라는 부체제설은 화사첨족의 역사라는 사실을 다시 확인하게 된다.

이 같은 신라 역사의 전환을 통해 신라의 역사를 살려내고, 한국인 정체성의 원점을 찾고, 신라 오리진의 한국인을 당당하게 주장해야 한다. 한국인이 신라 오리진이라는 새로운 역사의식을 가져야 한다는 생각을 해 본다. 신라 오리진의 한국인을 인정하는 일은 한국사회의 수많은 사회적 · 정치적 갈등을 해결하는 중요한 열쇠가 될 수 있다는 생각도 해 본다. 평화적 남북통일의 이유도 신라 오리진의 한국인에 있다고 본다.

2. "우리를 만든 역사," 신라 오리진의 한국인을 발견하다

2007년 2학기부터 안식년을 경주에서 보낼 때 신라 오리진의 한국인을 생각했다. 삼한통합이 신라 오리진의 한국인을 만든 근본적 이유라는 생각을 했다. 그 결과 삼한통합의 주역이었던 김춘추와 김유신에 대한 책의 초고를 썼다. 경주답사를 하며 신라 오리진의 한국인에 대한 생각을 할 수 있도록 하는 또 다른 책인 『신라가 한국인의 오리진이다』의 초고도 썼다.

2009년에 출간한 책은 『춘추』-신라인의 피, 한국 · 한국인을 만들다-로 제목을 정한 것은 삼한통합의 주역 중 주역인 김춘추를 이야기하며 결국 김춘추가 중심이 되어 삼한통합을 했기에 현재 한국인이 만들어졌다는 사실을 말하려 한 것이다. 2012년에 출간한 『신라가 한국인의 오리진이다』(경주 신라길을 답사하며 한국인의 근원을 묻는다)라 제목을 정했다. 이 책은 1부와 2부를 나누었는데 1부('신라길 1' 대신라길 100키로미터)에 태종무열왕 · 김유신장군묘 · 대왕암을 먼저 이야기하였다. 신라의 삼한통합을 먼저 이야기한 것이다. 그 이유는 분명하다. 신라의 삼한통합 때문에 현재 한국인이 만들어졌기 때문이다. 그 뒤를 이어 2부('신라길 2' 신국의 도 10킬로미터)에서는 신라 건국자인 혁거세가 등장했던 나정유적을 이야기 하였다. 사실 이 책은 통상적인 역사책이 아니라 경주 답사 안내책자이기에 삼한통합 이후 신라의 역사 관련 유적을 먼저 답사하며 한국인이 신라 오리진이라는 사실을 각인시키려 한 의도가 있었다. 그렇게 한 후 한국인의 오리진이 신라 그중에도 신라 건국전후까지 올라간다는 사실을 이야기한 것이다.

이 책에서는 필자가 발견했다고 생각하는 이 같은 신라 오리진의 한국인에 대해 조금 더 보기로 한다. 다름 아니라 신라의 종성(宗姓)과 육부성(六部姓)과 같은 성을 가진 한국인이 많다는 것이다. 누구나 아는 그런 사실을 왜 이야기 하는가 할 줄 안다. 그러나 바로 그렇기 때문에 주목해야 할 필요가 있다고 본다.

1985년 경제기획원이 실시한 인구 및 주택센서스 결과 한국인이 갖고 있던 274개(1975년에는 247개 성, 2000년에는 286개 성) 성(姓) 중 5대 성인 김씨(878만), 이씨(598만), 박씨(343만), 최씨(191만), 정씨(178만)를 합하면 2189만여 명으로 한국인 전체의 54% 정도가 된다. 이들 5대성은 신라의 종성과 육부성과 같은 글자로 된 성이다. 종성과 육부성 중 5대 성에 들지 않은 손씨(36만), 배씨(32만), 설씨(3만), 석씨(0.7만)

를 더하면 그 수는 더 늘어난다.[415]

한편 1985년에 조사된 274개 성에 3,435개 본관(本貫)이 있었던 것으로 조사되었다. 김씨(285개 본관), 이씨(241개 본관), 박씨(128개 본관), 최씨(127개 본관), 정씨(122개 본관)로 나타난다. 그중 16대 본관까지 중 종성과 육부성과 같은 한자를 쓰는 성으로 신라인을 시조 또는 중시조로 하는 본관을 보면 김해(가락) 김씨(376만), 밀양 박씨(270만), 전주 이씨(237만), 경주 김씨(152만), 경주 이씨(121만), 경주 최씨(87만), 김령 김씨(42만), 동래 정씨(41만)로 조사되었다.[416] 그중 전주 이씨는 『세종실록』 「지리지」에 보면 "삼가 선원(璿源, 조선 왕실의 세계)을 상고하건대, 본디 나온 곳은 바로 경주 이씨다."라 나온다. 이들 신라인을 시조 · 중시조로 하는 본관들을 가진 인구를 합치면 1,405만 명으로 전체인구 4,041만 명의 35% 정도가 된다. 김해 김씨는 신라인인 김유신을 중시조로 하기에 포함시켰다. 여기에 더하여 종성과 육부성에 속한 석씨, 손씨, 배씨, 설씨 등의 성과 신라인을 시조로 하는 안동 권씨나 강릉 김씨 등의 성을 더하면 한국인 중 신라인을 시조로 하는 본관을 가진

415 2015년 11월 기준으로 이루어진 "인구주택총조사"의 결과 한자가 있는 성은 1,507개, 한자가 없는 성은 4,075개로 전체 성은 5,582개가 조사되었다. 그중 김씨 · 이씨 · 박씨 · 최씨 · 정씨의 5대성을 가진 사람은 전체 인구의 53.6%였다. 2000년 조사 이후 다문화 가정이 늘어나고 외국인의 한국귀화가 늘어난 것이 사실이다. 그 결과 새로운 성이 크게 늘어났다. 그런데 시간이 지나 몇 세대 지나면 이들 새로운 성을 가진 사람들도 신라 오리진의 한국인과 혼인 등을 통해 사회적 · 역사적 현상으로서의 "한국인"으로 될 것으로 생각된다.

416 2015년 이루어진 "인구주택총조사"의 결과 한국인의 본관은 36,744개로 조사되었다. 그중 6대 본관(김해 김, 밀양 박, 전주 이, 경주 김, 경주 이, 경주 최)을 가진 사람은 인구의 28.8%로 조사되었다. 한편 10,00명 이상 인구를 가진 858개 본관을 가진 사람의 비율은 97.8%로 나타났다.

사람은 더 늘어날 수밖에 없다. 물론 이 안에는 족보위조나 민적법 시행 때 끼어든 사람들도 있을 것이다.

그렇더라도 이 같은 신라 오리진의 한국인의 존재는 시대를 거슬러 올라가 앞으로 연구해야 할 주제가 된다고 본다. 고려의 경우 김용선 선생이 편저한 『고려묘지명집성』(2001)과 『(속)고려묘지명집성』(2016)을 보면 앞의 책에 317명, 뒤의 책에 28명의 묘지명이 나온다. 고려 지배층의 묘지명이긴 하지만 그중 적어도 반 이상은 신라의 종성과 육부성과 같은 성을 가졌던 것으로 계산이 된다. 단정하기는 어려우나 고려의 경우 그 지배세력들의 반 정도는 신라 오리진이었다는 사실을 생각해 본다. 조선의 경우 『단성호적』 같은 자료로 이와 관련된 문제를 다룰 수는 없을까 생각해 본다.

한편 신라인을 시조로 하는 성을 갖지 않은 한국인들도 그 윗대의 조상을 보면 부계 가계(家系)를 제하고 나머지 조상들 중에도 적지 않은 사람들이 신라인을 시조로 하는 성을 가졌을 것으로 짐작이 간다. 이렇게 보면 역사속의 한국인이나 현재 한국인 모두 부계 또는 모계를 통하여 혈연적으로 신라인과 연결되어 있는 것을 알 수 있다. 외국으로부터 새로이 와서 한국 시민권을 받은 사람들도 세대가 지나면 신라인을 시조로 하는 한국인들과 혼인을 통해 신라 오리진이라는 블랙홀이 만든 용광로 속에서 신라 오리진의 한국인과 관계를 갖게 될 것이라 본다. 여기서 현재 한국인은 물론 역사 속의 한국인들도 신라 오리진이라는 블랙홀이 만든 용광로 속에서 만들어졌다는 사실을 생각할 수 있다.

종성 · 육부성을 따지는 일이 무엇이 의미가 있는가 할 줄 안다. 그런데 앞에서 이야기한 것과 같이 1985년에 조사된 한국인이 갖고 있는 16대 본관 중 9대 본관은 신라인을 시조 · 중시조로 하는 본관이고 김유신을 중시조로 하는 본관을 제외하면 나머지 8개 본관은 모두 신라인을 시조 · 중시조로 하는 종성과 육부성과 연결되는 것을 알 수 있다.

그중 이씨 · 최씨 · 정씨는 육부성에 속한다. 『삼국유사』를 보면 신라시대에는 이씨가 알천양산촌(양부)의 지배세력이었고, 정씨는 돌산고허촌(사량부)의 지배세력이었고, 최씨는 자산진지촌(본피부)의 지배세력이었던 것으로 나온다. 그리고 박씨는 신라 건국신화에 나오는 혁거세를 시조로 하는 씨족이고, 김씨는 탈해왕대에 등장한 알지를 시조로 하는 씨족이다. 이들 본관들은 그 뿌리를 찾아 올라가면 2천년도 더 이전에 살았던 인물들을 시조로 하는 것을 생각할 수 있다. 이것은 역사 전개 과정에 만들어진 현상이다. 이에 대해 한국사학은 무엇인가 이야기할 필요가 있다고 본다. "단군"을 시조로 한다는 민족보다 신라 오리진의 한국인을 생각하는 것이 역사에 더 가까이 간 것이 아닌가 생각해 본다.

이렇게 이야기하면 옛 백제와 고구려 사람들은 어디로 갔느냐 물을 줄 안다. 물론 그들도 현재 한국인을 만드는 데 혈통을 동참했다고 본다. 문제는 대신라(소위 통일신라) 시대에 옛 백제와 고구려인들은 사회적 · 정치적으로 도태되었고, 대신라사람으로 되었던 것을 생각할 수 있다. 고려 초에 이르러 본관을 갖게 될 때 그들 옛 백제와 고구려 사람들로서의 의식을 명확하게 갖고 본관을 가졌던 세력이 얼마나 되었는지 궁금하다. 왕건 정도는 그렇다지만 다른 사람들을 찾기는 쉽지 않다고 보여진다. 실제로 고려와 조선 시대에도 신라 오리진의 씨족과 본관을 가진 세력들은 적지 않았던 것으로 짐작이 간다. 비록 지배세력에 해당하는 자료라고 생각되지만 고려의 경우 김용선 선생이 편저한『고려묘지명집성』(2001, 3판)을 통해 그러한 사정을 볼 수 있다. 조선의 경우 구체적인 사례를 가지고 앞으로 연구해야 할 과제라 본다.

3. 한국사 전개 과정에 만들어진 사회적 · 역사적 현상으로서의 "한국인"

대한민국 헌법 제1조 제1항에는 "대한민국은 민주공화국이다"라 나온다. 제2항에는 "대한민국의 주권은 국민에게 있고, 모든 권력은 국민으로부터 나온다."라고 나온다. 세상이 바뀌었다. 조선시대까지 이어지던 사회체제와 현재 한국의 사회체제는 전혀 다른 것이 되었다. 필자가 신라 오리진의 한국인을 이야기하는 것은 순수혈통의 한국인을 만들어내자는 것도 아니고 극우적인 관점에서 한국인을 하나로 묶자는 것도 아니다. 다만 한국사를 통해 한국인의 정체성을 찾자는 것이다. 신라 오리진이라는 블랙홀 속에서 만들어진 한국인의 존재를 주목하여 "한국인"의 정체성을 생각해 보자는 것이다.

하나의 사회적 · 역사적 현상으로서 인구센서스의 통계숫자: 1985년 인구 및 주택센서스 결과를 가지고 신라 오리진의 한국인을 발견했다는 주장에 대해 당연히 반론이 나올 줄 안다. 1985년 경제기획원에서 실시한 인구센서스 통계는 문제가 있다는 것이다. 여러 가지 이유를 들 것이다. 필자도 그 모든 반론의 정당성을 인정한다. 성(姓)이 없던 사람들이 성을 갖게 된 두 가지 커다란 이유를 들 줄 안다.

첫째, 조선시대 무성층의 신분 상승과 1909년 민적법 시행으로 한국인이 성을 갖게 되었다는 사실을 들 수 있다. 16세기까지만 해도 전체인구 중 적어도 40% 안팎은 무성층(천민층)이 차지했다고 한다. 그리고 17세기까지만 해도 명실상부한 양반층은 10% 미만이었다고 한다.[417] 그런데 그렇게 많던 천민층이 16세기 말부터 시대적 · 사회적 변동에 따라 신분향상이 되었고, 새로 성을 갖게 된 계층이 격증했다고 한다. 1894년 갑오경장을 계기로 종래 신분과 계급이 타파된 결과 성(姓) 사용의 일반화가 촉진되었으며, 1909년 새 민적법이 시행되며 누구나 성과 본관(本貫)을 갖게 되었다고 한다. 이때 희화극이 벌어졌다고 한다. 성이 없는 사람의 희망에 따라 성을 지어주기도 했고, 노비의 경우는 상전의 성을 따르기도 했고, 주변에 김씨 · 이씨 · 박씨가 많아 그러한 성을 따르기도 했기에 종전의 대성명문의 수는 늘어나게 되었다고 한다.[418] 이렇게 새로운 성을 갖게 된 사람들 모두는 아니지만 신라인의 성인 종성과 육부성 중 김씨 · 이씨 · 박씨를 갖는 역사적 현상이 벌어진 것을 볼 수 있다.

둘째, 족보 위조를 통해 성을 갖게 된 사실을 들 수 있다. 조선 후기에 족보가 위조된 예가 많았던 사실을 들어 한국인의 성씨 사용에 대한 문제를 제기할 것으로 본다. 이 또한 타당한 주장이다. 그런데 생각할 문제가 있다. 16~17세기 전체 인구의 30~40%를 차지하는 노비

417 이수건, 『한국의 성씨와 족보』, 2003, p. 5.

418 이수건, 『한국의 성씨와 족보』, 2003, pp. 333~334.

들은 성씨를 사용하지 못했고, 인구의 40~50%를 차지하던 평민들은 족보와 거리가 먼 사회적 존재였다고 한다.[419] 따라서 17세기까지만 해도 한국인의 절대 다수는 족보와는 아무런 상관이 없는 사람들이었다고 한다.[420] 그리고 18세기 후반 시작된 족보의 위조 행위는 20세기 전반에 정점에 달했다고 한다.[421]

18세기 이후 간행된 족보에는 그 시조와 선조를 신라와 고려 사람으로 올리거나 관직을 지나치게 높게 과장하는 일이 벌어졌다고 한다. 그리고 18세기 이래 박씨는 혁거세, 김씨는 알지나 경순왕 또는 수로왕, 이씨 · 정씨 · 최씨 · 손씨는 신라 6성에, 조(趙) · 강(姜) · 홍(洪) 등 성은 중국 유명 성에 소급 · 연결시키는 일이 벌어졌다고 한다. 심지어는 기자나 단군에 연결시킨 성도 있었다고 한다. 그런가 하면 조선 후기에서 일제 때 편간된 족보에는 각 성관의 득성 유래와 조상세계와 관직 등은 사실고증 없이 조작되어 있다고 한다. 그리고 국민 모두가 성과 본관을 갖게 된 시기는 한말 신분과 계급제도가 타파된 시기에 단행된 것이라고 한다.[422]

이와 관련하여 이기백 선생의 주장을 볼 수 있다.

> 조선시대 우리나라의 인구의 신분별 분포상항에 대하여는 확실한 통계숫자가 없는 것 같다. 그러나 농업에 종사하는 상민이 인구의 대부분을 차지하고 있었다는 것에는 의심의 여지가 없을 것이다. 노비

419 백승종, 「위조 족보의 유행」, 『한국사 시민강좌』 24, 1999, p. 70.

420 백승종, 「위조 족보의 유행」, 『한국사 시민강좌』 24, 1999, p. 72.

421 백승종, 「위조 족보의 유행」, 『한국사 시민강좌』 24, 1999, pp. 83~84.

422 이수건, 『한국의 성씨와 족보』, 2003, pp. 62~64.

의 비중도 상당히 높은 것이어서, 이에 대해서는 확실한 통계는 없지만, 아마 전인구의 20~30 퍼센트 정도가 아니었을까 하고 추정하는 의견도 있다고 한다. 그렇다면 현재 인구의 대부분이 상민이나 노비의 자손인 셈이다. 그런데도 많은 가정에 족보가 있다고 한다. 그렇다면 그 족보가 모두 진실을 말하여 주는 것으로 믿기는 힘들다는 이야기가 된다.[423]

현재 인구의 대부분이 상민이나 노비의 자손이라고 볼 수 있나 하는 생각이 든다. 이와 관련하여 정지영 선생이 『단성호적』을 갖고 작성한 조선시대 호주의 신분별 변화에 대한 연구를 보기로 한다. 1678년, 1717년, 1759년, 1789년의 자료에서 양반은 각기 314명, 496명, 690명, 908명이고 양인은 각기 869명, 1,405명, 1,570명, 1,568명이고 천인은 각기 1,005명, 663명, 504명, 207명으로 나온다.[424] 성을 가졌던 양반과 양인의 수가 크게 늘어났고 성을 사용하지 않던 천인의 수가 크게 줄어든 것을 볼 수 있다. 그런데 『단성호적』을 보면 천인 중 많지는 않지만 성을 가진 사람들이 있는 것도 사실이다. 그 의미를 파악할 필요가 있다.

1678년에서 1789년에 걸쳐 단성현 지역 호주의 신분변동을 보면 그 시기 무엇인가 커다란 사회적인 변동요인이 있었다고 여겨진다. 실제로 『단성호적』에 그 시기 양반은 2.9배 증가했고, 양인은 1.8배 증가했으나, 천인은 5분의 1로 줄었다. 이 같은 신분 변동을 보면 한국 사회에서 성(姓)의 사용에 사회적 · 정치적 요인에 의하여 변동이 일어난

423 이기백, 「족보와 현대사회」, 『시민강좌』 24, 1999, p. 114.

424 정지영, 『질서의 구축과 균열』, 2015, p. 140.

것을 생각할 수 있다.

족보 위조라든지 여러 요인으로 그러한 변화가 일어난 사실도 인정한다. 그렇더라도 다수 한국인의 신분이 상승하는 현상이 벌어졌다는 사실을 그대로 지나칠 수만은 없는 일이다. 당시 일어났던 사회적 변동의 실체를 정확하게 알 필요가 있다. 그렇더라도 현재 인구의 대부분이 상민이나 노비의 자손인 셈이라는 주장은 그렇게 쉽게 할 수 있는 것이 아니라고 생각된다.

여기서 1985년 인구 및 주택센서스에 나오는 종성과 육부성을 가진 씨족과 본관의 인구수를 사회적 · 역사적 현상으로 보면 어떨까 생각해 본다. 그러한 현상 안에 역사적 사실이 들어 있다는 생각이다.

사회적 · 역사적 현상으로서의 "한국인": 족보 위조를 통해 성을 갖게 되었던 사실을 부정하자는 것이 아니다. 또한 1909년 민적법의 시행 과정에 새로이 성을 갖게 된 사람들의 존재를 부정하자는 것도 아니다. 바로 그렇게 성을 갖게 된 사람들의 존재 자체를 한국사 해명에 끌어 들이자는 것이다. 이들을 사회적 · 역사적 현상으로서의 "한국인"으로 보아 두기로 한다.

1985년 인구센서스의 통계에 나오는 신라 오리진의 성과 본관을 가진 숫자에는 역사 전개 과정에 새로이 신라 오리진의 성과 본관을 새로이 갖게 된 "한국인"과 원래부터 신라 오리진의 성과 본관을 가졌던 "한국인"들이 포함되어 있는 것이 사실이다. 따라서 그러한 통계 숫자는 사회적 · 역사적 현상으로서 "한국인"의 범주로 보아야 하지 않나 생각이 든다. 현재 신라 오리진의 성과 본관을 가진 인구 수 그 자체를 역사적 사실로 인정하기에는 학문적으로 거쳐야할 해명과정이 많다고 생각된다.

현재 한국인 중 신라인의 후손을 자처하는 사람이 다수인 것은 신라가 삼한통합을 한 후 신라인들이 한국사의 주인공이 되었기 때문이다. 종성과 육부성을 가진 세력들이 신라 하대에 신라왕경에서 지방으로 이주하는 현상이 벌어지며, 지방에는 그러한 종성과 육부성을 가진 세력들이 널리 퍼져 살게 되었던 것도 짐작할 수 있다.[425] 지방으로 이주한 종성과 육부성을 가진 세력들은 고려 초에 토성(土姓)을 분정하는 정책에 따라 이주해 정착한 지역을 본관(本貫)으로 사용하게 되었다. 이때 종래부터 가졌던 성은 씨족(氏族, clan)에 해당하는 것으로 볼 수 있고, 새롭게 갖게 된 본관은 종족(宗族, lineage)을 나타내는 것으로 볼 수 있다. 고려와 조선을 거치는 과정에 신라 오리진의 성과 본관을 가졌던 사람들도 역사적인 변동을 거치며 현재에 이르렀다.

신라의 삼한통합 이후 신라 오리진이라는 블랙홀은 오랜 사회적 현상으로서 "한국인"을 만드는 역할을 한 것이라는 생각을 해 본다. 그 이후 대신라(소위 통일신라) · 고려 · 조선을 거치며 이어져온 신라 오리진의 한국인 자체가 한국사의 전개 과정에 만들어진 하나의 사회적 · 역사적 현상으로서의 "한국인"이라는 생각을 해 본다. 1985년 인구센서스 결과 나타난 5대성의 인구가 54%가 넘는다거나, 16대 본관 중 신라인을 시조 · 중시조로 하는 9개 본관의 인구를 합친 것이 35%를 넘는 그 자체에 사회적 · 역사적 현상으로서 "한국인"이 포함되어 있는

425 이종욱, 『신라의 역사 2』, 2002, pp. 157~166.

것이 사실이다. 그 비중이 얼마나 되는지는 알 수 없다. 여기서 한국사에 나타난 신라 오리진의 "한국인" 자체가 사회적 현상이라는 생각까지 든다. 원래 신라 오리진의 한국인들도 대신라 · 고려 · 조선을 거치는 과정에 100% 그 혈통을 순수하게 이어온 것도 보장할 수 없는 일이다. 한국사학은 이 같은 사회적 · 역사적 현상으로서 "한국인"에 대해 부정적인 관점이 아니라, 그 자체를 한국사를 이해하는 방향에서 주목해야 하지 않나 생각해 본다.

혼인을 통해 신라 오리진의 한국인과 혈통을 연결한 "한국인": 앞에서 신라 오리진의 성이 아닌 성을 가진 씨족들도 역사 전개 과정에 신라 오리진의 씨족들과 혼인을 통해 혈통을 나누었다고 보았다. 신라 오리진의 종성과 육부성이 아닌 다른 성을 가진 한국인들도 신라 오리진의 한국인과 독립된 존재들일 수 없다는 생각을 해 본다. 종성과 육부성을 가진 한국인들도 오랜 역사 전개 과정에 다른 성을 가진 한국인들과 혈통을 나눈 사실을 부정할 수 없다. 여기서 신라 오리진의 한국인들이 그렇지 않은 한국인 전체와 연계된 사실을 주목할 필요가 있다.

사회적 · 역사적 현상으로서 신라 오리진의 "한국인"이 갖는 기능: 원래부터 신라 오리진의 성과 본관을 가졌던 한국인과 후에 성과 본관을 갖게 된 사회적 · 역사적 현상으로서의 "한국인" 그리고 신라 오리진의 한국인들과 혼인을 통한 연결 관계를 맺어온 사회적 현상으로서 "한국인"을 포함한 "한국인"이 갖는 의미를 생각할 필요가 있다. 이렇게 만들어진 "한국인"을 통해 한국인의 정체성을 바라볼 수 있는 것이 아닌가? 그러면 이 같은 사회적 · 역사적 현상을 포함한 의미에서의 "한국인"이 갖는 기능은 무엇일까?

첫째, 제국 일본의 한국인 폐멸 정책인 창씨개명 정책에 맞서는 힘이 되었던 사실을 생각할 수 있다. 제국 일본이 한국을 폐멸시켰던 당시 일본은 일선동조론(日鮮同祖論)을 폈고, 1940년 2월 11일에는 창씨개명(創氏改名) 정책을 강행했다. 창씨개명 정책을 편 것은 한국인이 갖고 있던 김씨 · 이씨의 성(姓)을 없애고, 일본인들처럼 가(家)를 단위로 하는 씨(氏)를 창출하려는 것이었다. 일본민족 또는 일본국민은 하나의 커다란 가족으로 황실은 그들의 종가(宗家)이고 가(家)를 단위로 하는 씨(氏)들은 동일 부모에서 생긴 동포(同胞)로 황실은 그러한 동포의 종가라는 생각을 하고 있었다. 창씨개명 정책은 한국인의 오랜 역사적 유산인 성(姓)을 없앰으로써 씨족을 해체하고, 가(家)를 단위로 하는 씨(氏)를 창출케 하여 한국인의 가(家)들이 천황이 있는 황실을 종가로 삼게 하려는 것이었다. 창씨개명 정책을 시행한 일본인들은 한국인들이 오랜 역사적 유산인 종성과 육부성을 포함한 성(姓, 씨족)을 유지하는 한 한국인을 일본민족(국민)으로 만드는 일은 불가능하다는 사실을 알았던 것이다.

그런데 앞에서 이야기 한 것과 같이 쓰다 소키치의 주장을 따르면 일본 천황의 계보 중 신무천황(神武天皇, 기원전 660~585)에서 중애천황(仲哀天皇, 192~200)까지의 기록은 믿을 수 없다는 것이다. 한국인들이 갖고 있는 종성과 육부성의 시조들은 신라 건국신화에 나오는 시기에 활동한 인물들이다. 한국인들이 갖고 있는 5대 성, 종성과 육부성의 시조들은 일본 천황보다 오랜 역사를 가진 존재들인 것을 생각할 수 있다. 한국인들이 이 같이 2천 년도 넘는 오랜 역사를 갖고 있는 성

(씨족)을 유지하는 한 일본은 한국인을 일본인으로 만들 수 없었던 것이다. 이에 창씨개명 정책을 강요하게 되었다.

이렇게 보면 원래부터 성을 가졌던 한국인은 물론이고, 조선 후기에 족보를 위조해 성과 본관을 가졌거나 1909년 민적법에 의해 새로 성과 본관을 갖게 된 한국인의 성과 본관은 모두가 한국 · 한국인을 지키는 하나의 무기가 되었던 것을 생각할 수 있다.

둘째, 한국사 전개 과정에 사회적 · 역사적 현상으로서 만들어진 "한국인"은 현재 한국 · 한국사회에 어떤 사회적 · 정치적 의미를 지닌 것인가를 볼 수 있다. 필자는 역사적 유산인 신라 오리진의 "한국인"은 현실적으로 한국사회에 만연한 수많은 갈등을 해소하는 기능을 가졌다고 생각해 본다. 사회적 · 역사적 현상으로서 "한국인"의 존재는 20세기 초 이래 등장한 "민족"보다 한국인을 하나로 묶는 기능을 가질 수 있다고 본다. 그런 면에서 생각하기에 따라 우리들이 신라오리진의 "한국인"이라는 하나의 공통분모로 놓고 보면, 한국사회에 존재하는 많은 갈등을 해결하는 출발점을 마련할 수 있는 것이 아닌가 생각해 본다.

끝으로, 위에서 이야기해 온 사회적 · 역사적 현상으로서의 "한국인"을 "한민족" 또는 "한국 민족"이라고 부를 수도 있다고 본다. 다만 단군을 시조로 한다는 민족 등 근현대 한국사학이 만들어낸 민족이라는 의미를 버리고, 신라 오리진의 존재를 인정하는 의미에서 "한국인"을 "한민족"또는 "한국 민족"으로 대체할 수도 있다는 생각이다.

에필로그

신라 오리진의 "한국인", 우선 남북통일의 이유로 들면 어떨까?: 1985년에 실시한 인구센서스 결과 현재 한국인의 다수는 신라인을 시조로 하는 5대 성(姓)을 가진 씨족에 속하는 것으로 나왔다. 16대 본관 중 신라인을 시조로 하는 본관을 가진 한국인은 인구의 3분의 1이 넘는다. 거듭 말하지만 이는 한국인이 고조선이나 고구려 · 백제가 아니라, 기본적으로 신라 오리진이라는 사실을 말해주는 것이다.

제국 일본의 한국폐멸사학에 의하여 은폐 · 말살되었던 신라 내물왕 이전 역사를 살려내고 그 안에 있는 한국인 정체성의 원점을 살려내면 무엇이 달라질까? 크게 두 가지가 달라진다. 하나는 과거이고, 다른 하나는 현재와 미래이다. 과거의 경우 한국인들이 삼한통합 이후 신라인과 그 후손을 중심으로 한국 역사를 만들어왔다는 것이다. 그렇다고 고려 · 조선 시대에 새로 만들어진 성과 그 씨족의 존재를 부정하자는 것이 아니다. 새로 만들어진 성을 가진 씨족들도 역사 전개 과정에 신라 오리진의 한국인과 혼인 등의 관계를 가지며 현재 한국인으로 만들어졌다는 사실을 생각하자는 것이다.

다음은 현재와 미래의 경우 신라 오리진의 한국인들이 갖는 의미는 무엇일까? 1945년 해방(광복)되는 순간 열강들은 북위 38도선을 기준으로 한반도를 남한과 북한으로 나누었다. 1950년 6월 25일 북한의 남침으로 인하여 수많은 희생자들이 생겨났다. 그리고 1953년 7월 정전협정 이후 전쟁상태를 정전상태로 전환하여 남한과 북한이 휴전선을 경계로 하여 군사적으로 대치하고 있다. 이 같은 남한과 북한의 전쟁상태를 극복할 가장 중요한 이유는 무엇일까? 사회적 · 경제적 · 정치적으로 다양한 이유들을 들 수 있을 것이다. 그중 한국인 자체를 놓고 보면 단군을 시조로 하는 민족일까, 아니면 『한국사신론』이 말하는 것처럼 신석기인 이래 한국인의 혈통을 만든 역사[426]를 들 수 있을까? 필자는 그 둘 모두 역사의 한 면만 다룬 것으로, 남북통일의 근본적 이유가 될 수는 없다고 본다.

오히려 남한과 북한에 이산가족으로 살고 있는 부부, 부모자녀, 친족들의 존재가 남북통일의 중요한 이유라고 본다. 좀 더 범위를 넓히면 남한과 북한에 나뉘어져 살고 있는 종성(宗姓)과 육부성(六部姓)을 포함한 씨족들을 들 수 있다. 그런가 하면 다른 성을 가진 씨족들도 오랜 역사 속에 혼인 등을 통해 종성이나 육부성을 가진 씨족들과 연결된 것도 사실이다. 그렇기에 이 같은 역사적 산물로서, 또는 사회적 · 역사적 현상으로서 "한국인" 자체가 남북통일의 이유가 된다고 생각한다.

결국 신라 오리진의 한국인의 존재를 발견한 "우리를 만든 역사"는 현재와 미래 한국이 나아가야할 길을 말해주는 역사라 할 수 있다. 한

426 이기백, 『한국사신론』, 1976, p. 13.

국인이 신라 오리진이라는 사실은 과거나 현재만의 문제가 아니라 우리 미래의 살아가야할 방향을 알려주는 이야기가 되기도 하는 것이다.

신라 오리진의 "한국인", "민족"의 대체제로 삼을 수는 없나?: 20세기 초 이래 만들어진 민족의 대체재로 신라 오리진의 "한국인"을 들 수 있다고 본다. 근현대 한국사학이 만든 "민족", 단군을 시조로 한다는 "민족"은 한국인의 역사, 역사의식을 점령해 왔다. 그런데 필자는 이 같은 "민족"보다 더 중요한 것이 한국사 전개 과정을 거치며 이어온 신라 오리진의 "한국인"이라는 생각을 해 보는 것이다. 오랜 역사적 과정을 거치며 만들어진 "한국인"은 20세기 초에 만들어진 "민족"보다, 한국인에게 더 커다란 의미를 지닌 존재로 볼 수 있다고 생각된다. 단군을 시조로 한다는 민족을 만들어 왔지만 한국인 중 단군을 시조로 하는 성을 가진 씨족을 찾기는 어렵다. 이런 "민족"은 역사가들이 한국의 독립을 위한 무기로 만들어낸 것이다. 그와 달리 신라 오리진의 "한국인"은 역사 속에서도 현재도 시공을 넘나들며 도처에서 찾아진다. 신라 오리진의 한국인이 너무 많아 공기와 물처럼 그중요성을 상상하기도 어려운 상황이다. 여기서 사회적 · 역사적 현상으로서의 "한국인"을 20세기에 만들어진 "민족"의 대체제로 삼을 수는 없을까 생각해 본다.

한국인의 역사적 고향 신라와 경주: 신라는 시간적인 면에서 한국인의 역사적 고향이고, 경주는 공간적인 면에서 한국인의 역사적 고향이라고 이야기 한 바 있다.[427] 혹 관심이 있다면 경주에 가서 신라를 만나고, 한국인이 신라 오리진이라는 사실을 느껴볼 수도 있을 것이다.

---

427 이종욱, 『신라가 한국인의 오리진이다』, 2012, p. 5.

경주에는 종성과 육부성의 시조들을 모신 사당들이 있다. 매년 춘분 · 추분 그리고 연중 정해진 시일에 각 사당에서 제사를 지낸다. 종성의 시조 · 조상을 모신 숭덕전(박씨) · 숭신전(석씨) · 숭혜전(김씨)이 있고, 육부성의 시조 · 조상을 모신 표암재(이씨) · 백운재(정씨) · 문효사(손씨) · 상서장(최씨) · 경덕사(배씨) · 설총묘(설씨) 등 사당과 무덤이 있다. 그런가 하면 종성과 육부성의 조상에 대한 제사는 왕릉이나 서원에서도 지내고 있다. 오릉(박씨), 탈해왕릉(석씨), 미추왕릉 · 내물왕릉 · 선덕왕릉 · 태종무열왕릉 · 대왕암(김씨) 등에서도 전국 각지에서 온 후손들이 제사를 지내고 있다. 김유신 장군을 모신 숭무전도 있다. 6촌장을 모신 양산재도 있다. 서악서원에서는 설총에 대한 향사를 지낸다. 분황사에서는 원효에 대한 제향이 매년 열린다.

이러한 종성과 육부성의 시조나 조상에 대한 제사는 현재 한국인들이 신라인의 후손임을 증명하는 것이고, 신라인들이 한국인들의 오리진이라는 것을 말해주는 증거가 아닐 수 없다.

감사의 글

"우리를 만든 역사"를 탐구해온 필자로서는 감사드릴 일이 많다. 우선 그 동안 필자를 지도해 주신 고 이기백 선생께 감사드린다. 지도교수의 주장과 패러다임을 달리하는 논문을 학위논문으로 인정하여 주신 사실을 밝히지 않을 수 없다. 이는 이기백 선생이 아니고는 불가능한 일이고, 그것은 필자의 행운이었다. 필자는 이기백 선생이 아니었으면 대학 교수가 되고 서강에서 교수로 지내는 일도 불가능했던 것을 잘 안다. 필자는 이기백 선생을 만나지 않았다면, 평생 역사와는 거리가 먼 다른 직업을 택했을 것이다. 이 책을 쓰며 망설이고 또 망설였다. 지도교수의 견해를 비판하는 것에 대한 어려움때문이었다. 그런데 스승의 견해라고 모든 것을 따르는 것은 오히려 스승을 욕되게 하는 것일 수 있다는 생각을 하게 되었다. 이에 용기를 내어 그러한 문제를 지적하는 하나의 절을 만들었다. 그러면서도 석사 · 박사학위 논문 심사 과정에 나왔던 심사위원의 질문에 대한 답이 늘 생각난다. 학위논문에 나오는 필자의 주장이 지도교수의 주장과 다르다는 지적에 대해 이기백 선생은 그때까지 나온 견해 중 가장 합리적인 것이라고 하며 학위논문을 통과시켜 주셨다.

한편 필자는 신채호선생에게 감사드린다. 아울러 이병도 선생, 손진태 선생 그리고 그들이 만든 길드에 속한 서울대학파의 연구자들에게도 감사드린다. 그들 서울대학파들이 만든 모든 역사를 비판하자는 것이 아니다. "그들이 만든 역사"에 의해 깊은 상처를 받은 신라의 역사를 살려내고, 한국인 정체성의 원점을 찾자는 것이다. 대한민국의 역사를 바로 잡자는 것이다.

이 책의 모든 잘못은 필자의 부족으로 인한 것이다. 필자는 어느 개인이나 학파를 비판할 생각이 없다. 그들이 만든 역사, 신라에게 상처를 준 것을 되돌아보자는 것이다.

서강대 사학과의 은사님들께 감사드린다. 항상 따듯하게 대해주신 고 이광린 선생님께 감사드린다. 고 길현모 선생님, 고 길현익 선생님, 그리고 이보형 선생님, 전해종 선생님, 차하순 선생님께 감사드린다.

학부와 군복무 때부터 인생의 많은 시간을 함께 지냈던 홍승기 선생, 고 정두희 선생께 감사드린다. 그리고 그 동안 필자의 연구에 힘을 더해 주었던 임상우 선생과 박환무 선생께도 감사드린다. 이 책에서는 박환무 선생의 쓰다 소키치 논문번역을 이용하였다. 이희관 선생과 전미희 선생께도 여러 가지로 감사드린다. 한국고대사탐구학회를 맡아 많은 수고를 하고 있는 조범환 선생께 감사드린다. 학부와 대학원에서 필자의 강의를 수강한 모든 학생들에게 감사드린다. 패러다임을 달리하는 역사를 다룬 필자에게 수업은 또 하나의 연구를 위한 장이었다. 그 동안 잘 버텨준 학생들에게 감사드리는 마음을 전한다.

필자가 한국고대사를 연구하기 위해 인류학 · 고고학 · 사회학을 공부하지 않았다면, 사회과학적 관점을 갖고 "우리를 만든 역사"를 탐구하는 일은 불가능했다. 누구에게나 주어진 같은 자료를 가지고 패러다임을 달리하는 역사를 재구성할 힘은 바로 인접과학에 대한 공부에서 나왔기 때문이다. 필자가 50년 넘게 함께 해온 서강은 자유롭고, 수월성을 유지하고, 정상적이며 진취적인 자랑스러운 대학이다. 필자가 학부과정에 인류학 등 인접과학을 자유롭게 공부할 수 있었던 것은 바로 서강에서 누릴 수 있던 행운이었다. 인류학을 공부하기 위해 유학을 갈 길을 마련해 준 것도 서강이다. 버나츠키 수사님께 감사드린다. 필자의 미국 유학이 가능하게 해준 Robert M. Pyle 씨께 감사드린다. UBC의 인류학 및 사회학과의 지도교수였던 Richard Pearson 교수께도 감사드린다.

우리를 만든 역사를 탐구해오는 데에는 많은 분들에게 감사드릴 일들이 많다. 우선 "그들이 만든 역사"를 연구해온 계보에 들어 있는 모든 분들에게 감사드린다. 한국사의 발전을 위해 헌신해온 분들이기에 감사드리는 것은 당연한 일이다. 그리고 이 책은 어떤 개인을 비난하기 위한 것이 아니라는 사실을 밝힌다. 한국사의 발전을 위해 문제되는 부분을 청산하자는 것뿐이다.

이 책을 쓰며 감사드릴 분들이 있다. 쓰다 소키치의 정체를 밝혀준 세키네 히데유키(關根英行) 선생, 시라토리 구라키치에 대한 고찰로 쓰다 소키치의 정체를 파악하는 데 도움이 된 스테판 다나카 선생, 민족에 대한 이해에 도움을 준 이진경 선생께 감사드린다. 제국 일본의 한국폐멸과 그 정책에 대한 이해에 도움을 준 요시노 마코토 선생께도 감사드린다. 고려묘지명 자료를 정리해준 김용선 선생께 감사드린다. 『단성호적』의 자료를 뽑아준 정지영 선생께 감사드린다. 아울러 출판부장 우찬제 교수께 감사드린다. 편집을 맡아준 김영주 선생께 감사드린다. 서강학술총서를 출간할 수 있도록 도움을 준 SK SUPEX기금의 후원에 감사드린다.

끝으로 필자가 작업하는 책상 앞에 와서 놀고 있는 어린 손녀 상민이와 손자 상명이가 한국사를 배울 때는 신라 내물왕 이전 역사에 대해, 삼한통합에 대해, 한국인 정체성의 원점 그리고 민족 또는 사회적 현상으로서 "한국인"에 대해 어떤 역사를 배울지 궁금하다. 상처받은 신라 역사는 치유는 되었을지도 궁금하다. 후일 손녀와 손자에게 이 책을 쓴 할아버지가 20세기에 만들어진 날조사학의 산물인 "그들이 만든 역사"의 추종자가 아니라, "우리를 만든 역사"의 발견자로 기억되기를 바란다.

참고문헌

1. 자료

『삼국사기』
『삼국유사』
『화랑세기』
『광개토왕릉비』
『세종장헌대왕실록』 150, 「지리지」
『신증동국여지승람』 21,
『호장선생안(戶長先生案)』; 『호장선생안』, 『국역 경주선생안』, 2002.
『삼국지』 30, 「위서」 30, '오환선비동이전' 30.
김용선 편저, 『고려묘지명집성』(제3판), 2001; 『역주 고려묘지명집성』, 2001.
김용선 편저, 『(속)고려묘지명집성』, 2016.
박제가, 정민, 이승수, 박수밀 외 옮김, 『정유각집(貞㽔閣集)』 하, 2010.

2. 저서

강종훈, 『신라상고사연구』, 2000.
고등학교 『한국사』 2판, 2015, 천재교육.
국립문화재연구소, 『풍납토성 II』, 2002.
국사편찬위원회 · 국정도서편찬위원회, 『국사』(교사용 지도서), 2002.
김구, 『백범일지』, 1984.
김영하, 『한국고대사의 인식과 논리』, 2012.

김영한 등, 『이기백 한국사학의 영향』, 2016.
김종수 · 정승교 · 여호규 등, 고등학교 『한국사』, 2014.
김태욱 외 엮음, 『민족과 진리를 찾아서-10주기 추모 이기백사학 자료선집-』, 2014.
서울대학국사연구회, 『국사개설』 5판, 1954.
손진태, 『국사대요』, 1948.
손진태, 『조선민족사개론』, 1948; 『한국민족사개론』, 1979.
단재신채호전집편찬위원회, 『단재신채호전집』 제1권 역사, 조선상고사, 2007.
단재신채호전집편찬위원회, 『단재신채호전집』 제2권 역사, 조선사연구초, 2007.
단재신채호전집편찬위원회, 『단재신채호전집』 제3권 역사, 독사신론/대동제국사서언/조선상고문화사, 2007.
이기백, 『신라정치사회사연구』, 1974.
______, 『연사수록』, 1994.
______, 『한국고대사론』(증보판), 1995.
______, 『한국사신론』, 1967.
______, 『한국사신론』 개정판, 1976.
______, 『한국사신론』 신수판, 1990.
______, 『한국사신론』 한글판, 1999.
______, 『한국사학의 방향』, 1978.
이병도, 『한국고대사연구』, 『두계이병도전집』 3, 2012.
______, 『한국사』 고대편, 『두계이병도전집』 2, 2012.
______, 『한국사대관』, 『두계이병도전집』 1, 2012.
이수건, 『한국의 성씨와 족보』, 2003.
이종욱, 『고구려의 역사』, 2005.
______, 『고조선사연구』, 1993.
______, 『민족인가, 국가인가?』, 2006.
______, 『신라가 한국인의 오리진이다』, 2012.
______, 『신라의 역사 1』, 2002.
______, 『신라국가형성사연구』, 1982.
______, 『역사충돌』, 2003.

______, 『한국고대사의 새로운 체계』, 1999.
______, 『신라골품제연구』, 1999.
전덕재, 『신라육부체제연구』, 1996.
정인보, 「담원문록(薝園文錄)」, 『담원정인보전집』 5, 1985.
정지영, 『질서의 구축과 균열』, 2015.
『한국고대사연구』 17, 2000.
『한국민중사 I』, 1986.
한국 역사민속학회, 『남창 손진태의 역사민속학연구』, 2003.
나가하라 게이지, 하종문 옮김, 『20세기 일본의 역사학』, 2011.
나카타 아키후미, 박환무 옮김, 『일본의 조선통치와 국제관계』, 2008.
스테판 다나카, 박영재 · 함동주 옮김, 『일본 동양학의 구조』, 2004.
津田左右吉, 『古事記及び日本書紀の新研究』, 『津田左右吉全集』 別巻 1, 1989.
津田左右吉, 『津田左右吉全集』 23, 1966.
요시모토 마코토, 한철호 옮김, 『동아시아 속의 한일2천년사』, 2005.
아시스 난디, 이옥순 · 이정진 역, 『친밀한 적』, 2015.
이성시, 박경희 옮김, 『만들어진 고대』, 2001.
旗田巍, 『日本人の朝鮮觀』, 1969.
Conrad Phillip Kottak, 『Cultural Anthropology』, 1975.
Allan J. Lichtman and Valerie French, 『Historians and the Living Past』, 1978.

3. 논문

강봉룡, 「신라 상고기 중앙정치체제의 기본원리와 '부'」, 『이원순교수정년기념 역사학논총』, 1991.
김철준, 「신라 상대사회의 Dual Organization」 상 · 하, 『역사학보』 1 · 2, 1952.
남근우, 「'토민'의 '토속' 발견과 '신민족주의'」, 『남창 손진태의 역사민속학연구』, 2003.
노태돈, 「삼국시대의 '부'에 관한 연구—성립과 구조를 중심으로」, 『한국사론 2』, 1975.

민현구, 「이병도」, 『한국사 시민강좌』 24, 1999.
______, 「『두계이병도전집』 해제」, 『두계이병도전집』 1, 2012.
백승종, 「위조 족보의 유행」, 『한국사 시민강좌』 24, 1999.
세키네 히데유키(關根英行), 「'쓰다 사학(津田(史學)'의 신대사(神代史) 해석과 한 · 일 민족의 계통관계」, 『일본사상』 12, 2007.
손진태, 「단군(檀君) 단군(壇君)」, 『문장』 3집, 1939.
신채호, 「김춘추의 공죄」, 『독사신론』, 『대한매일신보』, 1908. 12. 3.
임중빈, 「단재 신채호 연보」, 안병직 편, 『신채호』, 1979.
윤근일, 「풍납토성의 발굴과 그 의의」, 『풍납토성(백제왕성) 연구논문집』, 2000.
______, 「풍납토성의 발굴과 그 의의」, 『풍납토성(백제왕성) 보존을 위한 학술회의』, 2000.
______, 「풍납토성의 발굴과 그 의의」, 『풍납토성(백제왕성) 연구논문집』, 2000.
이기동, 「신라 내물왕계의 혈연의식」, 『신라 골품제 사회와 화랑도』, 1980.
______, 「신라 중고시대 혈족집단의 특질에 관한 제문제」, 『신라 골품제 사회와 화랑도』, 1980.
이기백, 「일제시대에 경험한 몇 가지 일들」, 『한국사산고』, 2005.
______, 「족보와 현대사회」, 『한국사 시민강좌』 24, 1999.
______, 「근대 한국사학의 발전」, 『민족과 역사』, 1978.
______, 「이병도 선생 추념사」, 『한국사산고』, 2005.
이기백 편, 『손진태선생전집』 1, 1981; 이기백, 「손진태의 학문과 업적」, 『한국사상의 재구성』, 1991.
______, 「신민족주의사관과 식민주의사관」, 『한국사학의 방향』, 1995.
______, 「와세다대학 명예박사학위 수여식에서의 인사말」, 『한국사산고』, 2005.
______, 『손진태선생전집』 1, 해제, 1981; 「손진태의 학문과 업적」, 『한국사상의 재구성』, 1991.
이병도, 「삼한문제 신고찰」, 『진단학보』 1–8, 1934~1937.
______, 「나의 회고록」, 『두계이병도전집』 14, 2012.
______, 「나는 왜 사학자가 되었나」, 『두계이병도전집』 14, 2012.
______, 「나의 연구생활의 회고」, 『두계이병도전집』 14, 2012.

______, 「나의 회고록」, 『두계이병도전집』 14, 2012.
______, 「나와 진단학회」, 『두계이병도전집』 14, 2012.
______, 「신라의 반도통일」, 『두계이병도전집』 14, 2012.
이부오 · 장익수 역(津田左右吉), 「삼국사기 신라본기에 대하여」, 『신라사학보』 15, 2009.
이성시, 「구로이타 가쓰미를 통해 본 식민지와 역사학-『조선사』 편수와 고적조사를 중심으로-」, 『만들어진 고대』, 2001.
이종욱, 「남산신성비를 통해 본 신라의 지방통치체제」, 『역사학보』 64, 1974.
______, 「津田左右吉의 망령이 만들어낸 민족」, 『신라사학보』 17, 2009.
______, 「신라 오리진의 한국 · 한국인을 만든 역사를 찾아서-제국 일본의 "한국폐멸사학" 청산을 중심으로-」, 『신라사학보』 31, 2014.
______, 「『삼국지』 '한전' 정치 관계 기록의 사료적 가치와 그 한계」, 『길현익교수 정년기념 사학논총』, 1996; 『한국고대사의 새로운 체계』, 1999.
______, 「신라의 나정-신화를 역사로 전환하기-」, 『경주 나정-신화에서 역사로-』, 2005.
______, 「백제의 온조설화」, 『한국사의 1막1장 건국신화』, 2004.
______, 「광개토왕릉비 및 삼국사기에 보이는 '왜병'의 정체」, 『한국사 시민강좌』 11, 1992.
______, 「쓰다 소키치의 망령이 만들어낸 민족」, 『신라사학보』 17, 2009.
______, 「손진태의 신민족주의와 역사만들기의 정체」, 『한국사학사학보』 11, 2005.
______, 「신라 '부체제설'에 대한 비판-하나의 새로운 신라사체계를 위하여-」, 『한국사연구』 101, 1998.
______, 「한국고대의 부와 그 성격-소위 부체제설 비판을 중심으로-」, 『한국고대사연구』 17, 2000.
______, 「신라 상대의 왕경6부」, 『역사학보』 161, 1999.
______, 「신라 왕경 · 왕경인 그리고 골품」, 『역사학보』 196, 2007.
______, 「광개토왕릉비의 신묘년조에 대한 해석」, 『한국상고사학보』 10, 1992; 「광개토왕릉비의 '신묘년조'에 대한 새로운 해석」, 『한국고대사의 새로운 체계』, 1999.
이진경, 「근대 계몽기 『대한매일신보』에서 근대적 역사 개념의 탄생」, 『사회와 역사』 74, 2007.

이형구, 「풍납토성(백제왕성)에 관한 조사 연구」, 『풍납토성(백제왕성) 연구 논문집』, 2000.

임상우, 「'과학적' 역사학과 국가주의 역사서술」, 『국가권력과 역사서술』(제57회 전국역사학대회), 2014.

주강현, 「역사민속학의 단절과 복원」, 『남창 손진태의 역사민속학연구』, 2003.

______, 「역사민속학의 단절과 복원」, 『남창 손진태의 역사민속학연구』, 2003.

______, 「역사민속의 단절과 복원」, 『남창 손진태의 역사민속학연구』, 2003.

최광식, 「손진태의 생애와 학문활동」, 『남창 손진태의 역사민속학연구』, 2003.

최재석, 「津田左右吉의 일본고대사연구 비판」, 『일본고대사연구비판』, 1990.

木村誠, 「6世紀新羅における骨品制の成立」, 『歷史學硏究』 428, 1976.

武田幸南, 「新羅骨品制の再檢討」, 『東洋文化硏究紀要』, 1975.

津田左右吉, 「百濟關係日本書紀記載」, 『滿鮮地理歷史硏究報告』 8, 1921.

津田左右吉, 「三國史記の新羅本紀について」, 『古事記及び日本書紀の新硏究』, 『津田左右吉全集』 별권 1, 1989.

Takashi Hatada, 「An interpretation of the King Kwanggaet'o Inscription」, 『Korean Studies』 3, 1979.

찾아보기

용어

ㄴ

ㄷ

ㅅ

ㅇ

ㅈ

ㅊ

ㅋ

ㅌ

인명

ㅇ

ㅈ

ㅊ

책명

ㅈ

ㅊ

ㅎ